中華古籍保護計劃

ZHONG HUA GU JI BAO HU JI HUA CHENG GUO

·成果·

民國時期文獻
保護計劃

成果

瑞安市博物館（玉海樓）等九家收藏單位、湖州市圖書館等七家收藏單位

民國時期傳統裝幀書籍普查登記目録

編

國家圖書館出版社
National Library of China Publishing House

浙江省民國時期傳統裝幀書籍普查登記目録・温州　湖州

圖書在版編目(CIP)數據

瑞安市博物館(玉海樓)等九家收藏單位、湖州市圖書館等七家收藏單位民國時期傳統裝幀書籍普查登記目録/《瑞安市博物館(玉海樓)等九家收藏單位、湖州市圖書館等七家收藏單位民國時期傳統裝幀書籍普查登記目録》編委會編. --北京:國家圖書館出版社,2018. 12
(浙江省民國時期傳統裝幀書籍普查登記目録)
ISBN 978 -7 -5013 -6473 -2

Ⅰ. ①瑞… Ⅱ. ①瑞… ②湖… Ⅲ. ①公共圖書館—圖書館目録—瑞安—民國 ②公共圖書館—圖書館目録—湖州—民國 Ⅳ. ①Z822. 1

中國版本圖書館 CIP 數據核字(2018)第 154003 號

書　名	瑞安市博物館(玉海樓)等九家收藏單位、湖州市圖書館等七家收藏單位民國時期傳統裝幀書籍普查登記目録
著　者	《瑞安市博物館(玉海樓)等九家收藏單位、湖州市圖書館等七家收藏單位民國時期傳統裝幀書籍普查登記目録》編委會　編
責任編輯	許海燕

出　版	國家圖書館出版社(100034　北京市西城區文津街 7 號) (原書目文獻出版社　北京圖書館出版社)
發　行	010 -66114536　66126153　66151313　66175620 66121706(傳真)　66126156(門市部)
E-mail	nlcpress@ nlc. cn(郵購)
Website	www. nlcpress. com→投稿中心
經　銷	新華書店
印　裝	河北三河弘翰印務有限公司
版　次	2018 年 12 月第 1 版　2018 年 12 月第 1 次印刷

開　本	787 ×1092(毫米)　1/16
印　張	31. 25
字　數	700 千字

書　號	ISBN 978 -7 -5013 -6473 -2
定　價	280. 00 圓

《浙江省民國時期傳統裝幀書籍普查登記目録》

指導委員會

主　任：褚子育

副主任：葉　菁

委　員（按姓氏筆畫排序）：

呂振興　李儉英　金琴龍　倪　巍　徐兼明

徐　潔　陸深海　陳泉標　陳　浩　孫雍容

張純芳　張愛琴　褚樹青　樓　婷　鍾世杰

應　雄

《浙江省民國時期傳統裝幀書籍普查登記目録》

工作委員會

主　任：褚樹青

委　員（按姓氏筆畫排序）：

王以儉　毛　旭　占　劍　沈紅梅　季彤曦

胡海榮　莊立臻　徐益波　孫旭霞　孫國茂

劉　偉　應　暉

《浙江省民國時期傳統裝幀書籍普查登記目録》

編纂委員會

主　編：徐曉軍

副主編：曹海花　童聖江

統校和編纂工作小組組長：曹海花（浙江圖書館）

統校和編纂工作小組成員（按姓氏筆畫排序）：

干亦鈴（寧波市圖書館）

吕　芳（浙江圖書館）

沈秋燕（嘉興市圖書館）

秦華英（浙江圖書館）

唐　微（紹興圖書館）

陳瑾淵（温州市圖書館）

《浙江省民國時期傳統裝幀書籍普查登記目録》

序　言

近代中國社會由封建王朝向民主政體蛹變的轉型時期,傳統思維與新思潮强烈衝突,書籍也隨之進入了重大變革時期,以綫裝書爲代表的傳統裝幀書籍日漸式微,傳統裝幀與現代裝幀進入了一個并存期。社會革命的發生并不意味着文化馬上就發生根本性的變化,文化的發展是有連續性的,它不會因朝代的突然更替而發生斷層式的變化。1912 年辛亥革命勝利後,中國傳統文化的發展依然繁榮,産生了一大批高質量的傳統裝幀書籍,這部分書籍也是中國傳統文化的重要組成部分。百年來,公共圖書館等公藏單位將這部分書籍跟古籍采取一樣的存放、管理、保護方式。浙江是文化大省,文化底藴深厚,書籍刻印歷史悠久,前賢留下的著述浩如烟海,藏書雅閣及私人藏書爲數衆多,民國期間也刻印了大量典籍,民國時期傳統裝幀書籍在各藏書單位(尤其是基層單位)所藏歷史文獻中占據了相當大的比重。這些文獻形成了浙江文獻典藏的重要特色,是浙江傳統文化的重要組成部分。爲更加全面地掌握全省歷史文獻文化遺産現狀,揭示全省各地區文化脉絡,浙江省自古籍普查伊始就將民國時期傳統裝幀書籍納入古籍普查範圍。

按照《全國古籍普查登記手册》要求,登記每部古籍的基本項目,必登項目有索書號、題名卷數、著者、版本、册數、存(缺)卷數,選登項目有分類、批校題跋、版式、裝幀形式、叢書子目、書影、破損狀況等内容。“秉持浙江精神,幹在實處、走在前列、勇立潮頭”,浙江省的古籍普查工作一直高標準、嚴要求,自始至終堅持全國古籍普查登記平臺(以下簡稱古籍普查平臺)項目全著録,堅持文字信息和書影信息雙著録,登記每部書的索書號、分類、題名卷數、著者、卷數統計、版本、版式、裝幀、裝具、序跋、刻工、批校題跋、鈐印、叢書子目、定級及書影、定損及書影等 16 大項 74 小項的信息。普查統計顯示,截至 2017 年 4 月 30 日,全省 95 家單位共藏有中國傳統裝幀書籍 337405 部 2506633 册,其中民國時期傳統裝幀書籍 117543 部 751690 册,占全部傳統裝幀書籍的三分之一。

普查登記著録工作結束後,省古籍保護中心組織普查業務骨幹統校、編纂全省的普查登記目録。全省的普查登記目録是將古籍和民國數據分開的,由省古籍保護中心統一規劃,分别出版《浙江省古籍普查登記目録》和《浙江省民國時期傳統裝幀書籍普查登記目録》。古籍數據統校完成後,於 2017 年 3 月成立由浙江圖書館、寧波市圖書館、温州市圖書館、嘉興市圖書館、紹興圖書館 5 家單位的 7 名普查業務骨幹組成的《浙江省民國時期傳統裝幀書籍普查登記目録》統校和編纂工作小組,開展民國時期傳統裝幀書籍普查數據的統校和登記目録的編纂工作。

民國時期傳統裝幀書籍普查數據統校要求和登記目録編纂工作程序與古籍相同,省古籍保護中心制定的《浙江省古籍普查登記目録編纂工作方案》《浙江省古籍普查數據統校細則》,也適用於指導全省民國時期傳統裝幀書籍普查數據的統校和登記目録的編纂。統校和編纂工作程序如下:導出古籍普查平臺上的數據,切分出民國數據,按照設定的普查編號、索書號、分類、題名卷數、著者、版本、批校題跋、册數、存(缺)卷這幾項登記目録的出版款目對表格進行整理,整理後按照題名進行排列分給各統校員進行統校,統校結束後的數據按行政區域進行彙總,交由分區負責人進行覆核,覆核結束後由省古籍保護中心一一寄給各館進行修改確認,經各館確認後由分區負責人進行最後審定。

全省參與普查的共 95 家單位,其中 94 家有民國時期傳統裝幀書籍,進入本登記目録的有 93 家單位,總數達 11 萬餘部。根據分區域出版和達到一定條數可以單獨成書的原則,全省的民國時期傳統裝幀書籍普查登記目録大致分爲以下 15 種:浙江圖書館,浙江省博物館,中國美術學院圖書館等四家收藏單位,杭州圖書館等十一家收藏單位,寧波市天一閣博物館,寧波市圖書館等八家收藏單位,温州市圖書館,瑞安市博物館(玉海樓)等九家收藏單位、湖州市圖書館等七家收藏單位,嘉興市圖書館,嘉善縣圖書館等八家收藏單位,紹興圖書館,紹興市上虞區圖書館等九家收藏單位,金華市博物館等九家收藏單位,衢州市博物館等四家收藏單位、舟山市圖書館等二家收藏單位、麗水市圖書館等八家收藏單位,臨海市圖書館等八家收藏單位。爲保障普查編號的唯一性、終身有效性,各館數據以原普查編號從低到高的順序進行排列。由於浙江省古籍普查範圍包括古籍、民國傳統裝幀書籍、域外漢文古籍,著録時幾種文獻交替進行,而出版時是分開的,加之古籍普查平臺系統出現的跳號情況,所以會出現普查編號不連貫的現象,特此説明。

浙江省古籍普查工作得到了各方的關心和支持。感謝各兄弟省份古籍同行的熱情幫助,感謝李致忠、張志清、吴格、陳先行、陳紅彦、陳荔京、羅琳、王清原、唱春蓮、李德生、石洪運、賈秀麗、范邦瑾等專家學者的悉心指導。

條數多,分布廣,又出於衆手,儘管工作中我們一直争取做到最好,但無論是已經著録的古籍普查平臺數據還是即將付梓的登記目録,都難免存在紕漏,希望業界同仁不吝賜教,俾臻完善。

浙江省古籍保護中心
2018 年 3 月

《浙江省民國時期傳統裝幀書籍普查登記目録》

編纂凡例

一、收録範圍爲浙江省圖書館、博物館等公共收藏機構所藏，産生於 1912 年到 1949 年 9 月，有關傳統學術并以綫裝爲主的具有傳統裝幀形式的漢文書籍。

二、以各收藏機構爲分册依據，篇幅較小者，適當合并出版。

三、一部書籍一條款目，複本亦單獨著録。

四、著録款目包括普查登記編號、索書號、分類、題名卷數、著者、版本、批校題跋、册數、存(缺)卷等。普查登記編號的組成方式是：省級行政區劃代碼—單位代碼—古籍普查登記順序號。

五、以普查登記編號順序排序。

六、編製各館藏目録書名筆畫索引附於書後，以便檢索。

目　録

温州博物館
民國時期傳統裝幀書籍普查登記目録

浙江省民國時期傳統裝幀書籍普查登記目録 · 温州　湖州

國家圖書館出版社
National Library of China Publishing House

《温州博物館民國時期傳統裝幀書籍普查登記目録》

編委會

主　　編： 王亦武

副 主 編： 謝作拳

編纂人員： 高啓新　施成哲　伍顯軍　温巧燕

《温州博物館民國時期傳統裝幀書籍普查登記目録》

前　言

温州博物館古籍主要來源於考古出土、私家捐獻及收購所得。20世紀八九十年代重新對館藏文物編號時，分別編入書畫庫房和文獻庫房，使用文物的命名方法，没有采用古籍編目。2010年我館派人參加全國古籍普查培訓班的學習後，即着手準備普查工作。并根據《浙江省文化廳關於開展全省古籍普查項目申報的通知》（浙文社[2011]77號）文件精神和浙江省古籍保護中心（浙古保[2012]1號）文件精神，於2011年12月制訂古籍普查計劃，申報了古籍普查項目，由謝作拳承擔普查任務，正式啓動古籍普查工作，并於2015年11月完成了館藏古籍的普查著録工作，共録入329條1434册，包括民國時期傳統裝幀書籍。

我館民國傳統裝幀書籍部類齊全，但總量不多，經、史、子、集及類叢部均有收藏，此次收入民國傳統裝幀書籍普查登記目録的包括：經部1條1册，史部12條855册，子部5條7册，集部17條37册，類叢部1條2册，一共36條902册。其中稿抄本有26條51册，大多是温州籍名人的稿抄本，是珍貴的地方文獻資料。

本次普查項目的完成爲我館下一步有針對性地開展古籍保護和開發利用工作奠定基礎；同時形成可供查閲的數字目録和書影，有利於擴大古籍的利用率和影響力。我館以後將加大對古籍的保護與整理，對蛀損、破損的古籍進行修復，深入開展古籍數字化，使古籍焕發新的生機。

在普查目録編録過程中，我館得到浙江圖書館古籍部諸位老師的幫助和指點，在此表示衷心的感謝。由於編者古籍知識有限，在編録過程中難免存在差錯，敬請方家予以指正。

本書編委會

2017年12月14日

330000－1792－0000031　1802/11706　經部/小學類/音韻之屬

因音求字二卷　(清)謝思澤編　民國溫州務本局石印本　一冊　存一卷(二)

330000－1792－0000032　4280/14184　子部/雜著類/雜說之屬

滬游夢影紀錄一卷　(清)池志澂編　民國抄本　一冊

330000－1792－0000035　3416/13320　集部/别集類

符璋詩集不分卷　符璋撰　民國抄本　一冊

330000－1792－0000036　2552/12456　史部/傳記類/别傳之屬/事狀

瑞安先生哀輓錄不分卷　陳同等編　民國浙甌務本公司石印本　一冊

330000－1792－0000038　2470/12374　史部/傳記類/總傳之屬/姓名

留學日本東京法政大學同學錄不分卷　民國六年(1917)江蘇鉛印本　一冊

330000－1792－0000039　2535/12439　史部/詔令奏議類/奏議之屬

論和戰奏疏不分卷　(清)黄紹箕　黄紹第等撰　民國抄本　二冊

330000－1792－0000042　4222/14126－4224/14128　史部/雜史類/斷代之屬

太平天國志十九卷　李法章撰　民國抄本　三冊

330000－1792－0000043　4220/14124　史部/地理類/雜志之屬

東甌志餘□□卷　佚名纂　民國浙江省第三特區徵輯鄉先哲遺著委員會抄本　曾羽中題記　一冊　存一卷(一)

330000－1792－0000045　4206/14110　集部/别集類/清别集

瑞安孫籀廎先生手札不分卷　(清)孫詒讓撰　民國抄本　一冊

330000－1792－0000046　4205/14109　子部/雜著類/雜說之屬

孫籀廎先生的語體文不分卷　薛鍾斗輯　民國抄本　一冊

330000－1792－0000047　4225/14129－4231/14135　史部/雜史類/斷代之屬

太平天國叢書第一集　蕭一山輯　民國二十四年(1935)國立編譯館影印本　十冊

330000－1792－0000049　4646/14550　集部/别集類

耐素山人文鈔一卷　楊逢春撰　民國抄本　一冊

330000－1792－0000050　4724/14628　子部/藝術類/書畫之屬/總論

繪事微言二卷　(明)唐志契撰　民國抄本　一冊

330000－1792－0000054　4648/14552　集部/别集類

貽清堂詩集二卷　楊逢春撰　稿本　一冊

330000－1792－0000058　5755/15659　史部/傳記類/别傳之屬/事狀

先考籀廎府君[孫詒讓]事略不分卷　孫延釗撰　稿本　一冊

330000－1792－0000059　5759/15663　史部/傳記類/别傳之屬/事狀

外舅孫止庵師[孫鏘鳴]學行略述不分卷　宋衡述　民國抄本　一冊

330000－1792－0000061　5761/15665　集部/别集類/清别集

六齋文集節抄不分卷　(清)宋衡撰　民國抄本　一冊

330000－1792－0000062　5762/15666　史部/傳記類/日記之屬

錢虜爰書一卷　(清)黄體芳撰　民國抄本　一冊

330000－1792－0000063　5763/15667　集部/别集類/清别集

海日樓文集十二卷　(清)孫鏘鳴撰　民國孫

宣抄本　二冊

330000－1792－0000064　5764/15668　集部/别集類/清别集

海日樓詩集八卷盤阿草堂詞存一卷　(清)孫鏘鳴撰　民國孫宣抄本　一冊

330000－1792－0000065　5765/15669　集部/别集類

朱廬文鈔不分卷　孫宣撰　民國抄本　一冊

330000－1792－0000073　5847/15751　集部/别集類

孫季子詩八卷　孫詒棫撰　民國抄本　二冊

330000－1792－0000076　6354/16979－6356/16981　集部/總集類/選集之屬

唐七襄三卷　王榮年輯　稿本　三冊

330000－1792－0000077　6357/16982－6360/16985　集部/總集類/選集之屬

宋七襄四卷　王榮年輯　稿本　四冊

330000－1792－0000078　6363/16988－6364/16989　集部/總集類/選集之屬

七言集陸二卷　王榮年輯　稿本　二冊

330000－1792－0000079　6365/16990　集部/總集類/選集之屬

八言林一卷　王榮年輯　稿本　一冊

330000－1792－0000080　6361/16986－6362/16987　集部/總集類/選集之屬

宋七襄二集二卷　王榮年輯　稿本　二冊

330000－1792－0000081　6563/19298　史部/紀傳類/正史之屬

史記論文一百三十卷　(清)吴見思評點　民國八年(1919)上海廣益書局鉛印本　夏承燾題記　四冊　存三十四卷(九十至一百十六、一百二十四至一百三十)

330000－1792－0000082　6562/19297　集部/詩文評類/詩評之屬

歷代詩話二十七種五十七卷考索一卷　(清)何文焕輯　民國上海文實公司石印本　十一冊　缺七卷(後山詩話、臨漢隱居詩話、竹坡詩話、山房隨筆、詩法家數、木天禁語、詩學禁臠)

330000－1792－0000085　2556/12460　集部/别集類

永嘉風俗竹枝詞三卷　楊青撰　稿本　二冊　存二卷(二至三)

330000－1792－0000086　2561/12465　集部/别集類

倭氛禨感一卷　楊青撰　稿本　一冊

330000－1792－0000089　6567/19302　子部/藝術類/篆刻之屬

遯盦印學叢書十七種　吴隱輯　民國十年(1921)西泠印社木活字印本　二冊　存一種

330000－1792－0000090　6570/19305　類叢部/叢書類/彙編之屬

江氏聚珍版叢書(文學山房叢書)二十九種　江杏溪編　民國十三年(1924)蘇州文學山房木活字印本　二冊　存二種

330000－1792－0000093　6674/21077　子部/墨家類

定本墨子閒詁校補二卷附編一卷　李笠撰　民國二十五年(1936)商務印書館鉛印本　二冊

330000－1792－0000094　6341/16966－6353/16978　史部/史抄類

史珠十九卷　王榮年輯　稿本　十三冊

330000－1792－0000111　3/22119　史部/紀傳類/正史之屬

百衲本二十四史附明史攷證攟逸　張元濟輯　民國上海商務印書館影印本　八百十七冊　缺八卷(史記一至四、一百二十七至一百三十)

温州大學圖書館
民國時期傳統裝幀書籍普查登記目録

浙江省民國時期傳統裝幀書籍普查登記目録·温州 湖州

國家圖書館出版社
National Library of China Publishing House

#《温州大學圖書館民國時期傳統裝幀書籍普查登記目録》

編委會

主　　編： 陳太洋

副 主 編： 劉素艷　周汝英

編纂人員： 夏邦水

《温州大學圖書館民國時期傳統裝幀書籍普查登記目録》

前　言

由於歷史原因,我校歷經停辦和恢復,目前館藏傳統裝幀文獻全部來自復校後的社會捐贈,不具備完整性和系統性。

受管理人員水平和管理系統限制,我館所藏傳統裝幀書籍一直没有進行科學合理的分類編目,感謝此次古籍普查和目録出版,爲我館古籍管理工作的提高提供了契機,也爲讀者使用提供了方便。本書共收入民國時期傳統裝幀書籍 205 種 5586 册。

對爲此次古籍普查加工工作付出辛勤勞動的夏邦水等幾位同學一并表示感謝!

温州大學圖書館
2017 年 12 月 30 日

330000－1752－0000006　8388　類叢部/叢書類/彙編之屬

四部備要　中華書局編　民國二十五年(1936)上海中華書局鉛印本　八冊　存一種

330000－1752－0000007　8030　類叢部/叢書類/輯佚之屬

輯佚叢刊十一種十九卷　陶棟輯　民國三十七年(1948)上海中華書局鉛印本　一冊

330000－1752－0000015　8351　類叢部/叢書類/彙編之屬

四部叢刊續編七十七種　張元濟等編　民國二十三年(1934)上海商務印書館影印本　四冊　存一種

330000－1752－0000017　8207　類叢部/叢書類/彙編之屬

永樂大典戲文三種三卷　葉恭綽輯　民國二十年(1931)古今小品書籍印行會鉛印本　一冊

330000－1752－0000018　8221　集部/别集類/漢魏六朝别集

曹子建詩注二卷　(三國魏)曹植撰　黄節集注　民國十九年(1930)上海商務印書館鉛印本　一冊

330000－1752－0000025　8656　集部/總集類/選集之屬/斷代

八家四六文註八卷　(清)孫星衍等撰　(清)許貞幹註　**八家四六文補註一卷**　(清)陳衍撰　民國上海掃葉山房石印本　八冊

330000－1752－0000027　8021　史部/雜史類/斷代之屬

戰國策詳註三十三卷　郭希汾輯註　民國十三年(1924)上海文明書局鉛印本　六冊

330000－1752－0000029　8682　子部/墨家類

墨經新釋不分卷　鄧高鏡撰　民國鉛印本　一冊

330000－1752－0000031　8322　史部/地理類/雜志之屬

赤雅三卷　(明)鄺露撰　民國上海古籍書店影印本　二冊

330000－1752－0000032　8856　子部/雜著類/雜說之屬

淮南舊注校理三卷校理之餘一卷　吴承仕撰　民國十三年(1924)歙吴氏付文楷齋刻本　二冊

330000－1752－0000035　8919　史部/地理類/雜志之屬

雲間雜識二卷　(明)李紹文撰　民國二十五年(1936)上海縣修志局鉛印本　一冊

330000－1752－0000038　8965　子部/藝術類/書畫之屬/畫譜

馬駘百將畫譜二卷　馬駘繪　民國十五年(1926)上海世界書局石印本　一冊　存一卷(下)

330000－1752－0000039　8969　集部/總集類/氏族之屬

二黄先生集三卷　(清)黄紹箕　黄紹第撰　**永嘉詩人祠堂叢刻札記一卷**　薛鍾斗撰　民國二十年(1931)敬鄉樓黄氏刻本　一冊

330000－1752－0000040　8970　集部/總集類/郡邑之屬

永嘉詩人祠堂叢刻十四種　冒廣生輯　民國四年(1915)如臯冒氏刻本　一冊　存一種

330000－1752－0000041　8051　類叢部/叢書部/彙編之屬

四部叢刊續編七十七種　張元濟等編　民國二十三年(1934)上海商務印書館影印本　一冊　存一種

330000－1752－0000043　8813　類叢部/叢書類/自著之屬

隨園全集　(清)袁枚撰　民國上海校經山房成記書局石印本　六十冊　存四十一種

330000－1752－0000049　8863　類叢部/叢書類/彙編之屬

辛巳叢編九種　趙詒琛　王大隆輯　民國三十年(1941)鉛印本　二冊　存一種

330000－1752－0000055　8212　子部/雜著類
國學叢編不分卷　章炳麟等編　民國北平中國大學鉛印本　六冊

330000－1752－0000056　8876　集部/詞類/詞話之屬
詞源疏證二卷　(宋)張炎撰　蔡楨疏證　民國二十一年(1932)金陵大學中國文化研究所影印本　一冊

330000－1752－0000059　8886　集部/總集類/郡邑之屬
永嘉詩人祠堂叢刻十四種　冒廣生輯　民國四年(1915)如皋冒氏刻本　三冊　存九種

330000－1752－0000060　8332　集部/別集類/唐五代別集
樊紹述集注二卷　(唐)樊宗師撰　(清)孫之騄輯　民國五年(1916)樊氏刻本　二冊

330000－1752－0000070　2747　史部/目録類
四庫全書總目及未收書目引得不分卷　引得編纂處編　民國二十一年(1932)燕京大學圖書館鉛印本　一冊

330000－1752－0000071　2712　史部/目録類/總録之屬/私撰
粹芬閣珍藏善本書目一卷　沈知方編　民國二十三年(1934)上海世界書局鉛印本　一冊

330000－1752－0000072　0072　子部/藝術類/書畫之屬/畫録
小說士敏土之圖不分卷　(德國)梅斐爾德撰　魯迅編　民國十九年(1930)三閒書屋影印本　一冊

330000－1752－0000078　0329　經部/小學類/文字之屬/說文/傳說
侯官陳恭甫輯說文經字考不分卷　(清)陳壽祺撰　宋文蔚疏證　民國二十三年(1934)上海商務印書館石印本　一冊

330000－1752－0000079　8525　類叢部/叢書類/彙編之屬
四部叢刊　張元濟等編　民國上海商務印書館影印本　十二冊　存三種

330000－1752－0000081　0335　經部/小學類/文字之屬/說文/專著
說文古籒三補十四卷坿錄一卷　強運開輯　民國二十四年(1935)上海商務印書館石印本　二冊

330000－1752－0000083　0409　經部/小學類/文字之屬/字書
說文古籒疏證六卷原目一卷　(清)莊述祖撰　民國十七年(1928)上海中一書局影印本　六冊

330000－1752－0000095　0411　經部/小學類/文字之屬/說文/傳說
說文部首纂要一卷　周宗翰撰　民國三年(1914)溫州務本書局石印本　一冊

330000－1752－0000099　0403　史部/金石類/陶之屬/文字
漢魏六朝塼文不分卷　王樹枬藏　民國二十四年(1935)上海商務印書館影印本　一冊

330000－1752－0000100　0713　經部/叢編
許學四種五卷　金鉞輯　民國八年(1919)天津金氏刻本　四冊

330000－1752－0000102　0330　經部/小學類/訓詁之屬/字詁
助字辨略五卷　(清)劉淇撰　民國上海古書流通處據海源閣刻本影印本　五冊

330000－1752－0000104　0370　經部/小學類/文字之屬/字書/通論
六書解例不分卷　馬敘倫撰　民國二十年(1931)上海商務印書館石印本　一冊

330000－1752－0000106　7461　經部/小學類/文字之屬/說文/專著
湖樓筆談說文經字一卷　(清)俞樾輯　(清)宋文蔚疏證　民國二十三年(1934)上海商務印書館石印本　一冊

330000－1752－0000107　0286　經部/小學

類/訓詁之屬/字詁

言文一貫虛字使用法不分卷　周善培撰　民國二十七年(1938)上海民友印刷公司鉛印本　二冊

330000－1752－0000109　2806　經部/小學類/文字之屬/說文

說文解字十五卷標目一卷　(漢)許慎撰　(宋)徐鉉等校定　民國鑄記書局石印本　四冊

330000－1752－0000110　7385　史部/金石類/甲骨之屬/通考

甲骨書錄解題五卷附錄二卷甲骨論文解題三卷附錄一卷甲骨學論著索引一卷　邵子風撰　民國二十四年(1935)上海商務印書館石印本　一冊

330000－1752－0000111　0357　經部/小學類/音韻之屬

說音一卷　江謙撰　民國二十五年(1936)上海中華書局鉛印本　一冊

330000－1752－0000112　0213　經部/群經總義類

經學通論五卷　(清)皮錫瑞撰　民國十九年(1930)上海商務印書館影印本　一冊

330000－1752－0000113　0397　史部/金石類/石之屬/文字

石鼓釋文十卷　強運開撰　民國二十四年(1935)上海商務印書館石印本　一冊　存三卷(甲、乙、丙)

330000－1752－0000114　6225　經部/小學類/文字之屬/字書/古文

鐘鼎字源五卷附錄一卷　(清)汪立名撰　民國十四年(1925)上海掃葉山房石印本　一冊

330000－1752－0000115　0399　史部/金石類/甲骨之屬/通考

甲骨年表一卷　董作賓　胡厚宣編　民國二十六年(1937)上海商務印書館鉛印本　一冊

330000－1752－0000119　0385　經部/小學類/文字之屬/字書/通論

文字學發凡三卷首一卷　馬宗霍撰　民國二十六年(1937)上海商務印書館石印本　一冊

330000－1752－0000120　0365　經部/小學類/文字之屬/字書/通論

文字形義學不分卷　周兆沅撰　民國二十四年(1935)上海商務印書館石印本　一冊

330000－1752－0000122　0368　經部/小學類/文字之屬/字書/通論

蒼石山房文字談不分卷　石廣權撰　民國十八年(1929)上海商務印書館石印本　二冊

330000－1752－0000123　0358　經部/小學類/音韻之屬/古今韻說

音韻學通論八卷　馬宗霍撰　民國二十年(1931)上海商務印書館鉛印本　三冊

330000－1752－0000128　7338　子部/藝術類/書畫之屬/書法書品

漢碑範八卷　張祖翼選臨　民國十一年(1922)上海文明書局石印本　六冊

330000－1752－0000134　0171　經部/小學類/音韻之屬/韻書

廣韻五卷　(宋)陳彭年等修　**宋本廣韻校札一卷**　(清)黎庶昌撰　民國上海涵芬樓影印本　五冊

330000－1752－0000138　0346　經部/小學類/文字之屬/說文/專著

說文匡鄦不分卷　石廣權撰　民國二十二年(1933)上海商務印書館石印本　一冊

330000－1752－0000140　7309　經部/大戴禮記類/傳說之屬

大戴禮記斠補三卷　(清)孫詒讓撰　民國三年(1914)瑞安廣明印刷所石印本　三冊

330000－1752－0000142　8066　子部/宗教類/佛教之屬

廣弘明集四十卷　(唐)釋道宣輯　民國元年(1912)常州天寧寺刻本　十冊

330000－1752－0000144　0347　經部/小學類/文字之屬/說文/專著

說文古文疏證一卷　舒連景撰　民國二十六年(1937)上海商務印書館石印本　一冊

330000－1752－0000147　0361　經部/小學類/音韻之屬/韻書

佩文詩韻釋要五卷　(清)周兆基輯　民國二十四年(1935)上海商務印書館影印本　二冊

330000－1752－0000158　0395　經部/小學類/文字之屬/字書/古文

六朝別字記一卷　(清)趙之謙撰　民國十年(1921)上海商務印書館影印本　一冊

330000－1752－0000159　5388　類叢部/叢書類

孔德研究所叢刊　民國二十八年(1939)商務印書館影印本　二冊　存一種

330000－1752－0000167　0655　史部/雜史類/斷代之屬

戰國策補註三十三卷　吳曾祺撰　民國七年(1918)上海商務印書館鉛印本　四冊

330000－1752－0000173　5390　類叢部/叢書類/彙編之屬

求恕齋叢書三十一種　劉承幹編　民國吳興劉氏嘉業堂刻本　四冊　存一種

330000－1752－0000177　7745　史部/紀傳類/正史之屬

影宋百衲本史記一百三十卷　(漢)司馬遷撰　(南朝宋)裴駰集解　民國上海商務印書館據涇陽陶氏藏宋百衲本影印本　二十四冊

330000－1752－0000182　4213　史部/傳記類/别傳之屬/年譜

劉文成公[基]年譜稿二卷　劉燿東編　民國二十八年(1939)南田山啓後亭鉛印本　一冊

330000－1752－0000185　5610　史部/金石類/石之屬/圖像

南陽漢畫象集一卷　關百益編　民國二十二年(1933)上海中華書局影印本暨鉛印本　一冊

330000－1752－0000187　7490　史部/傳記類/總傳之屬/斷代

清史列傳八十卷　中華書局編　民國十七年(1928)上海中華書局鉛印本　五十一冊　缺二十一卷(一、三至八、十六、十九至二十一、二十四、三十、三十五至三十六、三十九、四十二至四十三、四十九、五十一、五十六)

330000－1752－0000188　4086　子部/工藝類/文房四寶之屬/墨

涉園墨萃十二種　陶湘輯　民國十八年(1929)武進陶氏刻本暨石印本　十三冊　缺二卷(鑑古齋墨藪二至三)

330000－1752－0000190　1643　類叢部/叢書類/郡邑之屬

遼海叢書八十種附一種　金毓黻編　民國二十年至二十三年(1931－1934)遼海書社鉛印本([康熙]廣寧縣志卷七至八原缺)　四冊　存一種

330000－1752－0000192　9231　集部/詞類/別集之屬

悔龕詞一卷詞續一卷觀所尚齋文存補遺一卷　夏孫桐撰　民國十五年(1926)鉛印本　一冊

330000－1752－0000195　4915　史部/詔令奏議類/奏議之屬

洪承疇章奏文冊彙輯不分卷　國立北京大學研究院文史部編　民國二十六年(1937)上海商務印書館鉛印本　一冊

330000－1752－0000197　3344　史部/金石類/總志之屬

八瓊室金石補正一百三十卷目錄三卷札記四卷祛僞一卷元金石偶存一卷　(清)陸增祥撰　民國十四年(1925)吳興劉氏希古樓刻本　六十五冊

330000－1752－0000199　1890　類叢部/叢書類/彙編之屬

國立北京大學研究院文史叢刊　國立北京大學研究院文史部輯　民國上海商務印書館鉛印本暨影印本　十六冊　存一種

330000－1752－0000210　8987　類叢部/叢書類/彙編之屬
甌風雜誌二十四期　甌風雜誌社編　民國二十三年至二十四年(1934－1935)甌風雜誌社鉛印本　十七冊

330000－1752－0000211　0886　子部/小說家類/瑣語之屬
岐海瑣譚集十六卷　(明)姜準輯　民國二十五年(1936)浙江省永嘉區徵輯鄉先哲遺著委員會鉛印本　四冊

330000－1752－0000213　0693　集部/別集類
厚莊詩文續集文六卷文外二卷詩四卷　劉紹寬撰　民國二十六年(1937)鉛印本　二冊　存四卷(文三至四、詩三至四)

330000－1752－0000215　1321　集部/總集類/氏族之屬
二黃先生集三卷　(清)黃紹箕　黃紹第撰
永嘉詩人祠堂叢刻札記一卷　薛鍾斗撰　民國二十年(1931)敬鄉樓黃氏刻本　一冊

330000－1752－0000216　4222　史部/地理類/山川之屬/山志
南雁蕩山志十三卷首一卷　周喟編　民國七年(1918)瑞安戴氏詠古齋刻本　五冊

330000－1752－0000219　2680　史部/地理類/輿圖之屬/園林
頤和園簡明圖說不分卷　北平市管理頤和園事務所編　民國二十四年(1935)北平市管理頤和園事務所鉛印本　一冊

330000－1752－0000220　2695　史部/地理類/山川之屬/山志
九華山志八卷首一卷　釋德森編輯　許止淨鑑訂　民國二十七年(1938)蘇州弘化社鉛印本　二冊

330000－1752－0000222　4716　集部/曲類/散曲之屬
楊升庵夫婦散曲八卷　任訥編　民國十八年(1929)上海商務印書館鉛印本　二冊

330000－1752－0000224　4226　史部/地理類/山川之屬/山志
西天目祖山志八卷首一卷末一卷補遺一卷　(明)釋廣賓撰　(清)釋際界增訂　民國十五年(1926)鉛印本　四冊

330000－1752－0000225　2677　史部/地理類/方志之屬/通志
浙江新志二卷　姜卿雲編　民國二十五年(1936)杭州正中書局鉛印本　二冊

330000－1752－0000226　2213　類叢部/叢書類/彙編之屬
四部叢刊　張元濟等編　民國十八年(1929)上海商務印書館影印本　五冊　存二種

330000－1752－0000228　1322　集部/小說類/長篇之屬
上下古今談四卷二十回　吳敬恒撰　民國十四年(1925)上海文明書局鉛印本　一冊　存一卷(一)

330000－1752－0000230　1323　集部/總集類/郡邑之屬
永嘉詩人祠堂叢刻十四種　冒廣生輯　民國四年(1915)如皋冒氏刻本　四冊　存十種

330000－1752－0000234　0650　類叢部/叢書類/彙編之屬
四部備要　中華書局編　民國二十五年(1936)上海中華書局鉛印本　三冊　存二種

330000－1752－0000238　6026　史部/地理類/山川之屬/山志
仙巖山志八卷　張揚纂　民國二十二年(1933)籀經樓鉛印本　三冊

330000－1752－0000239　1319　史部/地理類/方志之屬/郡縣志
瑞安縣志稿不分卷　瑞安縣修志委員會纂　民國二十七年(1938)瑞安縣修志委員會鉛印本　六冊

330000－1752－0000241　4535　集部/曲類/寶卷之屬
何仙姑寶卷二卷　民國十一年(1922)上海宏

大善書局石印本　一冊

330000－1752－0000242　4248　類叢部/叢書類/彙編之屬
埽葉山房叢鈔二十六種　(清)席威編　民國十四年(1925)石印本　六冊　存一種

330000－1752－0000243　4536　集部/曲類/寶卷之屬
新編徐子建雙蝴蝶寶卷一卷　民國上海文益書局石印本　二冊

330000－1752－0000247　4123　集部/曲類/散曲之屬
散曲叢刊十五種　任訥輯　民國二十年(1931)上海中華書局鉛印本　二十六冊　存十四種

330000－1752－0000248　1450　類叢部/叢書類/彙編之屬
選印宛委別藏四十種　故宮博物院編　民國二十四年(1935)上海商務印書館影印本　三十一冊　存六種

330000－1752－0000249　1196　子部/雜著類/雜考之屬
讀書雜志八十二卷餘編二卷　(清)王懷祖撰　民國上海文瑞樓石印本　二十四冊

330000－1752－0000250　2675　集部/總集類/尺牘之屬
歷代名人家書不分卷　四願齋主編　民國二十七年(1938)長沙商務印書館鉛印本　一冊

330000－1752－0000252　4852　子部/小說家類
筆記小說大觀二百二十二種　進步書局輯　民國上海進步書局石印本　十九冊　存五種

330000－1752－0000254　1544　類叢部/叢書類/彙編之屬
宋人小說二十八種　涵芬樓編　民國上海商務印書館鉛印本　三十九冊　存十三種

330000－1752－0000257　8403　子部/雜著類/雜考之屬
純常子枝語四十卷　(清)文廷式撰　民國三十二年(1943)刻本　二十四冊

330000－1752－0000258　1006　子部/叢編
百子全書　(清)崇文書局編　民國四年(1915)上海掃葉山房石印本　八十冊

330000－1752－0000263　4731　子部/道家類
老莊哲學研究不分卷　貝琪撰　民國影印本　一冊

330000－1752－0000264　1496　子部/儒家類/儒家之屬
荀子集解二十卷首一卷　(唐)楊倞注　王先謙集解　民國上海商務印書館據清光緒十七年(1891)長沙王氏刻本影印本　六冊

330000－1752－0000265　5002　類叢部/叢書類/自著之屬
章氏叢書初集十二種　章炳麟撰　民國上海右文社鉛印本　六十四冊　存一種

330000－1752－0000266　5001　類叢部/叢書類/自著之屬
章氏叢書　章炳麟撰　民國上海鴻章書局石印本　三冊　存一種

330000－1752－0000269　7578　子部/宗教類/佛教之屬/論疏
成唯識論學記八卷　(唐)釋太賢集　民國鉛印本　四冊

330000－1752－0000271　7690　子部/宗教類/佛教之屬/經
百喻經二卷　(印度)僧伽斯那撰　(南朝齊)釋求那毗地譯　民國三年(1914)金陵刻經處刻本　一冊

330000－1752－0000275　7738　子部/宗教類/佛教之屬
維摩詰所說經義記十六卷　(隋)釋慧遠撰　民國十年(1921)金陵刻經處刻本　七冊　缺二卷(一至二)

330000－1752－0000277　8254　子部/宗教

類/道教之屬/道藏
道藏精華錄一百種　守一子輯　民國無錫丁氏鉛印本　三冊　存一種

330000－1752－0000278　0773　史部/史評類/史論之屬
史微內篇八卷附札記一卷　張采田撰　民國元年(1912)刻十五年(1926)印本　四冊

330000－1752－0000280　4857　子部/叢編
清代筆記叢刊四十一種　文明書局編　民國上海文明書局石印本　七冊　存一種

330000－1752－0000281　2683　集部/總集類/尺牘之屬
歷代名人書札續編二卷　吳曾祺輯　民國上海商務印書館鉛印本　四冊

330000－1752－0000282　8684　史部/雜史類/斷代之屬
文獻叢編四十六輯　國立北平故宮博物院文獻館編　民國十九年至三十二年(1930－1943)國立北平故宮博物院鉛印本　二冊　存二輯(一至二)

330000－1752－0000283　5020　類叢部/叢書類/自著之屬
勵耘書屋叢刻八種　陳垣撰　民國刻本　二冊　存一種

330000－1752－0000284　4972　史部/傳記類/總傳之屬/家乘
繆氏考古錄一卷　繆荃孫輯　民國二十四年(1935)鉛印本　一冊

330000－1752－0000285　4974　子部/工藝類/日用器物之屬/陶瓷
古月軒瓷考一卷　楊歗谷撰　民國二十二年(1933)北平雅韻齋鉛印本　二冊

330000－1752－0000286　4830　子部/叢編
清代筆記叢刊四十一種　文明書局編　民國上海文明書局石印本　五十六冊　存十五種

330000－1752－0000287　5401　集部/曲類
蔣士銓九種曲　(清)蔣士銓撰　民國十二年(1923)上海朝記書莊石印本　十六冊

330000－1752－0000292　3325　子部/墨家類
墨子閒詁十五卷目錄一卷附錄一卷後語二卷　(清)孫詒讓撰　民國掃葉山房石印本　八冊

330000－1752－0000294　4706　類叢部/叢書類/彙編之屬
墨海金壺一百十五種　(清)張海鵬輯　民國十年(1921)上海博古齋據清嘉慶虞山張氏刻本影印本　二冊　存一種

330000－1752－0000295　1144　子部/道家類
莊子集釋十卷　(清)郭慶藩輯　民國上海埽葉山房石印本　八冊

330000－1752－0000296　4997　子部/道家類
增補老子古義三卷漢代老學者考一卷　楊樹達撰　民國十七年(1928)上海中華書局鉛印本　二冊

330000－1752－0000297　4996　子部/墨家類
墨子刊誤二卷　(清)蘇時學撰　**墨子刊誤刊誤二卷**　陳柱撰　民國十七年(1928)上海中華書局鉛印本　一冊

330000－1752－0000298　4995　子部/墨家類
墨辯新注二卷　魯大東撰　民國二十五年(1936)上海中華書局鉛印本　一冊

330000－1752－0000299　4987　子部/墨家類
定本墨子閒詁校補二卷附編一卷　李笠撰　民國十四年(1925)上海商務印書館鉛印本　二冊

330000－1752－0000303　1256　類叢部/叢書類/郡邑之屬
揚州叢刻二十四種　陳恒和編　民國十九年至二十三年(1930－1934)揚州陳恒和書林刻

本　二册　存一種

330000－1752－0000305　6481　集部/詩文評類/詩評之屬

合肥詩話三卷　李家孚撰　民國十八年(1929)蘇州鉛印本　一册

330000－1752－0000307　4040　子部/雜著類/雜說之屬

麈史三卷　(宋)王得臣　(宋)鳳檯子等撰　民國八年(1919)刻本　一册

330000－1752－0000309　8846　集部/别集類/清别集

壯悔堂文集十卷　(清)侯方域撰　(清)賈開宗等評點　民國上海掃葉山房石印本　二册　存五卷(一至五)

330000－1752－0000311　0311　集部/小說類/長篇之屬

上下古今談四卷二十回　吳敬恒撰　民國上海文明書局鉛印本　一册　存一卷(二)

330000－1752－0000314　0656　集部/小說類

繪圖小小說庫第三集八種　世界書局編輯部輯　民國十四年(1925)上海世界書局石印本　一册　存一種

330000－1752－0000316　1464　集部/曲類

新曲苑三十四種附一種　任訥編　民國二十九年(1940)上海中華書局鉛印本　十二册

330000－1752－0000318　4522　集部/别集類/清别集

遵義鄭徵君遺著二十一卷　(清)鄭珍撰　**埘屈廬詩稿四卷**　(清)鄭同知撰　民國三年至四年(1914－1915)陳夔龍花近樓刻本　八册

330000－1752－0000323　4671　集部/小說類/長篇之屬

增像全圖加批西遊記十二卷一百回　(明)吳承恩撰　(清)陳士斌詮解　民國二年(1913)天寶書局石印本　十二册

330000－1752－0000327　3429　集部/戲劇類/總集之屬/雜劇

盛明雜劇卅種三十卷　(明)沈泰輯　民國七年(1918)董氏誦芬室刻本　二十四册

330000－1752－0000332　4178　子部/小說家類

雨窗欹枕集十二種十二卷　(明)洪楩輯　民國二十三年(1934)鄞縣馬廉平妖堂據天一閣舊藏明嘉靖刻本影印本　二册

330000－1752－0000337　2749　類叢部/類書類/通類之屬

欽定古今圖書集成一萬卷目錄四十卷　(清)蔣廷錫　(清)陳夢雷等輯　民國中華書局影印本　三十九册　存九十一卷(目錄一至四十,經濟彙編選舉典一至十一、禮儀典三百九至三百四十八)

330000－1752－0000340　5409　集部/别集類/唐五代别集

杜工部集二十卷　(清)錢謙益箋註　**附錄一卷唱酬題詠附錄一卷諸家詩話一卷**　民國四年(1915)上海廣益書局鉛印本　八册

330000－1752－0000350　8020　集部/曲類/曲選之屬

元曲别裁集二卷　盧前編　民國十七年(1928)上海開明書店鉛印本　一册

330000－1752－0000352　5855　類叢部/叢書類/彙編之屬

適園叢書七十四種　張鈞衡編　民國二年至六年(1913－1917)烏程張氏刻本(原缺唐大詔令集卷十四至二十四、八十七至九十八)　一百七十七册

330000－1752－0000354　4807　史部/雜史類

掌故叢編十輯　故宫博物院文獻館編　民國十七年至二十年(1928－1931)鉛印本　十册　存六輯(一至六)

330000－1752－0000355　5363　類叢部/叢書類/郡邑之屬

括蒼叢書第二集十二種　劉燿東編　民國三十七年(1948)鉛印本　十三册　存十一種

330000－1752－0000356　1480　類叢部/叢書類/輯佚之屬

輯佚叢刊十一種十九卷　陶棟輯　民國三十七年(1948)上海中華書局鉛印本　一冊

330000－1752－0000357　4042　子部/小説家類

顧氏文房小説四十種五十八卷　(明)顧元慶輯　民國十四年(1925)上海商務印書館據明刻本影印本　十冊

330000－1752－0000361　7918　類叢部/叢書類/郡邑之屬

敬鄉樓叢書三十八種　黃羣編　民國十七年至二十四年(1928－1935)永嘉黃氏鉛印本　四十四冊　存三輯二十二種(第一輯三種、第二輯九種、第三輯十種)

330000－1752－0000368　4223　類叢部/叢書類/彙編之屬

求恕齋叢書三十一種　劉承幹編　民國吳興劉氏嘉業堂刻本　四十冊　存十六種

330000－1752－0000369　8439　集部/詞類/類編之屬

彊村叢書一百七十八種　朱祖謀輯並撰校記　民國六年(1917)歸安朱氏刻十一年(1922)校補印本　六十冊

330000－1752－0000370　4793　類叢部/叢書類/彙編之屬

百陵學山九十八種　(明)王完輯　民國二十七年(1938)上海商務印書館影印本　十四冊

330000－1752－0000371　4671　類叢部/叢書類/自著之屬

章氏叢書十三種　章炳麟撰　民國六年至八年(1917－1919)浙江圖書館刻本　六十冊

330000－1752－0000372　1534　史部/地理類/雜志之屬

上海掌故叢書第一集　上海通社輯　民國二十四年(1935)上海通社鉛印本　十冊　存七種

330000－1752－0000374　2702　集部/總集類/尺牘之屬

近代十大家尺牘十種　文明書局編　民國十六年(1927)上海文明書局石印本　九冊

330000－1752－0000375　4713　類叢部/叢書類/自著之屬

隨園全集三十八種　(清)袁枚撰　民國七年(1918)上海文明書局石印本　六十冊　存三十種

330000－1752－0000376　7954　類叢部/叢書類/彙編之屬

古今説海一百三十五種一百四十二卷　(明)陸楫編　民國四年(1915)上海進步書店石印本　十冊　存一百十種

330000－1752－0000377　1992　類叢部/叢書類/彙編之屬

説庫一百七十種　王文濡編　民國四年(1915)上海文明書局石印本(原缺浮生六記卷五至六)　六十冊　存一百五十六種

330000－1752－0000378　9309　集部/別集類/清別集

金聖歎全集八卷　(清)金人瑞撰　民國上海錦文堂石印本　六冊

330000－1752－0000380　5417　子部/藝術類

美術叢書初集二集三集四集二百七十九種　鄧實輯　黃賓虹續輯　民國二十五年(1936)上海神州國光社鉛印本　一百二十冊　存二百二十九種

330000－1752－0000381　1482　類叢部/叢書類/郡邑之屬

四明叢書一百六十七種　張壽鏞編　民國四明張氏約園刻本(原缺安晚堂詩集卷一至五)　六百三十七冊

330000－1752－0000387　4722　類叢部/叢書類/郡邑之屬

豫章叢書六十種附一種　胡思敬編　民國四年至九年(1915－1920)南昌豫章叢書編刻局刻本　四冊　存四種

330000－1752－0000389　1710　史部/目錄類

室名索引不分卷　陳乃乾輯　陶毓英編　民國二十二年(1933)海寧陳乃乾共讀樓鉛印本　一册

330000－1752－0000392　1481　類叢部/叢書類/彙編之屬

四部備要　中華書局編　民國二十五年(1936)上海中華書局鉛印本(原缺經義考卷二百八十六、二百九十九至三百,東塾讀書記十三至十四、十七至二十、二十二至二十五)　二千八百三十六册　存三百四十六種

330000－1752－0000397　6490　集部/别集類/宋别集

劍南詩鈔六卷　(宋)陸游撰　(清)楊大鶴選　民國六年(1917)上海掃葉山房石印本　六册

330000－1752－0000401　1670　經部/小學類/訓詁之屬/方言

戴東原續方言手稿二卷　(清)戴震撰　民國二十一年(1932)國立中央研究院歷史語言研究所影印本　一册

330000－1752－0000402　2574　類叢部/叢書類/郡邑之屬

湖北先正遺書七十二種七百二十七卷　盧靖編　民國十二年(1923)沔陽盧氏慎始基齋影印本　一册　存一種

330000－1752－0000404　5584　集部/别集類/清别集

杏花香雪齋詩十一卷補一卷　(清)李慈銘撰　吳道晉輯　民國二十八年(1939)中華書局鉛印本　二册

330000－1752－0000405　2643　集部/别集類/清别集

有正味齋駢體文(有正味齋駢體文箋註)二十四卷首一卷　(清)吳錫麒撰　(清)王廣業箋　(清)葉聯芬注　民國尚友山房石印本　八册

330000－1752－0000407　4617　集部/别集類/唐五代别集

重刊五百家註音辯昌黎先生文集四十卷　(唐)韓愈撰　民國上海文瑞樓石印本　十二册

330000－1752－0000409　1754　集部/總集類/選集之屬/通代

詩曆十三卷附錄一卷　伍受真編　民國十九年(1930)振羣印刷公司鉛印本　二册

330000－1752－0000412　2797　集部/别集類

澹堪詩草二卷　成多禄撰　民國吉林成氏刻本　一册　存一卷(一)

330000－1752－0000413　5388　集部/詞類/詞韻之屬

晚翠軒詞韻一卷　(清)舒夢蘭輯　民國十一年(1922)上海朝記書莊鉛印本　一册

330000－1752－0000414　8155　集部/總集類/選集之屬/通代

新選詳註國文讀本六卷　雷瑨編　雷瑊註　民國十年(1921)上海掃葉山房石印本　六册

330000－1752－0000415　8625　集部/總集類/氏族之屬

陟岡集四卷附錄一卷　金兆梓輯　民國三十八年(1949)中華書局鉛印本　三册

330000－1752－0000416　2601　類叢部/叢書類/郡邑之屬

廣東叢書　廣東叢書編輯委員會編　民國商務印書館影印本暨鉛印本　八册　存一種

330000－1752－0000417　2579　集部/總集類/選集之屬/通代

陶詩彙評四卷東坡和陶合箋四卷　(清)溫汝能撰　民國八年(1919)上海掃葉山房石印本　二册

330000－1752－0000418　5293　類叢部/叢書類/自著之屬

李文忠公全集六種一百六十五卷首一卷　(清)李鴻章撰　(清)吳汝綸編錄　民國十年

(1921)上海商務印書館據金陵刻本影印本　一百冊

330000－1752－0000419　0419　集部/詩文評類/詩評之屬
陳石遺先生談藝錄一卷　陳衍撰　民國二十年(1931)上海中華書局鉛印本　一冊

330000－1752－0000420　4099　集部/別集類/清別集
四憶堂詩集六卷遺稿一卷　(清)侯方域撰　(清)賈開宗等選註　民國上海掃葉山房石印本　二冊

330000－1752－0000422　7621　集部/別集類
樊山文鈔四卷詩鈔六卷　樊增祥撰　民國元年(1912)玲碧書屋石印本　九冊

330000－1752－0000426　4191　集部/別集類
觀山文稿十卷首一卷　章乃羹撰　民國二十四年(1935)鉛印本　一冊　存六卷(首、一至五)

330000－1752－0000429　4189　集部/別集類
鐵騎心聲集不分卷　葉邁撰　民國三十七年(1948)鉛印本　二冊

330000－1752－0000430　1488　集部/別集類/金別集
元遺山詩集箋注十四卷　(金)元好問撰　(元)張德輝類次　(清)施國祁箋　**元遺山詩集箋注年譜一卷**　(清)施國祁訂　**元遺山全集附錄一卷**　(明)儲瓘輯　(清)華希閔增　**元遺山全集補載一卷**　(清)施國祁輯　民國七年(1918)掃葉山房石印本　八冊

330000－1752－0000431　8198　集部/別集類/清別集
校訂定盦全集十卷　(清)龔自珍撰　**定盦年譜藁本一卷**　(清)黃守恒撰　民國九年(1920)上海掃葉山房石印本　六冊

330000－1752－0000432　1968　集部/別集類/清別集
漁洋山人精華錄箋注十二卷補一卷附錄一卷年譜一卷　(清)王士禛撰　(清)金榮箋注　(清)徐淮纂輯　民國上海有正書局石印本　六冊

330000－1752－0000434　1636　類叢部/叢書類/自著之屬
名山全集三十四種　錢振鍠撰　民國木活字印本暨鉛印本　四冊　存一種

330000－1752－0000437　6049　集部/別集類
厚莊詩文續集文六卷文外二卷詩四卷　劉紹寬撰　民國二十六年(1937)鉛印本　三冊　存八卷(文一至六、詩一至二)

330000－1752－0000438　6086　經部/詩類/三家詩之屬
韓詩外傳十卷　(漢)韓嬰撰　民國元年(1912)鄂官書處刻本　二冊

330000－1752－0000440　5173　集部/詩文評類/詩評之屬
遼詩紀事十二卷　陳衍輯　民國二十五年(1936)上海商務印書館鉛印本　一冊

330000－1752－0000441　1752　集部/戲劇類/總集之屬/傳奇
暖紅室彙刻傳奇　劉世珩編　民國八年(1919)貴池劉氏暖紅室刻本　二冊　存一種

330000－1752－0000442　8309　集部/別集類
山青雲白軒詩草二卷　傅宛撰　民國十一年(1922)鉛印本　一冊　存一卷(二)

330000－1752－0000444　4532　集部/別集類/清別集
含光石室詩草四卷　(清)趙崧撰　民國七年(1918)貴陽陳夔龍花近樓刻本　一冊

330000－1752－0000445　1752　集部/別集類
新編分類飲冰室文集全編二十卷　梁啓超撰　民國上海廣益書局石印本　一冊　存一卷

（十一）

330000－1752－0000450　7921　集部/詞類/總集之屬

校輯宋金元人詞七十種　趙萬里輯　民國二十年(1931)國立中央研究院歷史語言研究所鉛印本　五冊

330000－1752－0000454　1702　類叢部/叢書類/彙編之屬

選印宛委別藏四十種　故宮博物院編　民國二十四年(1935)上海商務印書館影印本　五十冊　存十九種

330000－1752－0000455　7604　子部/儒家類/儒學之屬

古今格言四卷　江畬經編纂　民國九年(1920)上海商務印書館鉛印本　四冊

330000－1752－0000456　2577　類叢部/叢書類/郡邑之屬

湖北先正遺書七十二種七百二十七卷　盧靖編　民國十二年(1923)沔陽盧氏慎始基齋影印本　四冊　存一種

330000－1752－0000457　8209　集部/詩文評類/詩評之屬

詩品注三卷　(南朝梁)鍾嶸撰　陳延傑注　**詩選一卷**　陳延傑選　民國十六年(1927)上海開明書店鉛印本　一冊

330000－1752－0000458　2629　集部/別集類/宋別集

宋王忠文公文集五十卷目錄一卷　(宋)王十朋撰　**梅溪王忠文公年譜一卷**　(清)徐炯文編　民國上海埽葉山房石印本　十冊

330000－1752－0000464　4888　集部/總集類/選集之屬/通代

明清八家文鈔二十卷　徐世昌輯　民國二十年(1931)天津徐氏刻本　十二冊

330000－1752－0000466　1839　子部/藝術類/書畫之屬/總論

壯陶閣書畫錄二十二卷附錄一卷　裴景福撰　民國二十六年(1937)上海中華書局鉛印本　二十二冊

330000－1752－0000469　4729　集部/總集類/選集之屬/通代

八代詩精華錄箋註四卷　丁福保編　民國五年(1916)上海文明書局鉛印本　二冊

330000－1752－0000471　14691　經部/詩類/詩序之屬

無兢先生詩三卷雜文一卷　(清)吳鴻綸撰　民國鉛印本　一冊

330000－1752－0000473　3197　集部/總集類/選集之屬/通代

昭明文選大成二十四卷　(南朝梁)蕭統輯　(清)方廷珪評註　(清)何焯批點　民國上海碧梧山莊石印本　二十四冊

330000－1752－0000476　8247　集部/別集類/清別集

一行居集八卷首一卷附一卷　(清)彭紹升撰　民國八年(1919)北京刻經處刻本　四冊

330000－1752－0000479　8636　集部/別集類/宋別集

徐公文集三十卷　(宋)徐鉉撰　**徐公文集補遺一卷**　(宋)徐鉉撰　徐乃昌輯　**徐公文集校記一卷**　徐乃昌撰　民國南陵徐乃昌影刻宋明州本　六冊　缺二卷(補遺、校記)

330000－1752－0000480　8642　集部/別集類/宋別集

徐公文集三十卷　(宋)徐鉉撰　**徐公文集補遺一卷**　(宋)徐鉉撰　徐乃昌輯　**徐公文集校記一卷**　徐乃昌撰　民國南陵徐乃昌刻藍印本　一冊　缺三十卷(一至三十)

330000－1752－0000481　2822　集部/詞類/詞話之屬

詞話叢編六十種　唐圭璋編　民國二十三年(1934)鉛印本　十八冊　存三十九種

330000－1752－0000482　4542　集部/別集類

亭秋館詩鈔十卷詞鈔四卷外集一卷附錄一卷　許禧身撰　民國元年(1912)京師刻本

八冊

330000－1752－0000483　4538　類叢部/叢書類/彙編之屬
小鷗波館集四種　(清)潘曾瑩撰　民國二十六年(1937)潘氏歲可堂刻本　四冊

330000－1752－0000484　4530　集部/別集類/清別集
桐埜詩集四卷　(清)周起渭撰　民國七年(1918)花近樓刻本　二冊

330000－1752－0000490　4723　集部/別集類/清別集
竹山堂文賸一卷詩補一卷　(清)潘祖同撰　民國二十五年(1936)潘承典等歲可堂刻朱印本　一冊

330000－1752－0000496　8721　集部/曲類/曲韻曲譜曲律之屬
南北詞簡譜四卷首一卷　吳梅撰　民國油印本　九冊

330000－1752－0000498　2811　集部/詞類/別集之屬
稼軒詞六卷　(宋)辛棄疾撰　梁啟超輯　梁啟勳疏證　民國二十年(1931)梁啟勳曼殊室刻本　六冊

330000－1752－0000501　9180　經部/小學類/文字之屬/字書/通論
六書解例不分卷　馬敘倫撰　民國二十年(1931)上海商務印書館石印本　一冊

330000－1752－0000502　0502　經部/小學類/文字之屬/字書/通論
文字學發凡三卷首一卷　馬宗霍撰　民國二十四年(1935)上海商務印書館石印本　一冊

瑞安市博物館（玉海樓）民國時期傳統裝幀書籍普查登記目録

浙江省民國時期傳統裝幀書籍普查登記目録·温州　湖州

國家圖書館出版社
National Library of China Publishing House

《瑞安市博物館(玉海樓)民國時期傳統裝幀書籍普查登記目録》

編委會

主　　編: 陳欽益

副 主 編: 賈瑞新　詹曉麗

編纂人員: 陳樂敏　林思思　戴斌斌　馮媛媛

《瑞安市博物館(玉海樓)民國時期傳統裝幀書籍普查登記目録》

前　言

著名藏書樓——玉海樓爲清光緒十四年(1888)由孫衣言、孫詒讓父子所建,孫氏父子將多年在外宦游經歷中刻意收集的八九萬卷圖書移駐樓内庋藏。朝代更迭,玉海樓的藏書也歷經散佚流失和數次捐贈。1949 年後,玉海樓得到政府重視和保護,1962 年被列爲省級文物保護單位,1975 年政府撥款修繕整飭,又大力搜羅收購玉海樓流散出去的書籍,重新徵集數萬册(件)古籍圖書、字畫等充實樓中藏品。1996 年,玉海樓列入全國重點文物保護單位,2009 年入選第二批全國重點古籍保護單位。玉海樓藏書的影響力及美譽度雖早已名聲在外,但其家底一直以來没有系統摸清,保護條件也非常落後。2013 年隨着瑞安市博物館(玉海樓)新館落成,玉海樓所藏全部古籍移至館内專業庫房妥善保管,同時開始古籍整理工作。2014 年 9 月,古籍普查工作正式啓動,2015 年 12 月普查工作全面完成。這是我館自 1956 年建館以來首次全覆蓋式的梳理。

我館按照《浙江省古籍普查信息登記項目規定》(浙古保[2013]2 號)文件和《浙江省古籍普查手册》的規範,開展認真細緻的古籍整理和普查工作。通過兩年多的努力,基本上摸清了玉海樓藏書的全部家底。根據全國古籍普查平臺統計,共著録館藏古籍和民國傳統裝幀書籍 4119 種 31801 册。清代以前的古籍均收入《瑞安市博物館(玉海樓)古籍普查登記目録》,由國家圖書館出版社出版,民國傳統裝幀書籍部分按照浙江省古籍保護中心的統一安排進行出版。我館此次普查民國傳統裝幀書籍共 1574 種 9219 册,按照普查平臺分類分爲:經部 113 種 405 册,史部 367 種 1789 册,子部 308 種 1887 册,集部 600 種 2725 册,類叢部 179 種 2392 册,新學 7 種 21 册。其中稿抄本 177 種 281 册,大多是珍貴的地方文獻資料。

古籍保護是一項長期細緻的系統性工程,我們要以此次普查爲契機,立足於館藏古籍的整理與研究,逐步建立古籍數字化資源庫,完善古籍數字化工作,進一步深入挖掘和闡發古籍所蘊含的文化内涵和時代價值,切實做到保護中發展,發展中保護,充分發揮珍貴古籍傳承文明、教育人民、服務社會、推動發展的作用。

借本書付梓之際,我們向參與普查一綫工作付出辛勤勞動的全體普查員,向所有在普查過程中給予支持指導的領導和專家,向本書的編纂人員,一并表示誠摯的謝忱。

鑒於編纂者水平、經驗有限,《目録》中的脱漏訛誤之處,在所難免,懇請方家批評指正。

本書編委會
2018 年 5 月

330000－1788－0000018　04283　子部/醫家類/醫經之屬/内經

内經素問摘句不分卷　民國抄本　一册

330000－1788－0000024　04292　子部/農家類/農藝之屬/烹調

粥譜説一卷　慈山居士撰　民國抄本　一册

330000－1788－0000055　00249　史部/傳記類/科舉録之屬

郡志選舉考正三卷　(清)孫衣言撰　民國抄本　三册

330000－1788－0000067　00207　類叢部/叢書類/彙編之屬

儒學警悟七集四十卷　(宋)俞鼎孫　(宋)俞經編　民國十一年(1922)武進陶氏刻本　十册

330000－1788－0000073　00362　子部/藝術類/書畫之屬/書法書品

鮮盦先生廣藝舟雙楫評論一卷　(清)黄紹箕撰　民國抄本　一册

330000－1788－0000074　00293　子部/藝術類/書畫之屬/書法書品

鮮盦先生廣藝舟雙楫評語一卷　(清)黄紹箕撰　民國瑞安陳氏裒遺堂抄本　一册

330000－1788－0000075　00336　集部/别集類/清别集

潄蘭賦鈔一卷　(清)黄體芳撰　**黄通政哀輓一卷潄蘭詩葺補一卷潄蘭先生佚事編一卷**　張揚輯　民國瑞安陳氏裒遺堂抄本　一册

330000－1788－0000076　00348　史部/傳記類/别傳之屬/年譜

太鶴山人[端木國瑚]年譜一卷　(清)端木百禄撰　民國抄本　薛鍾斗批並跋　一册

330000－1788－0000077　00330　史部/傳記類/别傳之屬/年譜

黄鮮盦先生[紹箕]年譜初稿一卷　張揚纂　稿本　一册

330000－1788－0000078　00370　類叢部/叢書類/家集之屬

衡陽夏氏叢書　夏紹笙撰　稿本　七册　存一種

330000－1788－0000083　00326　集部/别集類/明别集

汲古堂續集不分卷　(明)何白撰　民國瑞安林慶雲惜硯樓抄本　三册

330000－1788－0000084　00305　集部/别集類/清别集

河間詩存不分卷　(清)俞君堯撰　民國俞春如抄本　一册

330000－1788－0000085　00304　經部/書類

禹貢説要二卷　(清)俞君堯撰　民國俞春如抄本　一册

330000－1788－0000086　00333　類叢部/叢書類/自著之屬

拙廬遺稾八種　楊紹廉撰　民國胡孟昭抄本　宋慈裒題記　一册　存一種

330000－1788－0000087　00300　經部/小學類/文字之屬/字書/字體

古籀餘論校訂三卷　(清)孫詒讓撰　張揚校訂　稿本　一册

330000－1788－0000088　00337　類叢部/叢書類/自著之屬

神羊遺著三種　(清)張豸冠撰　民國抄本　一册　存一種

330000－1788－0000089　00358　史部/目録類/總録之屬/私撰

複壁藏書目一卷　王禮培編　民國瑞安張揚籀經樓抄本　鄭劍西題簽　一册

330000－1788－0000091　00335　集部/别集類/清别集

片石齋詩稿不分卷　(清)張春煊撰　民國瑞安林慶雲惜硯樓抄本　一册

330000－1788－0000093　00351　史部/傳記類/别傳之屬/年譜

知不足齋[鮑廷博]年譜一卷　張揚纂　稿本　一冊

330000－1788－0000094　00354　史部/傳記類/別傳之屬/年譜

欒山[許松年]自訂年譜一卷　（清）許松年撰　民國瑞安林慶雲惜硯樓抄本　張揚批校　一冊

330000－1788－0000095　00347　史部/目録類/專録之屬

玉海樓善本書目二卷　孫師覺編　民國抄本　一冊

330000－1788－0000096　00341　集部/別集類/清別集

寶香山館集十九卷　（清）林培厚撰　（清）林用光編　民國瑞安林慶雲惜硯樓抄本　五冊　存十三卷（一至七、十三至十四、十六至十九）

330000－1788－0000097　00340　子部/農家農學類/園藝之屬/花卉

藝菊瑣言一卷　（清）陳葆善撰　民國瑞安林慶雲惜硯樓抄本　一冊

330000－1788－0000098　00349　史部/目録類/總録之屬/私撰

書鈔閣行篋書目不分卷　（清）周星詒藏並撰　民國天録餘芬室抄本　一冊

330000－1788－0000099　00339　集部/別集類/清別集

葉質林詩不分卷　（清）葉嘉棆撰　民國瑞安林慶雲惜硯樓抄本　一冊

330000－1788－0000100　00338　集部/別集類/清別集

讀畫樓詩集不分卷　（清）張瓛撰　民國歐風社抄本　一冊

330000－1788－0000101　00355　史部/目録類/總録之屬/史志

清史藝文志四卷　朱師轍撰　民國瑞安張揚籀經樓抄本　一冊　存一卷（一）

330000－1788－0000103　00206　史部/傳記類/總傳之屬/技藝

書史會要九卷補遺一卷　（明）陶宗儀撰　民國十八年（1929）武進陶氏逸園刻本　四冊

330000－1788－0000104　00320　集部/別集類

頤廬詩抄不分卷　楊時中撰　民國陳激雲抄本　二冊

330000－1788－0000105　00318　子部/雜著類/雜説之屬

東越筆記一卷　（清）張鳴鶱撰　民國抄本　一冊

330000－1788－0000106　00307　子部/雜著類

天壤閣襍記一卷　（清）王懿榮撰　民國楊紹廉抄本　楊紹廉跋　一冊

330000－1788－0000107　00281　集部/別集類/清別集

戺園詩稿一卷　（清）戴信準撰　民國瑞安項氏水仙庵抄本　一冊

330000－1788－0000108　00299　集部/詩文評類

樵歌斠録一卷附顧亭林詩校記佚詩補識誤一卷　孫延釗撰　稿本　一冊

330000－1788－0000109　00319　集部/別集類/清別集

廣西獨秀峰無名氏題壁一卷　（清）□□撰　民國抄本　一冊

330000－1788－0000113　00344　子部/法家類

王仁俊管子校語一卷　（清）王仁俊撰　民國瑞安張揚籀經樓抄本　鄭劍西題簽　一冊

330000－1788－0000114　00353　史部/傳記類/別傳之屬/年譜

法幢自訂年譜一卷　（明）林增志撰　民國瑞安林慶雲惜硯樓抄本　一冊

330000－1788－0000115　00352　史部/金石

類/石之屬

雁蕩四谷金石錄四卷 倪子昌輯 民國瑞安林慶雲惜硯樓抄本 一冊 存二卷(三至四)

330000－1788－0000117 00323 史部/傳記類/別傳之屬/年譜

段容思先生[堅]年譜紀畧一卷 (明)彭澤輯 民國抄本 一冊

330000－1788－0000118 00343 類叢部/叢書類/自著之屬

拙廬遺稾八種 楊紹廉撰 民國抄本 二冊 存一種

330000－1788－0000119 00282 史部/史抄類

讀史舉隅二卷 (清)張福英輯 民國小塍氏抄本 二冊

330000－1788－0000120 00390 史部/傳記類/別傳之屬/年譜

孫遜學公[衣言]年譜十卷 孫延釗編 稿本 五冊

330000－1788－0000121 00317 史部/目録類/總録之屬/私撰

蹤鄦樓書目一卷附玉海樓方志目一卷 民國抄本 一冊

330000－1788－0000123 00391 史部/傳記類/別傳之屬/年譜

孫徵君籒廎公[詒讓]年譜八卷末一卷 孫延釗編 民國抄本 五冊

330000－1788－0000124 00331 子部/雜著類

辛酉春初讀唐敬楷學案小識提要便覽不分卷 孫延釗撰 稿本 一冊

330000－1788－0000125 00374 集部/別集類

寥天廬文集四卷 宋慈褎撰 稿本 四冊

330000－1788－0000126 00375 集部/總集類/郡邑之屬

甌海集内編十卷外編一卷 楊紹廉輯 民國抄本 七冊 存七卷(内編一、三至六、八,外編)

330000－1788－0000127 00324 史部/傳記類/總傳之屬/姓名

雍正浙江通志人物傳索引不分卷 李紹虞撰 民國抄本 一冊

330000－1788－0000128 00327 史部/傳記類/別傳之屬/年譜

孫敬軒[希旦]先生年譜一卷 孫延釗編 民國抄本 一冊

330000－1788－0000131 00321 集部/別集類

怡廬詩鈔不分卷 楊時中撰 稿本 一冊

330000－1788－0000132 00322 集部/別集類/清別集

慕橋詩集五卷 (清)林上梓撰 民國林志春抄本 一冊

330000－1788－0000134 00360 集部/總集類/郡邑之屬

甌海集不分卷 楊紹廉輯 民國瑞安林慶雲惜硯樓抄本 五冊

330000－1788－0000135 00346 集部/別集類/清別集

清秘堂文鈔四卷 (清)胡玠撰 民國抄本 一冊

330000－1788－0000136 00306 經部/易類/傳說之屬

周易講義不分卷 (清)俞君堯撰 民國俞春如抄本 一冊

330000－1788－0000139 00342 類叢部/叢書類

壽萱草堂叢書 稿本 一冊 存一種

330000－1788－0000141 00345 史部/雜史類

甌海徵書訪書記不分卷 梅雨清撰 高誼撰 張崟撰 民國抄本 一冊

330000－1788－0000144 00460 集部/別集

類/唐五代别集
韓集箋正五卷昌黎先生詩文年譜一卷 (清)方成珪撰 民國十五年(1926)瑞安陳氏湫漻齋鉛印本 四册

330000－1788－0000146 01089 集部/别集類
飛情閣集四卷 黄光撰 民國三十八年(1949)鉛印本 三册

330000－1788－0000147 01079 集部/别集類
厚莊詩文續集文六卷文外二卷詩四卷 劉紹寬撰 民國二十六年(1937)鉛印本 六册

330000－1788－0000148 00975 集部/别集類
榘園文鈔三卷詩鈔三卷 張錫麟撰 民國刻本 二册

330000－1788－0000149 00386 史部/地理類/方志之屬/郡縣志
[民國]瑞安縣志二十八卷 瑞安縣修志委員會纂 民國三十五年(1946)鉛印本(卷六、十配民國抄本) 二十一册 缺六卷(十一至十五、十七)

330000－1788－0000150 00633 集部/别集類/明别集
半山藏稿二十卷 (明)王叔果撰 民國二十四年(1935)鉛印本 二册 存十一卷(四至七、十四至二十)

330000－1788－0000154 00693 集部/别集類/清别集
陳檢討四六二十卷 (清)陳維崧撰 (清)程師恭注 民國上海文瑞樓石印本 八册

330000－1788－0000156 00652 集部/别集類/清别集
亭林詩集五卷文集六卷餘集一卷 (清)顧炎武撰 民國二年(1913)掃葉山房石印本 四册

330000－1788－0000158 01133 集部/總集類/選集之屬/斷代
十種唐詩選十七卷 (清)王士禛輯 民國中華圖書館石印本 四册

330000－1788－0000161 00533 集部/别集類/宋别集
黄山谷全集三十九卷 (宋)黄庭堅撰 (宋)任淵 (宋)史容 (宋)史季溫注 民國八年(1919)上海著易堂書局據清光緒二十一年至二十五年(1895－1899)刻宣統二年(1910)印本影印本 二十册

330000－1788－0000162 00429 集部/别集類/唐五代别集
李太白文集三十卷 (唐)李白撰 民國六年(1917)上海掃葉山房石印本 八册

330000－1788－0000163 00597 集部/别集類/金别集
元遺山詩集箋注十四卷 (金)元好問撰 (元)張德輝類次 (清)施國祁箋 **元遺山詩集箋注年譜一卷** (清)施國祁訂 **元遺山全集附録一卷** (明)儲瓘輯 (清)華希閔增 **元遺山全集補載一卷** (清)施國祁輯 民國七年(1918)掃葉山房石印本 八册

330000－1788－0000164 00695 集部/别集類/清别集
飴山詩集二十卷 (清)趙執信撰 民國五年(1916)掃葉山房石印本 四册

330000－1788－0000165 00288 子部/雜著類/雜説之屬
南村輟耕録三十卷 (元)陶宗儀撰 民國十二年至十四年(1923－1925)武進陶氏影元刻本 十册

330000－1788－0000167 01553 集部/詩文評類/詩評之屬
北江詩話六卷 (清)洪亮吉撰 民國六年(1917)上海掃葉山房石印本 二册

330000－1788－0000168 00744 集部/别集類/清别集
夢樓詩集二十四卷 (清)王文治撰 民國五年(1916)同文圖書館石印本 六册

330000－1788－0000170　01234　集部/總集類/選集之屬/通代
美人千態詩一卷詞一卷　雷瑨輯　民國六年(1917)上海掃葉山房石印本　二冊

330000－1788－0000173　00665　集部/別集類/清別集
梅村詩集箋注十八卷　(清)吳偉業撰　(清)吳翌鳳箋注　民國中華圖書館石印本　八冊

330000－1788－0000174　00308　集部/別集類
籀經樓文稿一卷　張揚撰　稿本　蘇叟題記並跋　一冊

330000－1788－0000175　00666　集部/別集類/清別集
梅村詩集箋注十八卷　(清)吳偉業撰　(清)吳翌鳳箋注　民國中華圖書館石印本　八冊

330000－1788－0000176　00494　集部/別集類/唐五代別集
玉溪生詩意八卷　(唐)李商隱撰　(清)朱鶴齡注　(清)屈復意　民國六年(1917)上海會文堂書局石印本　六冊

330000－1788－0000178　01161　集部/總集類/郡邑之屬
嶺南三大家詩選二十四卷　(清)王隼編　民國十年(1921)上海國華書局石印本　六冊

330000－1788－0000180　01127　集部/總集類/選集之屬/通代
瀛奎律髓刊誤四十九卷　(元)方回輯　(清)紀昀批點　民國十一年(1922)上海掃葉山房石印本　八冊

330000－1788－0000182　01120　集部/總集類/選集之屬/斷代
宋詩鈔初集　(清)呂留良　(清)吳之振　(清)吳爾堯輯　民國三年(1914)上海商務印書館據清康熙吳氏刻本影印本(原缺十六卷)　四十冊　存六十六種

330000－1788－0000183　01249　集部/總集類/選集之屬/通代
評註昭明文選十五卷首一卷葉星衛附註一卷　(清)于光華輯　民國上海掃葉山房石印本　十六冊

330000－1788－0000184　01156　集部/總集類/選集之屬/斷代
嘉道六家絕句六卷　民國八年(1919)上海掃葉山房石印本　六冊

330000－1788－0000188　01542　集部/詩文評類/詩評之屬
帶經堂詩話三十卷首一卷　(清)王士禛撰　(清)張宗柟輯　民國上海掃葉山房石印本　十冊

330000－1788－0000189　01232　集部/總集類/選集之屬/通代
五百家香艷詩十卷　雷瑨輯　民國三年(1914)上海掃葉山房石印本　六冊

330000－1788－0000190　00570　集部/別集類/宋別集
石湖居士詩集三十四卷　(宋)范成大撰　民國中國書畫會社石印本　八冊

330000－1788－0000193　01274　集部/總集類/選集之屬/通代
東萊先生古文關鍵四卷　(宋)呂祖謙評　(宋)蔡文子註　(清)徐樹屏考異　民國七年(1918)上海會文堂書局碧梧山莊書局影印本　四冊

330000－1788－0000194　01251　集部/總集類/選集之屬/通代
評註昭明文選十五卷首一卷葉星衛附註一卷　(清)于光華輯　民國十年(1921)上海掃葉山房石印本　十六冊

330000－1788－0000196　01571　集部/詩文評類/類編之屬
清詩話四十三種　丁福保訂　民國五年(1916)上海文明書局鉛印本　二十冊

330000－1788－0000198　01374　集部/總集類/氏族之屬
三蘇全集　(清)弓翊清等編　民國十年

(1921)掃葉山房石印本　四十冊

330000－1788－0000200　00566　集部/別集類/宋別集

宋王忠文公文集五十卷目錄一卷　(宋)王十朋撰　**梅溪王忠文公年譜一卷**　(清)徐炯文編　民國上海埽葉山房石印本　十冊

330000－1788－0000201　01065　集部/別集類

含嘉室詩集八卷　吳士鑑撰　民國鉛印本　二冊

330000－1788－0000205　01053　集部/別集類

起聖齋詩集十一卷古韻闡微一卷　尹桐陽撰　民國十七年(1928)上海文明書局鉛印本　一冊

330000－1788－0000210　01093　集部/別集類

薏園文鈔六卷　高誼撰　民國二十七年(1938)鉛印本　二冊

330000－1788－0000239　01066　集部/別集類

蜕盦賸稿六卷　符璋撰　民國三年(1914)甌江鉛印本　三冊

330000－1788－0000242　00659　類叢部/叢書類/郡邑之屬

吳興叢書六十六種　劉承幹編　民國吳興劉氏嘉業堂刻本　四冊　存一種

330000－1788－0000245　01067　集部/別集類

蜕盦賸稿六卷　符璋撰　民國三年(1914)甌江鉛印本　三冊

330000－1788－0000256　01095　集部/別集類

萬萬盦詩存一卷詩餘一卷　鄭閎達撰　民國二十二年(1933)鉛印本　一冊

330000－1788－0000260　01614　集部/總集類/尺牘之屬

道咸同光名人手札第一集四卷第二集四卷　商務印書館輯　民國十三年(1924)上海商務印書館影印本　八冊

330000－1788－0000268　00888　集部/別集類/清別集

澗于集二十卷(澗于集奏議六卷電稿一卷譯署函稿一卷古今體詩四卷文集二卷書牘六卷)　(清)張佩綸撰　民國七年至十五年(1918－1926)張氏澗于草堂刻本　十冊

330000－1788－0000271　00465　史部/地理類/專志之屬/園林

唐絳州刺史樊宗師絳守居園池記一卷附錄一卷　(唐)樊宗師撰　(明)趙師尹注　樊鎮輯　民國八年(1919)山陰樊氏綿絳書屋刻本　楊君題記　一冊

330000－1788－0000272　00595、00600、00604、02139、02146、02241、03306、03480、03485、02970、02996　類叢部/叢書類/彙編之屬

嘉業堂叢書五十七種　劉承幹輯　民國吳興劉氏嘉業堂刻本　三十五冊　存十一種

330000－1788－0000274　00951　集部/別集類/清別集

求志齋文集二卷外集二卷詩存一卷　(清)童樹棠撰　民國六年(1917)流青閣鉛印本　一冊

330000－1788－0000275　01333　集部/總集類/選集之屬/斷代

現代十大家文鈔　進步書局編　民國四年(1915)上海文明書局、中華書局鉛印本　二十冊

330000－1788－0000281　01561、01562、01001、01563、02221、02406、02974　類叢部/叢書類/彙編之屬

求恕齋叢書三十一種　劉承幹編　民國吳興劉氏嘉業堂刻本　五十六冊　存五種

330000－1788－0000299　00522　集部/別集類/宋別集

王臨川全集二十四卷 (宋)王安石撰 民國七年(1918)上海掃葉山房石印本 十二冊

330000－1788－0000300 01372 集部/總集類/選集之屬/通代
漢魏六朝百三名家集一百十八卷 (明)張溥輯 民國六年(1917)上海掃葉山房石印本 四十八冊

330000－1788－0000306 00438 集部/別集類/唐五代別集
杜詩鏡銓二十卷 (清)楊倫輯 **讀書堂杜工部文集註解二卷** (清)張溍撰 民國三年(1914)著易堂書局石印本 八冊

330000－1788－0000310 00489 集部/別集類/唐五代別集
樊南文集箋註八卷 (唐)李商隱撰 (清)馮浩注 民國五年(1916)上海廣益書局、文瑞樓石印本 八冊

330000－1788－0000312 01250 集部/總集類/選集之屬/通代
評註昭明文選十五卷首一卷葉星衛附註一卷 (清)于光華輯 民國上海掃葉山房石印本 十六冊

330000－1788－0000317 00798 集部/別集類/清別集
船山詩草二十卷 (清)張問陶撰 民國十年(1921)上海掃葉山房石印本 三冊

330000－1788－0000318 01476 集部/戲劇類/傳奇之屬
長生殿二卷五十齣 (清)洪昇撰 民國八年(1919)上海掃葉山房石印本 四冊

330000－1788－0000319 01501 子部/小說家類/異聞之屬
閱微草堂筆記二十四卷 (清)紀昀撰 民國上海中華圖書館石印本 六冊

330000－1788－0000320 00796 集部/別集類/清別集
船山詩草二十卷 (清)張問陶撰 民國十四年(1925)上海掃葉山房石印本 六冊

330000－1788－0000321 01398 集部/詞類/詞譜之屬
攷正白香詞譜三卷附錄一卷 陳小蝶編 **增訂晚翠軒詞韻一卷** 陳祖耀校正 民國七年(1918)春草軒鉛印本暨石印本 三冊 缺一卷(二)

330000－1788－0000325 01134 集部/總集類/選集之屬/斷代
王荆公唐百家詩選二十卷 (宋)王安石輯 民國上海文寶公司石印本 八冊

330000－1788－0000326 01150 集部/總集類/選集之屬/斷代
宋代五十六家詩集六卷 (清)坐春書塾編 民國石印本 六冊

330000－1788－0000328 00458 集部/別集類/唐五代別集
重刊五百家註音辯昌黎先生文集四十卷 (唐)韓愈撰 民國上海文瑞樓石印本 六冊

330000－1788－0000329 01103 集部/別集類
待焚詩稿十卷 陳柱撰 民國十八年(1929)中國學術討論社無錫鉛印本 二冊

330000－1788－0000330 01474 集部/戲劇類/雜劇之屬
增批繪像第六才子書八卷 (元)王德信 (元)關漢卿撰 (清)金人瑞評 **六才子西廂文一卷** **唐六如先生文韻一卷** (明)祝允明評定 (明)念庵居士輯 民國八年(1919)上海掃葉山房石印本 四冊

330000－1788－0000331 00731 集部/別集類/清別集
復初齋文集三十五卷首一卷 (清)翁方綱撰 民國五年(1916)上海同文圖書館石印本 十冊

330000－1788－0000332 01373 集部/總集類/選集之屬/通代
漢魏六朝名家集初刻四十種 丁福保輯 民國四年(1915)上海掃葉山房石印本 十二冊

存十二種

330000－1788－0000333　02885　經部/叢編
重刊宋本十三經注疏　附校勘記　（清）阮元撰　（清）盧宣旬摘錄　**校勘記識語四卷**　（清）汪文臺撰　民國十三年（1924）掃葉山房石印本　四十冊

330000－1788－0000334　01190　集部/總集類/選集之屬/斷代
感舊集十六卷首一卷　（清）王士禛選　（清）盧見曾補傳　民國中華圖書館石印本　八冊

330000－1788－0000336　01142　集部/總集類/選集之屬/通代
古今詩選五十卷　（清）王士禛選　民國上海掃葉山房石印本　十冊

330000－1788－0000338　00512　集部/別集類/宋別集
范文正公集十二卷補編四卷年譜一卷年譜補遺一卷鄱陽遺事錄一卷義莊規矩一卷遺蹟一卷褒賢集五卷言行拾遺事錄四卷　（宋）范仲淹撰　（明）毛一鷺彙編　民國八年（1919）上海掃葉山房石印本　十二冊

330000－1788－0000339　01323　集部/總集類/選集之屬/斷代
唐文粹簡編六卷　（清）厲鶚　（清）譚獻評點　張相編　民國七年（1918）上海中華書局鉛印本　六冊

330000－1788－0000340　01236　集部/總集類/選集之屬/通代
銅琵金縷甲集二卷乙集二卷丙集二卷丁集二卷　上海進步書局編　民國十五年（1926）上海文明書局石印本　四冊

330000－1788－0000341　01326　集部/總集類/選集之屬/斷代
元文類簡編二卷　（元）蘇天爵輯　張相選　莊啟傳綴評　民國七年（1918）上海中華書局鉛印本　二冊

330000－1788－0000342　01012　集部/別集類
湘綺樓全集三十卷　王闓運撰　民國六年（1917）上海廣益書局鉛印本　十二冊

330000－1788－0000343　01644　子部/藝術類/遊藝之屬/聯語
楹聯叢話十二卷續話四卷巧對錄二卷　（清）梁章鉅輯　民國四年（1915）上海會文堂書局石印本　六冊

330000－1788－0000347　01839　子部/小說家類
筆記小說大觀二百二十二種　進步書局輯　民國上海進步書局石印本　五百四冊　存一百九十一種

330000－1788－0000350　01900　類叢部/叢書類/郡邑之屬
敬鄉樓叢書三十八種　黃羣編　民國十七年至二十四年（1928－1935）永嘉黃氏鉛印本　七十八冊

330000－1788－0000353　01528－1　集部/詩文評類/詩評之屬
歷代詩話二十七種五十七卷考索一卷　（清）何文煥輯　民國上海文實公司石印本　十六冊

330000－1788－0000354　01313　集部/總集類/選集之屬/通代
新古文辭類纂六十卷首一卷　蔣瑞藻纂集　民國十一年（1922）上海中華書局石印本　二十四冊

330000－1788－0000355　00430　集部/別集類/唐五代別集
李太白文集三十六卷　（唐）李白撰　（清）王琦輯注　民國十年（1921）上海掃葉山房石印本　二十四冊

330000－1788－0000356　01310　集部/總集類/選集之屬/通代
古文辭類纂評註七十四卷　（清）姚鼐纂輯　沈伯經等評注　民國十一年（1922）上海文明書局鉛印本　十六冊

330000－1788－0000358　01311　集部/總集

類/選集之屬/通代

古文辭類纂評註七十四卷　(清)姚鼐纂輯　沈伯經等評注　民國四年(1915)上海文明書局鉛印本　十六冊

330000－1788－0000359　00621　集部/別集類/明別集

王文成公全書三十八卷　(明)王守仁撰　民國二年(1913)上海中華圖書館影印本　十一冊　缺三卷(十四至十六)

330000－1788－0000360　01528－2　集部/詩文評類/詩評之屬

歷代詩話續編二十九種　丁福保訂　民國五年(1916)無錫丁氏鉛印本　二十四冊　存二十八種

330000－1788－0000361　01328　集部/總集類/選集之屬/斷代

姚氏清朝文錄簡編六卷　(清)姚椿原編　張相　莊啟傳選評　民國七年(1918)上海中華書局鉛印本　六冊

330000－1788－0000362　01277　集部/總集類/選集之屬/通代

六朝文絜四卷　(清)許槤輯並評　民國二年(1913)上海掃葉山房石印本　二冊

330000－1788－0000363　01375　集部/總集類/氏族之屬

三蘇文集四十四卷　(清)邵希雍輯　民國元年(1912)上海會文學社石印本　八冊

330000－1788－0000365　01327　集部/總集類/選集之屬/斷代

明文在簡編四卷　(清)薛熙編　張相選錄　民國七年(1918)上海中華書局鉛印本　四冊

330000－1788－0000367　00988　類叢部/叢書類/自著之屬

樊山全集六種　樊增祥撰　民國五年(1916)上海廣益書局石印本　二十四冊

330000－1788－0000368　01376　集部/總集類/氏族之屬

三蘇文集四十四卷　(清)邵希雍輯　民國元年(1912)上海會文學社石印本　八冊

330000－1788－0000370　01610　集部/總集類/尺牘之屬

古今名人新體廣註分類文學尺牘全書三十二卷　陳龢祥編　民國十七年(1928)上海掃葉山房石印本　十六冊

330000－1788－0000371　01618　集部/總集類/尺牘之屬

蘇東坡尺牘八卷　(宋)蘇軾撰　**黃山谷尺牘十卷**　(宋)黃庭堅撰　民國九年(1920)上海掃葉山房石印本　八冊

330000－1788－0000372　01611　集部/總集類/尺牘之屬

各界適用分類新尺牘大全不分卷　袁韜壺撰　民國十七年(1928)上海掃葉山房石印本　十六冊

330000－1788－0000373　01619　集部/總集類/尺牘之屬

蘇東坡尺牘八卷　(宋)蘇軾撰　**黃山谷尺牘十卷**　(宋)黃庭堅撰　民國九年(1920)上海掃葉山房石印本　八冊

330000－1788－0000374　00572　集部/別集類/宋別集

劍南詩鈔六卷　(宋)陸游撰　(清)楊大鶴選　民國十一年(1922)上海掃葉山房石印本　三冊

330000－1788－0000375　01860　類叢部/叢書類/彙編之屬

別下齋叢書二十七種　(清)蔣光煦編　民國十二年(1923)上海商務印書館據清蔣氏刻本影印本　二十冊

330000－1788－0000376　01911　集部/詞類/類編之屬

彊村叢書一百七十八種　朱祖謀輯並撰校記　民國六年(1917)歸安朱氏刻十一年(1922)校補印本　四十冊

330000－1788－0000377　01856　類叢部/叢書類/彙編之屬

古今說部叢書二百七十二種 國學扶輪社輯 民國四年(1915)中國圖書公司和記鉛印本 六十冊

330000－1788－0000380 01293 集部/總集類/選集之屬/通代
續古文觀止八卷 王文濡選輯 姚文譔等評註 民國二十四年(1935)上海文明書局鉛印本 四冊

330000－1788－0000381 01284 集部/總集類/選集之屬/通代
諸大家批評呂選八家古文八卷 (清)呂留良選 民國六年(1917)上海掃葉山房石印本 六冊

330000－1788－0000382 01629 集部/別集類/清別集
音註隨園尺牘八卷補遺一卷 (清)袁枚撰 (清)胡光斗箋釋 民國上海廣益書局石印本 四冊

330000－1788－0000384 01507 子部/小說家類/異聞之屬
繪圖情史二十四卷 (清)詹詹外史評輯 民國元年(1912)上海書局石印本 六冊

330000－1788－0000385 00687 集部/別集類/清別集
曝書亭集二十三卷詞七卷附錄一卷 (清)朱彝尊撰 民國四年(1915)中華圖書館石印本 八冊

330000－1788－0000386 01532 集部/詩文評類/詩評之屬
續詩人玉屑八卷 (清)蔣瀾纂輯 民國十二年(1923)上海掃葉山房石印本 四冊

330000－1788－0000388 01308 集部/總集類/選集之屬/通代
評校音注古文辭類纂七十四卷 (清)姚鼐輯 王文濡校注 民國上海文明書局鉛印本 八冊 存三十七卷(一至三十七)

330000－1788－0000389 04301 集部/別集類/清別集
華夏樓文集□□卷 (清)夏紹笙撰 民國抄本 一冊 存二卷(十三至十四)

330000－1788－0000391 00544 集部/別集類/宋別集
石林居士建康集八卷補遺一卷 (宋)葉夢得撰 **石林先生兩鎮建康紀年略一卷** (清)葉廷琯編 民國九年(1920)石竹山房書局石印本 四冊

330000－1788－0000393 00527 集部/別集類/宋別集
蘇文忠公詩集五十卷目錄二卷 (宋)蘇軾撰 (清)紀昀評點 民國六年(1917)掃葉山房石印本 十一冊

330000－1788－0000394 01500 子部/小說家類/異聞之屬
詳註閱微草堂筆記二十四卷 (清)紀昀撰 謝瓘詳註 民國十一年(1922)上海會文堂書局石印本 十冊

330000－1788－0000397 00700 集部/別集類/清別集
望溪先生文集十八卷集外文十卷集外文補遺二卷 (清)方苞撰 **方望溪先生年譜一卷附錄一卷** (清)蘇惇元輯 民國上海中華圖書館石印本 八冊

330000－1788－0000398 01417 集部/詞類/總集之屬
歷代名媛詞選十六卷 (清)吳灝輯 民國五年(1916)木石居石印本 六冊

330000－1788－0000399 00514 集部/別集類/宋別集
六一居士文集五卷外集錄二卷 (宋)歐陽修撰 民國二年(1913)上海會文堂書局石印本 六冊

330000－1788－0000400 04372 史部/金石類/陶之屬/文字
溫州古甓記不分卷 (清)孫詒讓撰 民國鉛印本 一冊

330000－1788－0000402 01350 集部/總集

類/選集之屬/通代
評選四六法海八卷 （清）蔣士銓評選 民國上海文瑞樓石印本 八冊

330000－1788－0000403 00399 集部/楚辭類
楚辭十七卷 （漢）劉向集 （漢）王逸章句 （宋）洪興祖補注 （清）俞樾輯評 民國上海中華圖書館石印本 五冊

330000－1788－0000405 01567 集部/詩文評類/詩評之屬
閨秀詩話十六卷 雷瑨 雷瑊輯 民國五年(1916)上海掃葉山房石印本 八冊

330000－1788－0000406 00868 集部/別集類/清別集
濂亭文集八卷 （清）張裕釗撰 （清）查燕緒編次 民國七年(1918)上海掃葉山房石印本 二冊

330000－1788－0000407 01586 集部/詩文評類
文學津梁十二種 周鍾游編 民國五年(1916)上海有正書局石印本 八冊

330000－1788－0000408 01298 集部/總集類/選集之屬/通代
古文筆法二十卷 （清）李扶九編 民國三年(1914)上海廣益書局石印本 四冊

330000－1788－0000409 00497 集部/別集類/唐五代別集
李義山集三卷 （唐）李商隱撰 民國九年(1920)上海掃葉山房石印本 二冊

330000－1788－0000410 04295 集部/總集類
堪輿沙金集八卷 民國抄本 二冊

330000－1788－0000412 01143 集部/總集類/選集之屬/通代
評選古詩源四卷 （清）沈德潛輯 民國六年(1917)上海會文堂書局石印本 四冊

330000－1788－0000413 00869 集部/別集類/清別集
濂亭文集八卷 （清）張裕釗撰 （清）查燕緒編次 民國七年(1918)上海掃葉山房石印本 一冊

330000－1788－0000414 00485 集部/別集類/唐五代別集
樊川詩集四卷詩補遺一卷外集一卷別集一卷 （唐）杜牧撰 （清）馮集梧注 民國上海掃葉山房石印本 四冊

330000－1788－0000415 01177 集部/詩文評類/詩評之屬
唐詩紀事八十一卷 （宋）計有功撰 民國六年(1917)上海文明書局鉛印本 五冊 存三十五卷(一至三十五)

330000－1788－0000416 00712 集部/別集類/清別集
道古堂文集四十六卷詩集二十六卷 （清）杭世駿撰 民國上海掃葉山房石印 十二冊

330000－1788－0000417 00525 集部/別集類/宋別集
施註蘇詩四十二卷目錄二卷 （宋）蘇軾撰 （宋）施元之 （宋）顧禧注 （清）顧嗣立 （清）邵長蘅 （清）宋至刪補 **蘇詩續補遺二卷** （清）馮景補註 **王註正譌一卷** （清）邵長蘅撰 **東坡先生年譜一卷** （宋）王宗稷編 民國上海文瑞樓影印本 二十四冊

330000－1788－0000419 00393 集部/楚辭類
楚辭十七卷 （漢）劉向集 （漢）王逸章句 （宋）洪興祖補注 民國石印本 二冊

330000－1788－0000420 00478 集部/別集類/唐五代別集
白香山詩長慶集二十卷後集十七卷別集一卷補遺二卷 （唐）白居易撰 （清）汪立名編訂 **白香山年譜舊本一卷** （宋）陳振孫撰 **白香山年譜一卷** （清）汪立名撰 民國十三年(1924)上海光霽書局石印本 十二冊

330000－1788－0000421 01502 子部/小說

家類/異聞之屬
閱微草堂筆記二十四卷　(清)紀昀撰　民國上海中華圖書館石印本　六冊

330000－1788－0000423　01416　集部/詞類/總集之屬
閨秀百家詞選十卷　吳灝輯　民國四年(1915)上海掃葉山房石印本　六冊

330000－1788－0000424　01371　集部/總集類/選集之屬/通代
漢魏六朝百三名家集一百十八卷　(明)張溥輯　民國六年(1917)上海掃葉山房石印本　四十八冊

330000－1788－0000426　01070　集部/別集類
散原精舍詩二卷　陳三立撰　民國五年(1916)文藝雜志社石印本　二冊

330000－1788－0000427　01862　類叢部/叢書類/彙編之屬
知不足齋叢書一百九十五種　(清)鮑廷博輯　(清)鮑士恭續輯　民國十年(1921)上海古書流通處據清鮑氏刻本影印本　二百三十五冊

330000－1788－0000428　00526　集部/別集類/宋別集
蘇文忠公詩集五十卷目錄二卷　(宋)蘇軾撰　(清)紀昀評點　民國十年(1921)上海掃葉山房石印本　十一冊

330000－1788－0000429　00535　集部/別集類/宋別集
后山詩十二卷　(宋)陳師道撰　(宋)任淵注　民國十四年(1925)上海文明書局石印本　六冊

330000－1788－0000432　00437　集部/別集類/唐五代別集
杜詩鏡銓二十卷　(清)楊倫輯　**讀書堂杜工部文集註解二卷**　(清)張溍撰　民國三年(1914)上海著易堂書局石印本　八冊

330000－1788－0000434　01424　集部/別集類/清別集
曝書亭集二十三卷詞七卷附錄一卷　(清)朱彝尊撰　民國四年(1915)中華圖書館石印本　四冊　缺二十三卷(一至二十三)

330000－1788－0000436　01548　集部/詩文評類/詩評之屬
隨園詩話十六卷補遺十卷　(清)袁枚撰　民國上海文明書局石印本　四冊　存十七卷(一至十二、補遺一至五)

330000－1788－0000437　00580　集部/別集類/宋別集
白石道人詩集二卷集外詩一卷詩說一卷歌曲四卷歌曲別集一卷續書譜一卷　(宋)姜夔撰　**白石詩詞評論一卷評論補遺一卷集事補遺一卷投贈詩詞補遺一卷白石道人逸事一卷**　民國七年(1918)上海掃葉山房石印本　三冊

330000－1788－0000438　01357　集部/總集類/選集之屬/斷代
清朝駢體正宗評本十二卷　(清)曾燠輯　(清)姚燮評　民國上海文瑞樓石印本　四冊

330000－1788－0000439　00394　集部/楚辭類
楚辭集註八卷後語六卷辯證二卷　(宋)朱熹撰　民國二十年(1931)掃葉山房石印本　四冊

330000－1788－0000441　01382　集部/詞類/類編之屬
詞學全書四種　(清)查培繼編　民國木石居石印本　七冊　存三種

330000－1788－0000442　00482　集部/別集類/唐五代別集
白香山詩長慶集二十卷後集十七卷別集一卷補遺二卷　(唐)白居易撰　(清)汪立名編訂　**白香山年譜舊本一卷**　(宋)陳振孫撰　**白香山年譜一卷**　(清)汪立名撰　民國十三年(1924)上海光霽書局石印本　六冊　存二十二卷(長慶集一至二十、年譜舊本、年譜)

330000－1788－0000443　00987　集部/別

集類
嘯園雪鴻吟一卷　盧敏撰　民國二十四年(1935)溫州民智印書局鉛印本　一册

330000－1788－0000444　01541　集部/詩文評類/詩評之屬
靜志居詩話二十四卷　(清)朱彝尊撰　(清)姚祖恩輯　民國二年(1913)上海文瑞樓石印本　十册

330000－1788－0000445　00703　集部/別集類/清別集
戴南山文鈔六卷首一卷　(清)戴名世撰　民國蘇州振新書社石印本　四册

330000－1788－0000446　01406　集部/詞類/總集之屬
歷朝名人詞選十三卷　(清)夏秉衡輯　民國四年(1915)上海掃葉山房石印本　六册

330000－1788－0000447　01158　集部/總集類/選集之屬/斷代
近人詩錄二卷　雷瑨輯　民國二年(1913)上海掃葉山房石印本　二册

330000－1788－0000448　00644　集部/別集類/明別集
疑雨集註四卷　(明)王彦泓撰　丁國鈞注　民國八年(1919)上海掃葉山房石印本　四册

330000－1788－0000449　01325　集部/總集類/選集之屬/斷代
南宋文範簡編四卷　(清)莊仲方原編　張相選評　姚漢章閱訂　民國七年(1918)中華書局鉛印本　四册

330000－1788－0000450　00498　集部/別集類/唐五代別集
李義山集三卷　(唐)李商隱撰　民國十四年(1925)上海掃葉山房石印本　四册

330000－1788－0000452　01594　集部/詩文評類/文評之屬
文學研究法四卷　姚永樸撰　民國五年(1916)上海商務印書館鉛印本　四册

330000－1788－0000453　00565　集部/別集類/宋別集
宋王忠文公文集五十卷目錄一卷　(宋)王十朋撰　**梅溪王忠文公年譜一卷**　(清)徐炯文編　民國上海埽葉山房石印本　十册

330000－1788－0000456　00487　集部/別集類/唐五代別集
玉谿生詩詳註六卷首一卷　(唐)李商隱撰　(清)馮浩注　民國三年(1914)中華圖書館石印本　八册

330000－1788－0000460　00462　集部/別集類/唐五代別集
韓文起十二卷　(唐)韓愈撰　(清)林雲銘評註　民國四年(1915)上海會文堂書局石印本　六册

330000－1788－0000462　01519　集部/小說類/長篇之屬
醒世小說九尾龜十二卷一百九十二回　張春帆撰　民國石印本　十一册　缺一卷(七)

330000－1788－0000466　00702　集部/別集類/清別集
戴南山文鈔六卷首一卷　(清)戴名世撰　民國三年(1914)上海廣益書局石印本　六册

330000－1788－0000468　01319　集部/總集類/選集之屬/斷代
湖海文傳七十五卷　(清)王昶輯　民國上海文瑞樓石印本　十六册

330000－1788－0000470　02252　史部/傳記類/總傳之屬/斷代
清代名人軼事十六卷　葛虛存撰　民國八年(1919)上海會文堂書局石印本　六册

330000－1788－0000476　02613　史部/目録類/總録之屬/私撰
揚州吴氏測海樓藏書目錄七卷　吳引孫藏　富晉書社編　民國二十年(1931)北平富晉書社石印本　四册

330000－1788－0000477　02612　史部/目録類/總録之屬/私撰

揚州吳氏測海樓藏書目録七卷 吳引孫藏 富晉書社編 民國二十年(1931)北平富晉書社石印本 四冊

330000－1788－0000480 02475 史部/目録類/總録之屬/官修

四庫全書總目未收書目索引四卷 陳乃乾編 民國十五年(1926)上海大東書局鉛印本 三冊

330000－1788－0000485 02027 史部/紀傳類/正史之屬

漢書補注一百卷首一卷 王先謙撰 **姚惜抱先生前漢書評點一卷** (清)姚鼐撰 (清)吳汝綸輯 民國五年(1916)上海同文圖書館石印本 四十冊

330000－1788－0000489 02279 史部/傳記類/日記之屬

緣督廬日記抄十六卷(清同治九年閏十月至民國六年九月) 葉昌熾撰 王季烈輯 民國二十二年(1933)上虞羅氏上海蟫隱廬石印本 十六冊

330000－1788－0000491 02192 史部/傳記類/總傳之屬/儒林

明儒學案六十二卷 (清)黄宗羲撰 民國五年(1916)上海文瑞樓石印本 十六冊

330000－1788－0000492 02235 史部/傳記類/别傳之屬/年譜

韓湘巖先生[錫胙]年譜二卷附録一卷 劉燿東纂 民國三十六年(1947)啟後亭鉛印本 一冊

330000－1788－0000493 02236 史部/傳記類/别傳之屬/年譜

韓湘巖先生[錫胙]年譜二卷附録一卷 劉燿東纂 民國三十六年(1947)啟後亭鉛印本 一冊

330000－1788－0000497 02596 史部/目録類/總録之屬/禁燬

清代禁燬書目四種四卷 (清)姚覲元編 民國杭州抱經堂書局石印本 四冊

330000－1788－0000502 02154 史部/政書類/邦交之屬

清光緒朝中日交涉史料八十八卷 北平故宫博物院編 民國二十一年(1932)北平故宫博物院鉛印本 二冊 存四卷(一至二、五至六)

330000－1788－0000503 02412 史部/目録類

室名索引不分卷 陳乃乾輯 陶毓英編 民國二十二年(1933)海寧陳乃乾共讀樓鉛印本 一冊

330000－1788－0000504 02133 新學/政治法律/政治

美國政要三十八卷 上海自由社編輯 民國元年(1912)上海商務印書館石印本 十冊

330000－1788－0000508 02621 史部/目録類/書志之屬/題跋

郎園讀書志十六卷 葉德輝撰 民國十七年(1928)上海澹園鉛印本 十六冊

330000－1788－0000513 02372、00658、00762、00823 類叢部/叢書類/郡邑之屬

吳興叢書六十六種 劉承幹編 民國吳興劉氏嘉業堂刻本 十九冊 存四種

330000－1788－0000514 02106 史部/雜史類/斷代之屬

戰國策補釋六卷 金正煒撰 民國十三年(1924)貴陽金氏十梅館刻本 六冊

330000－1788－0000520 02610 史部/目録類/總録之屬/私撰

好古堂書目五卷收藏宋元板書目一卷 (清)姚際恆編 民國十七年(1928)南京中社影印本 一冊

330000－1788－0000527 02624 史部/目録類/總録之屬/私撰

東海藏書樓書目不分卷 徐允中藏並編 民國十三年(1924)武林鉛印本 六冊

330000－1788－0000532 02196 史部/傳記類/總傳之屬/斷代

清史列傳八十卷　中華書局編　民國十七年(1928)上海中華書局鉛印本　八十冊

330000－1788－0000536　02363　史部/地理類/方志之屬/郡縣志

[民國]瑞安縣志稿不分卷　瑞安縣修志委員會纂　民國二十七年(1938)瑞安縣修志委員會鉛印本　十二冊

330000－1788－0000539　02626、03415　類叢部/叢書類/彙編之屬

渭南嚴氏孝義家塾叢書十一種　嚴式誨編　民國十九年至二十年(1930－1931)渭南嚴氏刻本　六冊　存二種

330000－1788－0000547　02197　史部/傳記類/總傳之屬/斷代

清史列傳八十卷　中華書局編　民國十七年(1928)上海中華書局鉛印本　八十冊

330000－1788－0000557　01999、02003　史部/紀傳類/正史之屬

二十四史附考證　民國十六年(1927)上海商務印書館影印本　十八冊　存二種

330000－1788－0000559　02277　史部/傳記類/日記之屬

翁文恭公日記不分卷(清咸豐八年至光緒三十年)　(清)翁同龢撰　民國十四年(1925)上海商務印書館影印本　四十冊

330000－1788－0000560　02494　史部/目録類/總録之屬/地方

溫州經籍志三十三卷首一卷外編二卷辨誤一卷　(清)孫詒讓撰　民國十年(1921)浙江公立圖書館刻本　十六冊

330000－1788－0000561　02495　史部/目録類/總録之屬/地方

溫州經籍志三十三卷首一卷外編二卷辨誤一卷　(清)孫詒讓撰　民國十年(1921)浙江公立圖書館刻本　十六冊

330000－1788－0000562　02645　史部/金石類/總志之屬

八瓊室金石補正一百三十卷目錄三卷札記四卷祛僞一卷元金石偶存一卷　(清)陸增祥撰　民國十四年(1925)吳興劉氏希古樓刻本　六十四冊

330000－1788－0000563　02049　史部/史評類/史論之屬

酌加畢氏續資治通鑑論八卷　簡朝亮撰　民國二十五年(1936)讀書堂刻本　四冊

330000－1788－0000564　02697　史部/金石類/金之屬/圖像

夢坡室獲古叢編十二卷　周慶雲藏　鄒壽祺編　民國十六年(1927)上海周慶雲夢坡室影印本　十二冊

330000－1788－0000566　02599　史部/目録類/總録之屬/私撰

郘亭知見傳本書目十六卷　(清)莫友芝撰　民國石印本　四冊

330000－1788－0000569　02037　史部/紀傳類/正史之屬

晉書斠注一百三十卷　吳士鑑　劉承幹注　民國十七年(1928)吳興劉氏嘉業堂刻本　六十冊

330000－1788－0000579　02044　史部/編年類/通代之屬

資治通鑑二百九十四卷　(宋)司馬光撰　(元)胡三省音注　**通鑑釋文辯誤十二卷**　(元)胡三省撰　民國六年(1917)上海商務印書館鉛印本　五十九冊　缺五卷(八十八至九十二)

330000－1788－0000583　02013　史部/紀傳類/正史之屬

史記一百三十卷　(漢)司馬遷撰　(明)歸有光等評點　**方望溪平點史記四卷**　(清)方苞撰　民國四年(1915)上海同文圖書館據清光緒武昌張氏刻本影印本　二十四冊

330000－1788－0000586　02598　史部/目録類/總録之屬/私撰

千頃堂書目三十二卷　(清)黃虞稷撰　民國影印本　十六冊

330000－1788－0000587　02012　史部/紀傳類/正史之屬

史記一百三十卷　（漢）司馬遷撰　（明）歸有光等評點　**方望溪平點史記四卷**　（清）方苞撰　民國四年（1915）上海同文圖書館據清光緒武昌張氏刻本影印本　二十四冊

330000－1788－0000591　01872－1　類叢部/叢書類/彙編之屬

甲戌叢編二十種　趙詒琛　王保譿輯　民國二十三年（1934）鉛印本　四冊

330000－1788－0000592　01924　類叢部/叢書類/彙編之屬

寶顏堂祕笈二百二十八種　（明）陳繼儒編　民國十一年（1922）上海文明書局石印本　四十八冊

330000－1788－0000593　01872－2　類叢部/叢書類/彙編之屬

乙亥叢編十六種　趙詒琛　王保譿　王大隆編　民國二十四年（1935）鉛印本　四冊

330000－1788－0000594　01859　類叢部/叢書類/彙編之屬

佚存叢書六帙十七種　（日本）林衡編　民國十三年（1924）上海商務印書館據日本寬政至文化刻本影印本　三十冊

330000－1788－0000596　01872－3　類叢部/叢書類/彙編之屬

丙子叢編十二種　趙詒琛　王大隆編　民國二十五年（1936）鉛印本　四冊

330000－1788－0000597　01872－4　類叢部/叢書類/彙編之屬

丁丑叢編十種　趙詒琛　王大隆輯　民國二十六年（1937）鉛印本　四冊

330000－1788－0000599　01872－5　類叢部/叢書類/彙編之屬

己卯叢編四種　趙詒琛　王大隆輯　民國二十八年（1939）鉛印本　四冊

330000－1788－0000601　01872－6　類叢部/叢書類/彙編之屬

戊寅叢編十種　趙詒琛　王大隆輯　民國二十七年（1938）鉛印本　四冊

330000－1788－0000602　01872－7　類叢部/叢書類/彙編之屬

庚辰叢編十種　趙詒琛　王大隆輯　民國二十九年（1940）鉛印本　四冊

330000－1788－0000603　01872－8　類叢部/叢書類/彙編之屬

辛巳叢編九種　趙詒琛　王大隆輯　民國三十年（1941）鉛印本　四冊

330000－1788－0000609　01936　類叢部/叢書類/自著之屬

章氏遺書七種外編十種　（清）章學誠撰　民國十一年（1922）吳興劉氏嘉業堂刻本　三十二冊

330000－1788－0000611　03629　子部/小說家類/異聞之屬

太平廣記五百卷　（宋）李昉等撰　民國二十年（1931）上海掃葉山房石印本　四十冊

330000－1788－0000623　02213　史部/傳記類/總傳之屬/文苑

本朝名家詩鈔小傳四卷　（清）鄭方坤撰　民國八年（1919）上海掃葉山房石印本　四冊

330000－1788－0000624　02109　類叢部/叢書類/彙編之屬

叢書集成初編四千一百七種　商務印書館編　民國二十四年至二十六年（1935－1937）商務印書館鉛印本　八冊　存二種

330000－1788－0000628　02011　史部/紀傳類/正史之屬

百五十名家評註史記一百三十卷補一卷　（漢）司馬遷撰　（南朝宋）裴駰集解　（唐）司馬貞索隱　（唐）張守節正義　民國八年（1919）上海國學書局石印本　二十冊

330000－1788－0000633　01907　類叢部/叢書類/彙編之屬

增訂漢魏叢書九十六種　（清）王謨編　民國六年（1917）育文書局石印本　三十二冊　存

九十五種

330000－1788－0000634　01858　類叢部/叢書類/郡邑之屬

安徽叢書二十五種　安徽叢書編審會輯　民國二十一年至二十五年(1932－1936)影印本　四十二册　存十種

330000－1788－0000638　02414　史部/地理類/遊記之屬/紀勝

蔣叔南游記第一集不分卷　蔣希召撰　民國十年(1921)鉛印本　二册

330000－1788－0000642　03300　子部/叢編

百子全書　(清)崇文書局編　民國三年(1914)上海掃葉山房石印本　八十册

330000－1788－0000645　01977　類叢部/叢書類/彙編之屬

古今説部叢書二百七十二種　國學扶輪社輯　民國四年(1915)中國圖書公司和記鉛印本　三十五册　存一百七十一種

330000－1788－0000647　03298　子部/叢編

大字精校圈點注釋三十六子全書□□種　(清)孫星衍撰　民國八年(1919)上海掃葉山房石印本　四十八册　存三十八種

330000－1788－0000649　03299　子部/叢編

百子全書　(清)崇文書局編　民國十四年(1925)上海掃葉山房石印本　八十册

330000－1788－0000651　02057　史部/編年類/斷代之屬

註釋清鑑輯覽二十八卷　文明書局編　民國九年(1920)文明書局鉛印本　十二册

330000－1788－0000652　02764　史部/史評類/史論之屬

標目讀通鑑論十六卷附宋論十五卷　(清)王夫之撰　民國三年(1914)上海會文堂書局石印本　十二册

330000－1788－0000653　02765　史部/史評類/史論之屬

標目讀通鑑論十六卷附宋論十五卷　(清)王夫之撰　民國三年(1914)上海會文堂書局石印本　十二册

330000－1788－0000654　02250　史部/傳記類/總傳之屬/仕宦

歷代循吏傳八卷　(清)朱軾　(清)蔡世遠輯　民國三年(1914)上海廣益書局石印本　二册

330000－1788－0000657　02505　史部/目録類/專録之屬

中國地方志綜錄不分卷　朱士嘉撰　民國二十四年(1935)上海商務印書館石印本　三册

330000－1788－0000659　01906　子部/儒家類/儒學之屬/蒙學

德育叢書十種　民國十三年(1924)上海掃葉山房石印本　十二册

330000－1788－0000671　02572　史部/目録類/總録之屬/官修

江南圖書館善本書目五卷　江南圖書館編　民國南京江南圖書館鉛印本　一册

330000－1788－0000672　02232　類叢部/叢書類/彙編之屬

又滿樓叢書十六種　趙詒琛編　民國九年至十四年(1920－1925)崑山趙氏又滿樓刻本　一册　存二種

330000－1788－0000673　02487　史部/目録類/書志之屬/題跋

黄顧遺書六種十六卷　王大隆輯　民國二十二年至二十九年(1933－1940)秀水王氏學禮齋刻本　二册　存一種

330000－1788－0000674　02576　史部/目録類/總録之屬/官修

浙江公立圖書館通常類圖書目錄五卷附保存類圖書目錄補遺一卷　浙江公立圖書館編　民國十四年(1925)浙江公立圖書館鉛印本　八册

330000－1788－0000679　02530　史部/目録類/版本之屬/書影

嘉業堂善本書影五卷　劉承幹輯　民國十八

年(1929)吳興劉氏嘉業堂影印本　五冊

330000－1788－0000680　02030　史部/史評類/考訂之屬
讀漢書札記九卷　楊樹達撰　民國鉛印本　一冊　存四卷(一至四)

330000－1788－0000682　01978　類叢部/叢書類/郡邑之屬
金陵叢書　翁長森　蔣國榜輯　民國三年至五年(1914－1916)上元蔣氏慎修書屋鉛印本　三十二冊　存六種

330000－1788－0000685　00503　集部/別集類/唐五代別集
重刊校正笠澤叢書四卷補遺詩一卷續補遺一卷　(唐)陸龜蒙撰　民國三年(1914)上海掃葉山房石印本　三冊

330000－1788－0000688　01477　集部/戲劇類/傳奇之屬
玉茗堂南柯記二卷四十四齣　(明)湯顯祖撰　民國七年(1918)掃葉山房石印本　一冊

330000－1788－0000689　01394　集部/詞類/總集之屬
唐五代詞不分卷附校記一卷　林大椿輯　民國二十四年(1935)上海商務印書館鉛印本　一冊

330000－1788－0000691　00694　集部/別集類/清別集
陳檢討四六二十卷　(清)陳維崧撰　(清)程師恭注　民國上海鴻章書局石印本　八冊

330000－1788－0000692　00398　集部/楚辭類
楚辭易讀四卷附楚懷襄二王在位事蹟考一卷　(清)林雲銘撰　民國六年(1917)中華圖書舘石印本　四冊

330000－1788－0000694　00397　集部/楚辭類
楚辭易讀四卷附楚懷襄二王在位事蹟考一卷　(清)林雲銘撰　民國六年(1917)中華圖書舘石印本　四冊

330000－1788－0000696　00548　集部/別集類/宋別集
宋岳忠武王全集二十八卷　(宋)岳飛撰　(宋)岳珂編　民國四年(1915)國學書局石印本　四冊

330000－1788－0000697　01533　集部/詩文評類/詩評之屬
五代詩話八卷　(清)王士禛撰　民國上海朝記書莊石印本　四冊

330000－1788－0000698　01379－1　集部/總集類/郡邑之屬
縉雲文徵二十卷補編一卷　(清)湯成烈輯　民國二十七年(1938)文華閣鉛印本　二冊　存十一卷(十一至二十、補編)

330000－1788－0000699　01453　集部/別集類/清別集
西堂雜組一集八卷二集八卷三集八卷　(清)尤侗撰　民國上海中華圖書館石印本　六冊

330000－1788－0000700　01468　集部/戲劇類/傳奇之屬
笠翁傳奇十二種曲二十四卷　(清)李漁撰　民國上海朝記書莊石印本　七冊　存七種

330000－1788－0000702　00820　集部/別集類/清別集
校訂定盦全集十卷　(清)龔自珍撰　**定盦年譜藁本一卷**　(清)黃守恒撰　民國上海掃葉山房石印本　六冊

330000－1788－0000704　00922　類叢部/叢書類/自著之屬
譚瀏陽全集六種附續編一卷　(清)譚嗣同撰　民國六年(1917)上海文明書局鉛印本　六冊

330000－1788－0000706　01402　集部/詞類/詞譜之屬
詞律二十卷　(清)萬樹輯　民國五年(1916)江左書林石印本　十冊

330000－1788－0000707　01099　集部/別集類

徐友白心血留痕一卷 徐友白撰 民國十八年(1929)上海宏大善書局石印本 一册

330000－1788－0000709 01396 集部/詞類/詞譜之屬
考正白香詞譜三卷附録一卷 陳小蝶編 **增訂晚翠軒詞韻一卷** 陳祖耀校正 民國七年(1918)春草軒鉛印本暨石印本 四册

330000－1788－0000711 01540 集部/詩文評類/詩評之屬
梅村詩話一卷 (清)吳偉業撰 民國上海中華圖書館石印本 一册

330000－1788－0000713 00895 集部/別集類/清別集
柏梘山房文集十六卷文續集一卷駢體文二卷詩集十卷詩續集二卷 (清)梅曾亮撰 民國六年(1917)上海國學扶輪社石印本 八册

330000－1788－0000714 01535 集部/詩文評類/詩評之屬
杜工部詩話一卷 (清)劉鳳誥撰 民國十二年(1923)上海掃葉山房石印本 一册

330000－1788－0000715 01550 集部/詩文評類/詩評之屬
隨園詩法叢話八卷 (清)袁枚輯 民國上海碧梧山莊石印本 四册

330000－1788－0000716 01536 集部/別集類/唐五代別集
李義山詩話二卷補録一卷 (唐)李商隱撰 民國中華圖書館石印本 一册 存一卷(上)

330000－1788－0000717 01400 集部/詞類/別集之屬
天籟軒詞譜五卷詞韻一卷 葉申薌輯 民國三年(1914)掃葉山房石印本 六册

330000－1788－0000718 00412 集部/總集類/選集之屬/通代
陶詩彙評四卷東坡和陶合箋四卷 (清)溫汝能撰 民國八年(1919)上海掃葉山房石印本 四册

330000－1788－0000719 01346 集部/總集類/選集之屬/斷代
當代五百名家分類應酬文匯二十二卷首一卷 張鄂生編 民國十二年(1923)上海大東書局石印本 十二册

330000－1788－0000721 01397 集部/詞類/詞譜之屬
考正白香詞譜三卷附録一卷 陳小蝶編 **增訂晚翠軒詞韻一卷** 陳祖耀校正 民國七年(1918)春草軒鉛印本暨石印本 四册

330000－1788－0000722 01568 集部/總集類/選集之屬/通代
青樓韻語四卷 (明)朱元亮輯註並校證 (明)張夢徵彙選並摹像 民國三年(1914)上海掃葉山房石印本 二册

330000－1788－0000723 01556 集部/詩文評類/詩評之屬
養一齋詩話十卷李杜詩話三卷 (清)潘德輿撰 民國掃葉山房石印本 四册

330000－1788－0000724 01276 集部/總集類/選集之屬/通代
六朝文絜箋注十二卷 (清)許槤輯並評 (清)黎經誥箋注 民國十八年(1929)中原書局石印本 四册

330000－1788－0000725 01160 集部/總集類/郡邑之屬
江左十五子詩選十五卷 (清)宋犖選 (清)邵長蘅訂 民國埽葉山房石印本 六册

330000－1788－0000726 01407 集部/詞類/總集之屬
古今詞選十二卷 (清)沈時棟選 民國三年(1914)上海掃葉山房石印本 六册

330000－1788－0000727 01418 集部/詞類/總集之屬
近人詞録二卷 雷瑨輯 民國四年(1915)上海掃葉山房石印本 一册

330000－1788－0000728 00818 集部/別集類/清別集

校訂定盦全集十卷　(清)龔自珍撰　**定盦年譜藁本一卷**　(清)黄守恒撰　民國七年(1918)上海掃葉山房石印本　六册

330000－1788－0000730　01261　集部/總集類/選集之屬/通代

評註昭明文選十五卷首一卷葉星衛附註一卷　(清)于光華輯　民國上海掃葉山房石印本　十册　缺七卷(一、四至五、九、十四至十五,附註)

330000－1788－0000731　01420　集部/别集類/宋别集

朱淑真斷腸詩集十卷補遺一卷後集七卷斷腸詞一卷　(宋)朱淑真撰　(宋)鄭元佐注　民國中華圖書館石印本　二册

330000－1788－0000732　01351　集部/總集類/選集之屬/通代

評選四六法海八卷　(清)蔣士銓評選　民國上海文瑞樓石印本　八册

330000－1788－0000733　00679　集部/别集類/清别集

四憶堂詩集六卷遺稿一卷　(清)侯方域撰　(清)賈開宗等選註　民國二年(1913)上海掃葉山房石印本　二册

330000－1788－0000735　01545　集部/詩文評類/詩評之屬

漁洋山人詩問二卷律詩定體一卷　(清)王士禛撰　**然燈記聞一卷**　(清)王士禛授　(清)何世璂錄　民國元年(1912)掃葉山房石印本　一册

330000－1788－0000736　00656　類叢部/叢書類/自著之屬

二曲先生全集三十四卷　(清)李顒撰　民國八年(1919)埽葉山房石印本　十册

330000－1788－0000737　00698　集部/别集類/清别集

望溪先生文集十八卷集外文十卷集外文補遺二卷　(清)方苞撰　**方望溪先生年譜一卷附錄一卷**　(清)蘇惇元輯　民國上海中華圖書館石印本　八册

330000－1788－0000738　01379－2　集部/總集類/郡邑之屬

縉雲文徵二十卷補編一卷　(清)湯成烈輯　民國二十七年(1938)文華閣鉛印本　二册　存十一卷(十一至二十、補編)

330000－1788－0000739　01233　集部/總集類/選集之屬/通代

五百家香艷詩十卷　雷瑨輯　民國九年(1920)上海掃葉山房石印本　六册

330000－1788－0000740　00450　集部/别集類/唐五代别集

評註陸宣公奏議十五卷首一卷　(唐)陸贄撰　(宋)郎曄注　馬傳庚評點　劉鐵冷補正　民國十七年(1928)上海中原書局鉛印本　六册

330000－1788－0000742　00441　集部/别集類/唐五代别集

唱經堂杜詩解四卷　(唐)杜甫撰　(清)金人瑞解　民國八年(1919)上海震華書局石印本　四册

330000－1788－0000743　01455　集部/别集類/清别集

香屑集十八卷首一卷末一卷　(清)黄之雋撰　(清)陳邦直注　民國四年(1915)上海掃葉山房石印本　四册

330000－1788－0000745　00739　類叢部/叢書類/自著之屬

惜抱軒全集七種　(清)姚鼐撰　民國三年(1914)上海會文堂書局石印本　八册

330000－1788－0000746　00740　類叢部/叢書類/自著之屬

惜抱軒全集七種　(清)姚鼐撰　民國三年(1914)上海會文堂書局石印本　八册

330000－1788－0000747　00515　集部/别集類/宋别集

六一居士文集五卷外集錄二卷　(宋)歐陽修撰　民國二年(1913)上海會文堂書局石印本

六册

330000－1788－0000748　01016　集部/别集類
張季子詩錄十卷　張謇撰　民國五年(1916)文藝雜志社石印本　二册

330000－1788－0000750　01062　集部/别集類
奈何集(孤帆遺稿)一卷　孔一塵編　民國二十七年(1938)鉛印本　一册

330000－1788－0000751　00520　集部/别集類/宋别集
蘇老泉先生全集二十卷　(宋)蘇洵撰　**附錄二卷**　(宋)沈斐輯　民國自強書局石印本　四册

330000－1788－0000752　00757　集部/别集類/清别集
有正味齋駢體文(有正味齋駢體文箋註)二十四卷首一卷　(清)吳錫麒撰　(清)王廣業箋　(清)葉聯芬注　民國尚友山房石印本　八册

330000－1788－0000753　01551　集部/詩文評類/詩評之屬
甌北詩話十二卷　(清)趙翼撰　民國六年(1917)上海掃葉山房石印本　四册

330000－1788－0000757　00814　集部/别集類/清别集
孟塗前集十卷後集二十二卷文集十卷駢體文集二卷　(清)劉開撰　民國四年(1915)掃葉山房石印本　八册　缺一卷(後集八)

330000－1788－0000758　01386　集部/詞類/總集之屬
絕妙好詞箋七卷　(宋)周密輯　(清)查為仁　(清)厲鶚箋　**續鈔二卷**　(清)余集輯　(清)徐楙補錄　民國上海掃葉山房石印本　四册

330000－1788－0000759　01487　集部/戲劇類/傳奇之屬
桃花扇二卷四十齣　(清)孔尚任撰　民國上海掃葉山房石印本　三册

330000－1788－0000760　01569　集部/别集類
青樓詩話二卷　雷瑨輯　民國五年(1916)掃葉山房石印本　一册

330000－1788－0000763　00963　集部/别集類
裳織集寓言不分卷附書牘一卷　謝少白撰　民國二十年(1931)鉛印本　一册

330000－1788－0000766　01590　類叢部/叢書類/自著之屬
獨見曉齋叢書□□種　陳懷撰　民國十四年(1925)潁川書舍刻本　一册　存一種

330000－1788－0000769　01378　集部/總集類/郡邑之屬
茶陽三家文鈔六卷　(清)溫廷敬輯　民國十四年(1925)聚珍倣宋印書局鉛印本　二册

330000－1788－0000770　01419　集部/詞類/别集之屬
東坡樂府箋三卷　(宋)蘇軾撰　朱祖謀編年圈點　龍沐勛校箋　民國二十五年(1936)上海商務印書館鉛印本　一册　存二卷(二至三)

330000－1788－0000771　01194　集部/總集類/郡邑之屬
杭川新風雅集三十卷首一卷　丘復輯錄　民國二十五年(1936)鉛印本　八册

330000－1788－0000775　00923　類叢部/叢書類/自著之屬
譚瀏陽全集六種附續編一卷　(清)譚嗣同撰　民國六年(1917)上海文明書局鉛印本　四册

330000－1788－0000776　01237　集部/總集類/選集之屬/通代
詩歌易讀不分卷　達文社編　民國二十年(1931)達文社鉛印本　一册

330000－1788－0000777　00505　集部/别集

類/唐五代别集

香篋集發微一卷附韓承旨年譜一卷 震鈞撰 民國十三年(1924)上海掃葉山房石印本 一册

330000－1788－0000779 00506 集部/别集類/唐五代别集

香篋集發微一卷附韓承旨年譜一卷 震鈞撰 民國三年(1914)上海掃葉山房石印本 一册

330000－1788－0000782 01218 集部/總集類/酬唱之屬

梅花唱和集一卷 黄右昌等撰 民國鉛印本 一册

330000－1788－0000783 00444 類叢部/叢書類/家集之屬

儲氏叢書□□種 民國十九年(1930)上海述學社鉛印本 一册 存二種

330000－1788－0000789 01484 集部/曲類/散曲之屬

續曲雅一卷 盧前輯 民國二十二年(1933)上海開明書店鉛印本 一册

330000－1788－0000791 01189 集部/别集類/宋别集

東坡赤壁集六卷首一卷末一卷 (宋)蘇軾撰 (清)汪燊筱輯 民國十五年(1926)武昌正信印務館鉛印本 三册

330000－1788－0000793 01570 集部/詩文評類/詩評之屬

詩學淵源八卷 丁儀撰 民國十九年(1930)鉛印本 三册

330000－1788－0000794 01441 集部/詞類/總集之屬

甌社詞鈔二卷 陳閎慧編 民國十年(1921)溫州同文印書館鉛印本 一册

330000－1788－0000796 01565 集部/詩文評類/詩評之屬

石遺室詩話三十二卷 陳衍撰 民國十八年(1929)上海商務印書館鉛印本 四册

330000－1788－0000797 01222 集部/總集類/氏族之屬

龔氏家集一卷 龔乃保編 民國鉛印本 一册

330000－1788－0000798 00685 集部/别集類/清别集

聊齋文集二卷 (清)蒲松齡撰 民國四年(1915)中國圖書公司和記鉛印本 一册

330000－1788－0000799 01110 類叢部/叢書類

誇軒叢箸□□種 民國鉛印本 一册 存一種

330000－1788－0000800 01226 集部/總集類/氏族之屬

西峴薛氏擴残集不分卷 薛鍾斗輯 民國五年(1916)油印本 一册

330000－1788－0000806 01197 集部/總集類/酬唱之屬

來臺集一卷 汪文溥編 民國九年(1920)鉛印本 一册

330000－1788－0000809 01566 集部/詩文評類/詩評之屬

石遺室詩話十三卷 陳衍撰 民國四年(1915)廣益書局石印本 四册

330000－1788－0000810 01572 集部/詩文評類/詩評之屬

榕城詩話三卷 (清)杭世駿撰 民國四年(1915)同文圖書館石印本 二册

330000－1788－0000811 01509 集部/小説類/長篇之屬

新刻京臺公餘勝覽國色天香十卷 (明)吳敬所輯 民國石印本 二册 存四卷(一至四)

330000－1788－0000812 01175 集部/總集類/選集之屬/通代

詳註分類咏物詩選八卷 (清)俞琰輯 (清)易開緖 (清)孫洊鳴註 民國十年(1921)上海進化書局石印本 八册

330000－1788－0000813　00706　集部/別集類/清別集
註釋嚶求集四卷　(清)繆艮撰　(清)倪照註　民國上海廣益書局石印本　一冊

330000－1788－0000815　01518　集部/小説類/長篇之屬
繡像繪圖二十四史通俗演義六卷四十四回　(清)呂撫輯　民國石印本　三冊　存三卷(三至五)

330000－1788－0000818　00961　類叢部/叢書類/郡邑之屬
湖北先正遺書七十二種七百二十七卷　盧靖編　民國十二年(1923)沔陽盧氏慎始基齋影印本　一冊　存一種

330000－1788－0000819　01149　集部/總集類/選集之屬/通代
宋元明詩約鈔三百首附錄摘句二卷　(清)朱梓　(清)冷昌言輯　民國四年(1915)上海千頃堂石印本　二冊

330000－1788－0000823　01297　集部/總集類/選集之屬/通代
古文快筆貫通解三卷　(清)杭永年評解　民國五年(1916)上海廣益書局石印本　三冊

330000－1788－0000824　00631　集部/別集類/明別集
震川先生集三十卷別集十卷附錄一卷　(明)歸有光撰　民國十七年(1928)上海民和書局影印本　三冊

330000－1788－0000825　01210　集部/總集類/彙編之屬
壺天笙鶴初集二卷　(清)林幼泉撰　**雪鴻初集十卷**　(清)黄理堂編　**雪鴻續集七卷**　(清)孫乾甫編　民國五年(1916)福州大有山房書莊石印本　二冊　存二卷(壺天笙鶴初集一至二)

330000－1788－0000826　00774　集部/別集類/清別集
容甫先生遺詩五卷補遺一卷附錄一卷　(清)汪中撰　民國三年(1914)上海有正書局石印本　一冊

330000－1788－0000831　01083　集部/別集類
天放樓詩集九卷　金天羽撰　民國十一年(1922)上海有正書局鉛印本　二冊

330000－1788－0000837　00463　類叢部/叢書類/自著之屬
樊諫議集七家注六種　(唐)樊宗師撰　(清)樊鎮輯　民國十三年(1924)紹興樊氏緜桐書屋刻本　一冊　存二種

330000－1788－0000838　00616　類叢部/叢書類/郡邑之屬
敬鄉樓叢書三十八種　黄羣編　民國十七年至二十四年(1928－1935)永嘉黄氏鉛印本　一冊　存第四輯一種

330000－1788－0000840　00945　集部/別集類/清別集
黝曜室詩存一卷　(清)陳鼎撰　民國十七年(1928)鉛印本　一冊

330000－1788－0000846　01021　集部/別集類/清別集
六齋無韻文集二卷　(清)宋衡撰　民國二年(1913)刻本　一冊　存一卷(一)

330000－1788－0000848　00854　集部/別集類/清別集
脂雪軒詩鈔六卷　(清)胡玠撰　民國十四年(1925)溫州翰墨林鉛印本　一冊

330000－1788－0000850　00855　集部/別集類/清別集
脂雪軒詩鈔六卷　(清)胡玠撰　民國十四年(1925)溫州翰墨林鉛印本　一冊

330000－1788－0000857　00871　集部/總集類
墨緣室合刊　林永枏編　民國十四年(1925)鉛印本　一冊

330000－1788－0000863　00601　集部/別集

類/元别集

不繫舟漁集十六卷補遺一卷　(元)陳高撰　民國十四年(1925)刻本　張揚批校　四册

330000－1788－0000873　00640　類叢部/叢書類

懷舊樓叢書　民國十五年(1926)金山姚氏懷舊樓刻本　八册　存一種

330000－1788－0000876　00780　集部/總集類/郡邑之屬

遼東三家詩鈔　劉承幹輯　民國七年(1918)吳興劉氏嘉業堂刻遼東三家詩钞本　四册　存一種

330000－1788－0000877　01024　集部/别集類

一山文存十二卷　章梫撰　民國七年(1918)吳興劉氏嘉業堂刻本　四册

330000－1788－0000888　00446　集部/别集類/唐五代别集

唐陸宣公集二十二卷年譜一卷　(唐)陸贄撰　(清)楊岳斌重刊　民國十三年(1924)湖南古書流通處據清同治五年(1866)問竹軒刻本影印本　六册

330000－1788－0000890　01582　集部/詩文評類

昭昧詹言十卷續八卷續錄二卷附錄一卷附考一卷　(清)方東樹撰　民國七年(1918)上海亞東圖書館鉛印本　四册

330000－1788－0000893　01050　集部/别集類/清别集

蛻私軒集三卷續集三卷　姚永樸撰　民國二十一年(1932)鉛印本　一册　存三卷(續集一至三)

330000－1788－0000896　00603、02952、03011　類叢部/叢書類/彙編之屬

嘉業堂叢書五十七種　劉承幹輯　民國吳興劉氏嘉業堂刻本　二十一册　存三種

330000－1788－0000899　01432　集部/詞類/别集之屬

雙辛夷樓詞一卷　(清)李宗禕撰　**花影吹笙室詞一卷**　(清)李慎溶撰　民國九年(1920)鉛印本　一册

330000－1788－0000900　01072　集部/别集類

左盦集八卷　劉師培撰　民國十七年(1928)北京隆福寺脩綆堂刻本　六册

330000－1788－0000901　01068　集部/别集類

非儒非俠齋文集三卷聯語偶存初集一卷詩集一卷詩續集一卷　顧燮光撰　**福豔樓遺詩一卷**　陸珊撰　民國十一年(1922)石印本　四册

330000－1788－0000902　01084　集部/别集類

天放樓詩續集五卷紅鶴山房詞一卷　金天羽撰　民國二十一年(1932)鉛印本　一册

330000－1788－0000903　01423　集部/詞類/别集之屬

東江别集五卷集外詩一卷　(清)沈謙撰　民國九年(1920)上海聚珍倣宋印書局鉛印本　一册

330000－1788－0000906　01082　集部/别集類

天放樓續文言五卷皖志列傳選存二卷詩續集五卷紅鶴山房詞一卷　金天羽撰　民國二十二年(1933)蘇州國學會鉛印本　一册　存五卷(續文言一至五)

330000－1788－0000908　01025　集部/别集類

悲華經舍詩存五卷　洪允祥撰　民國二十二年(1933)慈谿洪氏慎思軒鉛印本　一册　存四卷(一至四)

330000－1788－0000910　01081　集部/别集類

天放樓文言遺集四卷附錄一卷　金天羽撰　民國三十六年(1947)鉛印本　一册

330000－1788－0000911　01078　集部/别

集類

厚莊詩文續集文六卷文外二卷詩四卷　劉紹寬撰　民國二十六年(1937)鉛印本　六冊

330000－1788－0000912　00779　集部/别集類/清别集

大谷山堂集六卷　(清)夢麟撰　民國吳興劉氏嘉業堂刻本　二冊

330000－1788－0000920　00965　集部/别集類/清别集

霞蔭堂詩集二卷茂園[康基田]自撰年譜二卷　(清)康基田撰　**霞蔭堂文鈔一卷**　(清)康基淵撰　民國十一年(1922)鉛印本　二冊

330000－1788－0000921　01238　集部/總集類/選集之屬/斷代

正聲吟社詩鍾集一卷詩選一卷　正聲吟社輯　民國二十一年(1932)福華印務鉛印本　一冊

330000－1788－0000922　00964　集部/詩文評類

紫藤軒詩選一卷　尹振雄撰　民國三十年(1941)鉛印本　一冊

330000－1788－0000923　01268　集部/總集類/選集之屬/通代

文選類詁一卷　丁福保撰　民國十四年(1925)上海醫學書局鉛印本　一冊

330000－1788－0000926　00959　集部/别集類

蕤圃漫草四卷　金鍾麟撰　民國元年(1912)河南商務印刷所鉛印本　一冊　存二卷(一至二)

330000－1788－0000928　01013　集部/别集類

湘綺樓全集三十卷　王闓運撰　民國九年(1920)上海廣益書局鉛印本　六冊

330000－1788－0000933　00650　集部/别集類/清别集

閻古古全集六卷　(清)閻爾梅撰　張相文重編　民國十一年(1922)北京中國地學會鉛印本　六冊

330000－1788－0000942　01443　集部/曲類/曲韻曲譜曲律之屬

西諦景印元明本散曲　民國十九年(1930)長樂鄭氏影印本　二冊　存一種

330000－1788－0000945　01584　集部/詩文評類/文評之屬

韓文研究法一卷柳文研究法一卷　林紓撰　民國三年(1914)上海商務印書館鉛印本　一冊

330000－1788－0000950　01543　集部/詩文評類/詩評之屬

帶經堂詩話三十卷首一卷　(清)王士禛撰　(清)張宗柟輯　民國上海掃葉山房石印本　五冊　缺十四卷(十七至三十)

330000－1788－0000959　01109　集部/總集類/選集之屬

乙亥文藁不分卷　詹憲慈編　民國鉛印本　一冊

330000－1788－0000963　00841　集部/别集類

悔晦堂文集六卷　吳恭亨撰　民國九年(1920)長沙縣對門鴻飛印刷局鉛印本　一冊

330000－1788－0000970　01229　集部/總集類/選集之屬/斷代

百老吟後編一卷　錢溯耆輯　民國元年(1912)聽豳館刻本　一冊

330000－1788－0000973　00707　集部/别集類/清别集

荔村吟草三卷　(清)吳蘭修撰　民國二十三年(1934)鉛印本　一冊

330000－1788－0000975　01055　集部/别集類

盜天廬集三卷　劉之屏撰　民國溫州翰墨林鉛印本　一冊

330000－1788－0000976　01027　集部/别集類

悟雪廬詩鈔不分卷　蔡英撰　民國二年(1913)油印本　一冊

330000－1788－0000977　01414、00545、02906　類叢部/叢書類/郡邑之屬

吴興叢書六十六種　劉承幹編　民國吴興劉氏嘉業堂刻本　九冊　存三種

330000－1788－0000979　01006　集部/別集類/清別集

范伯子詩集十九卷　(清)范當世撰　**蘊素軒詩稿四卷**　姚倚雲撰　民國鉛印本　宋慈裒題記　四冊

330000－1788－0000980　00614　集部/別集類/明別集

方簡肅公文集十卷附錄一卷　(明)方良永撰　(明)鄭茂編　民國十六年(1927)莆田涵江圖書館鉛印本　二冊

330000－1788－0000982　00856　集部/別集類/清別集

脂雪軒詩鈔六卷　(清)胡玠撰　民國十四年(1925)溫州翰墨林鉛印本　一冊

330000－1788－0000983　00833　集部/別集類/清別集

陳東塾先生遺詩一卷　(清)陳澧撰　汪兆鏞輯　民國二十年(1931)刻本　一冊

330000－1788－0000985　00955　集部/別集類

孕雲盦詩一卷　涂同軌撰　民國二十三年(1934)刻朱印本　涂公遂題記　一冊

330000－1788－0000986　01552　集部/詩文評類/詩評之屬

甌北詩話十二卷　(清)趙翼撰　民國十三年(1924)上海掃葉山房石印本　四冊

330000－1788－0000989　01030　集部/別集類

湫漻齋吟草一卷　陳葆善撰　民國六年(1917)石印本　一冊

330000－1788－0000992　01029　集部/別集類/清別集

焦桐山館詩鈔六卷　(清)蔡英撰　民國四年(1915)瑞安廣明石印局石印本　一冊

330000－1788－0000993　00857　集部/別集類/清別集

脂雪軒詩鈔五卷　(清)胡玠撰　民國十四年(1925)溫州翰墨林鉛印本　曉秋題記　一冊

330000－1788－0000995　01031　集部/別集類

湫漻齋吟草一卷　陳葆善撰　民國六年(1917)石印本　一冊

330000－1788－0001001　01415　集部/總集類/郡邑之屬

潯溪詩徵四十卷補遺一卷詞徵二卷　周慶雲輯　民國六年(1917)夢坡室刻本　一冊　存二卷(詞徵一至二)

330000－1788－0001003　00931　集部/別集類/清別集

就正草二卷　(清)郝允賢撰　民國十三年(1924)河南印刷局鉛印本　一冊

330000－1788－0001008　00927　集部/別集類

華山詩稿不分卷　釋華山撰　民國樂清精華石印局石印本　一冊

330000－1788－0001014　00996　集部/總集類/郡邑之屬

永嘉詩人祠堂叢刻十四種　冒廣生輯　民國四年(1915)如皋冒氏刻本　一冊　存一種

330000－1788－0001020　00990　類叢部/叢書類/自著之屬

哭盦叢書　易順鼎撰　民國鉛印本　二冊　存一種

330000－1788－0001022　00750　集部/別集類/清別集

玲瓏山館詩集一卷　(清)陳梓撰　(清)劉尚文編　民國十二年(1923)涵江圖書館刻本　一冊

330000－1788－0001023　01101　集部/別集類

斸戲齋詩編年集八卷避寇集一卷芳杜詞賸一卷　馬浮撰　**斸戲齋詩前集二卷**　馬浮撰　張立民　楊蔭林輯錄　民國二十九年(1940)、三十六年(1947)刻本　六冊

330000－1788－0001026　00943　集部/別集類/清別集

黝曜室詩存一卷　(清)陳鼎撰　民國十七年(1928)鉛印本　一冊

330000－1788－0001027　00944　集部/別集類/清別集

黝曜室詩存一卷　(清)陳鼎撰　民國十七年(1928)鉛印本　一冊

330000－1788－0001028　00956　集部/別集類/清別集

子固齋詩存一卷　(清)田維翰撰　**癯仙遺詩一卷**　(清)田維壽撰　民國四年(1915)田文烈石印本　一冊

330000－1788－0001029　01058　集部/別集類

運甓齋詩集一卷　許炳藜撰　民國十八年(1929)永嘉仲蘭印刷社石印本　一冊

330000－1788－0001030　01347　新學/學校

合影女弟子專科文輯不分卷　女子文學專修科輯　民國十四年(1925)影印本　一冊

330000－1788－0001031　00461　集部/別集類/唐五代別集

韓集箋正五卷昌黎先生詩文年譜一卷　(清)方成珪撰　民國十五年(1926)瑞安陳氏湫漻齋鉛印本　四冊

330000－1788－0001032　00925　集部/別集類/清別集

文道希先生遺詩一卷　(清)文廷式撰　葉恭綽輯　民國十八年(1929)鉛印本　一冊

330000－1788－0001033　00994　集部/總集類/郡邑之屬

永嘉詩人祠堂叢刻十四種　冒廣生輯　民國四年(1915)如皋冒氏刻本　一冊　存一種

330000－1788－0001034　00995　集部/總集類/氏族之屬

二黃先生集三卷　(清)黃紹箕　黃紹第撰　**永嘉詩人祠堂叢刻札記一卷**　薛鍾斗撰　民國二十年(1931)敬鄉樓黃氏刻本　一冊

330000－1788－0001035　01105　集部/別集類

培風樓詩續存二卷　邵祖平撰　民國二十九年(1940)鐵鐫閣刻本　邵祖平題記　二冊

330000－1788－0001037　00941　集部/別集類

睫盦初稿甲編九卷　王承霖撰　民國四年(1915)影印本　薛鍾斗跋　二冊

330000－1788－0001039　01091　集部/別集類

薏園文鈔六卷　高誼撰　民國二十七年(1938)鉛印本　二冊

330000－1788－0001041　01085　集部/總集類

天放樓詩集七卷紅鶴詞一卷　金天羽撰　**同翰遺詩一卷**　金同翰撰　**天放樓詩集定本校勘記一卷**　陳旭旦撰　民國三十六年(1947)鉛印本　一冊

330000－1788－0001044　01461　類叢部/叢書類

宋氏雜箸　宋慈裒撰　民國九年(1920)刻本　一冊　存一種

330000－1788－0001045　01063　集部/別集類

鄭學齋文存甲集二卷　孫雄撰　民國十年(1921)刻本　一冊

330000－1788－0001047　00991、02240　類叢部/叢書類/郡邑之屬

惜硯樓叢刊八種　林慶雲編　民國二十四年(1935)瑞安林氏鉛印本　二冊　存二種

330000－1788－0001056　01564　集部/詩文

評類/詩評之屬
石遺室詩話三十二卷 陳衍撰 民國十八年(1929)上海商務印書館鉛印本 四冊

330000－1788－0001059 01230 史部/傳記類/别傳之屬/事狀
洪楝園廣文六十雙慶壽言不分卷 (清)李濱撰 **洪楝園先生六秩雙慶不分卷** (清)林駿撰 民國油印本 一冊

330000－1788－0001060 01002 子部/雜著類/雜考之屬
籀廎述林十卷 (清)孫詒讓撰 民國五年(1916)刻本 四冊

330000－1788－0001061 01459 史部/史評類/詠史之屬
清宫詞一卷 吳士鑑撰 民國二十六年(1937)吳秉瀓鉛印本 一冊

330000－1788－0001066 00775、00776 集部/别集類/清别集
魯巖所學集十五卷補遺一卷魯巖餘事稿二卷 (清)張宗泰撰 民國二十年(1931)張氏模憲堂刻本 二冊 存四卷(魯巖所學集十二至十三、魯巖餘事稿一至二)

330000－1788－0001067 01159 集部/總集類/郡邑之屬
永嘉四靈詩四卷附徐道暉集徐致中集補闕一卷 (宋)徐照 (宋)徐璣撰 **重雕宋本永嘉四靈詩札記一卷** 徐乃昌撰 民國十四年(1925)南陵徐乃昌刻本 二冊

330000－1788－0001070 01076 集部/别集類
不匱室詩鈔八卷詩餘一卷 胡漢民撰 民國二十五年(1936)國葬典禮委員會石印本 二冊

330000－1788－0001072 01431 集部/詞類/總集之屬
惜陰堂叢書 趙尊嶽輯 民國十三年至十五年(1924－1926)武進趙氏刻本 三冊 存一種

330000－1788－0001074 01080 集部/别集類
厚莊詩文續集文六卷文外二卷詩四卷 劉紹寬撰 民國二十六年(1937)鉛印本 六冊

330000－1788－0001080 01115 集部/别集類
巢海棠巢壬戌集一卷二硯齋詩集一卷 葉堯階撰 民國十四年(1925)石印本 一冊

330000－1788－0001085 01073 集部/别集類
寒柯堂詩四卷 余紹宋撰 民國三十五年(1946)浙江文化印刷公司鉛印本 一冊

330000－1788－0001086 01104 集部/别集類
培風樓詩存一卷 邵祖平撰 民國十八年(1929)鉛印本 一冊

330000－1788－0001088 00962 集部/别集類/清别集
子雲詩詞不分卷 (清)汪吟龍撰 民國十九年(1930)山西教育學院石印本 一冊

330000－1788－0001090 01061 類叢部/叢書類/家集之屬
顧氏家集十種 顧燮光編 民國十八年(1929)會稽顧氏金佳石好樓鉛印本暨石印本 一冊 存一種

330000－1788－0001091 01097 集部/别集類
寥天廬詩續鈔二卷首一卷 宋慈裒撰 民國鉛印本 一冊

330000－1788－0001092 01196 集部/總集類
梅歐閣詩錄一卷 張謇纂輯 民國九年(1920)鉛印本 一冊

330000－1788－0001093 00581 集部/總集類/彙編之屬
宋人集 李之鼎輯 民國南城李氏宜秋館刻本 一冊 存一種

330000－1788－0001095　01208　集部/總集類/選集之屬/斷代

詩詞專刊六卷　國立中山大學中國語言文學研究會輯　民國二十年(1931)國立中山大學中國語言文學研究會鉛印本　一册

330000－1788－0001096　01203　集部/總集類

甌隱園社集一卷　冒廣生等撰　民國油印本　一册

330000－1788－0001099　01094　集部/別集類

薏園續文鈔二卷　高誼撰　民國三十八年(1949)石印本　一册

330000－1788－0001102　00947　集部/別集類

三香片羽集不分卷　(清)廖道傳撰　民國十五年(1926)廣州大新東中華印務局石印本　一册

330000－1788－0001106　01100　集部/別集類

蠲戲齋詩編年集八卷避寇集一卷芳杜詞賸一卷　馬浮撰　**蠲戲齋詩前集二卷**　馬浮撰　張立民　楊蔭林輯錄　民國二十九年(1940)、三十六年(1947)刻本　六册

330000－1788－0001109　00866　集部/別集類/清別集

伏敔堂詩錄選一卷　(清)江湜撰　吉亮工選　民國十五年(1926)影印本　一册

330000－1788－0001113　00949　集部/別集類/明別集

石齋逸詩一卷　(明)黄道周撰並書　民國四年(1915)上海有正書局石印本　一册

330000－1788－0001115　01489　集部/戲劇類

箕豆悲一卷安重根一卷一念差一卷　民國油印本　一册

330000－1788－0001116　00467　史部/地理類/專志之屬/園林

絳守居園池記注一卷　(唐)樊宗師撰　(元)趙仁舉注　(元)吴師道正誤補遺　民國八年(1919)紹興樊氏緜絳書屋刻本　楊紹廉題記　一册

330000－1788－0001121　00464　集部/別集類/唐五代別集

樊紹述集注二卷　(唐)樊宗師撰　(清)孫之騄輯　民國樊氏家刻本　一册　存一卷(二)

330000－1788－0001123　01041　集部/別集類

補學齋文鈔二卷　胡調元撰　民國二年(1913)鉛印本　一册

330000－1788－0001124　01092　集部/別集類

薏園文鈔六卷　高誼撰　民國二十七年(1938)鉛印本　二册

330000－1788－0001134　01057　集部/詞類/別集之屬

初日樓稿一卷續稿一卷　羅莊撰　**徵聲集一卷**　羅振常撰　民國十年(1921)、十六年(1927)、十年(1921)上虞羅氏上海蟫隱廬鉛印本　一册

330000－1788－0001135　00889、00546、01736、01789、02152、02500、01875－2、02485、03543、03133　類叢部/叢書類/郡邑之屬

吴興叢書六十六種　劉承幹編　民國吴興劉氏嘉業堂刻本　五十四册　存十種

330000－1788－0001139　01633　子部/藝術類/書畫之屬/法帖

吴愙齋尺牘一卷　(清)吴大澂撰並書　民國上海商務印書館影印本　一册

330000－1788－0001147　01332　集部/總集類/選集之屬/通代

各體文選不分卷　東南大學編　民國東南大學鉛印本　一册

330000－1788－0001148　00836　集部/別集類

悔餘生詩五卷　吴慶坻撰　民國十五年

(1926)鉛印本　二冊

330000－1788－0001155　01223　類叢部/叢書類/家集之屬

毘陵周氏家集　周茲萌等輯　民國十七年(1928)鉛印本　四冊

330000－1788－0001157　01045　集部/別集類/清別集

尊瓠室詩二卷　陳詩撰　民國元年(1912)鉛印本　一冊

330000－1788－0001163　01064　集部/別集類

含嘉室詩集八卷　吳士鑑撰　民國十五年(1926)鉛印本　二冊

330000－1788－0001164　00948　集部/別集類/清別集

竹軒詩存一卷文存一卷附學古堂遺詩鈔一卷小蕙女弟遺稿一卷　(清)陳惟德撰　民國元年(1912)刻本　一冊

330000－1788－0001165　01462　類叢部/叢書類

宋氏雜箸　宋慈裒撰　民國九年(1920)刻本　一冊　存一種

330000－1788－0001167　01098　集部/別集類

寥天廬詩續鈔二卷首一卷　宋慈裒撰　民國鉛印本　一冊

330000－1788－0001168　00993　集部/總集類/郡邑之屬

永嘉詩人祠堂叢刻十四種　冒廣生輯　民國四年(1915)如皋冒氏刻本　一冊　存一種

330000－1788－0001169　01096　集部/別集類

墨庵二十以後古文一卷　宋慈裒撰　民國鉛印本　一冊

330000－1788－0001170　00635　集部/總集類/選集之屬/斷代

陳白沙湛甘泉先生南嶽詩文二卷　康和聲編　民國二十五年(1936)南嶽圖書館鉛印本　一冊

330000－1788－0001171　01090　集部/別集類

飛情閣集四卷　黄光撰　民國三十八年(1949)鉛印本　一冊　存一卷(飛情閣詩鈔一)

330000－1788－0001174　00968　集部/別集類/清別集

涵齋遺稿一卷附遺文一卷　(清)徐仁鑄撰　民國上海聚珍倣宋印書局鉛印本　一冊

330000－1788－0001175　01033/01034　集部/別集類

畏廬文集一卷論文一卷　林紓撰　民國十四年(1925)上海商務印書館鉛印本　二冊

330000－1788－0001176　01035　集部/別集類

畏廬文集一卷續集一卷三集一卷詩存二卷論文一卷瑣記一卷　林紓撰　民國五年(1916)、八年(1919)上海商務印書館鉛印本　二冊　存二卷(文集、續集)

330000－1788－0001178　01231　集部/總集類/酬唱之屬

復廬同音集二卷　楊世環編　民國石印朱印本　一冊

330000－1788－0001182　00406　類叢部/叢書類/郡邑之屬

關隴叢書□□種　張鵬一編　民國十一年(1922)鉛印本　一冊　存一種

330000－1788－0001183　01228　集部/總集類/氏族之屬

西峴薛氏擴残集不分卷　薛鍾斗輯　民國五年(1916)油印本　一冊

330000－1788－0001185　01056　集部/別集類

徵聲集一卷　羅振常撰　**初日樓稿一卷**　羅莊撰　民國十年(1921)上虞羅氏蟫隱廬鉛印本　一冊

330000－1788－0001186　00858　集部/別集類/清別集

脂雪軒詩鈔六卷　（清）胡玠撰　民國十四年（1925）溫州翰墨林鉛印本　一冊

330000－1788－0001187　01209　集部/總集類/選集之屬/斷代

詩詞專刊六卷　國立中山大學中國語言文學研究會輯　民國二十年（1931）國立中山大學中國語言文學研究會鉛印本　一冊

330000－1788－0001190　01069　集部/別集類/清別集

名山詩集十三卷名山詞二卷海上詞四卷　錢振鍠撰　民國木活字印本　四冊

330000－1788－0001193　00912　集部/別集類

天台游草一卷　王舟瑤撰　民國路橋文林齋石印本　一冊

330000－1788－0001195　01227　集部/總集類/氏族之屬

西峴薛氏擔残集不分卷　薛鍾斗輯　民國五年（1916）油印本　一冊

330000－1788－0001197　01434　集部/詞類/別集之屬

花信樓詞存一卷　（清）洪炳文撰　民國油印本　一冊

330000－1788－0001202　01430、03611　類叢部/叢書類/彙編之屬

甌風雜誌彙刊　甌風社編　民國鉛印本　二冊　存三種

330000－1788－0001210　01107　集部/別集類

復駕說齋文初編四卷　徐震哲撰　民國十八年（1929）鉛印本　一冊

330000－1788－0001214　01007　集部/別集類/清別集

天一笑廬詩集二卷　（清）黃鼎瑞撰　民國十五年（1926）樂清黃氏鉛印本　一冊

330000－1788－0001215　00935　集部/別集類

珠峯漫稿初集一卷二集一卷　余友夔撰　余福蔭　黃鐵民等輯　民國十二年（1923）台城宏文印務公司鉛印本　一冊

330000－1788－0001218　00885　集部/別集類/清別集

硯耕堂詩草七卷　（清）項鳴呵撰　民國油印本　一冊

330000－1788－0001225　01114　集部/別集類/清別集

汪穰卿遺著八卷　（清）汪康年撰　汪詒年輯　**汪穰卿先生年譜一卷**　汪詒年撰　民國九年（1920）錢塘汪詒年鉛印本　四冊

330000－1788－0001238　01224　史部/傳記類/總傳之屬/家乘

新陽趙氏清芬錄三卷　趙詒琛編　民國六年（1917）新陽趙詒琛義莊刻本　一冊

330000－1788－0001239　01589　類叢部/叢書類/自著之屬

獨見曉齋叢書□□種　陳懷撰　民國十四年（1925）穎川書舍刻本　一冊　存一種

330000－1788－0001240　01121　集部/總集類/彙編之屬

唐詩百名家全集　（清）席啟宇輯　民國九年（1920）掃葉山房石印本　四十冊

330000－1788－0001241　01214　集部/總集類/選集之屬/斷代

壬癸消寒集一卷　周慶雲輯　民國周氏夢坡室刻朱印本　一冊

330000－1788－0001249　01560　集部/詩文評類/詩評之屬

平等閣詩話二卷　狄葆賢撰　民國六年（1917）上海有正書局鉛印本　二冊

330000－1788－0001252　01530　集部/詩文評類/詩評之屬

詩人玉屑二十卷　（宋）魏慶之撰　民國三年（1914）上海掃葉山房石印本　六冊

330000－1788－0001253　01531　集部/詩文評類/詩評之屬

詩人玉屑二十卷　(宋)魏慶之撰　民國三年(1914)上海掃葉山房石印本　六冊

330000－1788－0001254　01344　新學/學校

江南各學校新國文八卷　楊貽誠撰　民國七年(1918)掃葉山房石印本　六冊

330000－1788－0001255　01331　集部/總集類/選集之屬/通代

古文精言詳註合編十六卷　(清)周聘侯評選　(清)馬寬裕編輯　民國八年(1919)上海萃英書局石印本　六冊　缺四卷(三至四、十一至十二)

330000－1788－0001256　01108　集部/別集類

和詠懷詩不分卷　段凌辰撰　民國二十年(1931)鉛印本　一冊

330000－1788－0001259　01135　集部/總集類/選集之屬/斷代

王荆公唐百家詩選二十卷　(宋)王安石輯　民國二十三年(1934)上海商務印書館鉛印本　三冊

330000－1788－0001261　00418　集部/別集類/漢魏六朝別集

庾子山集十六卷　(北周)庾信撰　(清)倪璠註釋　**庾集總釋一卷庾子山年譜一卷**　(清)倪璠撰　民國七年(1918)掃葉山房石印本　十二冊

330000－1788－0001262　01526　集部/詩文評類/詩評之屬

詩品注三卷　(南朝梁)鍾嶸撰　陳延傑注　**詩選一卷**　陳延傑選　民國十九年(1930)上海開明書店鉛印本　一冊

330000－1788－0001264　01086　集部/總集類/酬唱之屬

白門悲秋集一卷　蔡有守輯　民國鉛印本　一冊

330000－1788－0001265　01102　類叢部/叢書類/自著之屬

層冰草堂叢書九種附一種　古直撰　民國中華書局鉛印本　一冊　存二種

330000－1788－0001266　00691　集部/別集類/清別集

曝書亭集詩註二十二卷　(清)朱彝尊撰　(清)楊謙注　**朱竹垞先生年譜一卷**　(清)楊謙撰　民國木石居石印本　十冊

330000－1788－0001270　00473　集部/別集類/唐五代別集

李長吉集四卷外卷一卷　(唐)李賀撰　(清)黄淳耀評　(清)黎簡批點　民國六年(1917)上海掃葉山房朱墨套印石印本　二冊

330000－1788－0001271　01185　集部/總集類/選集之屬/通代

名媛詩歸三十六卷　(明)鍾惺輯　民國七年(1918)上海有正書局鉛印本　八冊

330000－1788－0001274　01171　集部/總集類/選集之屬/通代

古唐詩合解十二卷古詩四卷　(清)王堯衢注　(清)李模　(清)李桓校　民國二年(1913)上海錦章圖書局石印本　二冊

330000－1788－0001276　00459　集部/別集類/唐五代別集

韓昌黎先生文集三十卷外集文編十卷遺文一卷　(唐)韓愈撰　(唐)李漢編　民國石印本　六冊

330000－1788－0001277　00933　集部/別集類/清別集

謝鷃塵先生詩集　(清)謝錫勳撰　民國華洋印務書館鉛印本　一冊　存三種

330000－1788－0001283　01059　集部/別集類

復翁吟草四卷　朱鵬撰　民國三十六年(1947)樂清宋文鉛石印刷所鉛印本　一冊

330000－1788－0001284　00208－1　類叢部/叢書類/彙編之屬

百川學海一百一種　(宋)左圭編　民國十六

年至十九年(1927－1930)武進陶氏影刻宋咸淳本　六冊　存二十種

330000－1788－0001285　00488　集部/別集類/唐五代別集

玉谿生詩詳註六卷首一卷　(唐)李商隱撰　(清)馮浩注　民國三年(1914)崇古山房石印本　六冊　缺二卷(五至六)

330000－1788－0001287　00208－2　類叢部/叢書類/彙編之屬

百川學海一百一種　(宋)左圭編　民國十年(1921)上海博古齋據明弘治華氏刻本影印本　二十五冊　存八十三種

330000－1788－0001288　01028　集部/別集類/清別集

焦桐山館詩鈔六卷　(清)蔡英撰　民國四年(1915)瑞安廣明石印局石印本　一冊

330000－1788－0001290　00745　集部/別集類/清別集

船屯漁唱箋釋一卷　(清)張綦母撰　周喟箋　民國五年(1916)石印本　一冊

330000－1788－0001294　01111　集部/別集類

木庵甲集一卷　陳謐撰　民國油印本　一冊

330000－1788－0001310　01042　集部/別集類

補學齋詩鈔四卷文鈔二卷　胡調元撰　民國二年(1913)鉛印本　一冊

330000－1788－0001314　00466　史部/地理類/專志之屬/園林

絳守居園池記注一卷　(唐)樊宗師撰　(元)趙仁舉注　(元)吳師道正誤補遺　民國八年(1919)紹興樊氏縣絳書屋刻本　楊紹廉題記　一冊

330000－1788－0001317　01216　集部/總集類/酬唱之屬

佛香酬唱初集一卷二集一卷三集一卷　(清)潘奕雋等撰　民國十一年(1922)刻本　一冊

330000－1788－0001320　01494　子部/小說家類/雜事之屬

世說新語六卷　(南朝宋)劉義慶撰　(南朝梁)劉孝標注　民國六年(1917)商務印書館鉛印本　二冊

330000－1788－0001322　01465　集部/曲類/曲韻曲譜曲律之屬

曲譜十二卷首一卷末一卷　民國八年(1919)上海掃葉山房石印本　八冊

330000－1788－0001323　01387　集部/詞類/總集之屬

絕妙好詞箋七卷　(宋)周密輯　(清)查為仁　(清)厲鶚箋　**續鈔二卷**　(清)余集輯　(清)徐楙補錄　民國上海掃葉山房石印本　四冊

330000－1788－0001327　00735　集部/別集類/清別集

笠翁一家言全集十六卷　(清)李漁撰　民國上海會文堂書局石印本　十二冊

330000－1788－0001328　01517　子部/小說家類/雜事之屬

豔史叢鈔十二種　(清)王韜輯　民國十八年(1929)上海漢文淵書肆石印本　八冊

330000－1788－0001330　01399　集部/詞類/詞韻之屬

白香詞譜四卷　(清)舒夢蘭輯　(清)吳莽漢箋　民國十一年(1922)上海朝記書莊鉛印本　一冊

330000－1788－0001331　00675　集部/別集類/清別集

漁洋山人精華錄箋注十二卷補一卷附錄一卷年譜一卷　(清)王士禛撰　(清)金榮箋注　(清)徐淮纂輯　民國影印本　十二冊

330000－1788－0001335　01036　類叢部/叢書類/自著之屬

繼述堂全集四種　王毓英撰　民國十一年(1922)溫州務本石印本　一冊　存一種

330000－1788－0001337　01522　集部/總

集類

小說科演講錄不分卷 民國油印本 一冊

330000－1788－0001338 01593 集部/詩文評類

文品彙鈔不分卷 郭紹虞輯訂 民國十九年(1930)鉛印本 郭紹虞題記 一冊

330000－1788－0001339 01049、01051 集部/別集類/清別集

蜺私軒集三卷續集三卷 姚永樸撰 民國二十一年(1932)鉛印本 二冊

330000－1788－0001340 01485 集部/曲類/散曲之屬

論曲絕句一卷 盧前撰 民國二十年(1931)師範大學刻本 一冊

330000－1788－0001341 01207 集部/別集類

旅甌續語不分卷 薛鍾斗 鄭永怡輯 民國油印本 薛鍾斗跋 一冊

330000－1788－0001342 00969 集部/別集類

蜕庵詩存三卷 龍賡言撰 民國十四年(1925)萬載龍氏鉛印本 一冊

330000－1788－0001345 00937 類叢部/叢書類/自著之屬

寓園叢書七種 張其淦撰 民國十九年(1930)鉛印本 一冊 存一種

330000－1788－0001346 01279 集部/總集類/選集之屬/通代

唐宋八大家類選十四卷 (清)儲欣評 民國元年(1912)鄂官書處刻本 八冊

330000－1788－0001347 01106 集部/別集類

初日樓詩一卷駐夢詞一卷 嚴既澄撰 民國二十一年(1932)鉛印本 嚴既澄題記 一冊

330000－1788－0001348 01026 集部/別集類

悲華經舍詩存五卷 洪允祥撰 民國二十二年(1933)慈谿洪氏慎思軒鉛印本 一冊 存四卷(一至四)

330000－1788－0001350 01204 集部/總集類/酬唱之屬

旅甌耦語一卷 沈嚴 金人撰 民國七年(1918)永嘉翰墨林齋石印本 一冊

330000－1788－0001355 00583 集部/別集類/宋別集

新註朱淑真斷腸詩集十卷後集八卷 (宋)朱淑真撰 (宋)鄭元佐註 民國十五年(1926)南陵徐氏影印本 二冊

330000－1788－0001358 00589 集部/總集類/郡邑之屬

宋廬陵四忠集 劉峙輯 民國二十六年(1937)吉安劉氏鉛印本 八冊 存一種

330000－1788－0001359 00870 集部/總集類

墨緣室合刊 林永杼編 民國十四年(1925)鉛印本 一冊

330000－1788－0001364 00674 集部/別集類/清別集

漁洋山人精華錄箋注十二卷補一卷年譜一卷 (清)王士禛撰 (清)金榮箋注 (清)徐淮纂輯 民國上海文瑞樓石印本 十二冊

330000－1788－0001365 00501 集部/別集類/唐五代別集

溫飛卿詩集七卷別集一卷集外詩一卷附錄諸家詩評一卷 (唐)溫庭筠撰 (明)曾益注 (清)顧予咸補注 (清)顧嗣立續注 民國十三年(1924)上海掃葉山房石印本 四冊

330000－1788－0001366 00736 集部/別集類/清別集

樊榭山房集十卷續集十卷文集八卷游仙百詠三卷秋林琴雅四卷集外曲二卷集外詩一卷集外詞一卷集外文一卷附輓辭一卷軼事一卷 (清)厲鶚撰 民國上海文瑞樓石印本 十冊

330000－1788－0001372 01087 集部/別集類

培根書屋詩草九卷　孫熙鼎撰　民國十三年(1924)鉛印本　一册

330000－1788－0001374　01117　集部/别集類

思齋詩二卷　王浩撰　民國十四年(1925)王易鉛印本　一册

330000－1788－0001377　00681　集部/别集類/清别集

魏叔子文鈔三卷　(清)魏禧撰　民國上海廣益書局石印本　三册

330000－1788－0001378　01118　集部/總集類/選集之屬/通代

八代詩選二十卷　王闓運輯　民國掃葉山房石印本　八册

330000－1788－0001380　01048　集部/别集類

慎宜軒文八卷　姚永概撰　民國鉛印本　一册

330000－1788－0001383　00585　集部/别集類/宋别集

棠湖詩藁一卷　(宋)岳珂撰　民國八年(1919)影印本　一册

330000－1788－0001385　01301　集部/總集類/選集之屬/通代

古文辭類纂七十五卷附錄一卷　(清)姚鼐纂輯　**校勘記一卷**　(清)李承淵撰　**續古文辭類纂三十四卷**　王先謙輯　民國七年(1918)上海會文堂書局石印本　二十册

330000－1788－0001387　01205　集部/總集類/酬唱之屬

旅甌耦語一卷　沈嚴　金人撰　民國七年(1918)永嘉翰墨林齋石印本　一册

330000－1788－0001388　01206　集部/總集類/酬唱之屬

旅甌耦語一卷　沈嚴　金人撰　民國七年(1918)永嘉翰墨林齋石印本　一册

330000－1788－0001389　01054　集部/别集類

濤園詩集四卷　沈瑜慶撰　民國九年(1920)李宣龔鉛印本　二册

330000－1788－0001390　01442　集部/詞類/别集之屬

復堂詞續一卷　(清)譚獻撰　民國二十六年(1937)浙江省立圖書館鉛印本　一册

330000－1788－0001391　01038　集部/别集類

補學齋文鈔二卷　胡調元撰　民國二年(1913)鉛印本　一册

330000－1788－0001392　01039　集部/别集類

補學齋文鈔二卷　胡調元撰　民國二年(1913)鉛印本　一册

330000－1788－0001393　00593、00599、01694　集部/總集類/郡邑之屬

永嘉詩人祠堂叢刻十四種　冒廣生輯　民國四年(1915)如皋冒氏刻本　薛鍾斗批並跋　張揚過錄清鮑廷博批校　五册　存四種

330000－1788－0001398　01023　集部/别集類

警梱盦詩集一卷文集一卷　許元穎撰　民國二十六年(1937)黄巖友成局鉛印本　一册

330000－1788－0001399　01591　集部/詩文評類/文評之屬

辛白論文一卷　陳懷孟撰　民國十四年(1925)穎川書屋刻朱印本　一册

330000－1788－0001400　01088　集部/别集類

浴日樓詩選二卷　項驤撰　民國二十五年(1936)油印本　一册

330000－1788－0001408　01940　類叢部/叢書類/自著之屬

蛾術堂集十四種　(清)沈豫撰　民國二十年(1931)上海蟫隱廬據清道光十八年(1838)刻本影印本　六册

330000－1788－0001409　01878　子部/叢編
娱萱室小品六十種　雷瑨輯　民國六年(1917)上海掃葉山房石印本　八冊

330000－1788－0001410　01930　類叢部/叢書類/自著之屬
亭林遺書二十二種附三種　(清)顧炎武撰　(清)席威　(清)朱記榮編　民國上海文瑞樓石印本　十二冊

330000－1788－0001411　01923　類叢部/叢書類/彙編之屬
邃雅齋叢書八種　邃雅齋編　民國二十三年(1934)北平琉璃廠邃雅齋影印本　十冊

330000－1788－0001412　01883　類叢部/叢書類/彙編之屬
唐人説薈一百六十四種　(清)陳世熙(一題王文誥)輯　民國十九年(1930)上海掃葉山房石印本　十五冊　存一百五十二種

330000－1788－0001413　01986　集部/總集類/郡邑之屬
永嘉詩人祠堂叢刻十四種　冒廣生輯　民國四年(1915)如臯冒氏刻本　九冊　存十二種

330000－1788－0001415　01983　類叢部/叢書類/彙編之屬
墨香簃叢編六種　楊嘉編　民國石印本　二冊

330000－1788－0001416　01941　類叢部/叢書類
中國學術叢書　民國十四年(1925)上海中國書店影印本　十六冊　存一種

330000－1788－0001424　01391　集部/詞類/類編之屬
宋六十名家詞　(明)毛晉編　民國十年(1921)上海博古齋據明崇禎毛氏汲古閣刻本影印本　三十二冊

330000－1788－0001426　01643　子部/藝術類/遊藝之屬/聯語
采唐集三卷附集張遷碑字一卷　呂佩芬編
附錄一卷　(清)馬其昶　(清)陳寶琛撰　民國二十五年(1936)上海商務印書館石印本　三冊

330000－1788－0001428　01615　集部/總集類/尺牘之屬
分類詳註文學尺牘大全集二十卷　(明)鍾惺纂輯　(明)馮夢龍訂釋　民國十五年(1926)上海求古齋鉛印本　十六冊

330000－1788－0001429　01607　集部/總集類/尺牘之屬
古今尺牘大觀上編不分卷　姚漢章　張相纂輯　民國六年(1917)上海中華書局鉛印本　十二冊

330000－1788－0001431　01613　集部/總集類/尺牘之屬
廣注分類四六大尺牘二十卷　(清)王虎榜輯　周觀光　吴稷箋注　**中華民國官稱商榷表一卷官秩尺牘騈體新類腋一卷**　王鼎輯　民國上海碧梧山莊石印本　十九冊　缺二卷(八、十七)

330000－1788－0001432　01621　集部/別集類/明別集
張江陵書牘六卷　(明)張居正撰　民國六年(1917)羣學書社石印本　六冊

330000－1788－0001433　01636　集部/總集類/尺牘之屬
分類尺牘新語二卷　(清)徐士俊輯　民國六年(1917)上海有正書局鉛印本　二冊

330000－1788－0001434　01612　集部/總集類/尺牘之屬
廣注分類四六大尺牘二十卷　(清)王虎榜輯　周觀光　吴稷箋注　**中華民國官稱商榷表一卷官秩尺牘騈體新類腋一卷**　王鼎輯　民國上海碧梧山莊石印本　四冊

330000－1788－0001435　01628　集部/別集類/清別集
新體廣註小倉山房尺牘八卷　(清)袁枚撰　(清)胡光斗箋釋　(清)徐楨增註　民國十年(1921)上海廣文書局石印本　四冊

330000－1788－0001436　01632　集部/別集類/清別集

春在堂尺牘六卷　(清)俞樾撰　民國元年(1912)上海文瑞樓石印本　二冊

330000－1788－0001440　01641　子部/藝術類/遊藝之屬/聯語

寒柯堂宋詩集聯五卷　余紹宋輯　民國三十一年至三十二年(1942－1943)鉛印本　一冊

330000－1788－0001441　01631　集部/總集類/尺牘之屬

尺牘蘭言五卷　(清)黃容　(清)王維翰選評　民國六年(1917)上海有正書局鉛印本　一冊

330000－1788－0001445　01364　集部/總集類/選集之屬/通代

歷代詩文評註讀本　王文濡編　民國上海文明書局鉛印本　三冊　存一種

330000－1788－0001446　01598　集部/總集類/尺牘之屬

歷代名人書札二卷續編二卷　吳曾祺輯　民國五年至六年(1916－1917)上海商務印書館鉛印本　六冊

330000－1788－0001447　01215　集部/總集類/酬唱之屬

槐居唱和一卷　五文如居士輯　民國二十二年(1933)五石齋鉛印本　林損題記　一冊

330000－1788－0001448　01616　集部/總集類/尺牘之屬

分類箋註文辭大尺牘二十六卷　(明)鍾惺纂輯　(明)馮夢龍訂釋　(清)王鼎增輯　民國十年(1921)上海求古齋鉛印本　四冊

330000－1788－0001451　01606　集部/總集類/尺牘之屬

古今尺牘大觀上編不分卷　姚漢章　張相纂輯　**古今尺牘大觀中編不分卷**　姚漢章　何實睿纂輯　**古今尺牘大觀下編不分卷**　鍾毓龍　朱用實纂輯　民國六年至十二年(1917－1923)上海中華書局鉛印本　四十冊

330000－1788－0001459　01147　集部/總集類/選集之屬/通代

古詩選四卷　王國棟輯　民國三年(1914)上海廣益書局石印本　一冊

330000－1788－0001460　01546　集部/詩文評類/詩評之屬

初白菴詩評三卷詞綜偶評一卷　(清)查慎行撰　(清)張載華輯　民國上海六藝書局石印本　六冊

330000－1788－0001461　01421　集部/別集類/宋別集

朱淑真斷腸詩集十卷補遺一卷後集七卷斷腸詞一卷　(宋)朱淑真撰　(宋)鄭元佐注　民國石印本　一冊　存八卷(後集一至七、斷腸詞)

330000－1788－0001462　00701　集部/別集類/清別集

方望溪文鈔六卷首一卷　(清)方苞撰　民國八年(1919)蘇州振新書社石印本　四冊

330000－1788－0001464　01145　集部/總集類/選集之屬/通代

評選古詩源四卷　(清)沈德潛輯　民國上海掃葉山房石印本　四冊

330000－1788－0001466　01471　集部/曲類/曲評曲話曲目之屬

傳奇彙考八卷　民國三年(1914)古今書室石印本　八冊

330000－1788－0001468　01282　集部/總集類/選集之屬/通代

唐宋八家文讀本三十卷　(清)沈德潛評點　民國上海著易堂鉛印本　六冊

330000－1788－0001469　00979　集部/別集類

扉青詩鈔二十四卷　呂永輝撰　民國五年(1916)奇文齋石印本　二冊

330000－1788－0001471　00567　類叢部/叢書類/郡邑之屬

敬鄉樓叢書三十八種　黃羣編　民國十七年

至二十四年(1928－1935)永嘉黃氏鉛印本　二冊　存第一輯一種

330000－1788－0001472　01580　集部/別集類

藝苑巵言八卷　(明)王世貞撰　丁福保訂　民國上海中國書店鉛印本　一冊　缺四卷(一至四)

330000－1788－0001473　01608　集部/總集類/選集之屬

五十家論文書牘一卷　胡南湖編　民國三年(1914)鉛印本　一冊

330000－1788－0001474　01602　集部/總集類/尺牘之屬

歷代名人小簡續編二卷　吳曾祺輯　民國六年(1917)上海商務印書館鉛印本　二冊

330000－1788－0001475　01658　子部/藝術類/遊藝之屬/聯語

讀史集聯不分卷　(清)楊調元撰　民國上海有正書局鉛印本　一冊

330000－1788－0001476　01601　集部/總集類/尺牘之屬

歷代名人小簡續編二卷　吳曾祺輯　民國三年(1914)上海商務印書館鉛印本　二冊

330000－1788－0001480　01309　集部/總集類/選集之屬/通代

評校音注古文辭類纂七十四卷　(清)姚鼐輯　王文濡校注　民國十五年(1926)上海文明書局鉛印本　十六冊　存一種

330000－1788－0001486　00928　集部/別集類

繆金源詩詞集四卷　繆金源撰　民國十七年(1928)鉛印本　一冊

330000－1788－0001487　00802　集部/別集類/清別集

煙霞萬古樓文集六卷　(清)王曇撰　民國六年(1917)掃葉山房石印本　三冊

330000－1788－0001494　00396　集部/楚辭類

楚辭易讀四卷附楚懷襄二王在位事蹟考一卷　(清)林雲銘撰　民國六年(1917)中華圖書館石印本　二冊

330000－1788－0001495　00682　集部/別集類/清別集

宋氏綿津詩鈔八卷　(清)宋犖撰　(清)邵長蘅選　民國掃葉山房石印本　四冊

330000－1788－0001502　01212　集部/別集類

裒碧齋篋中書詩詞類二卷　民國四年(1915)刻本　一冊

330000－1788－0001504　01116　子部/宗教類/佛教之屬/諸宗

印光法師文鈔二卷附錄一卷　釋聖量撰　民國十年(1921)上海商務印書館鉛印本　二冊

330000－1788－0001514　01538　集部/詩文評類/詩評之屬

中山後山詩話合刻二卷　(宋)劉攽　(宋)陳師道撰　民國上海中華圖書館石印本　一冊

330000－1788－0001515　01585　集部/詩文評類/文評之屬

韓文研究法一卷柳文研究法一卷　林紓撰　民國上海商務印書館鉛印本　一冊

330000－1788－0001517　01291　集部/總集類/選集之屬/通代

新體廣註古文觀止十二卷　(清)吳乘權　(清)吳大職輯　黃築巖　劉再蘇註釋　民國十三年(1924)上海廣文書局石印本　六冊

330000－1788－0001518　01506　子部/小說家類/異聞之屬

拍案驚異十八卷　民國上海鑄記書局石印本　四冊　缺六卷(一至五、十八)

330000－1788－0001519　01478　集部/戲劇類/傳奇之屬

玉茗堂南柯記二卷四十四齣　(明)湯顯祖撰　民國七年(1918)掃葉山房石印本　一冊

330000－1788－0001520　01508　子部/小說家類/瑣語之屬

滿清官場百怪錄二卷　雷瑨撰　民國三年(1914)上海掃葉山房石印本　三冊

330000－1788－0001522　00911　集部/別集類/清別集

鬱華閣遺集詩三卷詞一卷　(清)盛昱撰　民國有正書局影印本　一冊

330000－1788－0001523　01112　類叢部/叢書類/彙編之屬

仰視千七百二十九鶴齋叢書四集三十一種　(清)趙之謙編　民國十八年(1929)紹興墨潤堂書苑據清光緒六年(1880)會稽趙氏刻本影印本　一冊　存二種

330000－1788－0001524　01380　集部/總集類/郡邑之屬

縉雲文徵二十卷補編一卷　(清)湯成烈輯　民國二十七年(1938)文華閣鉛印本　三冊　缺五卷(六至十)

330000－1788－0001525　01480　集部/戲劇類/總集之屬/傳奇

玉獅堂傳奇十種　(清)陳烺撰　民國石印本　一冊　存一種

330000－1788－0001526　00669　集部/別集類/清別集

音注吳梅村詩二卷　(清)吳偉業撰　蔣劍人選　張梓良音注　民國十六年(1927)上海文明書局鉛印本　一冊

330000－1788－0001528　01575　類叢部/叢書類/彙編之屬

四部叢刊三百八種　張元濟等編　民國上海商務印書館影印本　一冊　存一種

330000－1788－0001537　01077　集部/別集類

厚莊文鈔三卷詩鈔二卷　劉紹寬撰　民國八年(1919)刻本　二冊

330000－1788－0001538　01225　集部/別集類

羅珊吟社詩輯不分卷　民國鉛印本　一冊

330000－1788－0001544　01596　集部/詩文評類/詩評之屬

詩法入門四卷首一卷　(清)游藝輯　民國三年(1914)上海千頃堂石印本　二冊

330000－1788－0001545　01505　子部/小說家類/異聞之屬

新齊諧五卷續新齊諧三卷　(清)袁枚撰　民國二年(1913)上海萃英書局石印本　八冊

330000－1788－0001546　01169　集部/總集類/選集之屬/通代

古唐詩合解十二卷古詩四卷　(清)王堯衢注　(清)李模　(清)李桓校　民國二年(1913)上海錦章圖書局石印本　四冊

330000－1788－0001548　01198　集部/總集類/選集之屬/通代

雁山鴻爪三卷　周起渭輯　民國二十三年(1934)樂清天一書局鉛印本　周起渭題記　二冊

330000－1788－0001550　00598　集部/別集類/元別集

趙文敏公松雪齋全集十卷外集一卷續集一卷　(元)趙孟頫撰　民國五年(1916)上海同文圖書館石印本　四冊

330000－1788－0001551　00618　集部/別集類/明別集

王文成公全書三十八卷　(明)王守仁撰　民國二年(1913)上海中華圖書館影印本　十二冊

330000－1788－0001552　00445　集部/別集類/唐五代別集

評註陸宣公奏議十五卷首一卷　(唐)陸贄撰　(宋)郎曄注　馬傳庚評點　劉鐵冷補正　民國十七年(1928)上海中原書局鉛印本　六冊

330000－1788－0001553　00625　類叢部/叢書類/自著之屬

六如居士全集四種　(明)唐寅撰　民國上海

國學昌明社石印本　四冊

330000－1788－0001554　00573　集部/別集類/宋別集

箋注劍南詩鈔六卷　(宋)陸游撰　(清)楊大鶴選　(清)許貞幹校　雷瑨註釋　民國十九年(1930)上海掃葉山房石印本　十二冊

330000－1788－0001558　01157　集部/總集類/選集之屬/斷代

現代十大家詩鈔　進步書局編　民國九年(1920)文明書局、中華書局石印本　四冊

330000－1788－0001559　01144　集部/總集類/選集之屬/通代

古詩源十四卷　(清)沈德潛輯　民國上海商務印書館鉛印本　四冊

330000－1788－0001560　00490　集部/別集類/唐五代別集

玉谿生詩詳註六卷首一卷　(唐)李商隱撰　(清)馮浩注　民國三年(1914)崇古山房石印本　八冊

330000－1788－0001561　00690　集部/別集類/清別集

曝書亭集詩註二十二卷　(清)朱彝尊撰　(清)楊謙注　**朱竹垞先生年譜一卷**　(清)楊謙撰　民國木石居石印本　十冊

330000－1788－0001562　00395　集部/楚辭類

山帶閣註楚辭六卷首一卷餘論二卷説韻一卷　(清)蔣驥撰　民國二十二年(1933)北平來薰閣影印本　四冊

330000－1788－0001563　01324　集部/總集類/選集之屬/斷代

宋文鑑簡編六卷　(宋)呂祖謙編　張相　周邦英選評　民國七年(1918)上海中華書局鉛印本　六冊

330000－1788－0001566　00699　集部/別集類/明別集

方正學先生遜志齋全集二十四卷首一卷　(明)方孝孺撰　(明)張紹謙纂定　民國二年(1913)上海共和圖書館石印本　十二冊

330000－1788－0001567　00513　類叢部/叢書類/自著之屬

歐陽文忠公全集一百五十三卷　(宋)歐陽修撰　**首一卷附錄五卷**　民國上海錦章書局石印本　二十四冊

330000－1788－0001568　00536　集部/別集類/宋別集

後山詩十二卷　(宋)陳師道撰　(宋)任淵注　民國上海文明書局石印本　六冊

330000－1788－0001570　00432　集部/別集類/唐五代別集

杜工部集二十卷　(清)錢謙益箋註　**附錄一卷唱酬題詠附錄一卷諸家詩話一卷**　民國十年(1921)上海廣益書局鉛印本　八冊

330000－1788－0001571　00983　集部/別集類

嶺南吟一卷附嶺上榕枝一卷梅嶺詩債一卷雜詠一卷　劉大同撰　民國九年(1920)廣州南關太平沙亞洲印務局鉛印本　一冊

330000－1788－0001573　00425　集部/別集類/唐五代別集

唐丞相曲江張文獻公集十二卷首一卷附錄一卷千秋金鑑錄五卷　(唐)張九齡撰　民國七年(1918)羊城張氏風度樓刻本　六冊

330000－1788－0001574　00495　集部/別集類/唐五代別集

玉溪生詩意八卷　(唐)李商隱撰　(清)朱鶴齡注　(清)屈復意　民國六年(1917)上海會文堂書局石印本　六冊

330000－1788－0001575　01152　集部/總集類/選集之屬/斷代

遺民詩十六卷　(清)卓爾堪輯　**近青堂詩一卷**　(清)卓爾堪撰　民國有正書局據清康熙刻本影印本　八冊

330000－1788－0001583　00629　集部/別集類/明別集

震川大全集三十卷別集十卷補集八卷餘集八

卷　(明)歸有光撰　民國五年(1916)中國圖書公司和記鉛印本　十二册

330000－1788－0001584　01129　集部/總集類/彙編之屬

五朝詩別裁集　(清)沈德潛等輯　民國掃葉山房石印本　二十四册

330000－1788－0001586　01292　集部/總集類/選集之屬/通代

古文觀止十二卷　(清)吳乘權　(清)吳大職輯　民國二十二年(1933)上海商務印書館鉛印本　六册

330000－1788－0001587　00468　集部/總集類/選集之屬/斷代

貫華堂選批唐才子詩甲集七言律七卷聖歎尺牘一卷　(清)金人瑞輯　(清)金雍注　民國上海有正書局鉛印本　八册

330000－1788－0001589　01595　集部/詩文評類/詩評之屬

詩法入門四卷　(清)游藝輯　民國十三年(1924)上海東萊書局石印本　一册

330000－1788－0001590　01800　集部/別集類

畏廬三集一卷　林紓撰　民國鉛印本　一册

330000－1788－0001592　01492　子部/小說家類/雜事之屬

世說新語六卷　(南朝宋)劉義慶撰　(南朝梁)劉孝標注　民國掃葉山房石印本　六册

330000－1788－0001593　00639　集部/別集類/明別集

張蒼水集二卷補遺一卷附錄一卷　(明)張煌言撰　民國鉛印本　一册　缺一卷(補遺)

330000－1788－0001594　00436　集部/別集類/唐五代別集

杜詩詳註二十五卷首一卷附編二卷　(清)仇兆鰲輯註　民國十年(1921)上海掃葉山房影印本　二十八册

330000－1788－0001598　01345　集部/總集類

丱社第一集　丱社輯　民國五年(1916)上海中華書局鉛印本　一册

330000－1788－0001599　00896　集部/別集類/清別集

柏梘山房文集十六卷文續集一卷駢體文二卷詩集十卷詩續集二卷　(清)梅曾亮撰　民國六年(1917)上海國學扶輪社石印本　四册

330000－1788－0001606　01818　集部/總集類/選集之屬/通代

圈點詳註十八家詩鈔二十八卷　(清)曾國藩撰　陳存悔等註　民國十五年(1926)上海中原書局鉛印本　十四册　缺四卷(十三至十四、二十七至二十八)

330000－1788－0001610　01874、02161　類叢部/叢書類/郡邑之屬

括蒼叢書第一集八種第二集十二種　劉燿東編　民國二十七年(1938)、三十七年(1948)鉛印本(滑疑集詩卷二原缺)　十三册　存第一集二種、第二集十一種

330000－1788－0001612　01823　集部/總集類/尺牘之屬

歷代名人小簡二卷　吳曾祺輯　民國十九年(1930)上海商務印書館鉛印本　二册

330000－1788－0001614　01824　集部/別集類/清別集

容甫先生遺詩五卷補遺一卷附錄一卷　(清)汪中撰　民國三年(1914)上海有正書局石印本　一册

330000－1788－0001615　01806　集部/總集類/彙編之屬

五朝詩別裁集　(清)沈德潛等輯　民國掃葉山房石印本　二十四册

330000－1788－0001616　01813　集部/詩文評類/詩評之屬

養一齋詩話十卷李杜詩話三卷　(清)潘德輿撰　民國掃葉山房石印本　三册　缺三卷(養一齋詩話一至三)

330000－1788－0001619　01758　集部/別集類
天嬰室叢稿第一輯九卷　陳訓正撰　民國十四年(1925)鉛印本　四冊

330000－1788－0001622　01759　類叢部/叢書類/自著之屬
儀徵嚴氏無悶堂叢書　(清)嚴玉森撰　民國鉛印本　二冊　存一種

330000－1788－0001623　01835　子部/雜著類/雜說之屬
文苑滑稽談十四卷　雷瑨輯　民國十三年(1924)上海掃葉山房鉛印本　一冊

330000－1788－0001624　01790　集部/別集類
靈峯先生集十一卷　夏震武撰　民國五年(1916)劉子民、何紹韓鉛印本　二冊

330000－1788－0001625　01809　集部/總集類/選集之屬/斷代
近代詩鈔不分卷　陳衍輯　民國十二年(1923)上海商務印書館鉛印本　四冊

330000－1788－0001626　01833　集部/楚辭類
楚辭十七卷　(漢)劉向集　(漢)王逸章句　(宋)洪興祖補注　民國大一統圖書局影印本　一冊　存八卷(一至八)

330000－1788－0001627　01760　集部/別集類
橫海樓詩集甲稿一卷　陳蔚撰　民國十四年(1925)鉛印本　一冊

330000－1788－0001633　01772　集部/別集類/宋別集
四明文獻集五卷　(宋)王應麟撰　(明)鄭眞輯　**深寧先生文鈔摭餘編三卷**　(宋)王應麟撰　(清)葉熊輯　**深寧先生年譜一卷**　(清)錢大昕編　**王深寧先生年譜一卷**　(清)陳僅撰　(清)張恕編　**王深寧先生年譜一卷**　(清)張大昌輯　民國五年(1916)仁和王存善鉛印本　四冊

330000－1788－0001634　01732　集部/別集類/清別集
長真閣集七卷詩餘一卷　(清)席佩蘭撰　民國二年(1913)上海埽葉山房石印本　一冊　缺三卷(五至七)

330000－1788－0001636　01716　集部/總集類/彙編之屬
寒隱社叢書　寒隱社編　民國元年(1912)寒隱社鉛印本　一冊　存一種

330000－1788－0001638　01834　集部/總集類/選集之屬/通代
評註昭明文選十五卷首一卷葉星衛附註一卷　(清)于光華輯　民國上海掃葉山房石印本　十五冊　缺一卷(一)

330000－1788－0001640　01753　集部/總集類/酬唱之屬
黃華集一卷　高爕編　民國十三年(1924)閑閑山莊鉛印本　一冊

330000－1788－0001647　01748　集部/別集類/清別集
石壇山房全集七種十卷　(清)陳得善撰　民國二十三年(1934)陳慶麒鉛印本　六冊

330000－1788－0001654　01761　集部/別集類
游大羅山雜作一卷　王榮年撰　民國鉛印本　一冊

330000－1788－0001657　01816　集部/詞類/別集之屬
半篋秋詞一卷　(清)張祥齡撰　民國三年(1914)石印本　一冊

330000－1788－0001658　01827　集部/別集類/清別集
天一笑廬詩集二卷　(清)黃鼎瑞撰　民國十五年(1926)樂清黃氏鉛印本　一冊

330000－1788－0001671　01756　集部/別集類
古腴齋詩稿一卷　何家翰撰　民國三年(1914)鉛印本　南越老道題簽　一冊

330000－1788－0001672　01711　集部/別集類/清別集

天潮閣集六卷首一卷　(清)劉坊撰　民國五年(1916)邱復鉛印本　一冊

330000－1788－0001674　02582　史部/目録類/總録之屬/官修

國立武漢大學中文圖書目錄不分卷　武漢大學圖書館編　民國十八年(1929)國立武漢大學鉛印本　四冊

330000－1788－0001675　01828　子部/小説家類/雜事之屬

世說新語六卷首一卷　(南朝宋)劉義慶撰　(南朝梁)劉孝標注　民國元年(1912)鄂官書處刻本　二冊

330000－1788－0001683　01757　集部/別集類

蒹葭樓詩二卷　黄節撰　民國二十三年(1934)鉛印本　一冊

330000－1788－0001701　01814、02876、03575　類叢部/叢書類/彙編之屬

求恕齋叢書三十一種　劉承幹編　民國吳興劉氏嘉業堂刻本　十三冊　存三種

330000－1788－0001715　01750－2　集部/別集類/清別集

明秋館選課一卷古今體詩存一卷詞賸一卷附曲兩齣　(清)裘凌仙撰　民國三年(1914)鉛印本　一冊

330000－1788－0001717　01802　集部/別集類

抱潤軒文集二十二卷　馬其昶撰　民國十二年(1923)京師刻本　三冊　存十八卷(五至二十二)

330000－1788－0001718　01750－1　集部/別集類/清別集

明秋館選課一卷古今體詩存一卷詞賸一卷附曲兩齣　(清)裘凌仙撰　民國三年(1914)鉛印本　一冊　存一卷(選課)

330000－1788－0001719　01754　集部/別集類

卍雲詩稿一卷　雲泉法師撰　民國三年(1914)童玉華等鉛印本　一冊

330000－1788－0001720　01755　集部/別集類

卍雲詩稿一卷　雲泉法師撰　民國三年(1914)童玉華等鉛印本　一冊

330000－1788－0001725　01751－2　集部/別集類/清別集

明秋館選課一卷古今體詩存一卷詞賸一卷附曲兩齣　(清)裘凌仙撰　民國三年(1914)鉛印本　一冊　缺一卷(選課)

330000－1788－0001726　01751－1　集部/別集類/清別集

明秋館選課一卷古今體詩存一卷詞賸一卷附曲兩齣　(清)裘凌仙撰　民國三年(1914)鉛印本　一冊　缺一卷(選課)

330000－1788－0001733　01803　集部/別集類

抱潤軒遺集一卷　馬其昶撰　民國二十五年(1936)吳常燾鉛印本　吳常燾題記　一冊

330000－1788－0001741　01897　類叢部/叢書類/彙編之屬

涵芬樓祕笈五十一種　孫毓修等輯　民國五年至十五年(1916－1926)上海商務印書館影印本暨鉛印本　八冊　存七種

330000－1788－0001743　01950　類叢部/叢書類/自著之屬

景紫堂全書十一種　(清)夏炘撰　民國十年(1921)刻本　二十一冊　存九種

330000－1788－0001744　01955　類叢部/叢書類/自著之屬

樸學齋叢刊十一種　胡韞玉撰　民國十二年(1923)安吳胡氏鉛印本　二冊　存八種

330000－1788－0001746　01852　類叢部/叢書類/郡邑之屬

永嘉詩人祠堂叢刻十四種　冒廣生輯　民國四年(1915)如皋冒氏刻本　林損題記　十冊

330000－1788－0001748　01953、01982　類叢部/叢書類/自著之屬

章氏叢書十三種　章炳麟撰　民國六年至八年(1917－1919)浙江圖書館刻本　二十四册

330000－1788－0001750　01947　類叢部/叢書類/自著之屬

鐵研坐蘐書五種　桑宣撰　民國八年(1919)宛平桑氏鉛印本　寥天廬主人題記　八册

330000－1788－0001751　01910　類叢部/叢書類/家集之屬

顧氏家集十種　顧燮光編　民國十八年(1929)會稽顧氏金佳石好樓鉛印本暨石印本　六册

330000－1788－0001753　01898　史部/金石類/總志之屬

湫漻齋叢書十種　陳準輯　民國瑞安陳氏刻本　八册

330000－1788－0001754　02520、02519、02518、02522　史部/目録類

快閣師石山房叢書七種　(清)姚振宗撰　民國二十年(1931)浙江省立圖書館鉛印本　七册　存四種

330000－1788－0001756　02562　史部/目録類/總録之屬/官修

北平圖書館善本書目四卷補遺一卷　趙萬里編　民國二十二年(1933)刻本　四册

330000－1788－0001758　02692　史部/金石類

山陰吴氏遯盦金石叢書(遯盦金石叢書)　吴隱輯　民國山陰吴氏西泠印社刻本　九册　存一種

330000－1788－0001760　02579　史部/目録類/總録之屬/官修

山東圖書館書目九卷　袁紹昂編　民國六年(1917)山東圖書館石印本　八册

330000－1788－0001761　02484、02486、03484　類叢部/叢書類/彙編之屬

江氏聚珍版叢書四集二十八種　江杏溪輯　民國十三年(1924)蘇州文學山房木活字印本　七册　存三種

330000－1788－0001762　02549　類叢部/叢書類/郡邑之屬

金陵叢書　翁長森　蔣國榜輯　民國三年至五年(1914－1916)上元蔣氏慎修書屋鉛印本　八册　存一種

330000－1788－0001763　02356　史部/地理類/方志之屬/郡縣志

[民國]平陽縣志九十八卷首一卷　王理孚修　符璋纂　張綦等測繪　民國十四年至十五年(1925－1926)刻本　三十一册

330000－1788－0001764　02493　史部/目録類/總録之屬/彙刻

古佚書錄叢輯　民國二十二年(1933)國立北平圖書館、中華圖書館協會鉛印本　四册　存二種

330000－1788－0001765　02395　史部/地理類/山川之屬/山志

南雁蕩山志十三卷首一卷　周喟編　民國七年(1918)瑞安戴氏詠古齋刻本　四册

330000－1788－0001766　02121　史部/雜史類/通代之屬

明清史料不分卷　國立中央研究院歷史語言研究所編　民國鉛印本　四册　存四册(一至四)

330000－1788－0001767　02650、02666、02661、02646　史部/金石類

嘉業堂金石叢書五種　劉承幹輯　民國吴興劉氏刻本　二十册　存四種

330000－1788－0001768　02669、02639　史部/金石類/總志之屬

湫漻齋叢書十種　陳準輯　民國瑞安陳氏刻本　二册　存二種

330000－1788－0001770　02720　類叢部/叢書類/自著之屬

章氏叢書續編七種　章炳麟撰　民國三十二年(1943)成都薛氏崇禮堂刻本　一册　存

一種

330000－1788－0001772　02583　史部/目録類/總録之屬/官修

國立武漢大學中文圖書目錄不分卷　武漢大學圖書館編　民國十八年(1929)國立武漢大學鉛印本　四册

330000－1788－0001773　02376　史部/地理類/方志之屬/郡縣志

[乾隆]金山縣志二十卷首一卷　(清)常琬修　(清)焦以敬等纂　民國十八年(1929)據清乾隆十六年(1751)刻本影印本　四册

330000－1788－0001774　02389　史部/地理類/山川之屬/山志

仙巖山志八卷　張揚纂　民國二十二年(1933)籀經樓鉛印本　三册　存四卷(五至八)

330000－1788－0001775　02390　史部/地理類/山川之屬/山志

仙巖山志八卷　張揚纂　民國二十二年(1933)籀經樓鉛印本　四册

330000－1788－0001778　02488　史部/目録類/書志之屬/題跋

思適齋書跋四卷　(清)顧廣圻撰　王大隆輯　民國二十四年(1935)秀水王大隆學禮齋刻藍印本　王大隆題記　二册

330000－1788－0001782　02014　史部/紀傳類/正史之屬

百大家評註史記十卷　(清)朱子蕃輯　民國六年(1917)上海同文圖書館石印本　三册

330000－1788－0001786　02481　史部/目録類/總録之屬/私撰

書目答問五卷別錄一卷國朝箸述諸家姓名略一卷　(清)張之洞撰　民國九年(1920)上海掃葉山房石印本　二册

330000－1788－0001787　02637、03382、03379、03407、00476、01242、01822　類叢部/叢書類/彙編之屬

四部叢刊　張元濟等編　民國上海商務印書館影印本　五十五册　存六種

330000－1788－0001788　02410　史部/地理類/專志之屬/書院

南廱志二十四卷　(明)黄佐撰　民國二十年(1931)江蘇省立國學圖書館影印本　八册

330000－1788－0001790　02632　史部/目録類/總録之屬/彙刻

彙刻書目二十卷　(清)顧修輯　(清)朱學勤補輯　**彙刻書目二編十卷**　周毓邠輯　民國八年(1919)上海千頃堂書局石印本　十六册

330000－1788－0001791　02103　史部/雜史類/斷代之屬

戰國策詳註三十三卷　郭希汾輯註　民國八年(1919)上海文明書局鉛印本　六册

330000－1788－0001793　02534　史部/目録類/版本之屬/專考

宋元本行格表二卷附錄一卷補遺一卷　(清)江標輯　劉肇隅編並補　民國三年(1914)上海文瑞樓石印本　四册

330000－1788－0001795　02600　史部/目録類/總録之屬/私撰

郘亭知見傳本書目十六卷　(清)莫友芝撰　民國十二年(1923)上海掃葉山房石印本　八册

330000－1788－0001797　02578　史部/目録類/總録之屬/官修

諸暨圖書館目錄初編八卷首一卷　樓藜然編　民國九年(1920)石印本　四册

330000－1788－0001798　02512　史部/目録類

中華圖書館協會叢書　民國中華圖書館協會鉛印本　一册　存一種

330000－1788－0001799　10030　經部/小學類/音韻之屬/等韻

音學辨微一卷　(清)江永撰　**榕村等韻辨疑正誤一卷**　(清)李光地撰　**康熙字典等均圖辨惑一卷**　**常熟黄廷鑑三十六字母辨一卷**　(清)黄廷鑑撰　民國十二年(1923)渭南嚴式

誨孝義家塾成都敦睦堂刻本　一冊

330000－1788－0001802　02290　史部/史抄類

史記菁華錄六卷　(清)姚祖恩輯評　民國上海商務印書館鉛印本　三冊

330000－1788－0001805　02231　類叢部/叢書類/彙編之屬

又滿樓叢書十六種　趙詒琛編　民國九年至十四年(1920－1925)崑山趙氏又滿樓刻本　一冊　存二種

330000－1788－0001806　02408　史部/地理類/專志之屬/寺觀

洛陽伽藍記注五卷　周延年撰　民國二十六年(1937)萬潔齋石印本　一冊

330000－1788－0001807　02375　史部/地理類/方志之屬/郡縣志

[民國]定海縣志十六卷首一卷　陳訓正　馬瀛纂修　施皋　顔聖介　張紀隆測繪　民國十三年(1924)旅滬同鄉會鉛印本　一冊　存一卷(十六)

330000－1788－0001808　02480　史部/目録類/總録之屬/私撰

書目答問五卷別錄一卷國朝箸述諸家姓名略一卷　(清)張之洞撰　民國十五年(1926)上海掃葉山房石印本　二冊

330000－1788－0001810　02248　史部/傳記類/總傳之屬/郡邑

歷代兩浙詞人小傳十六卷　周慶雲輯　民國十一年(1922)烏程周氏夢坡室刻本　五冊

330000－1788－0001811　02597　史部/目録類/總録之屬/禁燬

禁書總録二卷附錄一卷　陳乃乾校輯　民國二十一年(1932)海寧陳乃乾慎初堂鉛印本　二冊

330000－1788－0001814　02656　史部/金石類/石之屬/目録

河朔新碑目三卷附河南古物調查表證誤一卷　顧燮光撰　民國十五年(1926)上海聚珍印書局鉛印本　一冊

330000－1788－0001815　02586　史部/目録類/總録之屬/官修

江蘇第一圖書館覆校善本書目四卷　胡宗武　曹掾梁編　民國七年(1918)南京江蘇第一圖書館鉛印本　四冊

330000－1788－0001822　02400　史部/地理類/專志之屬/寺觀

寒山寺志三卷　葉昌熾撰　民國十一年(1922)吳縣潘氏刻本　潘博山題記　一冊

330000－1788－0001823　02276　史部/傳記類/日記之屬

越縵堂日記不分卷(清同治二年四月朔至光緒十五年七月初十)　(清)李慈銘撰　民國影印本　十五冊　存桃花聖解盦日記第二集甲集、乙集、丙集、丁集、戊集,荀學齋日記己集、庚集、辛集、壬集、癸集

330000－1788－0001825　02095　史部/雜史類/斷代之屬

國語二十一卷　(三國吳)韋昭解　**校刊明道本韋氏解國語札記一卷**　(清)黃丕烈撰　**國語明道本考異四卷**　(清)汪遠孫撰　民國元年(1912)湖北崇文書局刻本　五冊

330000－1788－0001840　02585　史部/目録類/總録之屬

溫州籀園圖書館續編叢書目錄不分卷　民國油印本　一冊

330000－1788－0001841　04371　史部/傳記類/別傳之屬/年譜

先考徵君公[孫詒讓]年譜□□卷　民國抄本　一冊　存一卷(一)

330000－1788－0001844　02580　史部/目録類/總録之屬

國立中山大學圖書館新編中文書目不分卷　國立中山大學圖書館編　民國十七年至十八年(1928－1929)油印本　四冊

330000－1788－0001849　02615　史部/目録類/總録之屬/私撰

越縵堂藏書目錄不分卷 (清)李慈銘藏 民國油印本 一冊

330000－1788－0001851 02102 史部/雜史類/斷代之屬
戰國策詳註三十三卷 郭希汾輯註 民國十三年(1924)上海文明書局鉛印本 六冊

330000－1788－0001852 02294 史部/史抄類
教科適用漢書精華八卷 中華書局編 民國十二年(1923)上海中華書局鉛印本 八冊

330000－1788－0001854 02164 史部/傳記類/總傳之屬/列女
新刊古列女傳八卷 (漢)劉向撰 (明)仇英繪 民國上海廣雅書局石印本 二冊

330000－1788－0001856 02167 子部/儒家類/儒學之屬/禮教/鑑戒
八德須知二集八卷附誌一卷 蔡振紳撰 民國二十年(1931)上海明善書局石印本 四冊

330000－1788－0001857 02263 史部/傳記類/雜傳之屬
黃體芳傳一卷 葉爾愷撰 **黃紹箕傳一卷** 伍銓萃撰 民國鉛印本 一冊

330000－1788－0001859 02391 史部/地理類/山川之屬/山志
瑞安集雲山志一卷 (清)金兆珍 (清)金兆奎編 民國二十五年(1936)油印本 一冊

330000－1788－0001860 02233 史部/傳記類/別傳之屬/年譜
錢牧齋先生[謙益]年譜一卷附錄一卷 金鶴沖輯 **東澗遺老錢公別傳一卷** (清)顧苓撰 民國二十一年(1932)鉛印本 一冊

330000－1788－0001861 02246 史部/傳記類/別傳之屬/年譜
陳介石[黻宸]先生年譜一卷 陳謐編 民國二十三年(1934)甌風社鉛印本 二冊

330000－1788－0001862 02255 子部/儒家類/儒學之屬/經濟
歷代尊孔記一卷孔教外論一卷 程淯輯 民國二十二年(1933)上海中國道德會鉛印本 一冊

330000－1788－0001863 02278 史部/地理類/遊記之屬/紀行
河海崑崙錄四卷 (清)裴景福撰 民國三年(1914)安徽官紙印刷局鉛印本 四冊

330000－1788－0001867 02373 類叢部/叢書類/自著之屬
崇雅堂叢書十四種 楊晨撰 民國二十五年(1936)楊紹翰鉛印本 二冊 存一種

330000－1788－0001869 02281 史部/傳記類/總傳之屬/家乘
項氏源流攷不分卷 項士元編 民國油印本 一冊

330000－1788－0001871 02036 史部/紀傳類
越縵堂讀史札記十一種三十卷 (清)李慈銘撰 民國國立北平北海圖書館鉛印本 二冊 存一種

330000－1788－0001874 02034 史部/紀傳類
越縵堂讀史札記十一種三十卷 (清)李慈銘撰 民國國立北平北海圖書館鉛印本 六冊 存四種

330000－1788－0001877 02620 史部/目録類/總録之屬/官修
梁氏飲氷室藏書目錄五卷附錄二卷補遺一卷 國立北平圖書館編 民國二十二年(1933)國立北平圖書館鉛印本 四冊

330000－1788－0001878 02150 史部/雜史類/斷代之屬
魏略輯本二十五卷補遺一卷 (晉)魚豢撰 張鵬一輯 民國十三年(1924)陝西文獻徵輯處刻本 二冊

330000－1788－0001884 02186 史部/傳記類/總傳之屬/郡邑
潤州先賢錄六卷 (明)姚堂 (明)劉文徽輯

民國二十二年(1933)江蘇省立國學圖書館影印本　二冊

330000－1788－0001885　02755　類叢部/叢書類/自著之屬
推十書十二種　劉咸炘撰　民國刻本　三冊　存一種

330000－1788－0001898　02289　史部/史抄類
史記菁華録六卷　(清)姚祖恩輯評　民國十二年(1923)天津直隸書局鉛印本　六冊

330000－1788－0001899　02256　經部/群經總義類/授受源流之屬
經學歷史一卷　(清)皮錫瑞撰　民國十六年(1927)上海商務印書館影印本　一冊

330000－1788－0001900　02392　史部/地理類/專志之屬/古跡
大若巖志一卷附録一卷　劉景晨纂　民國三十六年(1947)鉛印本　一冊

330000－1788－0001901　02647　史部/金石類/總志之屬
張氏吉金貞石録五卷　(清)張塤輯　民國十八年(1929)刻本　二冊

330000－1788－0001902　02393　史部/地理類/專志之屬/古跡
大若巖志一卷附録一卷　劉景晨纂　民國三十六年(1947)鉛印本　一冊

330000－1788－0001904　02432　史部/地理類/遊記之屬/紀行
游滇紀事一卷　錢文選撰　民國十九年(1930)鉛印本　一冊

330000－1788－0001907　02425　史部/地理類/山川之屬/山志
華嶽圖經二卷　(清)蔣湘南撰　民國陝西教育圖書社鉛印本　一冊

330000－1788－0001908　02096　史部/雜史類/斷代之屬
戰國策三十三卷　(漢)高誘注　**重刻剡川姚氏本戰國策札記三卷**　(清)黄丕烈撰　民國元年(1912)湖北崇文書局刻本　五冊

330000－1788－0001913　02291　史部/史抄類
史記精華八卷　中華書局編　民國四年(1915)上海中華書局鉛印本　八冊

330000－1788－0001915　02543　子部/雜著類/雜考之屬
古書疑義舉例札迻一卷　馬敘倫撰　民國七年(1918)杭縣馬敘倫鉛印本　一冊

330000－1788－0001918　02415　史部/地理類
雁蕩亦澹蕩人名山遊記　蔣叔南撰　民國鉛印本　一冊　存一種

330000－1788－0001920　02346　史部/地理類/山川之屬/山志
南田山談一卷　劉燿東撰　民國二十二年(1933)啓後亭鉛印本　一冊

330000－1788－0001922　02091　史部/雜史類/斷代之屬
國語詳注二十一卷　沈鎔輯注　民國五年(1916)上海文明書局、中華書局鉛印本　四冊

330000－1788－0001924　02535　史部/目録類/版本之屬/專考
宋元本行格表二卷附録一卷補遺一卷　(清)江標輯　劉肇隅編並補　民國三年(1914)上海文瑞樓石印本　四冊

330000－1788－0001925　02092　史部/雜史類/斷代之屬
國語詳注二十一卷　沈鎔輯注　民國五年(1916)上海文明書局、中華書局鉛印本　四冊

330000－1788－0001926　02682　史部/金石類/金之屬/文字
積古齋鐘鼎彝器款識十卷　(清)阮元撰　民國上海中華圖書館影印本　六冊

330000－1788－0001934　02426　史部/地理類/遊記之屬/紀行

游杭紀略二卷　楊祚昌輯　民國十四年(1925)杭州文元堂書莊鉛印本　一册

330000－1788－0001936　02090　史部/雜史類/斷代之屬

國語韋解補正二十一卷　吳曾祺撰　朱元善校訂　民國十五年(1926)上海商務印書館鉛印本　四册

330000－1788－0001939　02509　史部/目録類/總録之屬/私撰

國學用書撰要二卷　李笠撰　民國十三年(1924)鉛印本　一册

330000－1788－0001941　02398　史部/地理類/山川之屬/山志

靈巖山志八卷首一卷末一卷　張一留編　民國三十七年(1948)上海印公紀念會鉛印本　一册

330000－1788－0001943　02581　史部/目録類/專録之屬

國立武漢大學圖書館方志目錄三十卷　國立武漢大學圖書館編　民國二十五年(1936)國立武漢大學圖書館鉛印本　一册

330000－1788－0001946　02029　集部/總集類/選集之屬/斷代

國學叢選十八集　高燮等編　民國國學商兑會鉛印本　一册　存二集(十五至十六)

330000－1788－0001949　02557　史部/目録類/總録之屬/官修

四庫未收書目提要五卷　(清)阮元撰　民國二十年(1931)雙流黄氏濟忠堂成都刻本　三册

330000－1788－0001952　02791　史部/政書類/公牘檔册之屬

中國同盟會蘇支部章程七章　民國鉛印本　一册

330000－1788－0001959　02498　史部/目録類/總録之屬/地方

台州經籍志四十卷　項士元編　民國四年(1915)鉛印本　十六册

330000－1788－0001966　02638　史部/目録類/總録之屬/彙刻

叢書目錄拾遺十二卷　孫殿起錄　民國二十三年(1934)鉛印本　四册

330000－1788－0001968　02514　史部/目録類/通論之屬/考訂

古文舊書考四卷附訪餘錄一卷　(日本)島田翰撰　民國十六年(1927)深縣王雨藻玉堂鉛印本　四册　缺一卷(訪餘錄)

330000－1788－0001970　02629、02869、02670、02660　史部/金石類/總志之屬

湫漻齋叢書十種　陳準輯　民國瑞安陳氏刻本　五册　存五種

330000－1788－0001990　02416　史部/地理類/遊記之屬/紀行

武夷遊記一卷　蔣叔南撰　民國七年(1918)鉛印本　一册

330000－1788－0002001　02168　史部/傳記類/總傳之屬/忠孝

浙江孝節錄初集二卷　張大庚　王昌杰編　民國二十四年(1935)上海明善書局鉛印本　四册

330000－1788－0002002　02631　史部/目録類/總録之屬/彙刻

續彙刻書目十卷閏集一卷　羅振玉撰　民國三年(1914)連平范氏雙魚室刻本　十册　缺一卷(閏集)

330000－1788－0002004　02169　史部/傳記類/總傳之屬/忠孝

浙江孝節錄初集二卷　張大庚　王昌杰編　民國二十四年(1935)上海明善書局鉛印本　四册

330000－1788－0002005　02338　史部/地理類/方志之屬/郡縣志

續修台州府志芻議一卷　符璋撰　民國十五年(1926)刻朱印本　一册

330000－1788－0002007　02565　史部/目録類/專録之屬

國立北平圖書館方志目錄不分卷索引不分卷　國立北平圖書館編　民國二十二年(1933)國立北平圖書館鉛印本　張秀民題記　四册

330000－1788－0002009　02228　史部/傳記類/别傳之屬/年譜

劉文成公[基]年譜稿二卷　劉燿東編　民國二十八年(1939)南田山啓後亭鉛印本　劉燿東題記　一册

330000－1788－0002012　02366　集部/總集類/郡邑之屬

瑞安詩徵七卷文徵十二卷　瑞安縣修志委員會編　民國瑞安縣修志委員會鉛印本　四册　缺七卷(詩徵一至七)

330000－1788－0002014　02573　史部/目録類/總録之屬/官修

無錫縣立圖書館善本書目二卷　秦毓鈞編　民國十八年(1929)無錫縣立圖書館鉛印本　一册

330000－1788－0002015　02367　集部/總集類/郡邑之屬

瑞安詩徵七卷文徵十二卷　瑞安縣修志委員會編　民國瑞安縣修志委員會鉛印本　四册　缺七卷(詩徵一至七)

330000－1788－0002017　02593　史部/目録類/總録之屬/私撰

趙氏圖書館藏書目錄五卷補遺一卷新鈔書目一卷峭帆樓善本書目一卷　趙詒琛撰　民國十五年(1926)鉛印本　二册

330000－1788－0002018　02207　史部/傳記類/科舉録之屬/歷科登科録

宋元科舉三錄三卷　徐乃昌輯　民國十二年(1923)南陵徐乃昌刻本　四册

330000－1788－0002022　02364　集部/總集類/郡邑之屬

瑞安詩徵七卷文徵十二卷　瑞安縣修志委員會編　民國三十五年(1946)瑞安縣修志委員會鉛印本　八册　缺一卷(詩徵七)

330000－1788－0002023　02508　史部/金石類/甲骨之屬/通考

甲骨書錄解題五卷附錄二卷甲骨論文解題三卷附錄一卷甲骨學論著索引一卷　邵子風撰　民國二十四年(1935)上海商務印書館石印本　一册

330000－1788－0002024　02368　史部/地理類/方志之屬/郡縣志

[光緒]青田縣志十八卷首一卷　(清)雷銑修　(清)王棻纂　民國二十四年(1935)鉛印本　十册

330000－1788－0002025　02563　史部/目録類/總録之屬/官修

北平圖書館善本書目乙編四卷　趙錄綽編　民國二十四年(1935)鉛印本　一册

330000－1788－0002026　02394　史部/地理類/山川之屬/山志

南雁蕩山志十三卷首一卷　周喟編　民國七年(1918)瑞安戴氏詠古齋刻本　四册

330000－1788－0002027　02734　類叢部/叢書類/彙編之屬

集古齋叢鈔□□種　民國石印本　五册　存一種

330000－1788－0002028　02721　經部/群經總義類/石經之屬/通考

歷代石經考不分卷　張國淦編　民國十九年(1930)燕京大學國學研究所鉛印本　二册

330000－1788－0002030　02396　史部/地理類/山川之屬/山志

南雁蕩山志十三卷首一卷　周喟編　民國七年(1918)瑞安戴氏詠古齋刻本　四册

330000－1788－0002041　02722　史部/金石類/甲骨之屬

殷虚書契前編集釋八卷　葉玉森撰　民國二十三年(1934)上海督印葉葓漁先生遺著同人會影印本　八册

330000－1788－0002043　02710　類叢部/叢書類/彙編之屬
金陵大學中國文化研究所叢刊　金陵大學中國文化研究所編　民國金陵大學中國文化研究所刻本、鉛印本暨影印本　二册　存一種

330000－1788－0002044　02725　史部/金石類/甲骨之屬/文字
鐵雲藏龜不分卷　(清)劉鶚輯　鮑鼎釋　**鐵雲藏龜之餘一卷**　羅振玉輯　鮑鼎釋　民國二十年(1931)上虞羅振常蟫隱廬石印本　六册

330000－1788－0002045　02515　史部/目録類/通論之屬/掌故瑣記
書舶庸譚四卷　董康撰　民國十九年(1930)上海大東書局影印本　三册

330000－1788－0002046　02726　史部/金石類/甲骨之屬/文字
鐵雲藏龜不分卷　(清)劉鶚輯　鮑鼎釋　**鐵雲藏龜之餘一卷**　羅振玉輯　鮑鼎釋　民國二十年(1931)上虞羅振常蟫隱廬石印本　六册

330000－1788－0002049　02619　史部/目録類/書志之屬/提要
滂喜齋藏書記三卷　(清)潘祖蔭藏　葉昌熾撰　潘承弼增編　民國三年(1914)吴縣潘仲午刻十七年(1928)潘承厚增刻印本　二册

330000－1788－0002050　02382　史部/地理類/方志之屬
[民國]鄮城縣記三十卷　陳金臺纂修　民國二十三年(1934)刻本　十二册

330000－1788－0002051　02577　史部/目録類/總録之屬/官修
浙江公立圖書館通常類圖書目錄五卷附保存類圖書目錄補遺一卷　浙江公立圖書館編　民國十四年(1925)浙江公立圖書館鉛印本　八册

330000－1788－0002052　02678　史部/金石類
考古學社考古叢書乙編　民國二十三年(1934)、二十四年(1935)東莞容庚頌齋鉛印本　一册

330000－1788－0002059　02676　史部/金石類/總志之屬
范鼎卿先生所著書三種　范壽銘撰　民國會稽顧燮光金佳石好樓石印本　二册　存二種

330000－1788－0002062　02507　史部/目録類/專録之屬
歷代兵書目錄六卷　陸達節編輯　民國二十二年(1933)鉛印本　一册

330000－1788－0002063　02611　史部/目録類/總録之屬/私撰
測海樓舊本書目四卷附錄一卷　(清)吳引孫藏　陳乃乾輯　民國二十一年(1932)北平王富晉書社鉛印本　二册

330000－1788－0002064　02567　史部/目録類/總録之屬/官修
故宮殿本書庫現存目三卷附錄一卷　陶湘編　民國二十二年(1933)故宮博物院圖書館鉛印本　三册

330000－1788－0002068　02311　史部/地理類
本國人文地理二卷　錢振椿撰　民國七年(1918)北京大學出版部鉛印本　二册

330000－1788－0002070　02677　類叢部/叢書類
餘園叢刻　柯昌濟輯　民國二十四年至二十六年(1935－1937)鉛印本　四册　存一種

330000－1788－0002071　02300　類叢部/叢書類/郡邑之屬
雲南叢書初編一百四十一種二編三十七種　趙藩　陳榮昌等輯　民國雲南叢書處刻本　二册　存一種

330000－1788－0002073　02693　經部/小學類/文字之屬/字書/字體
古籒餘論三卷　(清)孫詒讓撰　民國十八年(1929)燕京大學刻本　二册

330000－1788－0002074　02476　史部/目録類/總録之屬/官修

四庫全書敘一卷　四庫全書攷證一卷　李時撰　**姚彥長觀書例一卷**　（清）姚晋圻撰　**田曨初觀書後例一卷**　（清）田明昶撰　民國十六年（1927）北京慈祥工廠石印本　一册

330000－1788－0002075　02378　史部/地理類/方志之屬/通志

［民國］安徽通志稿一百五十七卷　安徽通志館纂修　民國二十三年（1934）鉛印本　十一册　存二十三卷（子部一至十八、叢書一、列傳七至十）

330000－1788－0002077　02569　史部/目録類/專録之屬

故宫方志目一卷附錄一卷索引一卷　故宫博物院圖書館編　民國二十年（1931）北平故宫博物院圖書館鉛印本　一册

330000－1788－0002078　02501　史部/目録類/專録之屬

福建方志考略一卷　薩士武編　民國二十四年（1935）福建烏山圖書館鉛印本　一册

330000－1788－0002079　02658　史部/金石類/總志之屬

定襄金石攷四卷　牛誠修輯　民國二十一年（1932）雪華館鉛印本　四册

330000－1788－0002080　02702　史部/金石類/石之屬

唐小本釋氏碑二十種　鐵琴銅劍樓輯　民國二十六年（1937）上海商務印書館影印本　四册

330000－1788－0002081　02564　史部/目録類/專録之屬

國立北平圖書館方志目錄不分卷索引不分卷　國立北平圖書館編　民國二十二年（1933）國立北平圖書館鉛印本　四册

330000－1788－0002084　02542　子部/雜著類/雜考之屬

古書疑義舉例校錄一卷　馬敘倫撰　民國十三年（1924）刻本　一册

330000－1788－0002086　02541　子部/雜著類/雜考之屬

古書疑義舉例續補二卷　楊樹達撰　民國十三年（1924）楊氏家塾刻本　李笠點校並跋　一册

330000－1788－0002087　02401　史部/地理類/山川之屬/山志

靈峰志四卷補遺一卷　周慶雲輯　民國元年（1912）周慶雲夢坡室刻本　二册

330000－1788－0002088　02478　史部/目録類/書志之屬/提要

讀書敏求記校證補輯類記一卷　章鈺撰　民國十三年（1924）鉛印本　一册

330000－1788－0002090　02614　史部/目録類/總録之屬/私撰

韓氏讀有用書齋書目一卷　封文權編　民國二十三年（1934）瑞安陳氏裒殷堂鉛印本　一册

330000－1788－0002093　02506　史部/目録類/專録之屬

說文目錄一卷存目一卷附說文解字詁林序及纂例一卷　丁福保編　民國十三年（1924）無錫丁氏鉛印本　一册

330000－1788－0002095　02625　類叢部/叢書類/彙編之屬

丁丑叢編十種　趙詒琛　王大隆編　民國二十六年（1937）鉛印本　一册　存一種

330000－1788－0002098　02268　史部/傳記類/別傳之屬/事狀

郭節母廖太夫人清芬錄不分卷　郭兆霖輯　民國鉛印本　四册

330000－1788－0002099　02667　類叢部/叢書類/彙編之屬

對樹書屋叢刻六種　趙詒琛編　民國二十一年至二十五年（1932－1936）崑山趙氏對樹書屋刻本　張揚題記　一册　存一種

330000－1788－0002102　02698　史部/金石類/金之屬/文字
雙劍誃吉金文選二卷坿録一卷　于省吾撰　民國二十二年(1933)北平大業印刷局石印本　三冊

330000－1788－0002104　02568　史部/目録類/總録之屬
故宮普通書目六卷　故宮博物院圖書館編　民國二十三年(1934)北平故宮博物院圖書館鉛印本　三冊

330000－1788－0002109　02225　史部/傳記類/别傳之屬/年譜
陳文節公[傅良]年譜一卷　(清)孫鏘鳴撰　民國二十二年(1933)瑞安陳氏務本局石印本　一冊

330000－1788－0002110　02777　史部/目録類/書志之屬/題跋
百衲本已出十八史跋文彙刊一卷　商務印書館輯　民國二十五年(1936)上海商務印書館鉛印本　一冊

330000－1788－0002113　02105　史部/雜史類/斷代之屬
戰國策補註三十三卷　吳曾祺撰　民國十七年(1928)上海商務印書館鉛印本　四冊

330000－1788－0002114　02745　史部/史評類/史論之屬
史通削繁四卷　(清)紀昀撰　民國十四年(1925)上海文化書局石印本　四冊

330000－1788－0002115　02070　經部/書類/逸書之屬
逸周書補釋一卷　劉師培撰　民國鉛印本　一冊

330000－1788－0002117　02411　子部/雜著類/雜説之屬
知止盦筆記三卷　(清)黃宗起撰　民國九年(1920)黃世祚鉛印本　一冊

330000－1788－0002119　02744　史部/史評類/史論之屬
史通通釋二十卷附録一卷　(清)浦起龍釋　民國上海文瑞樓石印本　八冊

330000－1788－0002120　02751　史部/史評類/史學之屬
文史通義八卷校讐通義三卷　(清)章學誠撰　民國四年(1915)上海廣益書局石印本　二冊

330000－1788－0002122　02594　史部/金石類/石之屬/目録
河南圖書館藏石目一卷　李根源　何日章編　民國十四年(1925)河南官印刷局鉛印本　一冊

330000－1788－0002143　02179　史部/傳記類/總傳之屬/通代
尚友録二十二卷補遺一卷　(明)廖用賢撰　(清)張伯琮補輯　民國鉛印本　六冊

330000－1788－0002153　02419　史部/地理類/山川之屬/山志
峩眉導遊不分卷附録一卷　鄧少琴編　民國二十七年(1938)成都開明書店鉛印本　一冊

330000－1788－0002162　02587　史部/目録類/總録之屬/官修
壬子文瀾閣所存書目五卷　錢恂編　**文瀾閣目補一卷**　章箴編　民國元年(1912)浙江圖書館刻十二年(1923)補刻本　四冊

330000－1788－0002165　02467　史部/政書類/通制之屬
通制條格三十卷　(元)□□撰　民國十九年(1930)國立北平圖書館影印本(原缺卷二至九、十三至二十二、二十七至三十)　六冊

330000－1788－0002167　02243　史部/傳記類/别傳之屬/年譜
藝風老人[繆荃孫]年譜一卷　繆荃孫撰　**繆藝風先生行狀一卷**　夏孫桐撰　民國二十五年(1936)北平文祿堂刻本　一冊

330000－1788－0002168　02348　類叢部/叢書類/郡邑之屬
吳中文獻小叢書三十二種　偽江蘇省立蘇州

圖書館編纂委員會編　民國二十八年至三十二年(1939－1943)僞江蘇省立蘇州圖書舘鉛印本　一册　存一種

330000－1788－0002170　02282　史部/傳記類/總傳之屬/家乘
[江蘇昆山]趙氏家乘十六卷　趙詒琛　趙詒紳編纂　民國七年(1918)刻本　六册

330000－1788－0002171　02371　類叢部/叢書類/郡邑之屬
吴興叢書六十六種　劉承幹編　民國吴興劉氏嘉業堂刻本　五册　存一種

330000－1788－0002179　02548　史部/政書類/公牘檔册之屬
爲滄縣張氏私立圖書館徵書啟一卷　步以莊等撰　民國鉛印本　一册

330000－1788－0002180　02671　史部/目録類/書志之屬/題跋
南濠居士文跋四卷　(明)都穆撰　民國十三年(1924)文學山房石印本　二册

330000－1788－0002184　02811　史部/傳記類/總傳之屬/儒林
學案小識十四卷首一卷末一卷　(清)唐鑑撰　民國上海文瑞樓石印本　六册

330000－1788－0002187　02794　史部/紀傳類/正史之屬
史記論文不分卷　(清)吴見思評點　民國上海中華書局鉛印本　八册

330000－1788－0002193　02684　史部/金石類/金之屬/文字
積古齋鐘鼎彝器款識十卷　(清)阮元撰　民國上海中華圖書館影印本　六册

330000－1788－0002194　02545　史部/目録類/通論之屬/考訂
古今僞書考一卷　(清)姚際恒撰　民國蘇州振新書社影印本　一册

330000－1788－0002195　02803　史部/編年類/通代之屬
御批歷代通鑑輯覽一百二十卷　(清)傅恒等撰　民國鉛印本　二十四册　缺一卷(一)

330000－1788－0002196　02104　史部/雜史類/斷代之屬
戰國策補註三十三卷　吴曾祺撰　民國二十二年(1933)上海商務印書館鉛印本　四册

330000－1788－0002199　02292　史部/紀傳類/正史之屬
史記論文不分卷　(清)吴見思評點　民國上海中華書局鉛印本　七册

330000－1788－0002204　02249　史部/傳記類/總傳之屬/郡邑
兩浙人英傳六卷首一卷附録一卷　章乃羹撰　民國油印本　一册

330000－1788－0002205　02571　史部/目録類/總録之屬/官修
江蘇省立蘇州圖書館圖書目録不分卷　蔣鏡寰　陳子彝撰　民國三十五年(1946)油印本　一册

330000－1788－0002209　02787－1　史部/政書類/公牘檔册之屬
飛雲江義渡大紀念改良十年成績書不分卷　吴之翰撰　民國五年(1916)石印本　一册

330000－1788－0002210　02787－2　史部/政書類/公牘檔册之屬
飛雲江義渡大紀念改良十年成績書不分卷　吴之翰撰　民國五年(1916)石印本　一册

330000－1788－0002216　02844　史部/地理類/山川之屬/山志
雁蕩新便覽不分卷　蔣叔南編纂　民國二十一年(1932)石印本　一册

330000－1788－0002222　02878　史部/金石類/金之屬/文字
毛公鼎斠釋一卷　張之綱撰　民國二十三年(1934)上海鉛印本　一册

330000－1788－0002223　02872　史部/紀傳類/正史之屬

百五十名家評註史記一百三十卷補一卷　(漢)司馬遷撰　(南朝宋)裴駰集解　(唐)司馬貞索隱　(唐)張守節正義　民國上海文瑞樓石印本　二十册

330000－1788－0002225　02877　類叢部/叢書類/彙編之屬

金陵大學中國文化研究所叢刊　金陵大學中國文化研究所編　民國金陵大學中國文化研究所刻本、鉛印本暨影印本　祚墨跋　一册　存一種

330000－1788－0002226　02829　史部/地理類/方志之屬/郡縣志

[民國]象山縣志三十二卷首一卷　羅士筠修　陳漢章等纂　民國十六年(1927)寧波天勝印刷公司鉛印本　十六册　存二十八卷(首，一至五、七至十、十四至三十、三十二)

330000－1788－0002231　02851　史部/目録類/總録之屬/地方

四庫湖北先正遺書提要四卷存目四卷　盧弼輯　**四庫湖北先正遺書札記一卷**　盧弼撰　民國十一年(1922)沔陽盧氏慎始基齋刻本　二册　存四卷(四庫湖北先正遺書提要一至四)

330000－1788－0002234　02835　史部/地理類/山川之屬/山志

峨眉山志八卷首一卷　(清)蔣超纂　釋印光增訂　民國二十三年(1934)蘇州弘化社鉛印本　二册

330000－1788－0002235　02836　史部/地理類/山川之屬/山志

峨眉山志八卷首一卷　(清)蔣超纂　釋印光增訂　民國二十三年(1934)蘇州弘化社鉛印本　二册

330000－1788－0002239　02842　史部/地理類/山川之屬/山志

南田山志十四卷首一卷　劉燿東撰　民國二十四年(1935)啓後亭鉛印本　三册　缺二卷(十一至十二)

330000－1788－0002240　02531　史部/目録類/版本之屬/書影

盋山書影第二輯不分卷　柳詒徵編　民國十八年(1929)國學圖書館影印本　二册

330000－1788－0002255　02700　史部/金石類/金之屬/文字

毛公鼎斠釋一卷　張之綱撰　民國二十三年(1934)上海鉛印本　一册

330000－1788－0002256　02532　史部/目録類/版本之屬/書影

重整内閣大庫殘本書影一卷　故宫博物院文獻館輯　民國二十二年(1933)北平故宫博物院文獻館影印本　一册

330000－1788－0002258　01854　類叢部/叢書類/郡邑之屬

永嘉詩人祠堂叢刻十四種　冒廣生輯　民國四年(1915)如皋冒氏刻本　八册

330000－1788－0002259　01893　類叢部/叢書類/郡邑之屬

惜硯樓叢刊八種　林慶雲編　民國二十四年(1935)瑞安林氏鉛印本　林志甄題記　二册

330000－1788－0002260　01875　類叢部/叢書類/彙編之屬

留餘草堂叢書十二種　劉承幹編　民國吳興劉氏嘉業堂刻本　三册　存三種

330000－1788－0002264　01954　類叢部/叢書類/自著之屬

章氏叢書續編七種　章炳麟撰　民國三十二年(1943)成都薛氏崇禮堂刻本　三册　存六種

330000－1788－0002265　01855　類叢部/叢書類/自著之屬

崇雅堂叢書十四種　楊晨撰　民國二十五年(1936)楊紹翰鉛印本　十册　存七種

330000－1788－0002267　01921、03919　類叢部/叢書類/彙編之屬

邈園叢書二十六種　羅振常編　民國上海蟫隱廬謄寫版印三十三年(1944)吳興周延年彙

編印本　十三冊　存十種

330000－1788－0002272　01961　類叢部/叢書類/彙編之屬

松鄰叢書二十種　吴昌綬編　民國六年至七年(1917－1918)仁和吴氏雙照樓刻本　十二冊

330000－1788－0002275　02830　史部/地理類/方志之屬/郡縣志

[乾隆]烏青鎮志十二卷　(清)董世寧纂修　民國七年(1918)鉛印本　二冊

330000－1788－0002281　02818　史部/傳記類/別傳之屬/年譜

宋文憲公[濂]年譜二卷附錄一卷　(清)朱興悌　(清)載殿江纂　孫鏘增輯　民國五年(1916)刻本　一冊

330000－1788－0002284　02846　子部/藝術類/書畫之屬/總論

內務部古物陳列所書畫目錄十四卷附三卷補遺二卷　何煜纂　謝剛國　吴瀛編　民國十四年(1925)北京京華印書局鉛印本　十冊

330000－1788－0002292　00364　集部/別集類/清別集

濟麓齋彙草不分卷　(清)余永森撰　民國抄本　二冊

330000－1788－0002293　02840　史部/地理類/專志之屬/寺觀

七塔寺志八卷　陳寥士纂　民國二十六年(1937)鉛印本　一冊

330000－1788－0002294　02789　史部/政書類/公牘檔冊之屬

瑞安民社宣言不分卷　瑞安民社籌備處編　民國十五年(1926)瑞安民社籌備委員會油印本　一冊

330000－1788－0002296　02868　史部/金石類/石之屬/通考

校碑隨筆不分卷　方若撰　民國上海朝記書莊石印本　四冊

330000－1788－0002297　02857　史部/金石類/石之屬/文字

天發神讖碑攷一卷　(清)吴玉搢錄　(清)徐堅藏　民國影印本　一冊

330000－1788－0002299　04244－1　史部/地理類/方志之屬/郡縣志

[瑞安]鄉土志地理篇不分卷　民國油印本　一冊

330000－1788－0002300　04244－2　史部/地理類/方志之屬/郡縣志

[瑞安]鄉土志地理篇不分卷　民國油印本　一冊

330000－1788－0002302　02574　史部/目録類/總録之屬/官修

浙江公立圖書館保存類目錄四卷　浙江公立圖書館編　民國十年(1921)浙江公立圖書館石印本　二冊

330000－1788－0002303　02575　史部/目録類/總録之屬/官修

浙江公立圖書館保存類目錄四卷　浙江公立圖書館編　民國十年(1921)浙江公立圖書館石印本　二冊

330000－1788－0002306　02711　類叢部/叢書類/彙編之屬

國立中央研究院歷史語言研究所專刊　國立中央研究院歷史語言研究所輯　民國鉛印本、石印本暨刻本　二冊　存一種

330000－1788－0002308　02706　史部/金石類/金之屬/通考

壽縣所出楚器考釋一卷　劉節撰　民國二十四年(1935)國立北平圖書館影印本　一冊

330000－1788－0002309　02361　子部/雜著類

瑞安鄉土教科書二卷　瑞安城立西南高等小學校編　**初等小學鄉土教科書二卷**　民國油印本　蔡慶憲題簽　二冊

330000－1788－0002310　02731　史部/金石類/甲骨之屬

殷虚書契菁華一卷 羅振玉編 民國三年(1914)上虞羅振玉影印本 一册

330000－1788－0002311 02701 史部/金石類/金之屬/文字
毛公鼎斠釋一卷 張之綱撰 民國二十三年(1934)上海鉛印本 一册

330000－1788－0002312 02723 史部/金石類/甲骨之屬/通考
殷虚書契考釋一卷 羅振玉撰 民國三年(1914)上虞羅氏永慕園影印本 一册

330000－1788－0002313 02730、02729 類叢部/叢書類/家集之屬
丹徒陳氏著述十九種 民國石印本 二册 存二種

330000－1788－0002314 02699 史部/金石類/金之屬/圖像
𠫑氏編鐘圖釋一卷考釋一卷 徐中舒編 民國二十一年(1932)國立中央研究院歷史語言研究所鉛印本 徐中舒題記 一册

330000－1788－0002315 02688 史部/金石類/金之屬/文字
十六長樂堂古器款識攷四卷 (清)錢坫撰 民國二十二年(1933)開明書局刻朱印本 二册

330000－1788－0002316 02341 史部/地理類/方志之屬
江西通志體例述恉不分卷 吳宗慈撰 民國三十年(1941)鉛印本 一册

330000－1788－0002317 02737 史部/金石類/陶之屬/文字
廣倉專録三卷 鄒安輯 民國上海廣倉學宭影印本 一册

330000－1788－0002319 02736 史部/金石類
藝術叢編十七種 姬佛陀編 民國五年至九年(1916－1920)上海倉聖明智大學影印本 二册 存一種

330000－1788－0002324 02352 類叢部/叢書類/自著之屬
瑞安孫氏遺書 (清)孫詒讓撰 民國瑞安廣明社石印本 一册 存一種

330000－1788－0002326 10031 經部/詩類/文字音義之屬
詩音表一卷 (清)錢坫撰 民國二十年(1931)渭南嚴氏刻本 一册

330000－1788－0002327 02353－1 類叢部/叢書類/自著之屬
瑞安孫氏遺書 (清)孫詒讓撰 民國瑞安廣明社石印本 一册 存一種

330000－1788－0002331 02353－2 類叢部/叢書類/自著之屬
瑞安孫氏遺書 (清)孫詒讓撰 民國瑞安廣明社石印本 一册 存一種

330000－1788－0002332 02353－3 類叢部/叢書類/自著之屬
瑞安孫氏遺書 (清)孫詒讓撰 民國瑞安廣明社石印本 一册 存一種

330000－1788－0002333 02513 史部/目録類/通論之屬/考訂
古文舊書考四卷附訪餘錄一卷 (日本)島田翰撰 民國十六年(1927)深縣王雨藻玉堂鉛印本 一册 存一卷(訪餘錄)

330000－1788－0002334 02018 史部/紀傳類/正史之屬
史記訂補八卷 李笠撰 民國十三年(1924)瑞安李氏横經室刻本 四册

330000－1788－0002335 02019 史部/紀傳類/正史之屬
史記訂補八卷 李笠撰 民國十三年(1924)瑞安李氏横經室刻本 四册

330000－1788－0002336 02570 史部/政書類/公牘檔册之屬
北平故宫博物院古物館概覽一卷 故宫博物院編 民國二十一年(1932)鉛印本 一册

330000－1788－0002338　02123　史部/編年類/斷代之屬

清史要略四卷　陳懷輯　民國鉛印本　一冊

330000－1788－0002339　02126　史部/編年類/斷代之屬

民國春秋一卷　嚴偉撰　民國五年(1916)上海中華書局鉛印本　一冊

330000－1788－0002341　02264　史部/傳記類/雜傳之屬

黄體芳傳一卷　葉爾愷撰　**黄紹箕傳一卷**　伍銓萃撰　民國鉛印本　一冊

330000－1788－0002342　02056　史部/編年類/通代之屬

胡刻通鑑正文校宋記述略一卷　章鈺撰　民國十八年(1929)鉛印本　一冊

330000－1788－0002343　02145　史部/雜史類/斷代之屬

方國珍寇溫始末不分卷　(清)葉嘉棆撰　劉紹寬增訂　民國十八年(1929)甌風社鉛印本　一冊

330000－1788－0002345　02024　類叢部/叢書類/自著之屬

楚風樓雜著□□種　周正權編　民國鉛印本　一冊　存一種

330000－1788－0002347　02272　史部/紀傳類

林若川先生七旬雙壽徵文啟不分卷　林大閭撰　民國十五年(1926)京華印書局朱印本　一冊

330000－1788－0002349　02155　史部/史評類

宋史記凡例一卷　(明)王惟儉撰　民國十一年(1922)鎮洋王保譿刻本　一冊

330000－1788－0002350　02399　史部/地理類/專志之屬/寺觀

開元寺志不分卷　(清)潘曾沂撰　民國十一年(1922)武進馮嘉錫鉛印本　二冊

330000－1788－0002351　02284　史部/傳記類/總傳之屬/家乘

宗族修譜序錄(環川王氏自治譜略)三卷　王毓英撰　民國十年(1921)溫州務本石印本　一冊

330000－1788－0002353　02727　史部/金石類/甲骨之屬

鐵雲藏龜之餘一卷　羅振玉編　民國十六年(1927)影印本　一冊

330000－1788－0002356　02704　史部/金石類/石之屬

夢碧簃石言六卷　顧燮光撰　民國十四年(1925)上海科學儀器館鉛印本　三冊

330000－1788－0002362　02345　類叢部/叢書類/彙編之屬

客人叢書三種　古直編　民國十九年至二十年(1930－1931)梅縣古氏鉛印本　一冊　存一種

330000－1788－0002363　02544　史部/目録類/通論之屬/考訂

古今偽書考一卷　(清)姚際恆撰　民國七年(1918)鉛印本　一冊

330000－1788－0002364　02183　史部/傳記類/總傳之屬

金石學録續補二卷附錄一卷拾遺一卷　褚德彝撰　民國八年(1919)餘杭褚氏石畫樓鉛印本　一冊

330000－1788－0002366　02657－1　史部/金石類

非儒非俠齋金石叢著十種　顧燮光撰　民國會稽顧氏金佳石好樓石印本暨鉛印本　一冊　存一種

330000－1788－0002367　02657－2　史部/金石類

非儒非俠齋金石叢著十種　顧燮光撰　民國會稽顧氏金佳石好樓石印本暨鉛印本　一冊　存一種

330000－1788－0002369　02655　史部/金石

類/郡邑之屬/雜著

曲阜碑碣考四卷　孔祥霖輯　民國四年(1915)上海廣智書局鉛印本　一册

330000－1788－0002371　02641　類叢部/叢書類/彙編之屬

國立中央研究院歷史語言研究所單刊　國立中央研究院歷史語言研究所編　民國上海商務印書館鉛印本暨影印本　一册　存一種

330000－1788－0002374　02479　子部/雜著類/雜考之屬

古書校讀法一卷　胡韞玉編　民國十四年(1925)安吳胡氏鉛印本　胡韞玉題記　一册

330000－1788－0002375　02566　史部/目録類/專録之屬

國立北平圖書館書目目錄類不分卷　蕭璋編　民國二十三年(1934)國立北平圖書館鉛印本　二册

330000－1788－0002376　02687　類叢部/叢書類/彙編之屬

國立中央研究院歷史語言研究所專刊　國立中央研究院歷史語言研究所輯　民國鉛印本、石印本暨刻本　二册　存一種

330000－1788－0002377　02477　類叢部/叢書類/自著之屬

雙流劉鑑泉先生遺書二百二十種　劉咸炘撰　徐國光　王道相編輯　民國成都尚友書塾推十圖書經理處刻本、稿本暨抄本　二册　存一種

330000－1788－0002378　02831　集部/總集類/郡邑之屬

瑞安詩徵七卷文徵十二卷　瑞安縣修志委員會編　民國三十五年(1946)瑞安縣修志委員會鉛印本　八册

330000－1788－0002379　02590　史部/目録類/專録之屬

補鈔文瀾閣四庫闕簡記錄不分卷　張宗祥撰　民國十五年(1926)刻本　一册

330000－1788－0002380　02267　史部/傳記類/别傳之屬/事狀

王母史太夫人六旬壽言彙刊四卷首一卷　王永泉　陳師亮編　民國十一年(1922)慎輝堂鉛印本　三册　缺一卷(二)

330000－1788－0002381　02832　集部/總集類/郡邑之屬

瑞安詩徵七卷文徵十二卷　瑞安縣修志委員會編　民國三十五年(1946)瑞安縣修志委員會鉛印本　四册　缺七卷(詩徵一至七)

330000－1788－0002391　02379　史部/傳記類/總傳之屬/通代

廣東通志列傳四卷　溫廷敬輯纂　民國國立中山大學鉛印本　四册

330000－1788－0002392　02269　史部/傳記類/别傳之屬/年譜

藏園居士[傅增湘]六十自述一卷　傅增湘撰　民國鉛印本　一册

330000－1788－0002398　02271、03177、02673　類叢部/叢書類/郡邑之屬

山左先喆遺書　山東省立圖書館編　民國瑞安陳氏褒殷堂鉛印本　三册　存三種

330000－1788－0002401　02756－1　類叢部/叢書類/彙編之屬

通史彙編　(清)陳哲亦撰　民國天新印書局鉛印本　二册　存二種

330000－1788－0002402　02756－2　子部/雜著類/雜說之屬

勺言三卷　(清)陳哲亦撰　民國天新印書局鉛印本　一册

330000－1788－0002403　02533　史部/目録類/總録之屬

諸子書目一卷　陳鐘凡編　民國東南大學鉛印本　一册

330000－1788－0002404　02238　史部/傳記類/别傳之屬/年譜

樂山[許松年]年譜一卷　(清)許松年撰　民國油印本　一册

330000－1788－0002405　02790　史部/地理類/專志之屬/祠墓

忠義廟記略不分卷　林熽　林維喬輯　民國十一年(1922)浙瑞敬業石印局石印本　一冊

330000－1788－0002407　02686　史部/金石類/金之屬/文字

商周文拾遺三卷　(清)吳東發撰　民國十三年(1924)上海中國書店影印本　一冊

330000－1788－0002408　02331　史部/地理類/方志之屬/通志

浙江通志釐金門稿三卷　顧家相纂　民國八年(1919)上海聚珍倣宋印書局鉛印本　二冊

330000－1788－0002410　02728　史部/金石類/甲骨之屬

鐵雲藏龜拾遺一卷　(清)劉鶚藏　**鐵雲藏龜拾遺攷釋一卷**　葉玉森撰　民國十四年(1925)丹徒葉氏五鳳硯齋影印本　一冊

330000－1788－0002412　02245　史部/傳記類/別傳之屬/年譜

含嘉室[吳士鑑]自訂年譜一卷　吳士鑑撰　民國鉛印本　吳士鑑跋　一冊

330000－1788－0002420　02630　類叢部/叢書類/彙編之屬

士禮居叢書(士禮居黃氏叢書)　(清)黃丕烈輯　民國三年(1914)上海掃葉山房石印本　三冊　存三種

330000－1788－0002421　02365　集部/總集類/郡邑之屬

瑞安詩徵七卷文徵十二卷　瑞安縣修志委員會編　民國三十五年(1946)瑞安縣修志委員會鉛印本　八冊

330000－1788－0002423　01903　類叢部/叢書類/彙編之屬

對樹書屋叢刻六種　趙詒琛編　民國二十一年至二十五年(1932－1936)崑山趙氏對樹書屋刻本　四冊

330000－1788－0002428　01879　類叢部/叢書類/彙編之屬

娟鏡樓叢刻七種　張祖廉輯　民國九年(1920)嘉善張氏鉛印本　四冊

330000－1788－0002433　01964　類叢部/叢書類

壽萱草堂叢書　民國油印本　二冊　存三種

330000－1788－0002434　01938　集部/別集類/清別集

七如題畫小品一卷啞然詩句一卷古榕雜綴一卷　(清)曾衍東撰　民國十五年(1926)甌海公報社鉛印本　林衍桐批校　三冊

330000－1788－0002436　03733　史部/傳記類/總傳之屬/技藝

墨林今話十八卷　(清)蔣寶齡撰　**續編一卷**　(清)蔣茝生撰　民國九年(1920)上海掃葉山房石印本　六冊

330000－1788－0002440　03744　史部/傳記類/總傳之屬/技藝

歷代畫史彙傳七十二卷首一卷附錄二卷　(清)彭蘊璨編　民國石印本　六冊　存三十九卷(二十九至三十四、四十二至七十二,附錄一至二)

330000－1788－0002441　01908　類叢部/叢書類/彙編之屬

墨香簃叢編六種　楊嘉編　民國石印本　二冊

330000－1788－0002442　01909　類叢部/叢書類/彙編之屬

墨香簃叢編六種　楊嘉編　民國石印本　二冊

330000　－　1788　－　0002443　　03360、03305、03336、03417　子部/叢編

六子全書　(明)顧春輯　民國三年(1914)右文社據明嘉靖十二年(1533)吳郡顧氏世德堂刻本影印本　十一冊　存四種

330000－1788－0002444　03548　類叢部/叢書類/家集之屬

震澤先生別集四種七卷　(明)王永熙編　民國十年(1921)鮮溪王氏刻本　二冊

330000－1788－0002445　03624　類叢部/類書類/通類之屬
初學記三十卷　(唐)徐堅等撰　民國七年(1918)江左書林石印本　八冊

330000－1788－0002449　03413　子部/宗教類/道教之屬/雜著
抱朴子内篇二十卷外篇五十卷　(晉)葛洪撰　**抱朴子附篇十卷**　(清)繼昌等撰　民國九年(1920)上海掃葉山房石印本　八冊

330000－1788－0002450　03678、03814　子部/宗教類/佛教之屬
佛學叢書□□種　丁福保輯　民國上海醫學書局鉛印本暨影印本　十八冊　存二種

330000－1788－0002461　03795　類叢部/叢書類/彙編之屬
續古逸叢書四十七種　張元濟等編　民國十一年(1922)至一九五七年上海商務印書館影印本　一冊　存一種

330000－1788－0002464　03767　史部/政書類/考工之屬/營造
營造法式三十四卷看詳一卷　(宋)李誡撰　民國九年(1920)紫江朱氏石印本　八冊

330000－1788－0002465　03473　子部/雜著類/雜考之屬
困學紀聞二十卷　(宋)王應麟撰　民國十五年(1926)江安傅增湘藏園據元刻本影印本　八冊

330000－1788－0002466　03541　子部/雜著類/雜考之屬
資暇集三卷附南窗紀譚一卷　(唐)李匡乂撰　民國三年(1914)南林劉氏求恕齋刻朱印本　一冊

330000－1788－0002470　03757　經部/樂類
十二琴樓叢書　民國十八年(1929)朱墨鉛印本暨石印本　四冊　存一種

330000－1788－0002472　03970　子部/雜著類/雜考之屬
困學紀聞二十卷　(宋)王應麟撰　民國十五年(1926)江安傅增湘藏園據元刻本影印本　六冊　缺二卷(一至二)

330000－1788－0002473　03416　子部/儒家類/儒學之屬/禮教/家訓
顏氏家訓七卷補遺一卷重校正一卷　(北齊)顏之推撰　(清)趙曦明注　(清)盧文弨補　**顏氏家訓注補正一卷**　(清)錢大昕撰　民國崇新書局石印本　六冊

330000－1788－0002474　03424　子部/叢編
諸子平議補錄二十卷　(清)俞樾撰　民國十一年(1922)雙流李念劬堂刻十三年(1924)印本　四冊

330000－1788－0002484　03604　子部/雜著類/雜説之屬
儵游浪語三卷　傅向榮撰　民國十五年(1926)味果園刻本　三冊

330000－1788－0002488　03528　類叢部/叢書類/彙編之屬
龍潭精舍叢刻十五種　劉海涵編　民國十年至二十年(1921－1931)刻本　一冊　存一種

330000－1788－0002492　03495　史部/目録類/通論之屬/義例
書林揚觶一卷　(清)方東樹撰　民國十四年(1925)中國書店木活字印本　一冊

330000－1788－0002494　03529　子部/小説家類/異聞之屬
酉陽雜俎二十卷續集十卷　(唐)段成式撰　民國元年(1912)鄂官書處刻本　宋慈裦題記　四冊　存二十卷(一至二十)

330000－1788－0002495　03335、03617　類叢部/叢書類/自著之屬
章氏叢書十三種　章炳麟撰　民國六年至八年(1917－1919)浙江圖書館刻本　三冊　存二種

330000－1788－0002499　03402　類叢部/叢書類/彙編之屬
茹古齋叢書　民國成都茹古書局鉛印本　三冊　存一種

330000－1788－0002500　03862　子部/儒家類/儒學之屬/經濟

拸畫齋統一分治芻議一卷附封建篇一卷法家篇一卷　孫興撰　民國五年(1916)鉛印本　一册

330000－1788－0002501　03508　子部/縱橫家類

古辭令學二卷　盧靖纂　民國十四年(1925)沔陽盧氏慎始基齋鉛印本　二册

330000－1788－0002507　03818　子部/宗教類/佛教之屬

金剛般若波羅蜜經綫說一卷　(清)陳柱撰

金剛般若波羅蜜經一卷　(後秦)釋鳩摩羅什譯　民國十年(1921)上海聚珍倣宋印書局鉛印本　一册

330000－1788－0002522　03867　子部/儒家類/儒學之屬/經濟

半園述聞二卷　(清)陳哲撰　民國三年(1914)天新印書局鉛印本　一册

330000－1788－0002523　03352　子部/墨家類

墨子七十一篇三卷　尹桐陽釋　民國鉛印本　三册

330000－1788－0002525　03409　子部/雜著類/雜說之屬

論衡舉正四卷　孫人和撰　民國十三年(1924)鉛印本　二册

330000－1788－0002526　03825　子部/雜著類/雜說之屬

國學闡微一卷　張仲如講　民國十六年(1927)鉛印本　一册

330000－1788－0002528　03714　子部/農家類/農藝之屬/作物種植

試種紀驗一卷　吳翊俠編　民國三年(1914)吳翊俠油印本　一册

330000－1788－0002530　03829　子部/宗教類/佛教之屬/諸宗

印光法師文鈔七卷附錄一卷　釋聖量撰　民國十三年(1924)上海商務印書館鉛印本　四册

330000－1788－0002531　03539、03538　類叢部/叢書類/彙編之屬

宋人小說二十八種　涵芬樓編　民國上海商務印書館鉛印本　三册　存二種

330000－1788－0002532　03530　類叢部/叢書類/彙編之屬

宋人小說二十八種　涵芬樓編　民國上海商務印書館鉛印本　二册　存一種

330000－1788－0002533　03501　類叢部/叢書類/自著之屬

勴堂遺書八種　顧家相撰　民國八年至十九年(1919－1930)會稽顏氏鉛印本　一册　存一種

330000－1788－0002536　03711　子部/農家農學類/園藝之屬/花卉

藝菊瑣言一卷湫漻齋月季花譜一卷附錄一卷　陳葆善撰　民國六年(1917)石印本　一册

330000－1788－0002540　03475　類叢部/叢書類/郡邑之屬

括蒼叢書第一集八種　劉燿東編　民國二十七年(1938)鉛印本(滑疑集詩卷二原缺)　二册　存一種

330000－1788－0002545　03447　子部/宗教類

精本了凡四訓一卷附錄一卷　(明)袁黄撰　歇浦學人集注　民國十一年(1922)上海佛學推行社鉛印本　一册

330000－1788－0002547　03810　子部/宗教類/佛教之屬/論疏

八不十門義釋一卷　(隋)釋吉藏疏　黎养正釋　民國十七年(1928)鉛印本　一册

330000－1788－0002550　03785　史部/政書類/律令之屬/刑制

刑法實用講義第一編十二章第二編三十四章　潘恩培編　民國司法行政部法官訓練所鉛印本　四册

330000－1788－0002557　03770　子部/工藝類/日用器物之屬/陶瓷

瓷史二卷　黄裔編　民國十六年(1927)刻本　一册

330000－1788－0002559　03851　類叢部/叢書類/自著之屬

繼述堂全集四種　王毓英撰　民國十一年(1922)溫州石印本　一册　存三種

330000－1788－0002561　03732　子部/藝術類/書畫之屬/總論

大觀録二十卷　(清)吳升輯　民國九年(1920)武進李氏聖譯樓鉛印本　十四册

330000－1788－0002577　03939　史部/傳記類/總傳之屬/技藝

琴史補二卷琴史續八卷　周慶雲纂　民國八年(1919)烏程周氏夢坡室刻本　四册

330000－1788－0002579　03311　子部/道家類

道德經註釋二卷　(清)黄裳撰　民國七年(1918)北京道德學社鉛印本　二册

330000－1788－0002596　03803　子部/宗教類/佛教之屬/經

百喻經二卷　(印度)僧伽斯那撰　(南朝齊)釋求那毗地譯　民國三年(1914)金陵刻經處刻本　一册

330000－1788－0002600　03425　子部/雜著類/雜說之屬

讀諸子札記不分卷　陶鴻慶撰　民國北平文字同盟社鉛印本　三册

330000－1788－0002603　03822　經部/易類/傳說之屬

周易禪解十卷　(明)釋智旭撰　民國四年(1915)金陵刻經處刻本　三册

330000－1788－0002604　03804　子部/宗教類/佛教之屬

維摩詰所説經義記十六卷　(隋)釋慧遠撰　民國十年(1921)金陵刻經處刻本　八册

330000－1788－0002605　03806　子部/宗教類/佛教之屬/經疏

解深密經疏三十四卷　(唐)釋圓測撰　民國十一年(1922)金陵刻經處刻本　十二册

330000－1788－0002609　03816　子部/宗教類/佛教之屬/經疏

般若波羅蜜多心經簡註一卷　馬圻源編　民國二十二年(1933)上海佛學書局鉛印本　一册

330000－1788－0002613　03426　子部/雜著類/雜說之屬

讀子巵言二卷　江瑔撰　民國十五年(1926)上海商務印書館鉛印本　二册

330000－1788－0002614　10002　史部/傳記類/別傳之屬/年譜

孫籀公[詒讓]年譜三編合校録不分卷　洪焕椿撰　稿本　一册

330000－1788－0002615　03399　子部/雜著類/雜說之屬

淮南鴻烈集解二十一卷　(漢)劉安撰　(漢)高誘注　劉文典集解　**淮南天文訓補注一卷**　(清)錢塘撰　民國十二年(1923)上海商務印書館鉛印本　六册

330000－1788－0002621　03422　子部/叢編

諸子平議三十五卷　(清)俞樾撰　民國雙流李氏念劬堂刻本　十四册

330000－1788－0002626　03702　子部/天文曆算類

丈田算法志要全集一卷　(清)王登銓編　民國石印本　一册

330000－1788－0002629　03531　類叢部/叢書類/彙編之屬

宋人小說二十八種　涵芬樓編　民國上海商務印書館鉛印本　二册　存一種

330000－1788－0002632　03812　子部/宗教類/佛教之屬/經疏

楞嚴說通十卷　(清)劉道開撰　民國十一年(1922)上海中華書局鉛印本　四册

330000－1788－0002633　03334　子部/道家類
莊子補注四卷　奚侗撰　民國六年(1917)鉛印本　一冊

330000－1788－0002635　03454　子部/儒家類/儒學之屬
儒學四卷　姜忠奎撰　民國二十五年(1936)鉛印本　二冊

330000－1788－0002637　03462－1　子部/儒家類
倫理正名論一卷　林損撰　民國惜硯樓鉛印本　一冊

330000－1788－0002638　03576　類叢部/叢書類/自著之屬
莊大久先生遺著(武進莊大久先生遺著)　(清)莊有可撰　民國十九年(1930)鉛印本　二冊　存二種

330000－1788－0002640　03462－2　子部/儒家類
倫理正名論一卷　林損撰　民國惜硯樓鉛印本　一冊

330000－1788－0002641　03552　子部/小說家類/瑣語之屬
岐海瑣譚集十六卷　(明)姜準輯　民國二十五年(1936)浙江省永嘉區徵輯鄉先哲遺著委員會鉛印本　四冊

330000－1788－0002642　03593　子部/雜著類/雜說之屬
鬱岡齋筆塵四卷　(明)王肯堂撰　民國十九年(1930)國立北平圖書館鉛印本　二冊

330000－1788－0002643　03314　子部/道家類
老子古註二卷　李翹撰　民國十八年(1929)芬薰館鉛印本　二冊

330000－1788－0002644　03831、03830　子部/宗教類/佛教之屬
佛學叢書□□種　民國上海商務印書館鉛印本　二冊　存二種

330000－1788－0002645　03313　子部/道家類
老子古註二卷　李翹撰　民國十八年(1929)芬薰館鉛印本　二冊

330000－1788－0002647　03821　子部/宗教類/佛教之屬/論疏
大乘廣五蘊論註一卷　蔣維喬註　民國十三年(1924)上海商務印書館鉛印本　一冊

330000－1788－0002651　03316　子部/道家類
老子古義二卷　楊樹達撰　民國十二年(1923)上海中華書局鉛印本　一冊

330000－1788－0002652　03356　子部/墨家類
墨子哲學一卷　鄧高鏡撰　民國北京樸社出版經理部鉛印本　一冊

330000－1788－0002654　03384　類叢部/叢書類/彙編之屬
國立清華大學整理古籍叢刊　民國國立清華大學鉛印本　六冊　存一種

330000－1788－0002655　03553　子部/小說家類/瑣語之屬
岐海瑣譚集十六卷　(明)姜準輯　民國二十五年(1936)浙江省永嘉區徵輯鄉先哲遺著委員會鉛印本　四冊

330000－1788－0002657　03739　子部/藝術類/書畫之屬/總論
盛京故宮書畫記一卷　金梁撰　民國二年(1913)大公報館鉛印本　一冊

330000－1788－0002658　03864　子部/儒家類/儒學之屬/經濟
政理古微一卷　林損撰　民國鉛印本　一冊

330000－1788－0002660　03865　子部/儒家類/儒學之屬/經濟
政理古微一卷　林損撰　民國天新印書局鉛印本　一冊

330000－1788－0002661　03828　子部/宗教

類/佛教之屬/諸宗

印光法師文鈔四卷附錄一卷　釋聖量撰　民國十七年(1928)浙江印刷公司鉛印本　四冊

330000－1788－0002662　03490　子部/雜著類/雜考之屬

過庭錄十六卷　(清)宋鳳翔撰　民國十九年(1930)北平富晉書社石印本　六冊

330000－1788－0002663　03863　子部/儒家類/儒學之屬/經濟

政理古微一卷　林損撰　民國天新印書局鉛印本　一冊

330000－1788－0002664　03536　類叢部/叢書類/彙編之屬

宋人小說二十八種　涵芬樓編　民國上海商務印書館鉛印本　一冊　存一種

330000－1788－0002668　03813　子部/宗教類/佛教之屬

楞嚴經正脈問答一卷　如如侍者撰　**易貫一卷**　陳均撰　民國二年(1913)鉛印本　一冊

330000－1788－0002682　10121　集部/總集類/選集之屬/斷代

南社叢刻　南社編輯　民國鉛印本　一冊　存一種

330000－1788－0002685　03728　史部/目録類/專録之屬

書畫書錄解題十二卷　余紹宋撰　民國二十一年(1932)國立北平圖書館鉛印本　六冊

330000－1788－0002691　03609　類叢部/叢書類/自著之屬

康居筆記彙函十三種十四卷　徐珂撰　民國二十二年(1933)徐新六鉛印本　一冊　存七種

330000－1788－0002693　03319　子部/道家類

莊子王本集注四卷　李大防撰　民國二十二年(1933)安慶三江印刷局鉛印本　二冊

330000－1788－0002696　03502　類叢部/叢書類/自著之屬

勵堂遺書八種　民國八年至十九年(1919－1930)會稽顧氏鉛印本　一冊　存一種

330000－1788－0002697　03727　子部/藝術類/書畫之屬/書法書品

神州論畫錄五種　薛天沛編　民國三十三年(1944)薛崇禮堂成都刻本　二冊

330000－1788－0002700　03861－1　類叢部/叢書類

弢廬簦書　民國溫州務本石印本　一冊　存一種

330000－1788－0002701　03815　子部/宗教類/佛教之屬

觀世音菩薩本迹感應頌四卷首一卷　許止淨述　**金剛經功德頌一卷**　許止淨述　劉契淨注　民國十五年(1926)上海中華書局鉛印本　二冊

330000－1788－0002703　03861－2　類叢部/叢書類

弢廬簦書　民國溫州務本石印本　一冊　存一種

330000－1788－0002707　03353　子部/墨家類

定本墨子閒詁校補二卷附編一卷　李笠撰　民國十四年(1925)上海商務印書館鉛印本　二冊

330000－1788－0002708　03330　子部/道家類

莊子集釋十卷　(清)郭慶藩輯　民國上海埽葉山房石印本　五冊

330000－1788－0002711　03736　子部/藝術類/書畫之屬/畫録

清朝書畫錄四卷　竇鎮輯　民國九年(1920)上海進化書局石印本　四冊

330000－1788－0002715　03612　類叢部/叢書類

壽萱草堂叢書　民國油印本　一冊　存一種

330000－1788－0002717　03719　子部/兵家類/兵法之屬
孫子淺說十三篇　蔣方震　劉邦驥撰　民國四年(1915)鉛印本　一冊

330000－1788－0002721　03721　子部/兵家類/兵法之屬
古兵法彙纂一卷　軍學編輯局編　民國軍學編輯局鉛印本　一冊

330000－1788－0002726　03456　子部/儒家類/儒學之屬/禮教
筆鏡四卷勵學篇重編周興嗣千字文一卷帝京篇重編周興嗣千字文一卷　(清)王寶仁撰　民國十四年(1925)據清舊香居刻本影印本　一冊

330000－1788－0002730　03743　史部/傳記類/總傳之屬/技藝
歷代畫史彙傳七十二卷首一卷附錄二卷　(清)彭蘊璨編　民國十一年(1922)上海錦章圖書局石印本　十二冊

330000－1788－0002734　03737　子部/藝術類/書畫之屬/畫録
清朝書徵錄三卷明人附錄一卷續錄二卷　(清)張庚撰　民國十五年(1926)上海掃葉山房石印本　二冊

330000－1788－0002737　03554　子部/雜著類
王漁洋筆記八卷　(清)王士禛撰　民國上海廣益書局石印本　八冊

330000－1788－0002739　03427　子部/儒家類/儒學之屬/性理
二程全書七種六十七卷　(宋)程顥　(宋)程頤撰　(宋)朱熹輯　民國十六年(1927)上海校經山房石印本　十二冊　存六種

330000－1788－0002744　03420　類叢部/類書類/專類之屬
新鐫校正評註分類百子金丹全書十卷　(明)郭偉選注　(明)郭中吉編次　**任兆麟述記三卷**　(清)任兆麟撰　民國六年(1917)上海廣益書局石印本　一冊

330000－1788－0002748　03614、03551、03507、03560、03566、03584、03585、03590、03602、03715　子部/小說家類
筆記小說大觀二百二十二種　進步書局輯　民國上海進步書局石印本　三十三冊　存十種

330000－1788－0002755　03771　子部/工藝類/日用器物之屬/陶瓷
說瓷五種　民國石印本　一冊　存一種

330000－1788－0002758　03441　子部/儒家類/儒學之屬/性理
胡子衡齊八卷　(明)胡直撰　民國上海古書流通處影印本　三冊

330000－1788－0002759　03647　類叢部/類書類/通類之屬
古事比五十二卷　(清)方中德輯　民國四年(1915)石竹山房石印本　六冊

330000－1788－0002760　03514　子部/雜著類/雜考之屬
無邪堂答問五卷　(清)朱一新撰　民國石印本　四冊

330000－1788－0002762　03613　子部/雜著類/雜說之屬
梵天廬叢録三十七卷　柴萼撰　民國十五年(1926)上海中華書局石印本　張揚題記　十八冊

330000－1788－0002763　03786　史部/政書類/律令之屬
新編評註刀筆菁華四種　平襟亞纂　秋痕樓主評　民國十二年(1923)鉛印本　一冊　存一種

330000－1788－0002769　03826　子部/宗教類/佛教之屬
雲棲法彙二十九種　(明)釋袾宏撰　(明)王宇春等輯　民國三年(1914)上海有正書局鉛印本　三冊　存一種

330000－1788－0002786　03716　類叢部/叢書類
靜妙室別錄　民國二十一年(1932)鉛印本　一册　存一種

330000－1788－0002790　03589　子部/雜著類/雜纂之屬
兩般秋雨盦隨筆八卷　(清)梁紹壬撰　民國十二年(1923)上海文明書局石印本　三册　存六卷(三至八)

330000－1788－0002791　03607　子部/叢編
秦淮香艷叢書　民國十七年(1928)上海掃葉山房石印本　一册　存一種

330000－1788－0002792　03745　史部/傳記類/總傳之屬/技藝
墨林今話十八卷　(清)蔣寶齡撰　**續編一卷**　(清)蔣茝生撰　民國十四年(1925)上海中華書局鉛印本　六册

330000－1788－0002793　03759　子部/藝術類/篆刻之屬/印譜
魯盦仿完白山人印譜不分卷　(清)鄧石如篆　張咀英摹刻　民國三十四年(1945)張咀英孝水望雲草堂鈐印本　宋慈褒題記　二册

330000－1788－0002798　03725　子部/藝術類/書畫之屬/書法書品
御覽書苑菁華二十卷　(宋)陳思編　民國八年(1919)上海掃葉山房石印本　六册

330000－1788－0002805　03731　子部/藝術類/書畫之屬/總論
佩文齋書畫譜一百卷　(清)孫岳頒等輯　民國八年(1919)上海掃葉山房石印本　三十二册

330000－1788－0002808　03749　史部/傳記類/總傳之屬
玉臺畫史五卷　(清)湯漱玉輯　**玉臺書史一卷**　(清)厲鶚著　民國八年(1919)上海掃葉山房石印本　四册

330000－1788－0002809　03581　子部/小說家類/雜事之屬
耐冷譚十六卷　(清)宋咸熙撰　民國三年(1914)掃葉山房石印本　四册

330000－1788－0002810　03337　子部/道家類
列子八卷　(晉)張湛注　(唐)殷敬順釋文　民國七年(1918)上海掃葉山房石印本　二册

330000－1788－0002812　03465　子部/雜著類/雜說之屬
容齋隨筆十六卷續筆十六卷三筆十六卷四筆十六卷五筆十卷首一卷　(宋)洪邁撰　民國二年(1913)上海掃葉山房石印本　十册

330000－1788－0002813　03442　子部/儒家類/儒學之屬/性理
胡子衡齊八卷　(明)胡直撰　民國上海古書流通處影印本　三册

330000－1788－0002814　03397　子部/雜著類/雜說之屬
淮南鴻烈集解二十一卷　(漢)劉安撰　(漢)高誘注　民國四年(1915)上海掃葉山房石印本　四册

330000－1788－0002815　03333　子部/道家類
南華真經評註十卷　(明)歸有光輯　(明)文震孟訂　民國六年(1917)中華圖書館石印本　五册

330000－1788－0002816　03445　子部/儒家類/儒學之屬/俗訓
人譜類記六卷正篇一卷續篇三卷　(明)劉宗周撰　民國上海朝記書莊鉛印本　二册

330000－1788－0002817　03373　子部/儒家類/儒家之屬
孔氏家語十卷　(三國魏)王肅注　民國六年(1917)上海會文堂書局石印本　五册

330000－1788－0002820　03740　子部/藝術類/書畫之屬/畫法畫品
畫學心印八卷　(清)秦祖永評輯　民國十四年(1925)上海掃葉山房石印本　五册

330000－1788－0002821　03598　子部/雜著類/雜說之屬

退菴隨筆二十二卷退菴自訂年譜一卷　（清）梁章鉅撰　民國上海文瑞樓石印本　八册

330000－1788－0002822　03741　子部/藝術類/書畫之屬/畫法畫品

桐陰論畫二卷首一卷附錄一卷畫訣一卷續桐陰論畫一卷二編二卷三編二卷　（清）秦祖永撰　民國十四年（1925）上海掃葉山房石印本　三册

330000－1788－0002824　03557　子部/雜著類/雜纂之屬

寄園寄所寄十二卷　（清）趙吉士輯　民國四年（1915）文盛書局石印本　八册

330000－1788－0002825　03532　子部/雜著類/雜說之屬

夢溪筆談二十六卷補筆談三卷續筆談一卷　（宋）沈括撰　**夢溪筆談校字記一卷**　（清）陶福祥訂　民國上海鴻章書局石印本　六册

330000－1788－0002827　03587　子部/雜著類/雜說之屬

粟香隨筆八卷二筆八卷三筆八卷四筆八卷五筆八卷　金武祥撰　民國上海埽葉山房石印本　十六册

330000－1788－0002828　03544　子部/雜著類/雜說之屬

少室山房筆叢四十八卷　（明）胡應麟撰　民國十二年（1923）上海掃葉山房石印本　四册

330000－1788－0002829　03545　子部/雜著類/雜說之屬

少室山房筆叢四十八卷　（明）胡應麟撰　民國十二年（1923）上海掃葉山房石印本　八册

330000－1788－0002830　03599　子部/小說家類/雜事之屬

池上草堂筆記八卷　（清）梁恭辰撰　民國十六年（1927）中一書局石印本　八册

330000－1788－0002832　03451　子部/儒家類/儒學之屬/性理

畜德錄二十卷　（清）席啟圖輯　民國上海掃葉山房石印本　六册

330000－1788－0002833　03559　子部/雜著類/雜說之屬

紫桃軒雜綴四卷又綴二卷　（明）李日華撰　民國十六年（1927）上海有正書局石印本　四册

330000－1788－0002834　03359　子部/叢編

六子全書　（明）顧春輯　民國三年（1914）右文社據明嘉靖十二年（1533）吳郡顧氏世德堂刻本影印本　六册　存一種

330000－1788－0002836　03582　子部/雜著類/雜說之屬

冷廬雜識八卷　（清）陸以湉撰　民國四年（1915）掃葉山房石印本　四册

330000－1788－0002838　03765　子部/藝術類/遊藝之屬/雜藝

益智圖二卷燕几圖一卷副本一卷　（清）童叶庚撰　**益智續圖一卷**　（清）童昂　（清）童昶　（清）童晏撰　（清）童叶庚編　**益智字圖一卷附一卷**　（清）祝梅君撰　民國十三年（1924）上海商務印書館石印本　六册

330000－1788－0002839　03450　子部/儒家類/儒學之屬/蒙學

課子隨筆六卷　（清）張師載輯　**續編一卷**　（清）徐桐撰　民國七年（1918）上海文瑞樓石印本　四册

330000－1788－0002840　03580　子部/小說家類/雜事之屬

庸閒齋筆記十二卷　（清）陳其元撰　民國六年（1917）上海掃葉山房石印本　四册

330000－1788－0002842　03448　子部/儒家類/儒學之屬/蒙學

德育叢書十種　民國十三年（1924）上海掃葉山房石印本　八册　存五種

330000－1788－0002848　03766　子部/小說家類/異聞之屬

藝術奇談四卷　葛栩存編　民國八年（1919）

上海會文堂書局石印本　四册

330000－1788－0002849　03734　子部/藝術類/書畫之屬
書林藻鑑十二卷　馬宗霍輯　民國二十四年(1935)上海商務印書館鉛印本　四册

330000－1788－0002850　03680　子部/小説家類
古今筆記精華録二十四卷　古今圖書局編譯部編纂　民國四年(1915)上海廣益書局石印本　二十四册

330000－1788－0002853　03610　子部/雜著類/雜纂之屬
平等閣筆記二卷　狄葆賢撰　民國二年(1913)上海有正書局鉛印本　二册

330000－1788－0002854　03579　集部/詩文評類
南野堂筆記十二卷　(清)吴文溥撰　民國元年(1912)中華國粹書社石印本　四册

330000－1788－0002855　03418　子部/雜著類/雜纂之屬
諸子文粹六十二卷續編十卷　李寶洤纂　民國六年(1917)上海商務印書館鉛印本　二十册

330000－1788－0002856　03855　子部/雜著類/雜説之屬
潛書二卷　(清)唐甄撰　(清)王聞遠編　民國上海大經綸書局石印本　二册

330000－1788－0002857　03722　子部/兵家類/兵法之屬
諸葛忠武侯兵法六卷年譜一卷　(清)張澍編　民國元年(1912)上海神州圖書局石印本　二册

330000－1788－0002864　03838　子部/宗教類/道教之屬
呂祖全書三十二卷續編一卷　(清)劉體恕輯　民國九年(1920)上海文華山房石印本　八册

330000－1788－0002865　03476　子部/雜著類/雜考之屬
日知録集釋三十二卷首一卷栞誤二卷續栞誤二卷　(清)黄汝成撰　民國大華圖書舘石印本　八册

330000－1788－0002866　03537　子部/雜著類/雜説之屬
齊東野語二十卷　(宋)周密撰　民國上海掃葉山房石印本　六册

330000－1788－0002868　03839　子部/宗教類/道教之屬
呂祖全書三十二卷續編一卷　(清)劉體恕輯　民國九年(1920)上海文華山房石印本　八册

330000－1788－0002871　03723　子部/兵家類/兵法之屬
評註七子兵略七卷　(清)陳玖撰　(清)陳廷傑　(清)陳廷傅訂正　(清)仲忠　(清)嚴廷諫校　民國六年(1917)鴻文齋石印本　三册　存六卷(一至六)

330000－1788－0002875　03751　子部/藝術類/篆刻之屬/印論
篆刻鍼度八卷　(清)陳克恕撰　民國七年(1918)上海朝記書莊石印本　二册

330000－1788－0002876　03449　子部/儒家類/儒學之屬/禮教
五種遺規　(清)陳弘謀輯並撰　民國四年(1915)普新書局鉛印本　八册

330000－1788－0002877　03596　子部/小説家類/雜事之屬
南亭筆記十六卷　(清)李伯元(李寶嘉)撰　民國八年(1919)上海大東書局石印本　四册

330000－1788－0002878　03558　子部/雜著類/雜説之屬
六研齋筆記四卷二筆四卷三筆四卷　(明)李日華撰　民國上海有正書局影印本(筆記卷三至四、二筆卷一至二原缺)　六册

330000－1788－0002879　03834　子部/宗教

類/道教之屬

評註道學十三經四卷　(清)涵虚子輯註　民國上海錦文堂石印本　四册

330000－1788－0002884　00244　史部/目録類/專録之屬

天一閣方志目一卷　民國瑞安張揚籀經樓抄本　一册

330000－1788－0002888　03666　子部/儒家類/儒學之屬/蒙學

龍文鞭影二集二卷　(清)李暉吉　(清)徐潰輯　民國石印本　一册

330000－1788－0002890　03525　子部/叢編

繆篆叢書　繆子才撰　民國二十年(1931)影印本　一册　存一種

330000－1788－0002891　03753　子部/藝術類/篆刻之屬/印譜

鄧石如印存不分卷　(清)鄧石如篆　民國上海有正書局石印本　二册

330000－1788－0002896　03351　子部/墨家類

墨子校注十五卷附錄四卷　吴毓江校注　民國三十三年(1944)重慶獨立出版社鉛印本　十册

330000－1788－0002899　03583　子部/雜著類/雜説之屬

印雪軒隨筆四卷　(清)俞鴻漸撰　民國元年(1912)上海掃葉山房石印本　四册

330000－1788－0002900　03371　子部/法家類

教科適用韓非子精華一卷　中華書局編　民國十四年(1925)上海中華書局鉛印本　一册

330000－1788－0002901　03856　子部/雜著類/雜説之屬

潛書二卷　(清)唐甄撰　(清)王聞遠編　民國上海大經綸書局石印本　二册

330000－1788－0002902　03603　集部/别集類/清别集

春在堂隨筆十卷附小浮梅閒話一卷　(清)俞樾撰　民國元年(1912)國華書局石印本　四册

330000－1788－0002904　03429　子部/儒家類/儒學之屬/性理

二程子哲學方法論一卷　黄文弼述　民國十三年(1924)鉛印本　一册

330000－1788－0002909　03742　子部/藝術類/書畫之屬/總論

寒松閣談藝瑣錄六卷　(清)張鳴珂撰　民國十七年(1928)上海文明書局鉛印本　一册

330000－1788－0002911　03372　子部/儒家類/儒家之屬

孔氏家語十卷　(三國魏)王肅注　民國二年(1913)上海文瑞樓石印本　五册

330000－1788－0002917　03747　子部/藝術類/書畫之屬/總論

庚子銷夏記八卷　(清)孫承澤撰　民國九年(1920)上海掃葉山房石印本　四册

330000－1788－0002921　03872　子部/雜著類/雜説之屬

欲海探源三卷附内典字義譯註一卷　(清)周夢顔撰　民國三年(1914)上海有正書局鉛印本　一册

330000－1788－0002931　00190　史部/目録類

兩浙著述考四十六卷　宋慈裒撰　稿本　十册　存二十三卷(一至二十三)

330000－1788－0002934　03668　類叢部/類書類/通類之屬

增補事類統編九十三卷首一卷　(清)黄葆真增輯　民國四年(1915)上海文盛書局石印本　十二册

330000－1788－0002942　03915　子部/雜著類/雜纂之屬

平等閣筆記六卷　狄葆賢撰　民國上海有正書局鉛印本　二册　存四卷(一至四)

330000－1788－0002944　03947　史部/目録類/專録之屬

參加倫敦中國藝術國際展覽會目錄四卷　倫敦中國藝術國際展覽會籌備委員會編　民國二十四年(1935)鉛印本　一冊

330000－1788－0002947　00173　史部/傳記類/別傳之屬/年譜

葉文定公[適]年譜不分卷　(清)葉嘉棆編　民國瑞安林慶雲惜硯樓抄本　一冊

330000－1788－0002948　03976　子部/宗教類/佛教之屬

佛學叢書□□種　民國上海商務印書館鉛印本　一冊　存一種

330000－1788－0002949　03909　類叢部/叢書類/彙編之屬

春暉叢書二種　張天錫輯　民國鉛印本　一冊　存一種

330000－1788－0002950　03905　子部/小說家類/瑣語之屬

岐海瑣譚集十六卷　(明)姜準輯　民國二十五年(1936)浙江省永嘉區徵輯鄉先哲遺著委員會鉛印本　四冊

330000－1788－0002951　00171　史部/傳記類/總傳之屬/郡邑

東嘉先哲錄二十卷　(明)王朝佐撰　民國瑞安林慶雲惜硯樓抄本　一冊　存五卷(一至五)

330000－1788－0002952　03945　史部/傳記類/總傳之屬/郡邑

瑞安藝術傳一卷選舉志一卷　(清)童煜編　民國二十三年(1934)榮光石印局石印本　一冊

330000－1788－0002953　03968　類叢部/叢書類/彙編之屬

高昌祕笈甲集四種　孫鏘輯　民國十六年(1927)上海孫氏影印本　一冊　存一種

330000－1788－0002962　03953　子部/雜著類/雜說之屬

淮南舊注校理三卷校理之餘一卷　吳承仕撰　民國十三年(1924)歙吳氏付文楷齋刻本　一冊

330000－1788－0002967　00180　史部/金石類

嘉業堂金石叢書五種　劉承幹輯　民國吳興劉氏刻本　二冊　存一種

330000－1788－0002971　00181　史部/金石類

嘉業堂金石叢書五種　劉承幹輯　民國吳興劉氏刻本　二冊　存一種

330000－1788－0002977　00177　集部/別集類

弢樓遺集三卷　張士珩撰　民國十一年至十二年(1922－1923)合肥張氏京師刻本　三冊

330000－1788－0002994　03952　子部/藝術類/書畫之屬/畫法畫品

小蓬萊閣畫鑑七卷獵古集一卷　(清)李修易撰　(清)李厥猷編訂　民國二十三年(1934)上海商務印書館鉛印本　一冊

330000－1788－0002995　03977　集部/詩文評類/詩評之屬

陳石遺先生談藝錄一卷　陳衍撰　民國二十六年(1937)上海中華書局鉛印本　一冊

330000－1788－0002997　04204　子部/醫家類/綜合之屬/通論

類證治裁八卷首一卷　(清)林珮琴撰　民國四年(1915)上海千頃堂書局石印本　二冊　缺六卷(三至八)

330000－1788－0002999　04227　子部/醫家類/綜合之屬/通論

增補萬病回春原本八卷　(明)龔廷賢編　民國石印本　一冊

330000－1788－0003007　04232　子部/醫家類/醫話醫論之屬

醫學南針不分卷　陸士諤編輯　民國九年(1920)上海神州醫學編輯社石印本　一冊

330000－1788－0003009　04212　子部/醫家類/醫案之屬

葉氏醫案存真三卷　(清)葉桂撰　(清)葉萬青輯　民國十四年(1925)常州文化書局刻本　二册　缺一卷(三)

330000－1788－0003011　04236　子部/醫家類/本草之屬/歷代綜合本草

本草三家合註六卷　(清)郭汝驄撰　**神農本草經百種錄一卷**　(清)徐大椿撰　**本經便讀一卷**　(清)黄鈺編　民國上海文明書局石印本　一册

330000－1788－0003014　04237　子部/醫家類/綜合之屬

校正傅青主男女科七卷　(清)傅山撰　民國上海進步書局石印本　一册

330000－1788－0003017　04225　子部/醫家類/傷寒金匱之屬/傷寒論

注解傷寒論十卷圖解運氣圖一卷　(漢)張機述　(漢)王叔和撰次　(金)成無己注解　**傷寒明理論四卷**　(金)成無己撰　民國上海啟新書局石印本　一册

330000－1788－0003019　04238　子部/醫家類/診法之屬

四診抉微八卷管窺附餘一卷　(清)林之翰撰　民國三年(1914)上海會文堂石印本　一册

330000－1788－0003031　04217　子部/醫家類/方書之屬/單方驗方

醫方湯頭歌訣一卷續編一卷經絡歌訣一卷　(清)汪昂編輯　(清)秦之濟重訂　(清)嚴雲增輯　民國千頃堂石印本　一册

330000－1788－0003042　04205　子部/醫家類/本草之屬/歷代綜合本草

本草從新十八卷　(清)吳儀洛輯　民國九年(1920)寶文堂刻本　二册

330000－1788－0003043　03946　史部/目録類/版本之屬/通論

中國版本略說一卷　中國科學社編　民國二十年(1931)中國科學社鉛印本　一册

330000－1788－0003050　03891　新學/議論

預備死者之說一卷家恥紀念一卷　繆錦濤述　民國石印本　一册

330000－1788－0003051　03884　子部/法家類

管子二十四卷　(唐)房玄齡注　民國十三年(1924)上海掃葉山房石印本　六册

330000－1788－0003052　03925　子部/小說家類/雜事之屬

南亭筆記十六卷　(清)李伯元(李寶嘉)撰　民國十三年(1924)上海大東書局石印本　四册

330000－1788－0003053　03885、03955　類叢部/叢書類/彙編之屬

清代學術叢書五種　黄實熙編　民國香山黄氏古愚室據刻本影印本　十一册　存二種

330000－1788－0003056　03951　子部/工藝類/日用器物之屬/陶瓷

匋雅二卷　陳瀏撰　民國上海朝記書莊石印本　四册

330000－1788－0003060　03954　子部/藝術類/篆刻之屬/印譜

漢銅印叢十二卷　(清)汪啟淑鑒賞　瞿良士收藏　民國二十四年(1935)上海商務印書館影印本　四册

330000－1788－0003063　03975　子部/術數類/相宅相墓之屬

地理正義鉛彈子砂水要訣七卷　(清)張鳳藻撰　民國上海錦章圖書局石印本　一册

330000－1788－0003064　00301　史部/雜史類/斷代之屬

瑞安東區鄉團剿匪記一卷　(清)張慶葵撰　民國抄本　一册

330000－1788－0003076　00363　集部/曲類

孝廉坊一卷天水碧一卷鹿木居一卷　薛鍾斗撰　稿本　一册

330000－1788－0003081　04012　子部/醫家

類/傷寒金匱之屬/傷寒論
傷寒集註六卷本義一卷 (清)張志聰註 高世栻輯 民國三年(1914)國粹書局石印本 三冊

330000－1788－0003085 00296 史部/傳記類
宋平子[恕]先生年譜一卷 宋紹祖編 民國抄本 一冊

330000－1788－0003087 04037 子部/醫家類/兒科之屬/痘疹
天花精言六卷 (清)袁句撰 民國十八年(1929)黃巖楊書穜樓鉛印本 二冊

330000－1788－0003089 04042 子部/醫家類/溫病之屬/瘟疫
鼠疫彙編一卷 (清)吳宣崇編 (清)羅汝蘭增輯 民國三十三年(1944)鉛印本 一冊

330000－1788－0003096 04043 子部/醫家類/溫病之屬/瘟疫
鼠疫彙編一卷 (清)吳宣崇編 (清)羅汝蘭增輯 民國三十三年(1944)鉛印本 一冊

330000－1788－0003097 04020 子部/醫家類/傷寒金匱之屬/傷寒論
曹氏傷寒發微四卷 (漢)張機撰 曹達潁釋義 民國二十年(1931)昌明醫藥學社鉛印本 二冊

330000－1788－0003100 04021 子部/醫家類/類編之屬
上海國醫學院醫學叢書 民國上海國醫學院鉛印本 四冊 存一種

330000－1788－0003104 04038－1 子部/醫家類/兒科之屬/痘疹
天花精言六卷 (清)袁句撰 民國十八年(1929)黃巖楊書穜樓鉛印本 二冊

330000－1788－0003106 00311 集部/總集類/氏族之屬
閣巷陳氏清潁一源集二卷 (宋)陳供等撰 (元)裴庾選集 (明)吳論等續選 **崇儒高氏家編一卷** (元)高天賜撰 (明)吳論附選 民國抄本 宋慈褎過錄清孫鏘鳴批校 二冊

330000－1788－0003107 04190 子部/醫家類/方書之屬/成方藥目
葉種德堂丸散膏丹說明書不分卷 葉鴻年編 民國四年(1915)葉種德堂鉛印本 一冊

330000－1788－0003108 04111 子部/醫家類/綜合之屬/通論
松齡醫鐸全書 徐潤之編 民國二年(1913)瑞安務本石印局石印本 七冊

330000－1788－0003109 04191 子部/醫家類/方書之屬/成方藥目
達仁堂藥目不分卷 樂達仁撰 民國二年(1913)京都達仁堂刻本 一冊

330000－1788－0003110 04152 子部/醫家類/喉科口齒之屬/白喉
仙傳白喉治法要言一卷 (清)劉昌祁撰 民國十九年(1930)薛冬柏石印本 四冊

330000－1788－0003111 04038－2 子部/醫家類/兒科之屬/痘疹
天花精言六卷 (清)袁句撰 民國十八年(1929)黃巖楊書穜樓鉛印本 二冊

330000－1788－0003113 04187 子部/醫家類/方書之屬/單方驗方
不知醫必要四卷 (清)梁廉夫撰 民國四年(1915)江山奇氣樓鉛印本 一冊

330000－1788－0003114 04038－3 子部/醫家類/兒科之屬/痘疹
天花精言六卷 (清)袁句撰 民國十八年(1929)黃巖楊書穜樓鉛印本 二冊

330000－1788－0003117 04157 子部/醫家類/外科之屬/癰疽、疔瘡
重刊刺疔捷法一卷 (清)張鏡撰 民國十五年(1926)上海廣益書局石印本 一冊

330000－1788－0003123 10026 類叢部/叢書類/郡邑之屬
吳興叢書六十六種 劉承幹編 民國吳興劉氏嘉業堂刻本 三冊 存一種

330000－1788－0003132　00380　史部/傳記類/總傳之屬/家乘

[瑞安]吴氏家乘不分卷　民國吴翊抄本　吴翊跋　二册

330000－1788－0003136　00384　集部/總集類/彙編之屬

東甌詞徵十卷　薛鍾斗輯　稿本　二册

330000－1788－0003140　00385　集部/詩文評類

東甌詩話不分卷　薛鍾斗撰　稿本　薛鍾斗題記　一册

330000－1788－0003144　00383　集部/總集類/尺牘之屬

新刊群公六先生手簡六卷　民國八年(1919)瑞安薛鍾斗抄本　薛鍾斗跋　一册

330000－1788－0003145　00381　集部/别集類/清别集

六齋有韻文集不分卷　(清)宋衡撰　民國抄本　一册

330000－1788－0003149　00371　集部/别集類/清别集

六齋詩文續編不分卷　(清)宋衡撰　民國抄本　一册

330000－1788－0003154　00373　史部/傳記類/日記之屬

石門山房日記鈔不分卷附詩稿一卷(清道光二十三年至咸豐十年)　(清)端木百禄撰　民國鄭劍西抄本　鄭劍西跋　一册

330000－1788－0003161　04052　子部/醫家類/傷寒金匱之屬/傷寒論

傷寒瘟疫條辯六卷　(清)楊璿撰　(清)楊鼎編　民國上海千頃堂書局刻本暨石印本　三册

330000－1788－0003165　00376　史部/傳記類

林慕橋[上梓]自訂年譜一卷　(清)林上梓撰　民國抄本　一册

330000－1788－0003168　04001　子部/醫家類/診法之屬/脈經脈訣

奇經八脈考一卷　(明)李時珍撰　**校正圖註脉訣四卷**　(晉)王叔和撰　(明)張世賢注　民國石印本　一册

330000－1788－0003169　00366　史部/地理類/山川之屬/山志

集雲山誌一卷　(清)金兆奎撰　稿本　薛鍾斗跋　一册

330000－1788－0003170　04011　子部/醫家類/傷寒金匱之屬/傷寒論

傷寒集註六卷　(清)張志聰註　高世栻輯　民國上海錦章圖書局石印本　一册

330000－1788－0003171　04002　子部/醫家類/醫經之屬/難經

圖註八十一難經四卷　(戰國)秦越人撰　(明)張世賢註　民國石印本　一册

330000－1788－0003172　04081　子部/醫家類/本草之屬/本草藥性

雷公炮製藥性解六卷　(明)李中梓輯　**珍珠囊指掌補遺藥性賦四卷**　(金)李杲輯　民國共和書局石印本　一册　存六卷(藥性解一至六)

330000－1788－0003173　04051　子部/醫家類/傷寒金匱之屬/傷寒論

傷寒瘟疫條辯六卷　(清)楊璿撰　(清)楊鼎編　民國元年(1912)上海江東書局石印本　一册

330000－1788－0003177　04078　子部/醫家類/本草之屬/雜著

本經逢原四卷　(清)張璐纂　民國石印本　二册

330000－1788－0003178　04108　子部/醫家類/醫案之屬

臨證指南醫案十卷　(清)葉桂撰　(清)徐大椿評　**種福堂續選臨證指南四卷**　(清)葉桂論　民國十七年(1928)錦文堂石印本　四册　存六卷(一至六)

330000－1788－0003180　04142　子部/醫家類/綜合之屬/通論

醫學心悟六卷　(清)程國彭撰　民國上海鑄記書局石印本　一册

330000－1788－0003181　04130　子部/醫家類/綜合之屬/通論

古吴童氏重校醫宗必讀十卷　(明)李中梓撰　民國上海文盛書局石印本　二册

330000－1788－0003184　04173　子部/醫家類/兒科之屬/通論

鼎鍥幼幼集成六卷　(清)陳復正輯　民國影印本　二册　存二卷(三至四)

330000－1788－0003187　00368　集部/別集類

雲江吟社詩鈔不分卷　楊時中撰　稿本　一册

330000－1788－0003196　00372　集部/別集類/清別集

寶香山館詩集一卷附錄二卷　(清)林培厚撰　民國吴翊抄本　二册

330000－1788－0003201　04180　子部/醫家類/類編之屬

西醫五種　(英國)合信氏撰　民國鉛印本　五册

330000－1788－0003203　00365　史部/金石類/郡邑之屬/文字

東甌金石記□□卷　民國瑞安張揚籀經樓抄本　一册　存一卷(一)

330000－1788－0003205　04070　子部/醫家類/本草之屬/歷代綜合本草

本草備要八卷圖一卷　(清)汪昂撰　民國上海商務印書館鉛印本　四册

330000－1788－0003206　04041　子部/醫家類/溫病之屬

時疫解惑論二卷　劉復撰　民國上海千頃堂書局石印本　一册

330000－1788－0003207　00310　經部/小學類/文字之屬/字書/字體

古籀餘論校訂三卷　(清)孫詒讓撰　張揚校訂　稿本　三册

330000－1788－0003210　04186、04184、04185　子部/醫家類/類編之屬

中西醫學全書十二種　(清)羅定昌輯　民國元年(1912)石印本　三册　存四種

330000－1788－0003212　00314　子部/小說家類

唐摭言十五卷　(五代)王定保撰　民國抄本　二册

330000－1788－0003214　00315　子部/小說家類

唐摭言十五卷　(五代)王定保撰　民國抄本　二册

330000－1788－0003215　04126　子部/醫家類/綜合之屬/通論

赤水玄珠三十卷附醫旨緒餘二卷醫案五卷　(明)孫一奎撰　民國鉛印本　二册　存六卷(二十一至二十六)

330000－1788－0003217　04104　子部/醫家類/類編之屬

張氏醫書七種　(清)張璐　(清)張登　(清)張倬撰　民國十四年(1925)上海廣益書局石印本　十七册　存四種

330000－1788－0003218　04029　子部/醫家類/傷寒金匱之屬/金匱要略

金匱心典讀本三卷　(漢)張仲景撰　(清)尤怡集註　民國二十七年(1938)上海千頃堂書局鉛印本　一册

330000－1788－0003221　00378　子部/農家農學類/園藝之屬/花卉

九華新譜一卷附錄老圃新菊一卷　(清)吴昇編　**蕙蘭同心錄二卷**　(清)許鼎和撰　民國抄本　一册

330000－1788－0003222　04030　子部/醫家類/傷寒金匱之屬/金匱要略

金匱心典三卷　(漢)張仲景撰　(清)尤怡集

註　民國上海文瑞樓石印本　一册

330000－1788－0003223　04004　子部/醫家類/診法之屬/脈經脈訣

校正圖註脈訣四卷　（晉）王叔和撰　（明）張世賢註　**校正圖註八十一難經四卷**　（明）張世賢註　**校正瀕湖脈學一卷奇經八脈攷一卷**　（明）李時珍撰輯　民國石印本　一册

330000－1788－0003225　04128　子部/醫家類/綜合之屬/通論

御纂醫宗金鑑九十卷首一卷　（清）吳謙等撰　民國商務印書館鉛印本　二十册

330000－1788－0003226　00367　集部/總集類/郡邑之屬

雲江吟社詩輯□□集　孫延畛等撰　民國抄本　四册　存三十九集（一至二十一、四十一至五十八）

330000－1788－0003228　04031　子部/醫家類/醫理之屬/病源病機

重刊巢氏諸病源候總論五十卷　（隋）巢元方等撰　民國七年（1918）上海千頃堂石印本　八册

330000－1788－0003229　04004－2、04006　子部/醫家類/診法之屬/脈經脈訣

校正圖註脈訣四卷　（晉）王叔和撰　（明）張世賢註　**校正圖註八十一難經四卷**　（明）張世賢註　**校正瀕湖脈學一卷奇經八脈攷一卷**　（明）李時珍撰輯　民國上海錦章圖書局石印本　二册

330000－1788－0003231　04057－3　子部/醫家類/溫病之屬

溫病條辨六卷首一卷　（清）吳瑭撰　民國三年（1914）上海錦章圖書局石印本　一册

330000－1788－0003233　04033　子部/醫家類/方書之屬/歷代方書

千金翼方三十卷　（唐）孫思邈撰　民國五年（1916）上海鴻寶齋石印本　松廬先生批跋　六册

330000－1788－0003234　04036－1　子部/醫家類/兒科之屬/痘疹

增補痘疹玉髓金鏡錄二卷　（清）翁仲仁撰　（清）陸南暘等補遺　民國石印本　二册

330000－1788－0003237　04036－2　子部/醫家類/兒科之屬/痘疹

增補痘疹玉髓金鏡錄二卷　（清）翁仲仁撰　（清）陸南暘等補遺　民國上海萃英書局石印本　一册　存一卷（上）

330000－1788－0003238　04054　子部/醫家類/溫病之屬

溫熱經緯五卷　（清）王士雄纂　（清）楊照藜（清）汪曰楨評　民國四年（1915）上海普新書局石印本　一册

330000－1788－0003239　04057－1　子部/醫家類/溫病之屬

溫病條辨六卷首一卷　（清）吳瑭撰　民國六年（1917）上海鍊石書局石印本　一册

330000－1788－0003242　04039　子部/醫家類/溫病之屬/瘟疫

瘟疫論補註二卷　（明）吳有性撰　（清）鄭重光補註　民國上海錦章圖書局石印本　一册

330000－1788－0003244　04057－2　子部/醫家類/溫病之屬

溫病條辨六卷首一卷　（清）吳瑭撰　民國上海進步書局石印本　一册

330000－1788－0003245　04155　子部/醫家類/喉科口齒之屬/白喉

洞主仙師白喉治法忌表抉微不分卷　（清）耐修子録並注　民國七年（1918）上海著易堂鉛印本　一册

330000－1788－0003246　04099　子部/醫家類/類編之屬

陳修園醫書七十種　（清）陳念祖等撰　民國六年（1917）上海廣益書局石印本　二十八册　存六十八種

330000－1788－0003247　04046　子部/醫家類/養生之屬

隨息居飲食譜一卷隨息居重訂霍亂論一卷

(清)王士雄撰　民國四年(1915)普新書局石印本　一冊

330000－1788－0003250　04025　子部/醫家類/類編之屬

何氏醫學叢書　何炳元編　民國二十年(1931)上海六也堂書藥局鉛印本　三冊　存一種

330000－1788－0003251　04098　子部/醫家類/類編之屬

陳修園醫書四十八種　(清)陳念祖等撰　民國十八年(1929)上海三星書店石印本　九冊　存二十四種

330000－1788－0003253　04182　子部/醫家類/醫理之屬/病源病機

英醫合信氏全體新論疏證二卷　張壽頤疏證　民國石印本　二冊

330000－1788－0003254　04110　子部/醫家類/醫案之屬

臨證醫案筆記六卷　(清)吳篪撰　民國八年(1919)上海集古閣石印本　六冊

330000－1788－0003256　04092　子部/醫家類/方書之屬/成方藥目

秘本丹方大全一卷　廣文書局編　民國八年(1919)上海廣文書局鉛印本　一冊

330000－1788－0003257　04034　子部/醫家類/方書之屬

備急千金要方二十四卷　(清)黄恩榮撰　民國二十三年(1934)上海千頃堂書局石印本　十二冊

330000－1788－0003261　04158　子部/醫家類/針灸之屬/通論

針灸大成十二卷　(明)楊繼洲撰　民國石印本　二冊

330000－1788－0003263　04007　子部/醫家類/傷寒金匱之屬/傷寒論

百大名家合註傷寒論十六卷　吳考槃編　民國上海千頃堂書局石印本　六冊

330000－1788－0003265　04026、04014　子部/醫家類/類編之屬

張仲景醫學全書五種　(漢)張機等撰　民國十八年(1929)上海中一書局石印本　八冊

330000－1788－0003267　04167　子部/醫家類/婦科之屬/通論

女科秘訣大全五卷　陳秉鈞輯　民國上海廣益書局石印本　一冊　存二卷(二至三)

330000－1788－0003268　04010　子部/醫家類/傷寒金匱之屬/傷寒論

傷寒來蘇集六卷　(清)柯琴撰　民國上海文瑞樓石印本　一冊

330000－1788－0003270　04050　子部/醫家類/溫病之屬/瘟疫

加批時病論八卷　(清)雷豐撰　陳秉鈞批　民國上海廣益書局石印本　一冊　存二卷(三至四)

330000－1788－0003276　04177　子部/醫家類/兒科之屬

幼科三種六卷　民國上海文元書局石印本　一冊

330000－1788－0003277　04027、04028　子部/醫家類/類編之屬

仲景全書五種　(漢)張機等撰　民國五年(1916)上海千頃堂石印本　二冊

330000－1788－0003278　04114　子部/醫家類/綜合之屬/通論

顧氏醫苑二十卷　顧培璽編　民國二十六年(1937)上海千頃堂書局鉛印本　四冊

330000－1788－0003281　04024　子部/醫家類/診法之屬/其他診法

傷寒舌鑑一卷　(清)張登撰　民國元年(1912)上海江東書局石印本　一冊

330000－1788－0003286　04032　子部/醫家類/方書之屬/歷代方書

千金翼方三十卷　(唐)孫思邈撰　民國四年(1915)江左書林石印本　六冊

330000－1788－0003289　04164　子部/醫家類/婦科之屬/通論

新編女科指掌五卷　（清）葉其蓁編　民國上海海左書局石印本　二冊

330000－1788－0003290　04125　子部/醫家類/醫理之屬/陰陽五行、五運六氣

尚論篇四卷首一卷尚論後篇四卷　（清）喻昌撰　民國上海錦章圖書局石印本　二冊

330000－1788－0003291　04169　子部/醫家類/婦科之屬/產科

萬氏婦人科三卷首一卷附達生編二卷　（明）萬全等撰　民國石印本　一冊

330000－1788－0003292　04166　子部/醫家類/婦科之屬/產科

葉氏女科證治四卷　（清）葉桂撰　民國二年(1913)上海文益書局石印本　二冊

330000－1788－0003294　04174　子部/醫家類/兒科之屬/通論

幼科醫學指南四卷　（清）周震撰　民國上海益新書局石印本　一冊

330000－1788－0003296　04123　子部/醫家類/方書之屬/成方藥目

成方便讀四卷　（清）張秉成集選　民國二十二年(1933)上海千頃堂書局石印本　一冊　存二卷(一至二)

330000－1788－0003297　04131　子部/醫家類/綜合之屬/通論

古吳童氏重校醫宗必讀十卷　（明）李中梓撰　民國二年(1913)上海書局石印本　二冊

330000－1788－0003305　04013　子部/醫家類/傷寒金匱之屬/傷寒論

注解傷寒論十卷圖解運氣圖一卷　（漢）張機述　（漢）王叔和撰次　（金）成無己注解　**傷寒明理論四卷**　（金）成無己撰　民國上海啟新書局石印本　一冊

330000－1788－0003306　04339　史部/金石類/陶之屬/文字

溫州古甓記不分卷　（清）孫詒讓撰　民國永嘉黃氏敬鄉樓抄本　楊紹廉校　一冊

330000－1788－0003311　10018　經部/小學類

毛詩重言三卷雙聲疊韻說一卷　（清）王筠撰　民國二十二年(1933)雙流黃氏濟忠堂刻本　一冊

330000－1788－0003323　03227　經部/小學類/音韻之屬/等韻

音學辨微一卷　（清）江永撰　**榕村等韻辨疑正誤一卷**　（清）李光地撰　**康熙字典等均圖辨惑一卷　常熟黃廷鑑三十六字母辨一卷**　（清）黃廷鑑撰　民國十二年(1923)渭南嚴式誨孝義家塾成都敦睦堂刻本　一冊

330000－1788－0003326　03224　經部/小學類/音韻之屬/等韻

切韻指掌圖二卷　（宋）司馬光撰　**檢例一卷**　（明）邵光祖撰　民國十八年(1929)渭南嚴氏成都刻本　一冊

330000－1788－0003332　03240　經部/詩類/文字音義之屬

詩音表一卷　（清）錢坫撰　民國二十年(1931)渭南嚴氏刻本　一冊

330000－1788－0003336　03115　經部/小學類/說文之屬

廣新方言二卷　陳啟彤撰　民國十七年(1928)北平鉛印本　一冊

330000－1788－0003337　03105　經部/小學類/訓詁之屬/群雅

廣雅疏證十卷附博雅音十卷　（清）王念孫撰　民國上海鴻章書局石印本　十六冊

330000－1788－0003339　03231　經部/小學類/音韻之屬/古今韻說

切韻考六卷外篇三卷　（清）陳澧撰　民國十九年(1930)渭南嚴氏刻本　三冊

330000－1788－0003341　03150　經部/小學類/文字之屬/說文

說文解字古文疏證一卷　李杲撰　民國二十六年(1937)刻本　一冊

330000－1788－0003342　03126　經部/小學類/文字之屬/說文/傳說

說文解字注箋十四卷　(清)段玉裁注　(清)徐灝箋　**說文檢字篇三卷說文重文檢字篇一卷說文疑難檢字篇一卷今文檢字篇一卷**　徐樾編　民國十七年(1928)上海中原書局石印本　方津跋　席珍題記　八冊

330000－1788－0003344　03154　類叢部/叢書類/彙編之屬

中國大學國學叢書　民國中國大學出版部鉛印本　一冊　存一種

330000－1788－0003346　03125　經部/小學類/文字之屬/說文/傳說

說文解字注箋十四卷　(清)段玉裁注　(清)徐灝箋　**說文檢字篇三卷說文重文檢字篇一卷說文疑難檢字篇一卷今文檢字篇一卷**　徐樾編　民國十七年(1928)上海中原書局石印本　八冊

330000－1788－0003349　03140　經部/小學類/文字之屬/說文/傳說

說文部首纂要一卷　周宗翰撰　民國三年(1914)溫州務本書局石印本　一冊

330000－1788－0003350　03199　經部/小學類/文字之屬/字書

補正俗字編一卷　(清)余國光輯　(清)洪守一重輯　黃紹裘補正　民國十三年(1924)瑞安廣益石印本　一冊

330000－1788－0003358　03226　類叢部/叢書類/彙編之屬

熊刻四種　熊羅宿編　民國二年至五年(1913－1916)豐城熊氏刻本　一冊　存一種

330000－1788－0003359　03201　類叢部/叢書類/彙編之屬

守山閣叢書一百十二種　(清)錢熙祚輯　民國十二年(1923)鉛印本　二冊　存一種

330000－1788－0003363　03253　新學/理學/文學

國語學草創不分卷　胡以魯撰　民國二年(1913)浙江教育司鉛印本　一冊

330000－1788－0003367　03117　經部/小學類/文字之屬/說文

說文解字十五卷標目一卷　(漢)許慎撰　(宋)徐鉉等校定　民國上海商務印書館據藤花榭刻本影印本　四冊

330000－1788－0003370　03147　經部/小學類/文字之屬/說文

說文通檢十四卷首一卷末一卷　(清)黎永椿編　民國商務印書館據番禺陳氏刻本影印本　二冊

330000－1788－0003371　03149　經部/小學類/文字之屬/說文/專著

說文古籀補十四卷補遺一卷附錄一卷　(清)吳大澂撰　民國八年(1919)蘇州振新書社石印本　四冊

330000－1788－0003372　03176　經部/小學類/文字之屬/字書/字典

龍龕手鑑四卷　(遼)釋行均撰　民國影印本　三冊　存三卷(一至三)

330000－1788－0003374　03166　經部/小學類/文字之屬/字書/字典

中華新字典初編十二卷續編十二卷檢字一卷　王文濡等編纂　民國八年(1919)廣益書局石印本　六冊

330000－1788－0003377　03181　史部/金石類/石之屬/文字

金石文字辨異補編五卷　楊紹廉撰　民國十五年(1926)石印本　五冊

330000－1788－0003383　03193　經部/小學類/文字之屬/字書/字體

六書通十卷首一卷附百體福壽全圖　(明)閔齊伋撰　(清)畢弘述篆訂　民國元年(1912)上海掃葉山房石印本　五冊

330000－1788－0003388　03145　經部/小學類/文字之屬/說文/專著

說文解字均隸十二卷　(清)丁桝五撰　民國二十三年(1934)瑞安陳氏襃殷堂石印本

二冊

330000－1788－0003389　03219　經部/小學類/音韻之屬/韻書

廣韻五卷　(宋)陳彭年等修　**宋本廣韻校札一卷**　(清)黎庶昌撰　民國上海涵芬樓影印本　五冊

330000－1788－0003391　03110　經部/小學類/訓詁之屬/方言

輶軒使者絕代語釋別國方言十三卷　(漢)揚雄撰　民國影宋刻本　一冊

330000－1788－0003395　03142　經部/小學類

說文聲類二卷說文聲類出入表一卷　(清)嚴可均撰　民國十三年(1924)渭南嚴氏刻本　二冊

330000－1788－0003399　03228　經部/小學類/音韻之屬/古今韻說

古韻標準四卷詩韻舉例一卷　(清)江永撰　(清)戴震參定　民國十五年(1926)渭南嚴式誨成都賁園刻本　二冊

330000－1788－0003403　03238　經部/詩類/文字音義之屬

詩聲類十二卷分例一卷　(清)孔廣森撰　民國十三年(1924)渭南嚴式誨成都鎬樂堂刻本　二冊

330000－1788－0003405　10009　經部/詩類/傳說之屬

詩經通論十八卷前一卷　(清)姚際恆撰　民國十六年至十七年(1927－1928)成都書局刻本　八冊

330000－1788－0003412　03178、02896　類叢部/叢書類/郡邑之屬

吳興叢書六十六種　劉承幹編　民國吳興劉氏嘉業堂刻本　七冊　存二種

330000－1788－0003415　03156　經部/小學類/音韻之屬

文字學音篇五章　錢玄同撰　民國十年(1921)北京大學出版部鉛印本　一冊

330000－1788－0003416　03182　經部/小學類/文字之屬/字書/古文

六朝別字記一卷　(清)趙之謙撰　民國八年(1919)上海商務印書館影印本　一冊

330000－1788－0003420　03245　類叢部/類書類

韻海大全角山樓類腋不分卷　(清)姚培謙撰　(清)趙克宜增輯　民國上海文瑞樓石印本　六冊

330000－1788－0003422　03127　經部/小學類/文字之屬/說文/傳說

說文解字段注攷正十五卷　(清)馮桂芬撰　民國十六年(1927)據稿本影印本　八冊

330000－1788－0003425　03129　經部/小學類/文字之屬/說文

說文理董後編六卷　(清)吳穎芳撰　民國十八年(1929)中社影印本　二冊

330000－1788－0003430　03246　經部/小學類/音韻之屬/韻書

增廣詩韻全璧五卷　(清)湯祥瑟輯　華錕重編　民國五年(1916)上海煥文書局石印本　五冊

330000－1788－0003432　03153　經部/小學類/文字之屬/說文/專著

說文解字研究法不分卷　馬敘倫撰　民國十八年(1929)上海商務印書館石印本　一冊

330000－1788－0003434　03100　經部/小學類/訓詁之屬/爾雅

爾雅諍郭二卷　(清)朱學琍編　民國二十五年(1936)鉛印本　一冊

330000－1788－0003435　03189　經部/小學類/文字之屬/字書/字體

隸辨八卷　(清)顧藹吉撰　民國四年(1915)掃葉山房石印本　八冊

330000－1788－0003436　00115　史部/金石類/石之屬

巢經巢金石筆識一卷補遺一卷　(清)鄭珍撰　民國瑞安陳氏襃遺堂抄本　項廷珍題簽並

記　一册

330000－1788－0003437　03167　經部/小學類/文字之屬/字書/字典

康熙字典十二集三十六卷檢字一卷辨似一卷等韻一卷備考一卷補遺一卷　(清)張玉書等纂修　民國六年(1917)上海會文堂書局石印本　六册

330000－1788－0003439　03195　經部/小學類/文字之屬/字書/字體

隸字彙十卷　(清)項懷述編錄　民國五年(1916)上海掃葉山房石印本　四册

330000－1788－0003442　03203　經部/群經總義類/文字音義之屬

經詞衍釋十卷補遺一卷　(清)吳昌瑩撰　民國上海古書流通處影印本　四册

330000－1788－0003444　03114　經部/小學類/訓詁之屬/方言

屈宋方言攷一卷　李翹撰　民國十四年(1925)芬熏館刻本　一册

330000－1788－0003447　03118　經部/小學類/文字之屬/說文/傳說

說文解字通釋四十卷　(五代)徐鍇傳釋　(五代)朱翺反切　民國七年(1918)上海掃葉山房石印本　六册

330000－1788－0003451　03123　經部/小學類/文字之屬/說文/傳說

說文解字句讀三十卷　(清)王筠撰　民國涵芬樓影印王氏家刻本　十四册

330000－1788－0003453　03103　經部/小學類/訓詁之屬/爾雅

爾雅音圖三卷　(晉)郭璞註　(清)姚之麟摹圖　民國四年(1915)同文圖書館石印本　三册

330000－1788－0003455　03254　經部/小學類/文字之屬/字書/字體

真行草大字典十二集　書學會編　民國五年(1916)上海有正書局石印本　六册

330000－1788－0003456　03192　經部/小學類/文字之屬/字書/古文

鐘鼎字源五卷附錄一卷　(清)汪立名撰　民國四年(1915)上海掃葉山房石印本　三册

330000－1788－0003457　00117　經部/小學類/訓詁之屬/方言

甌海方言一卷　楊紹廉撰　民國瑞安張揚籀經樓抄本　一册

330000－1788－0003460　03187　經部/小學類/文字之屬/字書

汗簡七卷　(宋)郭宗恕撰　民國上海文瑞樓石印本　三册

330000－1788－0003461　03122　經部/小學類/文字之屬/說文/傳說

說文解字注十五卷附六書音均表五卷　(清)段玉裁撰　**說文通檢十四卷首一卷末一卷**　(清)黎永椿編　**說文解字注匡謬八卷**　(清)徐承慶撰　民國三年(1914)上海文盛書局石印本　八册

330000－1788－0003462　00116　經部/小學類/訓詁之屬/方言

甌海方言一卷　楊紹廉撰　民國永嘉黃氏敬鄉樓抄本　胡孟昭題記　一册

330000－1788－0003463　03211　新學/理學/文學

少年世界新文典初編一卷　壽昌編書局編　民國壽昌編書局鉛印本　一册

330000－1788－0003467　03242　類叢部/類書類/專類之屬

詩韻合璧五卷　(清)湯文潞輯　**虛字韻藪一卷**　(清)潘維城輯　民國十五年(1926)上海掃葉山房石印本　五册

330000－1788－0003469　03139　經部/小學類/文字之屬/說文

說文提要一卷　(清)陳建侯撰　**漁洋山人詩問二卷**　(明)王士禎撰　民國六年(1917)上海掃葉山房石印本　一册

330000－1788－0003472　03179　經部/群經

總義類/文字音義之屬

十經文字通正書十四卷 （清）錢坫撰 民國中國書店據清嘉慶二年（1797）文章大吉樓刻本影印本 四册

330000－1788－0003473 03249 經部/小學類/音韻之屬/韻書

詩韻集成五卷 （清）余照輯 民國十一年（1922）上海共和書局影印本 四册 存二卷（一、三）

330000－1788－0003478 03212 經部/小學類/文字之屬/字書/訓蒙

澄衷蒙學堂字課圖説四卷檢字一卷類字一卷 （清）劉樹屏編 （清）吴子城繪圖 民國七年（1918）上海石竹山房石印本 四册

330000－1788－0003488 03261 經部/三禮總義類

三禮便蒙不分卷 （清）焦循撰 民國影印本 一册

330000－1788－0003494 03281 類叢部/叢書類/彙編之屬

集古齋叢鈔□□種 民國石印本 五册 存一種

330000－1788－0003495 03264 經部/詩類/傳説之屬

詩經集傳八卷 （宋）朱熹撰 民國十八年（1929）上海商務印書館鉛印本 四册

330000－1788－0003500 03286 經部/小學類/文字之屬/字書/字體

真行草大字典十二集 書學會編 民國十三年（1924）上海有正書局石印本 六册

330000－1788－0003505 03290 經部/小學類/文字之屬/説文/專著

説文解字均隸十二卷 （清）丁楙五撰 民國二十三年（1934）瑞安陳氏袌殷堂石印本 二册

330000－1788－0003508 03270 經部/春秋左傳類/傳説之屬

評點春秋綱目左傳句解彙雋六卷 （清）韓菼重訂 民國五年（1916）上海章福記書局石印本 一册

330000－1788－0003509 03291 類叢部/類書類/專類之屬

詩韻合璧五卷 （清）許時庚輯 **虚字韻藪一卷** （清）潘維城輯 民國十八年（1929）上海百新書店鉛印本 四册 存四卷（一至四）

330000－1788－0003511 03288 經部/小學類/文字之屬

古今正俗字詁二卷 鄭詩輯 民國二十一年（1932）刻本 一册

330000－1788－0003515 03289 經部/小學類/文字之屬/字書/古文

六朝別字記一卷 （清）趙之謙撰 民國十年（1921）上海商務印書館影印本 一册

330000－1788－0003524 03013 經部/春秋穀梁傳類/傳説之屬

穀梁春秋經傳古義疏十一卷 廖平撰 民國十九年（1930）成都鴻寶書社刻本 八册

330000－1788－0003527 00252 史部/金石類/石之屬/題跋

石墨鐫華八卷 （明）趙崡撰 民國瑞安張揚籀經樓抄本 一册 存三卷（一至三）

330000－1788－0003537 02901 經部/易類/專著之屬

周易明義四卷序要二卷易外傳八卷 彭俞撰 民國六年（1917）油印本 六册

330000－1788－0003552 03075 經部/群經總義類/傳説之屬

駁五經異義疏證十卷 （清）皮錫瑞撰 民國二十三年（1934）河間李氏古鑑齋刻本 四册

330000－1788－0003554 03057 經部/四書類/孟子之屬/文字音義

孟子字義疏證三卷 （清）戴震撰 民國鉛印本 一册

330000－1788－0003558 03712 子部/農家農學類/園藝之屬/花卉

藝菊瑣言一卷湫漻齋月季花譜一卷附録一卷 陳葆善撰 民國六年(1917)石印本 一册

330000－1788－0003563 02922 經部/書類/傳説之屬

尚書不分卷 民國商務印書館鉛印本 一册

330000－1788－0003578 02979 史部/政書類/儀制之屬/典禮

祭祀冠服圖一卷 民國三年(1914)政事堂禮制館石印本 一册

330000－1788－0003583 03029 經部/四書類/總義之屬/傳説

四書纂疏二十六卷札記一卷 (宋)趙順孫撰 民國十四年(1925)聖風書苑據清康熙通志堂經解本影印本 八册

330000－1788－0003585 02940 經部/詩類/傳説之屬

詩經通論十八卷前一卷 (清)姚際恆撰 民國十六年至十七年(1927－1928)成都書局刻本 八册

330000－1788－0003602 02942 經部/小學類

毛詩重言三卷雙聲疊韻説一卷 (清)王筠撰 民國二十二年(1933)雙流黄氏濟忠堂刻本 一册

330000－1788－0003610 03056 經部/四書類/論語之屬

論語補註二卷 石企嵋撰 民國近義軒鉛印本 一册

330000－1788－0003619 02948 經部/詩類/文字音義之屬

毛詩正韻四卷附毛詩韻例一卷 丁以此撰 民國二十三年(1934)雙流黄氏濟忠堂刻本 四册

330000－1788－0003625 02908 經部/易類/傳説之屬

周易古義七卷 楊樹達撰 民國十八年(1929)上海中華書局鉛印本 楊樹達題記 二册

330000－1788－0003627 02957 經部/詩類/傳説之屬

詩經白話註解八卷 民國七年(1918)上海江東茂記書局石印本 一册

330000－1788－0003632 03080 類叢部/叢書類/自著之屬

師伏堂遺書□□種 (清)皮錫瑞撰 民國上海商務印書館影印本 五册 存一種

330000－1788－0003633 02999 經部/春秋左傳類/傳説之屬

春秋左傳五十卷 (晉)杜預 (宋)林堯叟註釋 (唐)陸德明音義 民國上海掃葉山房石印本 十二册

330000－1788－0003635 03026 子部/藝術類/書畫之屬/書法書品

黄石齋夫人書孝經一卷 (明)蔡玉卿書 民國上海有正書局影印本 一册

330000－1788－0003636 03047 子部/藝術類/書畫之屬/法帖

篆文四書四種七卷 民國五年(1916)上海古今圖書局影印本 六册

330000－1788－0003637 02939 經部/詩類/傳説之屬

詩經原始十八卷首二卷 (清)方玉潤撰 民國十三年(1924)上海泰東圖書局石印本 八册

330000－1788－0003638 03059 類叢部/叢書類/自著之屬

萬木草堂叢書 康有爲撰 民國上海廣智書局鉛印本 二册 存一種

330000－1788－0003644 00118 史部/地理類/雜志之屬

東甌大事記六卷 (清)孫鏘鳴編 民國瑞安林慶雲惜硯樓抄本 一册

330000－1788－0003651 03004 經部/春秋左傳類/傳説之屬

曲江書屋新訂批註左傳快讀十八卷首一卷 (清)李紹崧輯 民國上海廣益書局石印本

十二册

330000－1788－0003658　03023　經部/孝經類/傳說之屬

孝經白話解說一卷　朱領中撰　民國二十年(1931)上海宏大善書局石印本　一册

330000－1788－0003661　02935、00538　類叢部/叢書類/郡邑之屬

湖北先正遺書七十二種七百二十七卷　盧靖編　民國十二年(1923)沔陽盧氏慎始基齋影印本　二册　存二種

330000－1788－0003662　03024　經部/孝經類/傳說之屬

孝經白話解說一卷　朱領中撰　民國二十年(1931)上海宏大善書局石印本　一册

330000－1788－0003665　03164　經部/小學類/文字之屬/字書/字典

康熙字典十二集三十六卷總目一卷檢字一卷辨似一卷等韻一卷備考一卷補遺一卷　(清)張玉書等纂修　民國上海商務印書館石印本　六册

330000－1788－0003672　03012　經部/春秋公羊傳類/傳說之屬

公羊榷論一卷　徐震撰　民國十九年(1930)刻本　一册

330000－1788－0003677　02893　類叢部/叢書類/彙編之屬

四部叢刊　張元濟等編　民國上海商務印書館影印本　二册　存一種

330000－1788－0003679　02987　經部/三禮總義類/名物制度之屬

三禮名物　吴承仕撰　民國十九年(1930)歙縣吴氏鉛印本　一册　存一種

330000－1788－0003690　02925　經部/書類/傳說之屬

尚書駢枝一卷　(清)孫詒讓撰　民國鉛印本　一册

330000－1788－0003695　02986　經部/大戴禮記類/傳說之屬

大戴禮記斠補三卷　(清)孫詒讓撰　民國三年(1914)瑞安廣明印刷所石印本　三册

330000－1788－0003700　03070　經部/群經總義類/文字音義之屬

唐寫本經典釋文校語二卷　吴士鑑撰　民國六年(1917)鉛印本　一册

330000－1788－0003701　03020　子部/儒家類/儒學之屬/蒙學

孝經註解不分卷　(唐)玄宗李隆基註　(宋)司馬光指解　(宋)范祖禹說　民國二十二年(1933)廣州越華路西南印書局鉛印本　一册

330000－1788－0003704　03053　經部/四書類/大學之屬/傳說

古本大學解一卷七經問答一卷　姚永樸撰　民國廬江吴氏鉛印本　一册

330000－1788－0003706　03071　經部/群經總義類/文字音義之屬

唐寫本經典釋文殘卷校語補正一卷　馬敘倫撰　民國鉛印本　一册

330000－1788－0003707　03003　經部/春秋左傳類/傳說之屬

春秋左傳句解六卷　(清)韓菼重訂　民國三年(1914)上海商務印書館鉛印本　六册

330000－1788－0003737　04322　集部/別集類

無名氏詩草不分卷　民國抄本　一册

330000－1788－0003743　00250　史部/紀傳類/正史之屬

舊五代史一百五十卷目錄二卷附攷證　(宋)薛居正等撰　(清)邵晉涵等輯　民國十四年(1925)吴興劉氏嘉業堂刻本　三十二册

330000－1788－0003767　00067　史部/地理類/遊記之屬/紀行

海南雜著不分卷　(清)蔡廷蘭撰　民國抄本　一册

330000－1788－0003774　01838　類叢部/叢

書類/彙編之屬

又滿樓叢書十六種　趙詒琛編　民國九年至十四年(1920－1925)崑山趙氏又滿樓刻本　八冊

330000－1788－0003778　01853　集部/總集類/郡邑之屬

永嘉詩人祠堂叢刻十四種　冒廣生輯　民國四年(1915)如皋冒氏刻本　一冊　存一種

330000－1788－0003780　01956　類叢部/叢書類/自著之屬

寫禮廎遺箸四種　(清)王頌蔚撰　民國四年(1915)鮮溪王氏刻本　二冊

330000－1788－0003802　01895　子部/叢編

清人說薈初集二十種　雷瑨輯　民國二年(1913)上海掃葉山房石印本　五冊

330000－1788－0003804　01896　子部/叢編

清人說薈二集二十種　雷瑨輯　民國六年(1917)上海掃葉山房石印本　六冊

330000－1788－0003806　01963　類叢部/叢書類/彙編之屬

涉聞梓舊二十五種　(清)蔣光煦輯　民國十三年(1924)上海商務印書館影印清海昌蔣氏刻本(原缺陳後山集校卷一)　二十冊

330000－1788－0003809　00278　史部/目録類/總録之屬/私撰

傳鈔未見書齋書目一卷　張揚編並藏　民國瑞安張揚籀經樓抄本　張揚題記　一冊

330000－1788－0003812　00277　集部/別集類/清別集

依緑園詩抄一卷　(清)曾儒璋撰　民國瑞安張揚籀經樓抄本　池志徵題記　一冊

330000－1788－0003814　00284、00285、00286　類叢部/叢書類/郡邑之屬

浙江省永嘉區徵輯鄉先哲遺著　浙江省永嘉區徵輯鄉先哲遺著委員會編　民國浙江省永嘉區徵輯鄉先哲遺著委員會抄本　五冊　存三種

330000－1788－0003821　00290　集部/總集類/選集之屬/通代

玉臺新詠十卷　(南朝陳)徐陵編　民國十一年(1922)南陵徐乃昌據明小宛堂本影刻本　宋慈褒題記　二冊

330000－1788－0003822　00292　類叢部/叢書類/彙編之屬

託跋廛叢刻十種　陶湘編　民國十三年至十七年(1924－1928)武進陶氏涉園影刻本　八冊

330000－1788－0003824　04286　子部/醫家類/診法之屬

方治便覽一卷　民國抄本　一冊

330000－1788－0003825　04285　子部/醫家類/眼科之屬

眼科醫方不分卷　民國抄本　一冊

330000－1788－0003826　04326　集部/別集類

春江鴻雪集不分卷　吳夫人撰　民國十八年(1929)稿本　一冊

330000－1788－0003827　04307　集部/別集類

嘯月軒詩集一卷寶璞齋文集一卷　楊自芬撰　民國抄本　一冊

330000－1788－0003829　04267　史部/目録類/總録之屬/私撰

籀經樓藏書目一卷　張揚編　稿本　一冊

330000－1788－0003830　04280　史部/傳記類/日記之屬

勸學日記不分卷　民國抄本　一冊

330000－1788－0003834　04309　集部/別集類

曹秋槎先生評本雁湖詩不分卷　項雁湖撰　民國抄本　一冊

330000－1788－0003835　04318　集部/別集類

午題集一卷　項崧撰　稿本　一冊

330000－1788－0003836　04279　子部/雜家類
兼明書五卷　(唐)丘光庭撰　民國抄本　一冊　存三卷(三至五)

330000－1788－0003838　04327　集部/別集類
拙巢詩文鈔不分卷　周蘧撰　民國抄本　二冊

330000－1788－0003839　04298　子部/雜著類
楊拙廬抄雜文不分卷　民國楊拙廬抄本　池志澂題記　一冊

330000－1788－0003840　04289　子部/農家農學類/農藝之屬
蕈栽種法不分卷　(日本)小左工門撰　(清)林壬譯　民國抄本　一冊

330000－1788－0003841　04294　子部/天文曆算類/天文之屬
星座指南不分卷　項錦韓撰　民國三十一年(1942)抄本　一冊

330000－1788－0003847　04303　集部/別集類/清別集
綺爍閣文集□□卷　(清)夏紹笙撰　民國抄本　一冊　存一卷(二十五)

330000－1788－0003848　04271　史部/史評類/史論之屬
讀史總論不分卷　池逸仙撰　民國抄本　二冊

330000－1788－0003849　04269　史部/雜史類/斷代之屬
戰國策約編不分卷　池逸仙鑒評　民國抄本　蘓蘭清者跋　二冊

330000－1788－0003850　04287　子部/醫家類/外科之屬
外科經驗秘方不分卷　民國抄本　一冊

330000－1788－0003851　04270　史部/史抄類
讀史節錄不分卷　池逸仙輯　民國抄本　四冊

330000－1788－0003852　04248　經部/小學類/文字之屬/說文
說文摘要不分卷　民國抄本　五冊

330000－1788－0003853　04314　集部/別集類/清別集
花信樓稿一卷　(清)洪炳文撰　民國抄本　一冊

330000－1788－0003854　04250　史部/雜史類/外紀之屬
明治通俗歷史六卷　(日本)坪谷善四郎撰　民國抄本　四冊

330000－1788－0003855　04291　子部/工藝類/日用器物之屬/香料
香譜不分卷　民國抄本　一冊

330000－1788－0003856　04274　史部/史評類/考訂之屬
讀漢識小二卷　(清)拙巢撰　民國抄本　一冊

330000－1788－0003857　04256　史部/傳記類/別傳之屬/年譜
太鶴山人[端木國瑚]年譜一卷　(清)端木百祿撰　民國六年(1917)抄本　一冊

330000－1788－0003859　04300　集部/別集類
杞嚴詩葺不分卷　(清)林露撰　民國抄本　林衍同題記　一冊

330000－1788－0003861　04315　集部/別集類
周氏詩稿不分卷　周紹箕撰　民國抄本　一冊

330000－1788－0003863　04263　史部/目録類/總録之屬
清人所箸文集目錄不分卷　周雲青編　民國抄本　一冊

330000－1788－0003864　04253　史部/傳記

類/總傳之屬/家乘

項氏源流攷不分卷　項士元編　民國抄本　一冊

330000－1788－0003868　04296　子部/宗教類/道教之屬/方法

丹經摘要火候口訣不分卷　民國抄本　一冊

330000－1788－0003869　04334　集部/曲類/散曲之屬

萬古樓愁曲一卷　(明)歸莊撰　民國楊志林抄本　一冊

330000－1788－0003870　04317　集部/別集類

王睫盦文存不分卷　王承霖撰　民國抄本　一冊

330000－1788－0003871　04266　集部/別集類/清別集

葉菊裳藏書詩不分卷　(清)葉昌熾撰　民國抄本　一冊

330000－1788－0003872　04276　史部/目録類/書志之屬/提要

劇隱老人遺著提要不分卷　民國抄本　一冊

330000－1788－0003873　04268　史部/目録類

戰國策書目彙編不分卷　李福祿編　民國抄本　一冊

330000－1788－0003874　04328　集部/別集類

海天集初編一卷　宋珮瑤撰　民國抄本　一冊

330000－1788－0003875　04247　經部/春秋左傳類

左傳分圖事類不分卷　陳慶鉛撰　民國抄本　薛鍾斗題記　七冊

330000－1788－0003878　04272　史部/史評類/史論之屬

讀史論略不分卷　池逸仙撰　民國抄本　一冊

330000－1788－0003879　04330　集部/別集類

花夢樓抄一卷花萼樓集一卷　(清)周天錫撰　民國抄本　一冊

330000－1788－0003880　04277　集部/別集類

鰲峰課孫草不分卷　戴鰲峰撰　民國抄本　戴鰲峰識　一冊

330000－1788－0003881　04259　史部/地理類/總志之屬

方輿紀要序三卷　民國抄本　一冊

330000－1788－0003883　04320　集部/別集類

吟花香室詩草不分卷　潘鋸撰　民國抄本　一冊

330000－1788－0003884　04333　集部/別集類/清別集

堅白石齋詩集十六卷　(清)李鑾宣撰　民國抄本　三冊　存五卷(一至五)

330000－1788－0003889　01472　集部/戲劇類/傳奇之屬

陳眉公批評琵琶記二卷四十二齣　(元)高明撰　(明)陳繼儒評　民國六年(1917)上海掃葉山房石印本　四冊

330000－1788－0003897　03345－2　子部/墨家類

墨子閒詁十五卷目錄一卷附錄一卷後語二卷　(清)孫詒讓撰　民國上海商務印書館影印本　八冊

330000－1788－0003898　04323　集部/別集類

叔玉詩草不分卷　唐黼墀撰　稿本　二冊

330000－1788－0003899　00134　史部/地理類/方志之屬/郡縣志

[嘉靖]瑞安縣志十卷　(明)劉畿修　(明)朱綽等纂　民國瑞安張揚籀經樓抄本　四冊

330000－1788－0003900　02516　史部/目

録類

南轄訪書牒不分卷　臨羨閣校輯　民國十八年(1929)成都美學林鉛印本　一冊

330000－1788－0003903　00325　集部/別集類/清別集

蓼綏閣文集不分卷　(清)黄紹箕撰　張揚補編　民國瑞安張揚籀經樓抄本　許達初題簽　一冊

330000－1788－0003904　00800　類叢部/叢書類/彙編之屬

甌風雜誌彙刊　甌風社編　民國鉛印本　一冊　存四種

330000－1788－0003905　00309　集部/別集類/清別集

海日樓詩集二卷盤阿草堂詞一卷　(清)孫鏘鳴撰　民國抄本　一冊

330000－1788－0003906　00135　史部/地理類/方志之屬/郡縣志

[乾隆]瑞安縣志十卷　(清)陳永清修　(清)章昱　(清)吳慶雲纂　民國瑞安張揚籀經樓抄本　六冊

330000－1788－0003907　00992　集部/總集類/郡邑之屬

永嘉詩人祠堂叢刻十四種　冒廣生輯　民國四年(1915)如臯冒氏刻本　一冊　存一種

330000－1788－0003909　03626　類叢部/叢書類/彙編之屬

四部叢刊三編七十一種　張元濟等編　民國二十四年至二十五年(1935－1936)上海商務印書館影印本(原缺長興集卷一至十二、三十一、三十三至四十一)　一百二十四冊　存一種

330000－1788－0003910　02892、02943、02981、03058、03390、03403、03506、01496、00404、00419、00483、01446、00607、00668、01303、01404　類叢部/叢書類/彙編之屬

四部備要　中華書局編　民國二十五年(1936)上海中華書局鉛印本(原缺經義考卷二百八十六、二百九十九至三百,東塾讀書記十三至十四、十七至二十、二十二至二十五)　一百四十二冊　存二十四種

330000－1788－0003911　03363　子部/儒家類/儒家之屬

荀子集解二十卷首一卷　(唐)楊倞注　王先謙集解　民國上海商務印書館據清光緒十七年(1891)長沙王氏刻本影印本　六冊

330000－1788－0003912　05000　類叢部/叢書類/彙編之屬

四部叢刊　張元濟等編　民國上海商務印書館影印本　黄海雲、楊道畝題記　四百四十七冊　存七十三種

330000－1788－0003913　04273　子部/道家類

莊子約解不分卷　民國抄本　一冊

330000－1788－0003914　01819　集部/詞類/總集之屬

唐五代詞選三卷　(清)成肇麐輯　民國上海涵芬樓鉛印本　一冊

330000－1788－0003917　04332　子部/工藝類/日用器物之屬/陶瓷

歙流齋說瓷十卷　(清)許之衡撰　民國歙許樓抄本　一冊　存五卷(一至五)

330000－1788－0003918　04335　集部/詞類

滿江紅詞不分卷　民國抄本　一冊

330000－1788－0003919　04331　集部/總集類

槜莽手鈔一卷　(清)周天錫等撰　民國永嘉區徵輯鄉先哲遺著委員會稿本　一冊

330000－1788－0003920　04262　史部/目録類

永嘉集内外篇目錄二卷　(清)孫衣言輯　民國抄本　一冊

330000－1788－0003921　04284　子部/醫家類/綜合之屬

醫學摘要不分卷　民國抄本　一冊

330000－1788－0003922　04313　集部/別

集類
望益齋稿不分卷 (清)孫詒燕撰 民國抄本 一冊

330000－1788－0003923 04297 經部/詩類/專著之屬
全詩約旨一卷 (清)黄竹臣撰 稿本 一冊

330000－1788－0003924 04316 集部/別集類/清別集
雁影齋詩存一卷 (清)李希聖撰 民國抄本 宋慈褒題記 一冊

330000－1788－0003925 04325 集部/別集類
恨海集二卷 籬東舊主撰 民國抄本 一冊

330000－1788－0003926 04275 集部/總集類
話月軒雜錄一卷 民國五年(1916)抄本 一冊

330000－1788－0003927 04278 子部/雜著類/雜說之屬
習學記言札記□□卷 民國抄本 一冊 存二十卷(一至二十)

330000－1788－0003928 04310 集部/別集類
琴玉山房詩鈔一卷附文鈔一卷 (清)蔡世楨撰 民國抄本 一冊

330000－1788－0003929 04319 集部/別集類
洪叔琳詩稿不分卷 洪錦標撰 民國抄本 六冊

330000－1788－0003930 04293 子部/藝術類/篆刻之屬/印論
治印雜說不分卷 王世纂 **篆刻約言一卷** 鍾以敬撰 民國抄本 一冊

330000－1788－0003931 04261 史部/地理類/山川之屬/山志
仙巖山志一卷 張揚纂 稿本 張揚題記 一冊

330000－1788－0003932 04329 集部/別集類
零星詩詞稿不分卷 湘靈撰 民國抄本 三冊

330000－1788－0003933 04305 集部/別集類/清別集
海日樓文集十二卷 (清)孫鏘鳴撰 民國抄本 三冊 存六卷(七至十二)

330000－1788－0003934 04288 子部/雜著
歲事通一卷 (清)余國光纂 民國抄本 一冊

330000－1788－0003935 04254 史部/傳記類/總傳之屬/家乘
[□□]宏農郡楊氏續修宗譜不分卷 (清)楊自芬撰 民國抄本 楊時中題記 一冊

330000－1788－0003936 04299 史部/傳記類
李維越暨元配合傳不分卷 (清)鄭賡唐撰 民國抄本 一冊

330000－1788－0003937 04245 經部/詩類/傳說之屬
詩經緒論一卷 民國抄本 一冊

330000－1788－0003938 04324 子部/宗教類/佛教之屬
書金光明經殘卷後一卷 王理孚撰 民國抄本 一冊

330000－1788－0003939 04302 集部/別集類/清別集
綺秋閣詩選十卷 (清)夏紹笙撰 民國十一年(1922)黄以文堂刻本 鑫盦題記 一冊 存三卷(八至十)

330000－1788－0003940 04336 集部/別集類
貞女木一卷 薛鍾斗撰 稿本 陳祖綬批 一冊

330000－1788－0003941 04252 史部/傳記類/總傳之屬/郡邑

瑞安膠庠題名錄不分卷　民國瑞安修志館稿本　一冊

330000－1788－0003942　04264　史部/目録類/專録之屬

中西普通書目表一卷　(清)黄慶澄編　民國抄本　一冊

330000－1788－0003943　04281　集部/詩文評類

修辭學筆記不分卷　民國抄本　一冊

330000－1788－0003944　04260　史部/地理類

雲南方輿紀要序一卷　民國抄本　一冊

330000－1788－0003945　04265　史部/目録類

羣書目録畧二卷　符璋撰　民國抄本　二冊

330000－1788－0003946　04251　史部/地理類/雜志之屬

台州札記十二卷　(清)洪頤煊撰　民國抄本　一冊　存三卷(十至十二)

330000－1788－0003947　04255　史部/傳記類/總傳之屬/家乘

張氏家乘雜抄不分卷　民國抄本　一冊

330000－1788－0003948　04258　集部/别集類/清别集

華陽雜錄一卷　(清)周官撰　民國瑞安修志館稿本　一冊

330000－1788－0003949　04290　集部/别集類

夢坡先生畫史序一卷　民國抄本　一冊

330000－1788－0003964　10035　經部/小學類/文字之屬/說文

說文解字十五卷標目一卷　(漢)許慎撰　(宋)徐鉉等校定　民國三年(1914)上海商務印書館影印藤花榭刻本　四冊

330000－1788－0003973　10036　經部/小學類/訓詁之屬/方言

屈宋方言攷一卷　李翹撰　民國十四年(1925)芬熏館刻本　一冊

330000－1788－0003974　10032　經部/小學類/文字之屬/說文

說文解字古文疏證一卷　李杲撰　民國二十六年(1937)刻本　一冊

330000－1788－0003975　10033　經部/小學類/文字之屬/說文

說文解字古文疏證一卷　李杲撰　民國二十六年(1937)刻本　一冊

330000－1788－0003976　10034　經部/小學類/文字之屬/說文

說文解字古文疏證一卷　李杲撰　民國二十六年(1937)刻本　一冊

330000－1788－0003977　10037　經部/小學類/文字之屬/字書

補正俗字編一卷　(清)余國光輯　(清)洪守一重輯　黄紹裘補正　民國十三年(1924)瑞安廣益石印本　一冊

330000－1788－0003978　10038　經部/小學類/文字之屬/字書

補正俗字編一卷　(清)余國光輯　(清)洪守一重輯　黄紹裘補正　民國十三年(1924)瑞安廣益石印本　一冊

330000－1788－0003979　10039　經部/小學類/文字之屬/字書

補正俗字編一卷　(清)余國光輯　(清)洪守一重輯　黄紹裘補正　民國十三年(1924)瑞安廣益石印本　一冊

330000－1788－0003981　10005　集部/曲類/曲韻曲譜曲律之屬

二進宫劇譜一卷　張伯駒編　民國抄本　一冊

330000－1788－0003983　10006　史部/目録類/總録之屬/私撰

瑞安孫氏玉海樓藏書目不分卷　民國抄本　一冊

330000－1788－0003985　10047　經部/群經

總義類/文字音義之屬

經傳釋詞十卷　(清)王引之撰　王時潤點勘　民國上海古書流通處影印本　四册

330000－1788－0003986　10046　經部/小學類/音韻之屬/韻書

廣韻五卷　(宋)陳彭年等修　**宋本廣韻校札一卷**　(清)黎庶昌撰　民國上海涵芬樓影印本　五册

330000－1788－0003991　10076　史部/目録類/總録之屬/私撰

郘亭知見傳本書目十六卷　(清)莫友芝撰　民國十二年(1923)上海掃葉山房石印本　八册

330000－1788－0003992　10057　史部/紀傳類/正史之屬

史記訂補八卷　李笠撰　民國十三年(1924)瑞安李氏横經室刻本　四册

330000－1788－0003993　10058　史部/紀傳類/正史之屬

史記訂補八卷　李笠撰　民國十三年(1924)瑞安李氏横經室刻本　四册

330000－1788－0003994　10059　史部/紀傳類/正史之屬

史記訂補八卷　李笠撰　民國十三年(1924)瑞安李氏横經室刻本　四册

330000－1788－0003999　10061　史部/雜史類/斷代之屬

賊情彙纂十二卷　(清)張德堅等纂　民國二十一年(1932)南京國學圖書館影印本　五册　缺二卷(一至二)

330000－1788－0004001　10062、10063、10064　史部/紀事本末類/通代之屬

歷朝紀事本末(九朝紀事本末)九種　(清)陳如升　(清)朱記榮輯　(清)慎記主人增輯　民國十四年(1925)上海校經山房成記書局石印本　十一册　存三種

330000－1788－0004002　10073、10074、10075　史部/目録類

中華圖書館協會叢書　民國二十一年至二十五年(1932－1936)中華圖書館協會鉛印本　三册　存三種

330000－1788－0004003　10078　史部/史評類/史論之屬

史通削繁四卷　(清)紀昀撰　民國十四年(1925)上海文化書局石印本　四册

330000－1788－0004005　10114　集部/别集類

避寇集一卷　馬浮撰　民國二十九年(1940)嘉州刻本　一册

330000－1788－0004006　10127　集部/别集類/清别集

欠泉庵文集二卷　(清)周煥樞撰　民國刻本　二册

330000－1788－0004010　10126　子部/雜著類/雜考之屬

籀廎述林十卷　(清)孫詒讓撰　民國五年(1916)刻本　四册

330000－1788－0004013　10051　新學/政治法律/政治

不黨會規程説一卷　李偉撰　民國元年(1912)著易堂鉛印本　一册

330000－1788－0004014　10055　史部/傳記類/别傳之屬/年譜

天然和尚[釋函昰]年譜一卷天然和尚著述攷一卷　汪宗衍撰　民國三十二年(1943)鉛印本　一册

330000－1788－0004022　10137　集部/别集類

非儒非俠齋文集三卷聯語偶存初集一卷詩集一卷詩續集一卷　顧燮光撰　**福豔樓遺詩一卷**　陸珊撰　民國十一年(1922)石印本　一册　存一卷(詩集)

330000－1788－0004023　10049　史部/傳記類

沁水賈氏塋廟石刻文稿一卷　賈景德撰　民國二十五年(1936)太原鉛印本　一册

330000－1788－0004024　10069　史部/傳記類/別傳之屬/墓誌

瑞安姚君墓志銘一卷瑞安姚氏家廟記一卷　章炳麟撰並書　**先嚴言行述畧一卷**　姚琮撰並書　民國影印本　一冊

330000－1788－0004025　10070　史部/傳記類/別傳之屬/墓誌

瑞安姚君墓志銘一卷瑞安姚氏家廟記一卷　章炳麟撰並書　**先嚴言行述畧一卷**　姚琮撰並書　民國影印本　一冊

330000－1788－0004031　10144　類叢部/叢書類/自著之屬

曾文正公全集十六種　（清）曾國藩撰　民國六年（1917）鴻寶書局石印本　四十八冊

330000－1788－0004033　10103　子部/藝術類/篆刻之屬/印譜

靜龕印集不分卷　朱義方篆　民國鉛印本　二冊

330000－1788－0004035　10089　集部/總集類/郡邑之屬

永嘉詩人祠堂叢刻十四種　冒廣生輯　民國四年（1915）如皋冒氏刻本　一冊　存一種

330000－1788－0004039　10095　類叢部/叢書類/自著之屬

心史叢刊十四種　孟森撰　民國二十五年（1936）上海大東書局鉛印本　一冊　存六種

330000－1788－0004040　10104　子部/藝術類/篆刻之屬/印譜

甄古齋印譜一卷　王石經篆刻　民國十三年（1924）上海商務印書館影印本　一冊

330000－1788－0004042　10093　子部/雜著類/雜考之屬

日知錄校記一卷目次校記一卷　黄侃撰　民國二十五年（1936）南京量守廬刻藍印本　一冊

330000－1788－0004050　10098　子部/雜著類

中國學術原流概要六卷　陳鐘凡撰　民國東南大學鉛印本　二冊

330000－1788－0004051　10111　子部/醫家類/針灸之屬/針法灸法

鍼灸簡易一卷　溫主卿撰　民國二十三年（1934）上海國醫書館石印本　一冊

330000－1788－0004053　10146　集部/總集類/選集之屬/通代

十八家詩鈔二十八卷首一卷　（清）曾國藩輯　民國十年（1921）上海國華書局石印本　十八冊

330000－1788－0004057　10147　類叢部/叢書類/彙編之屬

四部備要　中華書局編　民國二十五年（1936）上海中華書局鉛印本（原缺經義考卷二百八十六、二百九十九至三百，東塾讀書記十三至十四、十七至二十、二十二至二十五）　四冊　存一種

330000－1788－0004059　10145　集部/總集類/選集之屬/通代

三十家詩鈔六卷首一卷末一卷　（清）曾國藩輯　（清）王定安增輯　民國六年（1917）上海掃葉山房石印本　六冊

330000－1788－0004062　10148　類叢部/叢書類/自著之屬

詳註曾文正公八種　（清）曾國藩撰　章琢其編註　民國二十一年（1932）上海會文堂書局石印本　十二冊　存四種

330000－1788－0004063　10135　史部/史評類/詠史之屬

三國志樂府一卷補遺一卷　宋慈裒撰　民國六年（1917）油印本　一冊

330000－1788－0004076　10116　集部/別集類

味筍齋詩鈔一卷　姚琮撰　民國三十四年（1945）重慶鉛印本　一冊

330000－1788－0004079　10120　集部/詩文評類/類編之屬

清詩話四十三種　丁福保訂　民國鉛印本　一冊　存六種

330000－1788－0004080　10125　集部/别集類/清别集

壯悔堂文集十卷遺稿一卷四憶堂詩集六卷遺稿一卷　(清)侯方域撰　(清)賈開宗等評點　民國上海掃葉山房石印本　四册　存十一卷(壯悔堂文集一至十、遺稿)

330000－1788－0004081　10123　集部/别集類/清别集

張文襄公詩集四卷　(清)張之洞撰　民國六年(1917)上海集益書局石印本　四册

330000－1788－0004083　10124　集部/别集類/清别集

羅羅山詩文集八卷　(清)羅澤南撰　民國十三年(1924)上海會文堂書局石印本　四册

330000－1788－0004084　10069－2　史部/傳記類/别傳之屬/墓誌

瑞安姚君墓志銘一卷瑞安姚氏家廟記一卷　章炳麟撰並書　**先嚴言行述畧一卷**　姚琮撰並書　民國影印本　一册

330000－1788－0004085　10069－3　史部/傳記類/别傳之屬/墓誌

瑞安姚君墓志銘一卷瑞安姚氏家廟記一卷　章炳麟撰並書　**先嚴言行述畧一卷**　姚琮撰並書　民國影印本　一册

330000－1788－0004086　10069－4　史部/傳記類/别傳之屬/墓誌

瑞安姚君墓志銘一卷瑞安姚氏家廟記一卷　章炳麟撰並書　**先嚴言行述畧一卷**　姚琮撰並書　民國影印本　一册

330000－1788－0004090　10088　子部/雜著類/雜説之屬

淮南鴻烈集解二十一卷　(漢)劉安撰　(漢)高誘注　劉文典集解　**淮南天文訓補注一卷**　(清)錢塘撰　民國上海商務印書館鉛印本　六册

330000－1788－0004098　04340　經部/大戴禮記類/傳説之屬

大戴禮記斠補三卷　(清)孫詒讓撰　民國三年(1914)瑞安廣明印刷所石印本　三册

330000－1788－0004099　04346　史部/目録類/總録之屬/地方

溫州經籍志三十三卷首一卷外編二卷辨誤一卷　(清)孫詒讓撰　民國十年(1921)浙江公立圖書館刻十五年(1926)補刻本　十六册

330000－1788－0004100　04342　子部/雜著類/雜考之屬

籀廎述林十卷　(清)孫詒讓撰　民國五年(1916)刻本　宋慈褒題記　四册

330000－1788－0004101　04348　類叢部/叢書類/彙編之屬

四部備要　中華書局編　民國二十五年(1936)上海中華書局鉛印本(原缺經義考卷二百八十六、二百九十九至三百,東塾讀書記十三至十四、十七至二十、二十二至二十五)　二十八册　存一種

330000－1788－0004105　04353　經部/書類/傳説之屬

尚書駢枝一卷　(清)孫詒讓撰　民國燕京大學刻本　一册

330000－1788－0004111　04358　集部/别集類/清别集

籀廎遺文二卷　(清)孫詒讓撰　陳準輯　民國十五年(1926)瑞安潁川書舍石印本　陳準題記　張揚批校並過録清孫詒讓跋　二册

330000－1788－0004112　04351　子部/雜著類/雜説之屬

學務平議一卷　(清)孫詒讓撰　民國四年(1915)瑞安廣明印刷所石印本　一册

330000－1788－0004117　04343　史部/金石類/甲骨之屬/義例

契文舉例二卷　(清)孫詒讓撰　民國蟫隱廬影印本　二册

330000－1788－0004118　04359　經部/小學類/文字之屬/字書/字體

古籀餘論三卷　(清)孫詒讓撰　民國十八年(1929)燕京大學刻本　一册　存一卷(三)

浙江省瑞安中學民國時期傳統裝幀書籍普查登記目録

浙江省民國時期傳統裝幀書籍普查登記目録·温州 湖州

國家圖書館出版社
National Library of China Publishing House

《浙江省瑞安中學民國時期傳統裝幀書籍普查登記目録》

主　編：陳偉玲

《浙江省瑞安中學民國時期傳統裝幀書籍普查登記目録》

前　言

中日甲午戰争以後，中華民族的危機進一步加劇，一批有識之士群情激奮，懷着“自强之道，莫先於興學”的理念，在中華大地上創辦起一所所新式學堂。清光緒二十二年(1896)，以樸學大師孫詒讓先生爲首的九位鄉賢在“介浙閩之間，僻處海濱，於天下形勢不足爲重輕”的浙南瑞安創辦學計館，意在“儲材興學，以待國家之用，而出其緒餘，以澤鄉里”，這就是浙江省瑞安中學的最初源頭。學校從創辦之初起，就一直重視藏書建設。孫詒讓先生爲啓迪民智起見，在學計館内設置專款購置圖書，設有書報借閲室，以饗有志者之瀏覽，爲此制定《瑞安學計館閲書章程》。百廿年來，學校名稱幾經變遷，却一直傳承有序。而瑞安中學古舊書籍的命運和學校的命運息息相關，它見證了百年滄桑，是彌足珍貴的文化遺産。

民國二十三年(1934)，學校遭人縱火，焚去圖書室一座。王錫濤校長接任後，力謀恢復，逐年購置圖書。民國二十八年(1939)，王超六校長再次向社會徵集圖書。民國二十九年(1940)，黄端扆先生慨然捐贈黄紹第藏書數百卷。翌年“四一九”事變，縣城淪陷，校産慘遭洗劫，黄紹第藏書毁於一旦。惜乎！1942年，己巳級(1929年畢業)校友集資在校内西峴山建造己巳圖書館，并捐贈圖書。據本校圖書館館員徐秀鴻《瑞安中學圖書館簡志》(1989年)回憶，20世紀50年代學校從原城關鎮申明里和縣文教科收集到三萬册古籍，“文革”時期，圖書館遭到嚴重破壞，在校領導高度重視和周密安排下，部分古籍藏於教師宿舍，幸免於難。1979年原副校長王從廉負責整理古籍，編有古籍登記簿，逐一清點，計存14797册。隨着近年來國家和浙江省政府對古籍保護工作的日益重視，陸續頒布相關重要文件，我校高度重視古籍保護，新建古色古香的古籍室，配置專業設備和人員。2014年我校被評爲浙江省古籍重點保護單位，是目前省内唯一入選的中學校。2015年承蒙單位和個人慨贈1000餘册古籍，現共藏古籍約16000册。

我校於2013年與浙江省古籍保護中心簽訂古籍普查項目協議，開啓普查登記工作，共著録數據850餘條，其中民國時期綫裝書有3547册。從内容分類計，經部187册、史部450册、子部168册、集部801册、類叢部1938册、新學3册。通過此次普查，在1979年所編目録的基礎上，家底摸得更加清楚，對原來目録上的訛誤之處也予以修正，爲讀者瞭解本校館藏提供了極大的便利。由於塵封多年，蟲蛀、破損較爲嚴重，修復工作已刻不容緩。然而修復事業是一項長期的工作，任重道遠，今後我校應在浙江省古籍保護中心的指導下開展科學的修復工作。

由於編者水平有限、工作内容瑣碎，錯漏疏忽之處，懇請方家學者予以指正。

編者

2017 年 11 月

330000－1759－0000004　0624　集部/楚辭類
楚辭集註八卷後語六卷辯證二卷　(宋)朱熹撰　民國七年(1918)上海掃葉山房石印本　四冊

330000－1759－0000006　0628　集部/別集類/漢魏六朝別集
陶集發微十卷首一卷末一卷　(晉)陶潛撰　(清)顧皜編　民國七年(1918)上海沅記書莊石印本　曾約題記　四冊

330000－1759－0000010　0633　集部/別集類/唐五代別集
李太白文集三十卷　(唐)李白撰　民國十年(1921)上海掃葉山房石印本　戴炳驄批　八冊

330000－1759－0000011　0634　集部/別集類/唐五代別集
李太白文集三十六卷　(唐)李白撰　(清)王琦輯注　民國三年(1914)掃葉山房石印本　二十四冊

330000－1759－0000013　0637　集部/別集類/唐五代別集
杜詩詳註二十五卷首一卷附編二卷　(清)仇兆鰲輯註　民國四年(1915)掃葉山房石印本　二十八冊

330000－1759－0000014　0638　集部/別集類/唐五代別集
杜詩鏡銓二十卷　(清)楊倫輯　**讀書堂杜工部文集註解二卷**　(清)張溍撰　民國三年(1914)著易堂書局石印本　戴炳驄批　八冊

330000－1759－0000015　0639　集部/別集類/唐五代別集
杜詩鏡銓二十卷　(清)楊倫輯　**讀書堂杜工部文集註解二卷**　(清)張溍撰　民國三年(1914)著易堂書局石印本　八冊

330000－1759－0000023　0649　集部/別集類/唐五代別集
習之先生文集二卷　(唐)李翱撰　民國九年(1920)上海會文堂書局石印本　二冊

330000－1759－0000030　0660　集部/別集類/唐五代別集
溫飛卿詩集七卷別集一卷集外詩一卷附錄諸家詩評一卷　(唐)溫庭筠撰　(明)曾益注　(清)顧予咸補注　(清)顧嗣立續注　民國十九年(1930)上海錦章書局石印本　四冊

330000－1759－0000033　0664　集部/別集類/宋別集
曾南豐文集四卷　(宋)曾鞏撰　民國四年(1915)上海會文堂粹記石印本　二冊

330000－1759－0000034　0665　集部/別集類/宋別集
六一居士文集五卷外集錄二卷　(宋)歐陽修撰　民國十五年(1926)石印本　六冊

330000－1759－0000035　0666　集部/別集類/宋別集
王臨川全集二十四卷　(宋)王安石撰　民國掃葉山房石印本　九冊　缺四卷(三至四、二十三至二十四)

330000－1759－0000036　0667　集部/別集類/宋別集
蘇東坡詩集注三十二卷　(宋)蘇軾撰　(宋)呂祖謙編　(宋)王十朋集注　**東坡先生年譜一卷**　(宋)王宗稷編　**失編一卷**　(清)王從延補注　民國四年(1915)掃葉山房石印本　十九冊　缺二卷(一至二)

330000－1759－0000041　0673　集部/總集類/氏族之屬
百三十二名家評注三蘇文範十八卷　(宋)蘇洵　(宋)蘇軾　(宋)蘇轍撰　(明)楊慎選　民國掃葉山房石印本　四冊　存八卷(六至九、十三至十四、十七至十八)

330000－1759－0000042　0675　集部/別集類/宋別集
山谷詩集注內集二十卷外集十七卷別集二卷　(宋)黃庭堅撰　(宋)任淵　(宋)史容　(宋)史季溫注　民國四年(1915)上海著易堂

據清光緒二十一年至二十五年(1895－1899)刻宣統二年(1910)印本影印本　林辛批　十六冊

330000－1759－0000047　0692　集部/别集類/宋别集
箋注劍南詩鈔六卷　(宋)陸游撰　(清)楊大鶴選　雷瑨註釋　民國掃葉山房石印本　五冊　缺三卷(四至六)

330000－1759－0000048　0693　集部/别集類/宋别集
劍南詩鈔六卷　(宋)陸游撰　(清)楊大鶴選　民國八年(1919)上海掃葉山房石印本　六冊

330000－1759－0000057　0704　集部/别集類/宋别集
白石道人詩集二卷集外詩一卷詩説一卷歌曲四卷歌曲别集一卷續書譜一卷　(宋)姜夔撰　**白石詩詞評論一卷評論補遺一卷集事補遺一卷投贈詩詞補遺一卷白石道人逸事一卷**　民國七年(1918)上海掃葉山房石印本　三冊

330000－1759－0000058　0705　集部/别集類/宋别集
白石道人歌曲四卷别集一卷　(宋)姜夔撰　民國有正書局石印本　一冊

330000－1759－0000062　0711　類叢部/叢書類/自著之屬
六如居士全集四種　(明)唐寅撰　民國四年(1915)上海廣益書局石印本　六冊

330000－1759－0000065　0715　子部/小説家類/瑣語之屬
岐海瑣譚集十六卷　(明)姜準輯　民國二十五年(1936)浙江省永嘉區徵輯鄉先哲遺著委員會鉛印本　四冊

330000－1759－0000066　0716/1、0717　類叢部/叢書類/郡邑之屬
敬鄉樓叢書三十八種　黄羣編　民國十七年至二十四年(1928－1935)永嘉黄氏鉛印本　五冊　存第四輯二種

330000－1759－0000067　0716/2　類叢部/叢書類/郡邑之屬
敬鄉樓叢書三十八種　黄羣編　民國十七年至二十四年(1928－1935)永嘉黄氏鉛印本　一冊　存第四輯一種

330000－1759－0000068　0718　類叢部/叢書類/郡邑之屬
敬鄉樓叢書三十八種　黄羣編　民國十七年至二十四年(1928－1935)永嘉黄氏鉛印本　四冊　存第四輯一種

330000－1759－0000073　0724　集部/别集類/清别集
戴南山文鈔六卷首一卷　(清)戴名世撰　民國蘇州振新書社石印本　四冊

330000－1759－0000074　0725　史部/傳記類/總傳之屬/斷代
漁洋感舊集小傳四卷補遺一卷　(清)盧見曾編　民國六年(1917)上海國學扶輪社鉛印本　二冊

330000－1759－0000076　0727、0729　集部/别集類/清别集
壯悔堂文集十卷遺稿一卷四憶堂詩集六卷遺稿一卷　(清)侯方域撰　(清)賈開宗等評點　民國十二年(1923)上海掃葉山房石印本　四冊　缺六卷(壯悔堂文集一至二,四憶堂詩集四至六、遺稿)

330000－1759－0000083　0738　集部/别集類/清别集
香屑集十八卷首一卷末一卷　(清)黄之雋撰　(清)陳邦直注　民國二年(1913)掃葉山房石印本　四冊

330000－1759－0000084　0739　類叢部/叢書類/自著之屬
尤西堂全集二十六種　(清)尤侗撰　民國石印本　十三冊　存十一種

330000－1759－0000085　0740　集部/别集類/清别集
西堂雜組一集八卷二集八卷三集八卷　(清)

尤侗撰　民國上海中華圖書館石印本　五冊　缺四卷(三集五至八)

330000－1759－0000106　0765　集部/別集類/清別集

梅村詩集箋注十八卷　(清)吳偉業撰　(清)吳翌鳳箋注　民國中華圖書館石印本　八冊

330000－1759－0000107　0766　集部/別集類/清別集

梅村詩集箋注十八卷　(清)吳偉業撰　(清)吳翌鳳箋注　民國中華圖書館石印本　八冊

330000－1759－0000109　0768　集部/別集類/明別集

疑雨集註四卷　(明)王彥泓撰　丁國鈞注　民國掃葉山房石印本　三冊　缺一卷(一)

330000－1759－0000113　0772　集部/戲劇類/傳奇之屬

李笠翁十種曲　(清)李漁撰　民國上海朝記書莊石印本　五冊　存五種

330000－1759－0000114　0773　集部/別集類/清別集

樊榭山房集十卷續集十卷文集八卷游仙百詠三卷秋林琴雅四卷集外曲二卷集外詩一卷集外詞一卷集外文一卷附輓辭一卷軼事一卷　(清)厲鶚撰　民國上海文瑞樓石印本　九冊　缺四卷(文集一至四)

330000－1759－0000115　0774、0895　集部/總集類/選集之屬/斷代

清朝駢體正宗評本十二卷　(清)曾燠輯　(清)姚燮評　民國上海文瑞樓石印本　四冊

330000－1759－0000117　0776　集部/總集類/選集之屬/通代

評選四六法海八卷　(清)蔣士銓評選　民國上海文瑞樓石印本　八冊

330000－1759－0000119　0778　子部/雜著類/雜纂之屬

兩般秋雨盦隨筆八卷　(清)梁紹壬撰　民國七年(1918)上海掃葉山房石印本　四冊

330000－1759－0000120　0779　集部/別集類/清別集

張文襄公詩集四卷　(清)張之洞撰　民國十一年(1922)上海掃葉山房石印本　四冊

330000－1759－0000121　0780　集部/別集類/清別集

宋氏綿津詩鈔八卷　(清)宋犖撰　(清)邵長蘅選　民國掃葉山房石印本　四冊

330000－1759－0000122　0781　集部/總集類/選集之屬/斷代

現代十大家詩鈔　進步書局編　民國四年(1915)文明書局、中華書局石印本　四冊

330000－1759－0000126　0786　類叢部/叢書類/自著之屬

隨園全集三十八種　(清)袁枚撰　民國七年(1918)上海文明書局石印本　六十四冊　存三十二種

330000－1759－0000127　0788　類叢部/叢書類/自著之屬

隨園全集四十三種　(清)袁枚撰　民國十年(1921)上海著易堂書局鉛印本　十六冊　存三種

330000－1759－0000128　0789　集部/詩文評類/詩評之屬

隨園詩話十六卷補遺十卷　(清)袁枚撰　謝瑨箋註　民國十三年(1924)上海會文堂書局石印本　五冊

330000－1759－0000129　0790　集部/詩文評類/詩評之屬

隨園詩話十六卷補遺十卷　(清)袁枚撰　民國六年(1917)上海掃葉山房石印本　五冊　缺四卷(十三至十六)

330000－1759－0000130　0791　集部/詩文評類/詩評之屬

隨園詩話十六卷補遺十卷　(清)袁枚撰　民國石印本　二冊　存九卷(隨園詩話一至九)

330000－1759－0000131　0792　集部/總集類/選集之屬/斷代

隨園女弟子詩選六卷　(清)袁枚輯　民國四年(1915)上海掃葉山房石印本　林辛題記　二冊

330000－1759－0000157　0822　集部/總集類/選集之屬/斷代

近人詩錄續編二卷　雷瑨輯　民國四年(1915)上海掃葉山房石印本　二冊

330000－1759－0000158　0823　史部/傳記類/總傳之屬/文苑

本朝名家詩鈔小傳四卷　(清)鄭方坤撰　民國八年(1919)上海掃葉山房石印本　四冊

330000－1759－0000160　0825　集部/別集類

天放樓詩集九卷　金天羽撰　民國十一年(1922)上海有正書局鉛印本　胡建芬題記　二冊

330000－1759－0000162　0827　集部/別集類

畏廬文集一卷　林紓撰　民國三年(1914)上海商務印書館鉛印本　一冊

330000－1759－0000163　0828　集部/別集類/清別集

啞然詩句一卷古榕雜綴一卷　(清)曾衍東撰　民國抄本　二冊

330000－1759－0000168　0838　類叢部/叢書類/自著之屬

譚瀏陽全集六種附續編一卷　(清)譚嗣同撰　民國六年(1917)上海文明書局鉛印本　一冊　存一種

330000－1759－0000173　0846　集部/別集類

乙丑重編飲冰室文集五集八十卷　梁啓超撰　民國十五年(1926)中華書局鉛印本　七十八冊　缺二卷(二十四、八十)

330000－1759－0000174　0843　史部/傳記類/日記之屬

翁文恭公日記不分卷(清咸豐八年至光緒三十年)　(清)翁同龢撰　民國十四年(1925)上海商務印書館影印本　四十冊

330000－1759－0000175　0845　史部/傳記類/日記之屬

越縵堂日記補不分卷(清咸豐四年三月十四日至同治二年三月三十日)　(清)李慈銘撰　民國二十五年(1936)上海商務印書館影印本　十三冊

330000－1759－0000177　0847　集部/別集類

飲冰室全集四十八卷　梁啓超撰　民國七年(1918)上海中華書局鉛印本　四十八冊

330000－1759－0000178　0848　史部/傳記類/日記之屬

湘綺樓日記不分卷(清同治八年正月至民國五年七月)　王闓運撰　民國十六年(1927)上海商務印書館鉛印本　二十九冊

330000－1759－0000179　0849　集部/別集類/清別集

焦桐山館詩鈔六卷　(清)蔡英撰　民國六年(1917)溫州務本公司石印本　一冊

330000－1759－0000180　0850　集部/別集類

慎江草堂詩四卷　黃迂撰　民國十三年(1924)鉛印本　二冊

330000－1759－0000181　0851　集部/別集類/清別集

硯耕堂詩草七卷　(清)項鳴呵撰　民國油印本　一冊

330000－1759－0000182　0852　集部/別集類/清別集

欠泉庵文集二卷　(清)周煥樞撰　民國刻本　周元題記　二冊

330000－1759－0000183　0853　集部/別集類/清別集

脂雪軒詩鈔五卷　(清)胡玠撰　民國十四年(1925)溫州翰墨林鉛印本　一冊

330000－1759－0000184　0854　集部/總集

類/選集之屬/斷代
棠蔭詩社初集四卷二集六卷三集五卷　張天錫輯　民國九年至十五年(1920－1926)鉛印本　三冊

330000－1759－0000185　0855　集部/別集類
厚莊文鈔三卷詩鈔二卷　劉紹寬撰　民國八年(1919)刻本　二冊

330000－1759－0000186　0856　集部/別集類
厚莊詩文續集文六卷文外二卷詩四卷　劉紹寬撰　民國二十六年(1937)鉛印本　六冊

330000－1759－0000189　0861　史部/傳記類/別傳之屬/年譜
陳介石[黻宸]先生年譜一卷　陳謐編　民國二十三年(1934)見思堂鉛印本　一冊

330000－1759－0000190　0863　集部/別集類
斶戲齋詩編年集八卷避寇集一卷芳杜詞賸一卷　馬浮撰　**斶戲齋詩前集二卷**　馬浮撰　張立民　楊蔭林輯錄　民國二十九年(1940)、三十六年(1947)刻本　六冊

330000－1759－0000191　0862　集部/別集類
斶戲齋詩編年集八卷避寇集一卷芳杜詞賸一卷　馬浮撰　**斶戲齋詩前集二卷**　馬浮撰　張立民　楊蔭林輯錄　民國二十九年(1940)、三十六年(1947)刻本　一冊　存二卷(前集一至二)

330000－1759－0000194　0866　類叢部/叢書類
壽萱草堂叢書　民國六年(1917)影印本　林煒然題記　一冊　存一種

330000－1759－0000195　0867　集部/總集類/選集之屬/斷代
南社叢刻　南社編輯　民國鉛印本　三冊　存三種

330000－1759－0000196　0868　集部/總集類/選集之屬/通代
昭明文選大成二十四卷　(南朝梁)蕭統輯　(清)方廷珪評註　(清)何焯批點　民國上海碧梧山莊石印本　二十二冊　缺二卷(七、十)

330000－1759－0000207　0879　集部/總集類/選集之屬/通代
漢魏六朝百三名家集一百十八卷　(明)張溥輯　民國六年(1917)上海掃葉山房石印本　四十七冊　存一百種

330000－1759－0000209　0880　集部/總集類/選集之屬/斷代
國朝二十四家文鈔二十四卷　(清)徐斐然輯評　民國五年(1916)掃葉山房石印本　八冊

330000－1759－0000210　0881　集部/總集類/選集之屬/通代
古今文綜不分卷　張相輯　民國五年(1916)上海中華書局鉛印本　四十冊

330000－1759－0000213　0884　集部/總集類/選集之屬/通代
古文辭類纂評註七十四卷　(清)姚鼐纂輯　沈伯經等評注　民國九年(1920)上海文明書局鉛印本　十六冊

330000－1759－0000215　0886　集部/總集類/選集之屬/通代
新古文辭類纂六十卷首一卷　蔣瑞藻纂集　民國十一年(1922)上海中華書局石印本　二十四冊

330000－1759－0000221　0893　集部/總集類/選集之屬/斷代
明文在簡編四卷　(清)薛熙編　張相選錄　民國七年(1918)上海中華書局鉛印本　二冊　存二卷(三至四)

330000－1759－0000222　0894　集部/總集類/選集之屬/通代
歷代詩文評註讀本　王文濡編　民國上海文明書局鉛印本　四冊　存一種

330000－1759－0000223　集272　集部/總集

類/選集之屬/斷代

清朝駢體正宗評本十二卷　(清)曾燠選　(清)姚燮評　民國上海文瑞樓石印本　一冊

330000－1759－0000229　0899　集部/總集類/酬唱之屬

西崑酬唱集二卷　(宋)楊億輯　民國元年(1912)掃葉山房石印本　一冊

330000－1759－0000232　0912　集部/總集類/選集之屬/通代

歷代軍事分類詩選□□卷　張鈁選輯　民國鉛印本　三冊　存五卷(八至十二)

330000－1759－0000235　0915　集部/別集類/宋別集

朱淑真斷腸詩集十卷補遺一卷後集七卷斷腸詞一卷　(宋)朱淑真撰　(宋)鄭元佐注　民國中華圖書館石印本　二冊

330000－1759－0000236　0903、0904、0905、0966　集部/總集類/彙編之屬

五朝詩別裁集　(清)沈德潛等輯　民國掃葉山房石印本　十七冊　存四種

330000－1759－0000238　0917　集部/別集類

新美人百詠二卷　趙廷玉撰　民國掃葉山房石印本　一冊　存一卷(二)

330000－1759－0000240　0919　史部/史評類/詠史之屬

清宮詞一卷　吴士鑑撰　民國二十六年(1937)吴秉澂鉛印本　一冊

330000－1759－0000241　0926　集部/詩文評類/文評之屬

文心雕龍十卷　(南朝梁)劉勰撰　(清)黄叔琳注　(清)紀昀評　民國四年(1915)掃葉山房石印本　四冊

330000－1759－0000242　0927　集部/詩文評類/文評之屬

文心雕龍十卷　(南朝梁)劉勰撰　(清)黄叔琳注　(清)紀昀評　民國四年(1915)掃葉山房石印本　四冊

330000－1759－0000243　0928　集部/詩文評類/文評之屬

文心雕龍十卷　(南朝梁)劉勰撰　(清)黄叔琳注　(清)紀昀評　民國四年(1915)掃葉山房石印本　四冊

330000－1759－0000244　0929　集部/詩文評類/詩評之屬

重訂全唐詩話八卷　(宋)尤袤輯　(清)孫濤訂　民國十年(1921)掃葉山房石印本　林大年批　二冊

330000－1759－0000245　0930　集部/詩文評類/詩評之屬

歷代詩話二十七種五十七卷考索一卷　(清)何文煥輯　民國石印本　八冊　缺二十二卷(詩品一至三、詩式、二十四史詩品、全唐詩話一至六、六一詩話、溫公續詩話、中山詩話、後山詩話、臨漢隱居詩話、竹坡詩話、紫微詩話、彦周詩話、石林詩話一至三)

330000－1759－0000246　0907　集部/總集類/選集之屬/通代

十八家詩鈔二十八卷首一卷　(清)曾國藩輯　民國鉛印本　二冊　存四卷(三至六)

330000－1759－0000247　0908　集部/總集類/選集之屬/通代

圈點詳註十八家詩鈔二十八卷　(清)曾國藩纂　(清)李鴻章審訂　陳存悔等註　民國十五年(1926)上海中原書局鉛印本　十四冊　缺四卷(三至六)

330000－1759－0000248　0932　集部/詩文評類/詩評之屬

漁洋詩話二卷　(清)王士禛撰　民國十三年(1924)上海掃葉山房石印本　任牧題記　一冊

330000－1759－0000253　0937　子部/小說家類/雜事之屬

凝香樓奩艷叢話四卷　无悶女士撰　民國元年(1912)上海中華圖書館石印本　二冊

330000－1759－0000256　0944　集部/別集

類/清別集

增註秋水軒尺牘四卷　(清)許思湄撰　(清)婁世瑞注　(清)寄虹軒主人輯　民國九年(1920)上海掃葉山房石印本　一冊　存二卷(一至二)

330000－1759－0000257　0945　集部/別集類/宋別集

范文正公書牘不分卷　(宋)范仲淹撰　民國三年(1914)上海商務印書館鉛印本　曾約題記　二冊

330000－1759－0000258　0946　集部/總集類/尺牘之屬

歷代名人小簡續編二卷　吳曾祺輯　民國上海商務印書館鉛印本　二冊

330000－1759－0000259　0947、0948、0949、0950、0951、0952、0953、0954、0955、0956　集部/總集類/尺牘之屬

十大名家家書十卷　平襟亞編　秋痕廔主評　民國十四年(1925)上海共和書局鉛印本　十冊

330000－1759－0000260　0958　集部/詩文評類/文評之屬

文學研究法四卷　姚永樸撰　民國五年(1916)上海商務印書館鉛印本　四冊

330000－1759－0000261　0959　集部/詩文評類/文評之屬

韓文研究法一卷柳文研究法一卷　林紓撰　民國四年(1915)上海商務印書館鉛印本　一冊

330000－1759－0000262　0960　集部/小說類/長篇之屬

上下古今談四卷二十回　吳敬恒撰　民國上海文明書局鉛印本　二冊　存二卷(二至三)

330000－1759－0000263　0961　集部/詩文評類/文法之屬

修訂公文書程式分類詳解十五卷　杜洌泉　韓潮編　民國上海會文堂書局石印本　宋慈抱題記　三冊

330000－1759－0000264　0967　集部/別集類/清別集

增註秋水軒尺牘四卷　(清)許思湄撰　(清)婁世瑞注　(清)寄虹軒主人輯　民國上海錦章圖書局石印本　一冊

330000－1759－0000266　0965　集部/別集類

東遊草一卷　徐道政撰　民國八年(1919)上海新學會社鉛印本　一冊

330000－1759－0000267　0962　史部/史表類/通代之屬

中國文學年表第一編四卷　敖士英纂輯　民國二十四年(1935)北平立達書局鉛印本　四冊

330000－1759－0000268　0924　集部/曲類/曲韻曲譜曲律之屬

集成曲譜金集八卷聲集八卷玉集八卷振集八卷　王季烈　劉富樑輯　民國十四年(1925)上海商務印書館石印本　二十九冊　缺三卷(聲集七、玉集七至八)

330000－1759－0000269　0957　集部/別集類/清別集

李文忠公尺牘不分卷　(清)李鴻章撰　民國五年(1916)合肥李氏石印本　三十二冊

330000－1759－0000270　0015　經部/詩類/傳說之屬

詩經集傳八卷　(宋)朱熹撰　民國六年(1917)上海共和書局石印本　四冊

330000－1759－0000279　0016　經部/詩類/傳說之屬

詩經原始十八卷首二卷　(清)方玉潤撰　民國十三年(1924)上海泰東圖書局石印本　八冊

330000－1759－0000280　0017　經部/詩類/傳說之屬

詩經原始十八卷首二卷　(清)方玉潤撰　民國十三年(1924)上海泰東圖書局石印本　八冊

330000－1759－0000284　0022　經部/詩類/三家詩之屬

韓詩外傳十卷　(漢)韓嬰撰　(清)周廷寀校注　**校注拾遺一卷**　(清)周宗杬撰　**補逸一卷**　(清)趙懷玉輯　民國六年(1917)上海商務印書館鉛印本　四冊

330000－1759－0000302　0043　經部/禮記類/傳說之屬

禮記菁華錄八卷　吳曾祺評注　民國五年(1916)上海商務印書館鉛印本　四冊

330000－1759－0000305　0046　經部/大戴禮記類/傳說之屬

大戴禮記斠補三卷　(清)孫詒讓撰　民國三年(1914)瑞安廣明印刷所石印本　三冊

330000－1759－0000310　0056　經部/春秋左傳類/傳說之屬

左繡三十卷首一卷　(清)馮李驊　(清)陸浩評輯　民國十年(1921)江陰寶文堂刻本　十六冊

330000－1759－0000321　0069　經部/群經總義類/文字音義之屬

經傳釋詞十卷　(清)王引之撰　王時潤點勘　**研究說文書目一卷**　王時潤撰　民國石印本　四冊

330000－1759－0000322　0070　經部/群經總義類/文字音義之屬

經傳釋詞十卷　(清)王引之撰　王時潤點勘　民國上海古書流通處影印本　四冊

330000－1759－0000323　0071　經部/群經總義類/文字音義之屬

經傳釋詞十卷　(清)王引之撰　王時潤點勘　民國石印本　一冊　存六卷(五至十)

330000－1759－0000336　0086　經部/群經總義類/授受源流之屬

經學歷史一卷　(清)皮錫瑞撰　民國十四年(1925)上海商務印書館影印本　一冊

330000－1759－0000354　0111、0120　經部/小學類/文字之屬/說文/傳說

說文解字注十五卷附六書音均表五卷　(清)段玉裁撰　**說文部目分韻一卷**　(清)陳煥編　**說文通檢十四卷首一卷末一卷**　(清)黎永椿編　**說文提要一卷**　(清)陳建侯撰　**徐星伯說文段注札記一卷**　(清)徐松撰　(清)劉肇隅編　**龔定菴說文段注札記一卷**　(清)龔自珍撰　(清)劉肇隅編　**桂未谷說文段注鈔一卷補鈔一卷**　(清)桂馥撰　(清)劉肇隅編　民國十五年(1926)上海掃葉山房石印本　十二冊　缺二卷(說文解字注一至二)

330000－1759－0000361　0121　經部/小學類/文字之屬/說文

說文通檢十四卷首一卷末一卷　(清)黎永椿編　民國商務印書館據番禺陳氏刻本影印本　二冊

330000－1759－0000365　0122　經部/小學類/文字之屬/說文/傳說

說文部首纂要一卷　周宗翰撰　民國三年(1914)溫州務本書局石印本　一冊

330000－1759－0000366　0127　經部/小學類

小學金石論叢五卷補遺一卷　楊樹達撰　民國二十六年(1937)上海商務印書館鉛印本　二冊

330000－1759－0000374　0131　經部/小學類/文字之屬/說文

說文解字古文疏證一卷　李杲撰　民國二十六年(1937)刻本　一冊

330000－1759－0000375　0132　經部/小學類/文字之屬/說文

轉注正義一卷　李翹撰　民國石印本　一冊

330000－1759－0000377　0135　經部/小學類/文字之屬/字書/古文

六朝別字記一卷　(清)趙之謙撰　民國十年(1921)上海商務印書館影印本　一冊

330000－1759－0000378　0139　經部/小學類/文字之屬/字書/字體

隸辨八卷　(清)顧藹吉撰　民國掃葉山房石

印本　八册

330000－1759－0000379　0140　經部/小學類/音韻之屬/韻書

大宋重修廣韻五卷　(宋)陳彭年等修　**宋本廣韻校札一卷**　(清)黎庶昌撰　民國十九年(1930)上海商務印書館影印本　五册

330000－1759－0000380　0141　經部/小學類/音韻之屬/等韻

切韻指掌圖一卷　(宋)司馬光撰　民國八年(1919)自強書局石印本　一册

330000－1759－0000381　0147　經部/小學類/音韻之屬/韻書

佩文詩韻釋要五卷　(清)周兆基輯　民國二十四年(1935)上海商務印書館影印本　二册

330000－1759－0000387　0155　經部/小學類/訓詁之屬/方言

屈宋方言攷一卷　李翹撰　民國十四年(1925)芬熏館刻本　李翹題記　一册

330000－1759－0000388　0156　經部/小學類/文字之屬/字書

補正俗字編一卷　(清)余國光輯　(清)洪守一重輯　黄紹裘補正　民國十三年(1924)瑞安廣益石印本　戴炳驄題記　一册

330000－1759－0000390　0158　經部/小學類/文字之屬/說文/傳說

說文解字句讀三十卷　(清)王筠撰　民國涵芬樓影印王氏家刻本　十四册

330000－1759－0000396　0161　經部/小學類/文字之屬/說文/傳說

說文解字詁林十五卷首一卷前編三卷後編一卷補編一卷附編一卷通檢一卷　丁福保編　民國十七年(1928)上海醫學書局石印本　六十六册

330000－1759－0000398　0184、0185、0186、0187、0188、0189、0190、0191、0192、0193、0194、0195、0196、0197、0198、0199、0200、0201、0202、0203、0204、0205、0206、0207、0208、0209　類叢部/叢書類/彙編之屬

四部備要　中華書局編　民國二十五年(1936)上海中華書局鉛印本　四百七十四册　存二十四種

330000－1759－0000404　0246　史部/紀傳類/正史之屬

前漢書一百卷　(漢)班固撰　(唐)顔師古注　民國上海掃葉山房石印本　十七册　存七十二卷(七至十八、二十至五十二、七十至九十六)

330000－1759－0000411　0253　史部/傳記類/總傳之屬/斷代

清史列傳八十卷　中華書局編　民國十七年(1928)上海中華書局鉛印本　六十四册　缺十六卷(一至二、三十四、三十六、三十九、四十二至四十四、六十五至七十二)

330000－1759－0000413　0254　史部/紀傳類/正史之屬

漢書補注一百卷首一卷　王先謙撰　**姚惜抱先生前漢書評點一卷**　(清)姚鼐撰　(清)吳汝綸輯　民國五年(1916)上海同文圖書館石印本　四十册

330000－1759－0000436　0279　史部/編年類/通代之屬

尺木堂明鑑易知錄十五卷　(清)吳乘權　(清)周之炯　(清)周之燦輯　民國六年(1917)上海掃葉山房石印本　三册　存十一卷(一至七、十二至十五)

330000－1759－0000437　0278　史部/編年類/通代之屬

尺木堂綱鑑易知錄九十二卷　(清)吳乘權　(清)周之炯　(清)周之燦輯　民國掃葉山房石印本　一册　存五卷(五十五至五十九)

330000－1759－0000438　0280　史部/編年類/斷代之屬

藻思堂清鑑易知錄前編四卷正編二十八卷　許國英編　民國七年(1918)藻思堂鉛印本　十二册

330000－1759－0000447　0293　史部/雜史

類/斷代之屬
戰國策詳註三十三卷 郭希汾輯註 民國十二年(1923)上海文明書局鉛印本 六冊

330000－1759－0000454 0311 史部/雜史類/斷代之屬
滿夷猾夏始末記八卷首一卷外編三卷 楊敦頤輯 民國鉛印本 九冊 存六卷(三至八)

330000－1759－0000455 0303/1 史部/雜史類/斷代之屬
明季稗史初編十六種二十七卷 (清)留雲居士輯 **明季稗史續編六種六卷** 民國元年(1912)、五年(1916)上海商務印書館鉛印本 九冊

330000－1759－0000456 0303/2 史部/雜史類/斷代之屬
明季稗史初編十六種二十七卷 (清)留雲居士輯 民國元年(1912)上海商務印書館鉛印本 一冊 存三卷(一至三)

330000－1759－0000464 0313 史部/雜史類/斷代之屬
痛史第一集二十種 樂天居士輯 民國十三年(1924)上海商務印書館鉛印本 三十一冊

330000－1759－0000478 0326 史部/傳記類/別傳之屬/年譜
韓湘巖先生[錫胙]年譜二卷附録一卷 劉燿東纂 民國三十六年(1947)啓後亭鉛印本 一冊

330000－1759－0000484 0332 類叢部/叢書類/彙編之屬
嘉業堂叢書五十七種 劉承幹輯 民國吳興劉氏嘉業堂刻本 一冊 存一種

330000－1759－0000485 0333 史部/傳記類/別傳之屬/事狀
哀思録初編七卷二編四卷三編四卷 孫中山先生葬事籌備處編 民國孫中山先生葬事籌備處鉛印本 三冊

330000－1759－0000507 0363 史部/地理類/遊記之屬
徐霞客遊記大觀十二卷 (明)徐弘祖撰 (清)李寄輯 民國十三年(1924)上海掃葉山房石印本 八冊 缺四卷(二、十至十二)

330000－1759－0000511 0368 史部/目録類/專録之屬
中國地方志綜錄不分卷 朱士嘉撰 民國二十四年(1935)上海商務印書館石印本 三冊

330000－1759－0000512 0369 史部/地理類/方志之屬/郡縣志
永嘉郡記一卷 (南朝宋)鄭緝之撰 (清)孫詒讓校集 民國元年(1912)石印本 一冊

330000－1759－0000514 0371 史部/地理類/山川之屬/山志
孤嶼志八卷首一卷 (清)陳舜咨輯 民國二十四年(1935)刻本 四冊

330000－1759－0000515 0372 史部/目録類/總録之屬/地方
溫州經籍志三十三卷首一卷外編二卷辨誤一卷 (清)孫詒讓撰 民國十年(1921)浙江公立圖書館刻本 十六冊

330000－1759－0000518 0375 史部/金石類/陶之屬/文字
溫州古甓記不分卷 (清)孫詒讓撰 民國鉛印本 一冊

330000－1759－0000519 0376/1 史部/地理類/方志之屬/郡縣志
[嘉慶]瑞安縣志十卷首一卷 (清)張德標修 (清)王殿金 (清)黃徵乂纂 民國六年(1917)溫州務本公司石印本 六冊 存七卷(二至七、九)

330000－1759－0000520 0378/1 集部/總集類/郡邑之屬
瑞安詩徵七卷文徵十二卷 瑞安縣修志委員會編 民國三十五年(1946)瑞安縣修志委員會鉛印本 七冊 缺三卷(文徵十至十二)

330000－1759－0000521 0378/2 集部/總集類/郡邑之屬
瑞安詩徵七卷文徵十二卷 瑞安縣修志委員

會編　民國三十五年(1946)瑞安縣修志委員會鉛印本　八冊

330000－1759－0000528　0377/1　史部/地理類/方志之屬/郡縣志
[民國]瑞安縣志稿不分卷　瑞安縣修志委員會纂　民國二十七年(1938)瑞安縣修志委員會鉛印本　八冊

330000－1759－0000529　0377/2　史部/地理類/方志之屬/郡縣志
[民國]瑞安縣志稿不分卷　瑞安縣修志委員會纂　民國二十七年(1938)瑞安縣修志委員會鉛印本　十一冊

330000－1759－0000530　0377/3　史部/地理類/方志之屬/郡縣志
[民國]瑞安縣志稿不分卷　瑞安縣修志委員會纂　民國二十六年(1937)瑞安縣修志委員會油印本　二冊

330000－1759－0000531　0378/4　史部/地理類/方志之屬/郡縣志
[民國]瑞安縣志二十八卷　瑞安縣修志委員會纂　民國三十五年(1946)瑞安縣修志委員會鉛印本　十冊　存十一卷(一至五、七、九至十、十八、二十一至二十二)

330000－1759－0000532　0378/3　集部/總集類/郡邑之屬
瑞安詩徵七卷文徵十二卷　瑞安縣修志委員會編　民國三十五年(1946)瑞安縣修志委員會鉛印本　一冊　存二卷(詩徵六至七)

330000－1759－0000533　0376/2　史部/地理類/方志之屬/郡縣志
[嘉慶]瑞安縣志十卷首一卷　(清)張德標修　(清)王殿金　(清)黃徵乂纂　民國六年(1917)溫州務本公司石印本　三冊　存四卷(首,一至二、九上)

330000－1759－0000534　0379　史部/地理類/山川之屬/山志
瑞安集雲山志一卷　(清)金兆珍　(清)金兆奎編　民國二十五年(1936)油印本　一冊

330000－1759－0000535　0380　史部/地理類/方志之屬/郡縣志
[民國]平陽縣志九十八卷首一卷　王理孚修　劉紹寬纂　民國十四年至十五年(1925－1926)刻本　三十冊　缺一卷(二)

330000－1759－0000538　0381　史部/地理類/方志之屬/郡縣志
[隆慶]樂清縣志七卷　(明)胡用賓修　(明)侯一元纂　民國七年(1918)樂清張侯佐石印本　四冊

330000－1759－0000539　0383　史部/地理類/山川之屬/山志
南雁蕩山志十三卷首一卷　周喟編　民國七年(1918)瑞安戴氏詠古齋刻本　一冊　存二卷(八至九)

330000－1759－0000541　0385　史部/地理類/方志之屬/郡縣志
[民國]麗水縣志十四卷　李鍾嶽　李郁芬修　孫壽芝纂　民國十五年(1926)麗水啓明印刷所鉛印本　十冊

330000－1759－0000542　0386　史部/地理類/山川之屬/山志
南田山志十四卷首一卷　劉燿東撰　民國二十四年(1935)啓後亭鉛印本　四冊

330000－1759－0000561　0412　類叢部/叢書類/自著之屬
崇雅堂叢書十四種　楊晨撰　民國二十五年(1936)楊紹翰鉛印本　四冊　存一種

330000－1759－0000566　0418　史部/目録類/總録之屬/私撰
書目答問五卷別錄一卷國朝箸述諸家姓名略一卷　(清)張之洞撰　民國上海掃葉山房石印本　一冊　存三卷(四至五、姓名略)

330000－1759－0000574　0424　史部/金石類/總志之屬
清儀閣所藏古器物文十卷　(清)張廷濟輯　民國十四年(1925)上海商務印書館影印本　九冊　缺一卷(九)

330000－1759－0000580　0433　史部/史評類/史論之屬

史通削繁四卷　(清)紀昀撰　民國十四年(1925)上海文化書局石印本　四冊

330000－1759－0000584　0435　史部/史評類/史論之屬

讀通鑑論十六卷附宋論十五卷　(清)王夫之撰　民國上海商務印書館鉛印本　十冊

330000－1759－0000585　0436　史部/紀傳類/正史之屬

史記論文不分卷　(清)吳見思評點　民國五年(1916)上海中華書局鉛印本　八冊

330000－1759－0000593　0457　子部/兵家類/兵法之屬

孫子淺說十三篇　蔣方震　劉邦驥撰　民國四年(1915)鉛印本　一冊

330000－1759－0000596　0446　類叢部/叢書類/自著之屬

桐鄉勞先生遺稿四種　勞乃宣撰　民國十六年(1927)桐鄉盧氏刻本　二冊　存一種

330000－1759－0000599　0464　子部/儒家類/儒家之屬

荀子集解二十卷首一卷　(唐)楊倞注　王先謙集解　民國掃葉山房石印本　八冊

330000－1759－0000600　0469　子部/墨家類

墨子閒詁十五卷目錄一卷附錄一卷後語二卷　(清)孫詒讓撰　民國掃葉山房石印本　七冊　缺二卷(後語一至二)

330000－1759－0000602　0485　子部/雜著類/雜說之屬

淮南鴻烈集解二十一卷　(漢)劉安撰　(漢)高誘注　劉文典集解　**淮南天文訓補注一卷**　(清)錢塘撰　民國十二年(1923)上海商務印書館鉛印本　六冊

330000－1759－0000604　0472　子部/道家類

老子古義二卷　楊樹達撰　民國十一年(1922)上海中華書局鉛印本　一冊

330000－1759－0000606　0474　子部/道家類

老子古註二卷　李翹撰　民國十八年(1929)芬薰館鉛印本　二冊

330000－1759－0000607　0477　子部/道家類

莊子集釋十卷　(清)郭慶藩輯　民國十二年(1923)掃葉山房石印本　八冊

330000－1759－0000608　0478　子部/道家類

莊子淺說四卷　林紓撰　民國十二年(1923)上海商務印書館鉛印本　二冊

330000－1759－0000610　0476　子部/道家類

莊子集釋十卷　(清)郭慶藩輯　民國十三年(1924)掃葉山房石印本　七冊　缺一卷(六)

330000－1759－0000613　0486　子部/雜著類/雜說之屬

淮南鴻烈集解二十一卷　(漢)劉安撰　(漢)高誘注　劉文典集解　**淮南天文訓補注一卷**　(清)錢塘撰　民國十二年(1923)上海商務印書館鉛印本　六冊

330000－1759－0000617　0499　類叢部/叢書類/彙編之屬

嘉業堂叢書五十七種　劉承幹輯　民國吳興劉氏嘉業堂刻本　四冊　存一種

330000－1759－0000630　0512　子部/雜著類/雜說之屬

分甘餘話四卷　(清)王士禛撰　民國五年(1916)掃葉山房石印本　一冊

330000－1759－0000631　0514　子部/雜著類/雜說之屬

老學庵筆記六卷　(宋)陸游撰　民國九年(1920)上海商務印書館鉛印本　二冊

330000－1759－0000634　0463、0465、0466、0467、0468、0475　類叢部/叢書類/彙編之屬

四部備要　中華書局編　民國二十五年(1936)上海中華書局鉛印本　二十六冊　存六種

330000－1759－0000635　0913、0914、0916、0647、0925　類叢部/叢書類/彙編之屬
四部備要　中華書局編　民國二十五年(1936)上海中華書局鉛印本　二十六冊　存五種

330000－1759－0000636　0007、0009、0031、0052、0053、0054、0068、0089、0090、0105、0138　類叢部/叢書類/彙編之屬
四部備要　中華書局編　民國二十五年(1936)上海中華書局鉛印本　六十八冊　存十一種

330000－1759－0000637　0095　類叢部/叢書類/彙編之屬
袖珍古書讀本三十種　中華書局編　民國十九年(1930)上海中華書局鉛印本　一冊　存一種

330000－1759－0000646　0519　子部/雜著類/雜説之屬
讀子巵言二卷　江瑔撰　民國六年(1917)上海商務印書館鉛印本　二冊

330000－1759－0000650　0525　子部/雜著類/雜考之屬
籀廎述林十卷　(清)孫詒讓撰　民國五年(1916)刻本　四冊

330000－1759－0000654　0523　類叢部/叢書類/彙編之屬
説郛一百卷　(元)陶宗儀編　張宗祥重校　民國十六年(1927)上海商務印書館鉛印本　四十冊

330000－1759－0000658　0531　子部/雜著類/雜考之屬
讀書雜志八十二卷餘編二卷　(清)王念孫撰　民國十三年(1924)上海掃葉山房石印本　二十三冊　缺一卷(餘編下)

330000－1759－0000664　0538　子部/農家類/農學類/農藝之屬/土壤耕作
區種五種五卷附錄一卷　(清)趙夢齡輯　民國五年(1916)石印本　一冊

330000－1759－0000678　0554　類叢部/叢書類/郡邑之屬
吴興叢書六十六種　劉承幹編　民國吴興劉氏嘉業堂刻本　五冊　存一種

330000－1759－0000682　0558　子部/藝術類/書畫之屬/畫譜
蘭竹畫譜二卷　(清)陳東橋繪　民國十七年(1928)上海錦文堂石印本　四冊

330000－1759－0000693　0976　類叢部/叢書類/彙編之屬
增訂漢魏叢書九十六種　(清)王謨編　民國六年(1917)上海育文書局石印本　二十冊　存六十五種

330000－1759－0000695　0980/1　類叢部/叢書類/彙編之屬
求恕齋叢書三十一種　劉承幹編　民國吴興劉氏嘉業堂刻本　十九冊　存七種

330000－1759－0000696　0980/2　類叢部/叢書類/彙編之屬
求恕齋叢書三十一種　劉承幹編　民國吴興劉氏嘉業堂刻本　一冊　存一種

330000－1759－0000700　0984　類叢部/叢書類/彙編之屬
甌風雜誌彙刊　甌風社編　民國鉛印本　十四冊　存二十七種

330000－1759－0000714　0583　史部/雜史類/斷代之屬
唐語林八卷附校勘記一卷　(宋)王讜撰　民國九年(1920)上海商務印書館鉛印本　四冊

330000－1759－0000715　0584　子部/小説家類/異聞之屬
太平廣記五百卷　(宋)李昉等撰　民國十二年(1923)上海掃葉山房石印本　十六冊　缺二百九十一卷(八十四至九十五、一百三十三至一百四十六、一百九十七至二百六、二百三

十三至二百四十三、二百五十七至五百）

330000－1759－0000716　0585　類叢部/叢書類/彙編之屬
宋人小説二十八種　涵芬樓編　民國八年至九年（1919－1920）上海商務印書館涵芬樓鉛印本　一册　存一種

330000－1759－0000718　0587　類叢部/叢書類/彙編之屬
求恕齋叢書三十一種　劉承幹編　民國吳興劉氏嘉業堂刻本　六册　存一種

330000－1759－0000719　0588　子部/宗教類/佛教之屬
佛學大辭典不分卷通檢一卷疇隱居士自訂年譜一卷　丁福保撰　民國上海醫學書局鉛印本　五册　缺二卷（通檢、疇隱居士自訂年譜）

330000－1759－0000724　0593　子部/宗教類/佛教之屬/論疏
攝大乘論釋十卷　（印度）世親撰　（唐）釋玄奘譯　民國五年（1916）金陵刻經處刻本　一册　存三卷（一至三）

330000－1759－0000731　0601　類叢部/叢書類/自著之屬
桐鄉勞先生遺稿四種　勞乃宣撰　民國十六年（1927）桐鄉盧氏刻本　二册　存一種

330000－1759－0000734　0604　類叢部/類書類/通類之屬
古事比五十二卷　（清）方中德輯　民國六年（1917）上海錦章書局石印本　十二册

330000－1759－0000738　0609　子部/儒家類/儒學之屬/經濟
政理古微一卷　林損撰　民國鉛印本　一册

330000－1759－0000739　0610　子部/雜著類/雜纂之屬
平等閣筆記四卷　狄葆賢撰　民國鉛印本　四册

330000－1759－0000742　0613　子部/儒家類/儒學之屬/禮教
青年修養録十八編　趙鉦鐸編纂　民國八年（1919）上海商務印書館鉛印本　四册

330000－1759－0000745　0620　子部/道家類
教科適用老子精華一卷　中華書局編　民國七年（1918）上海中華書局鉛印本　一册

330000－1759－0000747　0622　子部/藝術類/書畫之屬/法帖
六朝碑精華十種　蘇宙忱編　民國十三年（1924）上海世界書局石印本　一册　存一種

330000－1759－0000748　0623　經部/小學類/文字之屬/字書/字典
辭源十二卷檢字一卷附録五卷　陸爾奎等編　民國四年（1915）上海商務印書館鉛印本　十二册

330000－1759－0000749　0605/1　子部/小説家類
筆記小説大觀二百二十二種　進步書局輯　民國上海進步書局石印本　三十六册　存十五種

330000－1759－0000750　0605/2　子部/小説家類
筆記小説大觀二百二十二種　進步書局輯　民國上海進步書局石印本　一册　存一種

330000－1759－0000751　0605/3　子部/小説家類
筆記小説大觀二百二十二種　進步書局輯　民國上海進步書局石印本　三册　存一種

330000－1759－0000752　0617　集部/總集類/選集之屬/斷代
國學叢選十八集　高燮等編　民國國學商兑會鉛印本　六册　存六集（七至十二）

330000－1759－0000757　0986/1　類叢部/叢書類/郡邑之屬
吳興叢書六十六種　劉承幹編　民國吳興劉氏嘉業堂刻本　十一册　存四種

330000－1759－0000758　0986/2　類叢部/叢書類/郡邑之屬
吳興叢書六十六種　劉承幹編　民國吳興劉氏嘉業堂刻本　四册　存一種

330000－1759－0000759　0987　類叢部/叢書類/彙編之屬
嘉業堂叢書五十七種　劉承幹輯　民國吳興劉氏嘉業堂刻本　二十一册　存七種

330000－1759－0000760　0988　類叢部/叢書類/彙編之屬
丁丑叢編十種　趙詒琛　王大隆輯　民國二十六年(1937)鉛印本　四册

330000－1759－0000761　0989/1　類叢部/叢書類/彙編之屬
墨香簃叢編六種　楊嘉編　民國石印本　二册

330000－1759－0000762　0989/2　類叢部/叢書類/彙編之屬
墨香簃叢編六種　楊嘉編　民國石印本　一册　存二種

330000－1759－0000765　0993　類叢部/叢書類/彙編之屬
別下齋叢書二十七種　(清)蔣光煦編　民國十二年(1923)上海商務印書館據清蔣氏刻本影印本　四册　存五種

330000－1759－0000766　0994　類叢部/叢書類/彙編之屬
涉聞梓舊二十五種　(清)蔣光煦輯　民國十三年(1924)上海商務印書館據清海昌蔣氏刻本影印本　十六册　存十九種

330000－1759－0000767　0991　類叢部/叢書類/彙編之屬
涵芬樓祕笈五十一種　孫毓修等輯　民國五年至十五年(1916－1926)上海商務印書館影印本暨鉛印本　七十五册　存四十九種

330000－1759－0000776　1003　類叢部/叢書類/自著之屬
章氏遺書七種外編十種　(清)章學誠撰　民國十一年(1922)吳興劉氏嘉業堂刻本　三十二册

330000－1759－0000779　1006　類叢部/叢書類/自著之屬
章氏叢書初集十二種　章炳麟撰　民國上海右文社鉛印本　二十四册

330000－1759－0000780　1007　類叢部/叢書類/自著之屬
章氏叢書續編七種　章炳麟撰　民國二十二年(1933)北平刻本　三册　存三種

330000－1759－0000781　1008　集部/詞類/類編之屬
彊村叢書一百七十八種　朱祖謀輯並撰校記　民國六年(1917)歸安朱氏刻十一年(1922)校補印本　四十册

330000－1759－0000782　1009　類叢部/叢書類/郡邑之屬
金陵叢書　翁長森　蔣國榜輯　民國三年至五年(1914－1916)上元蔣氏慎修書屋鉛印本　一册　存甲集一種

330000－1759－0000789　1016/1　類叢部/叢書類/郡邑之屬
敬鄉樓叢書三十八種　黄羣編　民國十七年至二十四年(1928－1935)永嘉黄氏鉛印本　六十一册　存第一輯九種、第二輯八種、第三輯七種、第四輯七種

330000－1759－0000791　1018　集部/總集類/郡邑之屬
永嘉詩人祠堂叢刻十四種　冒廣生輯　民國四年(1915)如臯冒氏刻本　九册　存十一種

330000－1759－0000792　1019　集部/總集類/郡邑之屬
永嘉詩人祠堂叢刻十四種　冒廣生輯　民國四年(1915)如臯冒氏刻本　九册

330000－1759－0000793　1020/1　類叢部/叢書類/郡邑之屬
惜硯樓叢刊八種　林慶雲編　民國二十四年(1935)瑞安林氏鉛印本　二册

330000－1759－0000794　1020/2　類叢部/叢書類/郡邑之屬

惜硯樓叢刊八種　林慶雲編　民國二十四年(1935)瑞安林氏鉛印本　二冊

330000－1759－0000795　1016/2　類叢部/叢書類/郡邑之屬

敬鄉樓叢書三十八種　黄羣編　民國十七年至二十四年(1928－1935)永嘉黄氏鉛印本　三十二冊　存第一輯五種、第二輯四種、第四輯四種

330000－1759－0000812　0859　類叢部/叢書類/彙編之屬

涵芬樓祕笈五十一種　孫毓修等輯　民國五年至十五年(1916－1926)上海商務印書館影印本暨鉛印本　四冊　存一種

330000－1759－0000813　0763　類叢部/叢書類/郡邑之屬

惜硯樓叢刊八種　林慶雲編　民國二十四年(1935)瑞安林氏鉛印本　一冊　存一種

330000－1759－0000814　0813　類叢部/叢書類/彙編之屬

嘉業堂叢書五十七種　劉承幹輯　民國吳興劉氏嘉業堂刻本　二冊　存一種

330000－1759－0000815　0682　類叢部/叢書類/彙編之屬

嘉業堂叢書五十七種　劉承幹輯　民國吳興劉氏嘉業堂刻本　四冊　存一種

330000－1759－0000816　0723/1　類叢部/叢書類/彙編之屬

嘉業堂叢書五十七種　劉承幹輯　民國吳興劉氏嘉業堂刻本　六冊　存一種

330000－1759－0000817　0723/2　類叢部/叢書類/彙編之屬

嘉業堂叢書五十七種　劉承幹輯　民國吳興劉氏嘉業堂刻本　五冊　存一種

330000－1759－0000818　0814、0815、0816　類叢部/叢書類/郡邑之屬

吳興叢書六十六種　劉承幹編　民國吳興劉氏嘉業堂刻本　六冊　存一種

330000－1759－0000819　0921　類叢部/叢書類/郡邑之屬

吳興叢書六十六種　劉承幹編　民國吳興劉氏嘉業堂刻本　二冊　存一種

330000－1759－0000821　0797　類叢部/叢書類/自著之屬

桐鄉勞先生遺稿四種　勞乃宣撰　民國十六年(1927)桐鄉盧氏刻本　八冊　存二種

330000－1759－0000822　0091　類叢部/叢書類/彙編之屬

四部叢刊　張元濟等編　民國上海商務印書館影印本　二冊　存一種

330000－1759－0000824　0644　類叢部/叢書類/彙編之屬

四部叢刊　張元濟等編　民國上海商務印書館影印本　一冊　存一種

330000－1759－0000825　0651、0679、0706　類叢部/叢書類/彙編之屬

四部叢刊　張元濟等編　民國上海商務印書館影印本　三冊　存三種

330000－1759－0000827　1022　類叢部/叢書類/彙編之屬

四部叢刊　張元濟等編　民國上海商務印書館影印本　七百三十四冊　存一百二十四種

330000－1759－0000835　0294　類叢部/叢書類/彙編之屬

四部叢刊續編七十七種　張元濟等編　民國二十三年(1934)上海商務印書館影印本　二冊　存一種

330000－1759－0000836　0292　類叢部/叢書類/彙編之屬

四部備要　中華書局編　民國二十五年(1936)上海中華書局鉛印本　六冊　存一種

330000－1759－0000837　0335　類叢部/叢書類/彙編之屬

四部備要　中華書局編　民國二十五年

(1936)上海中華書局鉛印本　三冊　存一種

330000－1759－0000838　0336　類叢部/叢書類/彙編之屬

四部備要　中華書局編　民國二十五年(1936)上海中華書局鉛印本　六冊　存一種

330000－1759－0000839　0626、0631　類叢部/叢書類/彙編之屬

四部備要　中華書局編　民國二十五年(1936)上海中華書局鉛印本　七冊　存二種

330000－1759－0000848　0812　類叢部/叢書類/彙編之屬

嘉業堂叢書五十七種　劉承幹輯　民國吳興劉氏嘉業堂刻本　四冊　存一種

平陽縣圖書館
民國時期傳統裝幀書籍普查登記目録

浙江省民國時期傳統裝幀書籍普查登記目録 · 温州　湖州

國家圖書館出版社
National Library of China Publishing House

《平陽縣圖書館民國時期傳統裝幀書籍普查登記目録》

主　編：趙　丹

《平陽縣圖書館民國時期傳統裝幀書籍普查登記目録》

前　言

平陽縣圖書館的前身是1928年成立的縣立中山圖書館，館藏資源較爲豐富，其中傳統裝幀文獻（包括1912年以前的古籍文獻和民國時期傳統裝幀書籍）較爲可觀，位居温州地區縣（市）級公共圖書館首位。館藏歷史文獻的來源主要有三個：一是圖書館向社會收購、徵集，二是會文書院及其他機構的移交保管，三是民間機構及個人的捐贈，特别是本地歷史文化名人的捐贈。由於歷史原因，平陽縣圖書館古籍文獻入藏和調撥他館的情况較爲複雜，長期以來都没有清晰的財産目録，直到1959年，纔由本館館員編纂了《1956年6月至1959年10月止各種古籍彙總清册》，這亦是目前所能見到的我館最早的古籍財産目録。20世紀70年代以降，著名書法家張鵬翼先生曾以義務館員的身份，在平陽縣圖書館從事古籍整理保護工作，於古籍編目和保護工作傾注了大量心血。2000年以來，歷史文獻保護工作得到了社會各界的普遍重視，我館於2013年9月正式啓動古籍（包括民國時期傳統裝幀文獻）普查項目，經過一年多的努力，已全面完成1949年以前傳統裝幀文獻的普查任務，首次摸清了家底。

我館古籍普查工作的開展，首次全面、系統地著録了館藏歷史文獻的信息，爲下一步古籍保護工作打下了堅實的基礎，也標志着我館古籍保護工作邁上了新的臺階。經普查，我館現存綫裝古籍786部9629册，其中民國傳統裝幀圖書376部3881册。在民國傳統裝幀文獻中，從古籍版本類型來説，有刻本17部92册，抄本43部161册，石印本156部492册，鉛印本115部565册，活字本7部20册，影印本28部2425册，油印本6部8册，鈐印本3部7册，排印本1部111册。其中石印本和鉛印本的數量較多，這也從側面反映了民國時期圖書印刷技術的變化。值得一提的是，我館收藏的抄本文獻，基本都集中在民國時期。

平陽縣圖書館館藏綫裝圖書種類豐富，地域特色鮮明，其精華大多集中在民國時期。在普查過程中，我們發現了相當數量的珍貴文獻，主要體現在一批頗富特色的鄉邦文獻上，如劉紹寬、王理孚等本地重要歷史文化名人的著作。還藏有一些海内外孤本，比如民國二十三年至二十四年（1934—1935）抄寫的《增訂玉蜻蜓鼓詞》《桃花扇鼓詞》，平陽籍作者黄光將古典戲曲名著《玉蜻蜓》《桃花扇》改編成温州鼓詞唱本，藝術價值頗高。此二種書乃海内孤本，特别是《增訂玉蜻蜓鼓詞》散佚多年，今於我館古籍普查之際，重見天日，彌足珍貴。此外，平陽館藏有王氏“我屋叢抄”系列抄本，先賢王理孚組織抄寫了近20部温州王氏族人的著作,并加以批校題跋,文獻價值頗高。

文獻普查是一個系統的工程,它需要多方共同努力和良好協作。普查工作最辛勞的莫過於一綫普查人員。爲了早日完成普查任務,普查員經常加班加點,甚至放弃周末休息時間,在此向他們表達崇高的敬意。還要感謝省古籍保護中心領導和專家老師的悉心指導,特别是童聖江、曹海花等老師在管理和業務上的指導幫助。最後,特别要感謝平陽縣文化廣電新聞出版局和縣圖書館的領導,他們在政策、時間和經費上給予了充分保障,使普查工作得以順利完成。

由於時間緊、任務重,加之普查人員業務水平有限,我館的文獻普查在數據著録、文字辨認及版本鑒定等方面定有諸多疏誤,敬請方家批評指正。

平陽縣圖書館

2017年10月31日

330000－4701－0000002　0507　類叢部/叢書類/彙編之屬

涵芬樓祕笈五十一種　孫毓修等輯　民國五年至十五年(1916－1926)上海商務印書館影印暨鉛印本　八十册

330000－4701－0000003　0233　子部/醫家類/醫經之屬/内經

補注黄帝内經素問二十四卷　(唐)王冰注　(宋)林億等校正　(宋)孫兆改誤　民國石印本　一册　存六卷(七至十二)

330000－4701－0000004　0002　類叢部/叢書類/彙編之屬

甌風雜誌彙刊　甌風社編　民國鉛印本(經文通叚舉例配民國石印本)　二十一册　存二十五種

330000－4701－0000005　0001　子部/藝術類/篆刻之屬/印譜

石緣手刻印存不分卷　(清)蘇璠篆　民國九年(1920)鈐印本　四册

330000－4701－0000006　0006　類叢部/叢書類/彙編之屬

四部備要　中華書局編　民國二十五年(1936)上海中華書局鉛印本(原缺經義考卷二百八十六、二百九十九至三百,東塾讀書記十三至十四、十七至二十、二十二至二十五)　一百十一册　存二十四種

330000－4701－0000009　0004　史部/雜史類/斷代之屬

國語詳注二十一卷　沈鎔輯注　民國五年(1916)上海文明書局、中華書局鉛印本　四册

330000－4701－0000010　0005　史部/雜史類/斷代之屬

戰國策補註三十三卷　吳曾祺撰　民國十四年(1925)上海商務印書館鉛印本　四册

330000－4701－0000012　0009　集部/别集類/清别集

蓀湖山房詩草一卷　(清)王書升撰　民國二十六年(1937)抄本　一册

330000－4701－0000014　0011　史部/地理類/方志之屬/郡縣志

[民國]仙巖山志八卷　張揚纂　民國二十二年(1933)籀經樓鉛印本　四册

330000－4701－0000015　0012　史部/地理類/方志之屬/郡縣志

民國上海縣志二十卷　吳馨等修　姚文枬等纂　民國二十五年(1936)鉛印本　六册

330000－4701－0000016　0013　史部/地理類/方志之屬/郡縣志

[隆慶]樂清縣志七卷　(明)胡用賓修　(明)侯一元纂　民國七年(1918)樂清張侯佐石印本　四册

330000－4701－0000019　0016　史部/地理類/山川之屬/山志

雲棲志十卷　項士元纂　民國二十三年(1934)新光印書館鉛印本　二册

330000－4701－0000021　0018　史部/地理類/方志之屬/郡縣志

[民國]松陽縣志十四卷首一卷末一卷　呂耀鈐　陳訓舒　秦豐元修　高煥然纂　高自珍測繪　丁光畫圖　民國十五年(1926)木活字印本　十册

330000－4701－0000024　0022　史部/地理類/遊記之屬

徐霞客遊記大觀十二卷　(明)徐弘祖撰　(清)李寄輯　民國十三年(1924)上海掃葉山房石印本　十二册

330000－4701－0000025　0021　史部/地理類/山川之屬/山志

清涼山志八卷首一卷　(明)釋鎮澄修　釋印光增訂　民國二十二年(1933)鉛印本　二册

330000－4701－0000028　0025　史部/地理類/方志之屬/通志

[光緒]湖南通志二百八十八卷首八卷末十九卷　(清)李瀚章修　(清)曾國荃纂　民國二十三年(1934)上海商務印書館據清光緒十一

年(1885)刻本影印本　二十六冊

330000－4701－0000029　0027　史部/地理類/方志之屬/通志

[宣統]湖北通志一百七十二卷首一卷末一卷　呂調元　劉承恩修　張仲炘　楊承禧纂　民國二十三年(1934)上海商務印書館據十年(1921)刻本影印本　十八冊

330000－4701－0000032　0030　史部/地理類/專志之屬/寺觀

洛陽伽藍記五卷　(北魏)楊衒之撰　**洛陽伽藍記集證一卷**　(清)吳若準撰　張宗祥補　**集證本洛陽伽藍記正文一卷**　**鉤沉本洛陽伽藍記正文一卷**　民國十九年(1930)上海商務印書館據十九年(1930)海寧張氏鐵如意館抄校本影印本　一冊

330000－4701－0000034　0032　史部/地理類/方志之屬/郡縣志

[光緒]杭州府志一百七十八卷首八卷　(清)陳璚等修　(清)王棻等纂　屈映光續修　陸懋勳續纂　齊耀珊重修　吳慶坻重纂　民國十一年(1922)鉛印本　六十四冊　缺四十卷(五十一至八十九、一百六十五)

330000－4701－0000036　0034　史部/金石類/總志之屬/文字

金石萃編一百六十卷　(清)王昶撰　**金石續編二十一卷首一卷**　(清)陸耀遹撰　**金石萃編補正四卷**　(清)方履籛撰　民國八年(1919)上海掃葉山房石印本　二十冊　存一百四十二卷(一至七、二十六至一百六十)

330000－4701－0000054　0391　類叢部/叢書類/自著之屬

獨見曉齋叢書□□種　陳懷撰　民國十四年(1925)穎川書舍刻本　一冊　存一種

330000－4701－0000057　0703　子部/雜著類/雜說之屬

三餘札記二卷　劉文典撰　民國二十四年(1935)上海商務印書館鉛印本　二冊

330000－4701－0000058　0405　類叢部/叢書類/郡邑之屬

括蒼叢書第二集十二種　劉燿東編　民國三十七年(1948)鉛印本　十一冊　存十一種

330000－4701－0000059　0406　集部/別集類

浴日樓詩選二卷　項驤撰　民國二十五年(1936)鉛印本　一冊

330000－4701－0000060　0704　集部/總集類/氏族之屬

詳註校正三蘇文集　(宋)蘇洵　(宋)蘇軾　(宋)蘇轍撰　民國十四年(1925)上海會文堂書局鉛印本　四冊　存一種

330000－4701－0000067　0408　集部/別集類/明別集

黃石藏稿一卷　(明)王光經撰　民國抄本　王理孚批校並跋　一冊

330000－4701－0000068　0396　集部/總集類/郡邑之屬

永嘉詩人祠堂叢刻十四種　冒廣生輯　民國四年(1915)如臯冒氏刻本　五冊　存三種

330000－4701－0000069　0409　集部/別集類

竹居集一卷　王詠撰　民國抄本　王理孚批校並跋　一冊

330000－4701－0000070　0410　集部/別集類/明別集

玄對草二卷　(明)王至彪撰　民國抄本　王理孚跋　二冊

330000－4701－0000071　0411　集部/別集類/明別集

半山藏稿二十卷　(明)王叔果撰　民國抄本　八冊

330000－4701－0000075　0413　集部/別集類

浴日樓詩選二卷　項驤撰　民國二十五年(1936)油印本　一冊

330000－4701－0000076　0048　集部/別集

類/明別集

鶴泉集六卷 (明)王健撰 民國十五年(1926)抄本 王理孚跋 三冊

330000 - 4701 - 0000077 0414 集部/別集類

浴日樓詩選二卷 項驤撰 民國二十五年(1936)油印本 一冊

330000 - 4701 - 0000078 0049 集部/別集類

味筍齋詩鈔一卷 姚琮撰 民國抄本 一冊

330000 - 4701 - 0000080 0709 集部/別集類/明別集

甌濱文錄不分卷 (明)王瓚撰 民國抄本 王理孚跋 一冊

330000 - 4701 - 0000081 0415 集部/總集類/郡邑之屬

永嘉集內編四十八卷外編二十六卷 (清)孫衣言輯 民國抄本 三十八冊

330000 - 4701 - 0000082 0710 集部/別集類/清別集

焦桐山館詩鈔六卷 (清)蔡英撰 民國四年(1915)瑞安廣明石印局石印本 一冊

330000 - 4701 - 0000085 0416 集部/別集類/明別集

玉介園存稿不分卷 (明)王叔杲撰 民國抄本 王理孚跋 二冊

330000 - 4701 - 0000089 0418 集部/別集類/明別集

鶴山集二卷 (明)王激撰 民國抄本 王理孚校並跋 二冊

330000 - 4701 - 0000090 0419 集部/總集類/氏族之屬

墨宧詩鈔六卷文鈔一卷詞一卷 陳祖綬撰 **息廬詩鈔一卷** 陳祖綸撰 **嘯樓吟稾一卷** (清)陳宗鼇撰 民國油印本 三冊 缺二卷(文鈔、嘯樓吟稾)

330000 - 4701 - 0000091 0420 集部/別集類/明別集

槐陰集一卷 (明)王毓撰 民國抄本 王理孚跋 一冊

330000 - 4701 - 0000092 0712 集部/詞類/總集之屬

甌社詞鈔二卷 陳閎慧編 民國十年(1921)溫州同文印書館鉛印本 一冊

330000 - 4701 - 0000094 0714 集部/別集類

海日樓詩二卷 沈曾植撰 民國刻本 一冊

330000 - 4701 - 0000095 0715 史部/地理類/山川之屬/山志

雁蕩新便覽不分卷 蔣叔南編纂 民國十一年(1922)鉛印本 一冊

330000 - 4701 - 0000096 0421 史部/傳記類/總傳之屬/家乘

王氏族約一卷 (明)王澈撰 民國抄本 王理孚跋 一冊

330000 - 4701 - 0000098 0422 集部/別集類/明別集

太玉洞齋稿二卷 (明)王光蘊撰 民國抄本 一冊 存一卷(上)

330000 - 4701 - 0000099 0717 子部/雜著類/雜考之屬

籀廎述林十卷 (清)孫詒讓撰 民國五年(1916)刻本 四冊

330000 - 4701 - 0000101 0423 史部/地理類/遊記之屬/紀行

鄉國補游記三卷 林甄宇撰 民國六年(1917)永嘉林氏刻本 一冊

330000 - 4701 - 0000103 0720 集部/別集類/清別集

言文對照分類詳註秋水軒尺牘四卷 (清)許思湄撰 許家恩譯 民國十四年(1925)上海羣學社石印本 四冊

330000 - 4701 - 0000111 392 子部/儒家類/儒家之屬

明夷待訪録一卷 (清)黄宗羲撰 民國十四年(1925)上海梁溪圖書館鉛印本 一册

330000－4701－0000112 0725 類叢部/叢書類
宋氏雜箸 宋慈襃撰 民國九年(1920)刻本 一册 存一種

330000－4701－0000113 0057 類叢部/叢書類/彙編之屬
四部叢刊續編七十七種 張元濟等編 民國二十三年(1934)上海商務印書館影印本(原缺儀禮疏卷三十二至三十七、周易要義卷三至六、禮記要義卷一至二、麟臺故事卷四至五) 一百三十六册 存二十三種

330000－4701－0000114 0056 類叢部/叢書類/彙編之屬
四部叢刊 張元濟等編 民國上海商務印書館影印本 二十六册 存四種

330000－4701－0000115 0426 集部/總集類/酬唱之屬
百日酬唱録二卷 林襟宇編 民國三年(1914)林氏刻本 一册

330000－4701－0000116 0399 類叢部/叢書類/郡邑之屬
敬鄉樓叢書三十八種 黄羣編 民國十七年至二十四年(1928－1935)永嘉黄氏鉛印本 四十册 存第二輯八種、第三輯九種

330000－4701－0000123 0726 集部/别集類/清别集
煙霞萬古樓詩集二卷 (清)王曇撰 **仲瞿詩録一卷** (清)徐渭仁輯 民國六年(1917)上海掃葉山房石印本 三册

330000－4701－0000125 0433 集部/别集類/清别集
新體廣註小倉山房尺牘八卷 (清)袁枚撰 (清)胡光斗箋釋 (清)徐楨增註 民國七年(1918)上海廣文書局石印本 一册 存四卷(一至四)

330000－4701－0000126 0729 類叢部/叢書類/彙編之屬
墨巢叢刻 李宣龔輯 民國鉛印本 二册 存一種

330000－4701－0000128 0394 集部/總集類/尺牘之屬
近代十大家尺牘十種 文明書局編 民國十一年(1922)上海文明書局石印本 五册

330000－4701－0000131 0434 集部/别集類/金别集
元遺山詩集箋注十四卷 (金)元好問撰 (元)張德輝類次 (清)施國祁箋 **元遺山詩集箋注年譜一卷** (清)施國祁訂 **元遺山全集附録一卷** (明)儲瓘輯 (清)華希閔增 **元遺山全集補載一卷** (清)施國祁輯 民國七年(1918)掃葉山房石印本 八册

330000－4701－0000135 0059 類叢部/叢書類/郡邑之屬
括蒼叢書第一集八種 劉燿東編 民國二十七年(1938)鉛印本(滑疑集詩卷二原缺) 十三册 存六種

330000－4701－0000139 0440 集部/詩文評類/文法之屬
散文研究五卷 傅東華撰 民國油印本 一册

330000－4701－0000140 0441 集部/别集類/清别集
新體廣註秋水軒尺牘二卷 (清)許思湄撰 陸翔註 民國八年(1919)上海廣文書局石印本 一册

330000－4701－0000141 0442 集部/别集類/清别集
秋水軒尺牘二卷 (清)許思湄撰 **雪鴻軒尺牘二卷** (清)龔萼撰 民國上海鴻寶齋書局石印本 一册 存二卷(秋水軒尺牘一至二)

330000－4701－0000142 0443 集部/别集類/清别集
新體廣註秋水軒尺牘二卷 (清)許思湄撰 陸翔註 民國十四年(1925)上海世界書局石

印本　一册

330000－4701－0000143　0444　集部/别集類/清别集

音註小倉山房尺牘八卷　(清)袁枚撰　(清)胡光斗箋釋　民國元年(1912)上海詠記書莊石印本　四册

330000－4701－0000144　0445　集部/别集類/清别集

笠翁一家言全集十六卷　(清)李漁撰　民國上海會文堂書局石印本　十册　缺三卷(三至四、六)

330000－4701－0000145　0446　類叢部/叢書類/自著之屬

袁枚全集　(清)袁枚撰　民國上海校經山房成記書局石印本　六册　存二種

330000－4701－0000147　0062　子部/藝術類/篆刻之屬/印譜

鐵耕小築印譜不分卷　(清)劉慶祥纂　劉紹寬輯　民國十九年(1930)鈐印本　二册

330000－4701－0000148　0063　子部/藝術類/篆刻之屬/印譜

鐵耕小築印譜不分卷　(清)劉慶祥纂　劉紹寬輯　民國十九年(1930)鈐印本　一册

330000－4701－0000149　0064　集部/别集類/清别集

船屯漁唱箋釋一卷　(清)張綦毋撰　周喟箋　民國五年(1916)石印本　一册

330000－4701－0000150　0020　類叢部/叢書類/彙編之屬

甌風雜誌彙刊　甌風社編　民國鉛印本　一册　存五種

330000－4701－0000153　0449　史部/史評類/史論之屬

史通削繁四卷　(清)紀昀撰　民國六年(1917)國學圖書局石印本　四册

330000－4701－0000156　0026　集部/總集類/郡邑之屬

永嘉四靈詩四卷　(宋)徐照　(宋)徐璣撰　**校勘記二卷**　薛鍾斗撰　民國抄本　二册

330000－4701－0000157　0065　集部/别集類/明别集

玉滄集八卷　(明)王光美撰　民國十七年(1928)抄本　王理孚題記　一册

330000－4701－0000160　0066　集部/總集類/氏族之屬

永嘉王氏文徵内編四卷外編十卷　王理孚編　民國抄本　王理孚批　十一册

330000－4701－0000161　0732　史部/金石類/總志之屬/文字

金石萃編一百六十卷　(清)王昶撰　**金石續編二十一卷首一卷**　(清)陸耀遹撰　**金石萃編補正四卷**　(清)方履籛撰　民國八年(1919)上海掃葉山房石印本　六册　存二十二卷(首、續編一至二十一)

330000－4701－0000163　0733　史部/目録類/總録之屬/官修

壬子文瀾閣所存書目五卷　錢恂編　民國元年(1912)浙江圖書館刻本　四册

330000－4701－0000164　0734　史部/金石類/總志之屬/文字

金石萃編一百六十卷　(清)王昶撰　**金石續編二十一卷首一卷**　(清)陸耀遹撰　**金石萃編補正四卷**　(清)方履籛撰　民國八年(1919)上海掃葉山房石印本　二册　缺四卷(補正一至四)

330000－4701－0000166　0735　史部/目録類/總録之屬/官修

欽定四庫全書簡明目錄二十卷　(清)紀昀等撰　**四庫未收書目提要五卷**　(清)阮元撰　民國八年(1919)上海掃葉山房石印本　八册

330000－4701－0000167　0736　史部/目録類/書志之屬/提要

四部叢刊書錄一卷　商務印書館編　民國十一年(1922)上海商務印書館鉛印本　一册

330000－4701－0000168　0456　集部/别集

類/明別集

侯忠節公全集十八卷首一卷 （明）侯峒曾撰　民國二十二年(1933)鉛印本　四冊　存十三卷(首、一至十二)

330000－4701－0000170　0457　集部/別集類/清別集

詳註曾文正公家書十二卷 （清）曾國藩撰　民國十四年(1925)上海著易堂書局石印本　七冊　存七卷(一至三、五至八)

330000－4701－0000177　0463　集部/總集類/彙編之屬

范伯子詩集十九卷 （清）范當世撰　**蘊素軒詩稿四卷**　姚倚雲撰　民國鉛印本　四冊

330000－4701－0000179　0465　集部/別集類

畏廬論文一卷　林紓撰　民國鉛印本　一冊

330000－4701－0000180　0466　集部/別集類

畏廬文集一卷　林紓撰　民國二年(1913)上海商務印書館鉛印本　一冊

330000－4701－0000181　0467　集部/別集類

畏廬文集一卷　林紓撰　民國五年(1916)上海商務印書館鉛印本　一冊

330000－4701－0000182　0468　集部/別集類/清別集

魏叔子文鈔三卷 （清）魏禧撰　民國上海廣益書局石印本　三冊

330000－4701－0000184　0469　集部/別集類

畏廬三集一卷　林紓撰　民國鉛印本　一冊

330000－4701－0000185　0470　集部/別集類

畏廬續集一卷　林紓撰　民國十二年(1923)上海商務印書館鉛印本　一冊

330000－4701－0000186　0471　集部/別集類

畏廬續集一卷　林紓撰　民國十六年(1927)上海商務印書館鉛印本　一冊

330000－4701－0000187　0472　集部/別集類/清別集

船山詩草二十卷 （清）張問陶撰　民國十年(1921)上海掃葉山房石印本　六冊

330000－4701－0000188　0738　類叢部/叢書類/自著之屬

名山全集三十四種　錢振鍠撰　民國木活字印本暨鉛印本　四冊　存一種

330000－4701－0000190　0740　集部/別集類/唐五代別集

玉谿生詩詳註六卷首一卷 （唐）李商隱撰　（清）馮浩注　民國三年(1914)崇古山房石印本　四冊

330000－4701－0000191　0473　集部/別集類/唐五代別集

樊川詩集四卷詩補遺一卷外集一卷別集一卷 （唐）杜牧撰　（清）馮集梧注　民國上海掃葉山房石印本　四冊

330000－4701－0000192　0474　類叢部/叢書類/自著之屬

惜抱軒全集七種 （清）姚鼐撰　民國三年(1914)上海會文堂書局石印本　八冊

330000－4701－0000194　0476　集部/別集類/唐五代別集

杜詩鏡銓二十卷 （清）楊倫輯　**讀書堂杜工部文集註解二卷** （清）張溍撰　民國三年(1914)上海著易堂書局影印本　八冊

330000－4701－0000195　0786　集部/別集類/唐五代別集

白香山詩後集十七卷別集一卷補遺二卷 （唐）白居易撰　（清）汪立名編訂　民國會文堂石印本　四冊　缺八卷(九至十六)

330000－4701－0000196　0741　集部/別集類/清別集

錢牧齋尺牘三卷補遺一卷 （清）錢謙益撰　民國十五年(1926)上海商務印書館鉛印本

三冊

330000－4701－0000197　0742　集部/別集類/宋別集

岳忠武王文集八卷首一卷末一卷　（宋）岳飛撰　（清）黄邦寧纂修　民國元年(1912)上海江左書林石印本　四冊

330000－4701－0000198　0743　集部/別集類/宋別集

岳忠武王文集八卷首一卷末一卷　（宋）岳飛撰　（清）黄邦寧纂修　民國元年(1912)上海江左書林石印本　四冊

330000－4701－0000201　0070　史部/傳記類/日記之屬

越縵堂日記不分卷(清同治二年四月朔至光緒十五年七月初十)　（清）李慈銘撰　民國九年(1920)北京浙江公會影印本　五十一冊

330000－4701－0000206　0075　集部/別集類/清別集

鹿木居詩集三卷　（清）鄒元檄撰　（清）朱鑣輯　民國抄本　一冊

330000－4701－0000207　0076　集部/總集類/郡邑之屬

甌海集内編九卷外編四卷　楊紹廉輯　民國永嘉黄氏敬鄉樓抄本　十三冊

330000－4701－0000211　0080　集部/總集類/選集之屬/通代

古今文綜不分卷　張相輯　民國五年(1916)上海中華書局鉛印本　四十冊

330000－4701－0000212　0389　集部/詩文評類/詩評之屬

詩品二卷　（南朝梁）鍾嶸撰　**詩式一卷**　（唐）釋皎然撰　民國十六年(1927)上海大一統書局石印本　一冊

330000－4701－0000214　0745　集部/詩文評類

昭昧詹言十卷續八卷續録二卷附録一卷附考一卷　（清）方東樹撰　民國七年(1918)上海亞東圖書館鉛印本　四冊

330000－4701－0000217　0081　集部/總集類/選集之屬/斷代

近代詩鈔不分卷　陳衍輯　民國十二年(1923)上海商務印書館鉛印本　二十四冊

330000－4701－0000218　0480　集部/別集類/清別集

兩當軒集二十卷補遺二卷附録四卷攷異二卷　（清）黄景仁撰　（清）黄志述輯　民國十年(1921)上海掃葉山房石印本　六冊

330000－4701－0000220　0082　集部/總集類/選集之屬/通代

圈點詳註十八家詩鈔二十八卷　（清）曾國藩纂　（清）李鴻章審訂　陳存悔等註　民國十五年(1926)上海中原書局鉛印本　十六冊

330000－4701－0000222　0482　集部/別集類/清別集

梅村詩集箋注十八卷　（清）吳偉業撰　（清）吳翌鳳箋注　民國中華圖書館石印本　八冊

330000－4701－0000223　0083　集部/詩文評類/詩評之屬

歷代詩話二十七種五十七卷考索一卷　（清）何文焕輯　民國十六年(1927)上海醫學書局影印本　十六冊

330000－4701－0000224　0483　集部/別集類/清別集

梅村詩集箋注十八卷　（清）吳偉業撰　（清）吳翌鳳箋注　民國中國書畫會社石印本　一冊　存一卷(一)

330000－4701－0000226　0485　集部/總集類/選集之屬/通代

陶詩彙評四卷東坡和陶合箋四卷　（清）溫汝能撰　民國八年(1919)上海掃葉山房石印本　四冊

330000－4701－0000227　0486　集部/別集類/唐五代別集

李太白文集三十卷　（唐）李白撰　民國六年(1917)上海掃葉山房石印本　八冊

330000－4701－0000234　0488　集部/別集

類/清别集

張文襄公詩集四卷 (清)張之洞撰 民國六年(1917)上海集益書局石印本 四册

330000－4701－0000235 0301 集部/别集類

張季子詩録十卷 張謇撰 民國三年(1914)鉛印本 二册

330000－4701－0000241 0492 集部/總集類/酬唱之屬

華蓋精舍題襟録一卷 胡惟賢等撰 民國十一年(1922)鉛印本 一册

330000－4701－0000244 0305 集部/總集類/尺牘之屬

古今尺牘大觀上編不分卷 姚漢章 張相纂輯 民國六年(1917)上海中華書局鉛印本 十二册

330000－4701－0000249 0498 集部/總集類/尺牘之屬

歷代名人書札續編二卷 吴曾祺輯 民國八年(1919)上海商務印書館鉛印本 四册

330000－4701－0000250 0499 集部/總集類/尺牘之屬

清代名人書牘八卷 琴石山人輯 民國十五年(1926)上海會文堂書局石印本 四册

330000－4701－0000251 0500 集部/總集類/尺牘之屬

眉公才子尺牘四卷 (明)陳繼儒輯 (清)沈錫侯增訂 **聖嘆才子尺牘四卷** (清)金人瑞鑒定 (清)金雍撰 民國七年(1918)上海碧梧山莊石印本 四册

330000－4701－0000255 0306 集部/曲類/曲藝之屬

桃花扇鼓詞不分卷 黄光編 民國二十四年(1935)抄本 八册

330000－4701－0000260 0263 類叢部/叢書類/彙編之屬

國學彙編三集四十一種 國學研究社編 民國十二年至十四年(1923－1925)上海國學研究社鉛印本 四册 存一集二十一種

330000－4701－0000262 0328 集部/總集類/選集之屬/斷代

唐文粹簡編六卷 (清)厲鶚 (清)譚獻評點 張相編 民國七年(1918)上海中華書局鉛印本 六册

330000－4701－0000263 0785 集部/總集類/選集之屬/斷代

唐詩三百首註疏六卷 (清)孫洙編 (清)章燮註 民國上海鴻寶齋書局石印本 一册

330000－4701－0000270 0208 集部/總集類/選集之屬/通代

古文觀止十二卷 (清)吳乘權 (清)吳大職輯 民國鉛印本 一册 存六卷(一至六)

330000－4701－0000272 0211 集部/總集類/選集之屬/通代

瀛奎律髓刊誤四十九卷 (元)方回輯 (清)紀昀批點 民國十一年(1922)上海掃葉山房石印本 八册

330000－4701－0000275 0212 集部/楚辭類

百大家評點王注楚辭十七卷 (漢)王逸章句 (宋)洪興祖補注 (清)俞樾輯評 民國六年(1917)上海中華圖書館石印本 五册 缺一卷(十五)

330000－4701－0000276 0213 集部/詞類/類編之屬

詞學全書四種 (清)查培繼編 民國木石居石印本 五册 缺二卷(填詞圖譜一至二)

330000－4701－0000283 0218 集部/總集類/選集之屬/通代

女子古文觀止六卷 張祉浩編 破浪評點 民國四年(1915)上海瑞華書局石印本 六册

330000－4701－0000285 0219 集部/總集類/選集之屬/通代

言文一貫古文觀止十二卷 文明書局編 民國十三年(1924)上海文明書局石印本 十册

330000－4701－0000287　0220　集部/楚辭類

楚辭集註八卷後語六卷辯證二卷　（宋）朱熹撰　民國掃葉山房石印本　三冊　缺四卷（後語一至四）

330000－4701－0000288　0310　集部/詩文評類/文評之屬

文心雕龍十卷　（南朝梁）劉勰撰　（清）黄叔琳注　（清）紀昀評　民國上海文瑞樓石印本　一冊

330000－4701－0000289　0221　集部/總集類/尺牘之屬

歷代名人小簡二卷　吳曾祺輯　民國十三年（1924）上海商務印書館鉛印本　二冊

330000－4701－0000290　0222　集部/總集類/尺牘之屬

歷代名人小簡續編二卷　吳曾祺輯　民國十二年（1923）上海商務印書館鉛印本　二冊

330000－4701－0000291　0223　集部/總集類/尺牘之屬

評註蘇黃尺牘合纂五卷　（明）黄始輯　謝璿增輯並加注　民國十四年（1925）上海會文堂書局鉛印本　四冊

330000－4701－0000292　0224　集部/總集類/選集之屬/斷代

唐文評註讀本二卷　王文濡評選　張廷華　沈鎔　郭希汾註釋　民國八年（1919）上海文明書局鉛印本　二冊

330000－4701－0000293　0225　集部/總集類/選集之屬/通代

歷代詩文評註讀本　王文濡編　民國上海文明書局鉛印本　二冊　存一種

330000－4701－0000294　0226　集部/總集類/選集之屬/通代

宋元明文評註讀本不分卷　王文濡編　金熙　汪勁扶註　民國五年（1916）上海文明書局鉛印本　二冊

330000－4701－0000295　0227　集部/總集類/選集之屬/通代

歷代詩文評註讀本　王文濡編　民國上海文明書局鉛印本　四冊　存一種

330000－4701－0000297　0313　集部/詩文評類/詩評之屬

石遺室詩話三十二卷　陳衍撰　民國二十四年（1935）上海商務印書館鉛印本　三冊　缺八卷（一至八）

330000－4701－0000298　0228　集部/總集類/選集之屬/通代

歷代詩文評註讀本　王文濡編　民國上海文明書局鉛印本　二冊　存一種

330000－4701－0000299　0312　集部/曲類/曲藝之屬

增訂玉蜻蜓鼓詞不分卷　黄光編　民國二十三年（1934）抄本　六冊

330000－4701－0000300　0229　集部/總集類/選集之屬/通代

古詩評註讀本三卷附教授法一卷　王文濡評選　民國六年（1917）上海文明書局鉛印本　二冊

330000－4701－0000301　0230　集部/總集類/選集之屬/斷代

唐詩評註讀本六卷　王文濡評選　汪處廬　金熙註釋　民國上海文明書局鉛印本　二冊

330000－4701－0000303　0231　集部/總集類/選集之屬/通代

宋元明詩評註讀本六卷　王文濡編　汪勁扶　沈鎔註　民國上海文明書局鉛印本　二冊

330000－4701－0000304　0232　集部/總集類/選集之屬/通代

歷代詩文評註讀本　王文濡編　民國上海文明書局鉛印本　三冊　存一種

330000－4701－0000305　0315　集部/總集類/選集之屬/通代

六朝文絜四卷　（清）許槤輯並評　民國四年（1915）上海掃葉山房石印本　一冊

330000－4701－0000307　0316　集部/總集類/選集之屬/通代

六朝文絜四卷　(清)許槤輯並評　民國四年(1915)上海掃葉山房石印本　一册　缺二卷(一至二)

330000－4701－0000315　0237　子部/雜著類/雜説之屬

東谷所見一卷　(宋)李彦之撰　民國抄本　一册

330000－4701－0000318　0239　子部/醫家類/方書之屬/單方驗方

重校湯頭歌訣一卷經絡歌訣一卷　(清)汪昂編輯　民國廣益書局鉛印本　一册

330000－4701－0000319　0240　集部/小説類/長篇之屬

上下古今談四卷二十回　吴敬恒撰　民國四年(1915)上海文明書局鉛印本　三册　存三卷(二至四)

330000－4701－0000323　0242　子部/醫家類/針灸之屬/通論

繪圖鍼灸大成十二卷　(明)楊繼洲撰　(清)章廷珪重修　民國上海鴻寶齋書局石印本　一册

330000－4701－0000324　0243　集部/總集類/尺牘之屬

影印名人手札真蹟大全十二種　劉再蘇輯　民國十四年(1925)上海世界書局影印本　六册

330000－4701－0000326　0244　子部/醫家類/傷寒金匱之屬/傷寒論

張仲景傷寒論原文淺註六卷　(漢)張機撰　(清)陳念祖集註　民國鉛印本　一册

330000－4701－0000328　0324　集部/曲類/曲選之屬

繪圖綴白裘十二集四十八卷　(清)玩花主人輯　(清)錢德蒼增輯　民國石印本　一册　存八卷(七集一至四、八集一至四)

330000－4701－0000329　0325　子部/藝術類/遊藝之屬/棋弈

桃花泉弈譜二卷　(清)范世勳撰　民國上海文瑞樓石印本　一册　存一卷(上)

330000－4701－0000332　0247　子部/藝術類/書畫之屬

書林藻鑑十二卷　馬宗霍輯　民國二十四年(1935)上海商務印書館鉛印本　四册

330000－4701－0000338　0327　子部/農家農學類/園藝之屬/花卉

藝菊瑣言一卷湫漻齋月季花譜一卷附録一卷　陳葆善撰　民國六年(1917)石印本　一册

330000－4701－0000340　0329　子部/農家農學類/園藝之屬/花卉

花史十卷　(明)吴彦匡撰　民國抄本　十册

330000－4701－0000341　0253　子部/藝術類/書畫之屬/書法書品

廣藝舟雙楫六卷首一卷　康有為撰　民國四年(1915)上海廣藝書局鉛印本　一册

330000－4701－0000344　0255　子部/雜著類/雜纂之屬

平等閣筆記六卷　狄葆賢撰　民國上海有正書局鉛印本　五册

330000－4701－0000355　0331　子部/雜著類/雜説之屬

老學庵筆記十卷　(宋)陸游撰　民國十四年(1925)上海商務印書館鉛印本　二册

330000－4701－0000361　0335　子部/農家農學類/園藝之屬/總志

佩文齋廣羣芳譜一百卷目録二卷　(清)汪灝等撰　民國上海錦章圖書局石印本　二十四册

330000－4701－0000363　0268　子部/雜著類/雜説之屬

淮南集證二十一卷　劉家立撰　民國上海中華書局鉛印本　十册

330000－4701－0000364　0337　子部/雜著類/雜説之屬

淮南鴻烈集解二十一卷 （漢）劉安撰 （漢）高誘注 劉文典集解 **淮南天文訓補注一卷** （清）錢塘撰 民國十二年(1923)上海商務印書館鉛印本 六冊

330000－4701－0000365 0269 集部/別集類

惺園文鈔二卷詩鈔一卷 王式一撰 民國二十四年(1935)鉛印本 一冊 存二卷(一至二)

330000－4701－0000373 0277 集部/別集類

慎江草堂詩四卷 黃迂撰 民國十三年(1924)鉛印本 二冊

330000－4701－0000379 0283 史部/地理類/方志之屬/郡縣志

[民國]瑞安縣志稿不分卷 民國二十七年(1938)瑞安縣修志委員會鉛印本 一冊

330000－4701－0000383 0287 集部/別集類

薏園文鈔六卷 高誼撰 民國二十七年(1938)鉛印本 二冊

330000－4701－0000385 0290 集部/總集類/酬唱之屬

西泠酬唱集二卷附錄東甌唱酬集一卷南湖唱酬集一卷北平唱酬集一卷 阮中立撰 民國十一年(1922)石印本 一冊

330000－4701－0000386 0291 集部/總集類/酬唱之屬

銅權唱和詩集一卷 劉紹寬等撰 民國七年(1918)溫州務本石印公司石印本 一冊

330000－4701－0000390 0295 集部/別集類/清別集

天一笑廬詩集二卷 （清）黃鼎瑞撰 民國十五年(1926)樂清黃氏鉛印本 一冊

330000－4701－0000391 0296 集部/別集類

墨庵二十以後古文一卷 宋慈袌撰 民國鉛印本 一冊

330000－4701－0000392 0297 集部/總集類/題詠之屬

石門題詠錄四卷 劉燿東輯 民國二十三年(1934)啓後亭鉛印本 一冊

330000－4701－0000393 0298 集部/總集類/題詠之屬

石門題詠錄四卷 劉燿東輯 民國二十三年(1934)啓後亭鉛印本 一冊

330000－4701－0000394 0299 集部/別集類/唐五代別集

韓集箋正五卷昌黎先生詩文年譜一卷 （清）方成珪撰 民國十五年(1926)瑞安陳氏湫漻齋鉛印本 四冊

330000－4701－0000395 0338 集部/別集類/清別集

欠泉庵文集二卷 （清）周煥樞撰 民國刻本 二冊

330000－4701－0000396 0339 集部/別集類

劍廬詩鈔一卷 陳閎慧撰 民國十三年(1924)美本公司鉛印本 一冊

330000－4701－0000397 0340 集部/別集類

冷巢集羽集二卷續集二卷三集二卷 曹昌麟撰 民國十四年至十六年(1925－1927)永嘉鉛印本 三冊

330000－4701－0000401 0341 類叢部/叢書類/彙編之屬

墨香簃叢編六種 楊嘉編 民國石印本 二冊

330000－4701－0000402 0342 集部/別集類

潛園詩鈔二卷 洪邦泰撰 民國二十九年(1940)樂清印刷所鉛印本 二冊

330000－4701－0000403 0103 集部/別集類

惺園文鈔二卷詩鈔一卷 王式一撰 民國二十四年(1935)鉛印本 二冊

330000－4701－0000404　0343　集部/別集類
嘯樓吟稾一卷　陳宗藿撰　**墨宧文鈔一卷**　陳祖綬撰　民國油印本　一冊

330000－4701－0000406　0104　集部/別集類/元別集
不繫舟漁集十六卷　(元)陳高撰　民國十五年(1926)鉛印本　四冊

330000－4701－0000407　0105　史部/地理類/專志之屬/祠墓
忠義廟記略不分卷　林燏　林維喬輯　民國十一年(1922)浙瑞敬業石印局石印本　一冊

330000－4701－0000410　0108　史部/雜史類
西北種族史二卷　陳萬言編　民國八年(1919)亞東製版印刷局鉛印本　一冊

330000－4701－0000411　0110　新學/理學/文學
中國教育史五卷　(清)黃紹箕撰　民國二十五年(1936)鉛印本　一冊

330000－4701－0000415　0345　集部/別集類
寥天廬詩續鈔二卷首一卷　宋慈裒撰　民國鉛印本　一冊

330000－4701－0000416　0113　子部/雜著類/雜説之屬
學務平議一卷　(清)孫詒讓撰　民國四年(1915)瑞安廣明印刷所石印本　一冊

330000－4701－0000417　0346　集部/別集類/清別集
脂雪軒詩鈔三卷　(清)胡玠撰　民國十四年(1925)溫州翰墨林鉛印本　一冊

330000－4701－0000418　0348　集部/別集類
林間禪餘集三卷楹聯一卷　釋授覺撰　民國七年(1918)溫州雲鮮石印本　一冊

330000－4701－0000419　0114　集部/別集類
臥雲樓詩草二卷詞草一卷　盧敏撰　民國二十三年(1934)溫州晏公殿巷文霞石印本　一冊

330000－4701－0000420　0347　子部/小説家類/瑣語之屬
岐海瑣譚集十六卷　(明)姜準輯　民國二十五年(1936)浙江省永嘉區徵輯鄉先哲遺著委員會鉛印本　四冊

330000－4701－0000421　0115　集部/總集類
墨緣室合刊　林永栫編　民國十四年(1925)鉛印本　一冊

330000－4701－0000422　0349　集部/總集類/氏族之屬
守約堂駢文彙鈔四卷　潘鍾華輯　民國二十六年(1937)鉛印本　一冊

330000－4701－0000423　0350　集部/別集類
李子瑾文錄二卷附書一卷　李瑜撰　民國二十三年(1934)鉛印本　一冊

330000－4701－0000424　0116　集部/別集類/清別集
天一笑廬詩集二卷　(清)黃鼎瑞撰　民國十五年(1926)樂清黃氏鉛印本　一冊

330000－4701－0000427　0120　集部/別集類
游大羅山雜作一卷　王榮年撰　民國鉛印本　一冊

330000－4701－0000429　0121　子部/儒家類/儒學之屬/經濟
政理古微一卷　林損撰　民國天新印書局鉛印本　一冊

330000－4701－0000431　0119　集部/別集類
疊葹閣閫幽集四卷　劉錫麟輯　民國五年(1916)溫州務本石印局石印本　一冊

330000－4701－0000432　0122　集部/別集類

運甓齋詩集一卷　許炳藜撰　民國十八年(1929)永嘉仲蘭印刷社石印本　一冊

330000－4701－0000433　0123　集部/別集類/清別集

國清寶林珍禪師續寒山詩一卷　(清)釋寶林珍撰　民國十一年(1922)石印本　一冊

330000－4701－0000435　0353　集部/總集類/氏族之屬

守約堂駢文彙鈔四卷　潘鍾華輯　民國二十六年(1937)鉛印本　一冊

330000－4701－0000440　0129　史部/傳記類/別傳之屬/年譜

劉文成公[基]年譜稿二卷　劉燿東編　民國二十八年(1939)南田山啓後亭鉛印本　一冊

330000－4701－0000443　0132　經部/春秋左傳類/傳說之屬

評點春秋綱目左傳句解彙雋六卷　(清)韓菼重訂　民國九年(1920)上海天寶書局石印本　一冊　存五卷(一至五)

330000－4701－0000444　0133　經部/春秋左傳類/傳說之屬

春秋左傳五十卷　(晉)杜預　(宋)林堯叟註釋　(唐)陸德明音義　民國二十四年(1935)上海掃葉山房石印本　八冊　存三十三卷(一至十三、二十三至二十六、三十一至三十四、三十九至五十)

330000－4701－0000446　0354　集部/別集類/清別集

潛齋詩稿二卷張潛齋先生詩稿一卷詩一卷　(清)張綦毋撰　民國二十六年(1937)抄本　二冊

330000－4701－0000455　0356　經部/四書類/總義之屬/文字音義

注音字母四書白話句解十九卷　周觀光　吴穀民撰　民國上海求古齋石印本　二冊　存十卷(論語一至十)

330000－4701－0000458　0357　經部/四書類/總義之屬/傳說

新式標點四書白話註解十九卷　琴石山人注解　民國上海會文堂書局石印本　一冊　存十卷(論語一至十)

330000－4701－0000460　0358　子部/藝術類/遊藝之屬/棋弈

弈譜彙選□□卷　民國五年(1916)上海文瑞樓石印本　一冊　存一卷(三)

330000－4701－0000467　0144　經部/小學類/音韻之屬/韻書

廣韻五卷　(宋)陳彭年等修　**宋本廣韻校札一卷**　(清)黎庶昌撰　民國上海涵芬樓影印本　一冊　存一卷(一)

330000－4701－0000469　0146　經部/春秋左傳類/傳說之屬

評點春秋綱目左傳句解彙雋六卷　(清)韓菼重訂　民國五年(1916)上海章福記書局石印本　六冊

330000－4701－0000472　0361　經部/詩類/傳說之屬

詩經集傳八卷　(宋)朱熹撰　民國六年(1917)上海共和書局石印本　一冊

330000－4701－0000476　0151　經部/小學類/文字之屬/字書/字典

康熙字典十二集三十六卷總目一卷檢字一卷辨似一卷等韻一卷補遺一卷備考一卷　(清)張玉書等纂修　民國上海鴻文書局石印本　三冊　存十八卷(巳集上中下、午集上中下、未集上中下、申集上中下、酉集上中下、戌集上中下)

330000－4701－0000478　0152　經部/小學類/文字之屬/字書/字典

字典十二集三十六卷總目一卷檢字一卷辨似一卷等韻一卷補遺一卷備考一卷　(清)張玉書等撰　民國元年(1912)上海鴻文書局石印本　五冊　缺九卷(寅集一至三、卯集一至三、辰集一至三)

330000－4701－0000481　0153　經部/小學類/文字之屬/字書/字典

康熙字典十二集三十六卷總目一卷檢字一卷辨似一卷等韻一卷備考一卷補遺一卷　(清)張玉書等纂修　民國六年(1917)上海錦章圖書局石印本　四冊　缺十五卷(寅集上中下、卯集上中下、辰集上中下、酉集上中下、戌集上中下)

330000－4701－0000482　0365　集部/總集類/課藝之屬

全國學生國文成績文庫甲編二十卷乙編二十卷　盧壽籛選輯　民國上海崇文書局鉛印本　一冊　存七卷(甲編一至七)

330000－4701－0000484　0367　類叢部/叢書類/彙編之屬

集古齋叢鈔□□種　民國石印本　五冊　存一種

330000－4701－0000491　0159　集部/別集類/清別集

逢原齋文鈔四卷補遺一卷詩鈔三卷　(清)華文漪撰　民國抄本　四冊

330000－4701－0000492　0503　子部/雜著類/雜纂之屬

石緣叢鈔不分卷　(清)蘇璠撰　民國抄本　一冊

330000－4701－0000493　0160　集部/別集類

櫻島間吟一卷　黄光撰　民國二十四年(1935)石印本　一冊

330000－4701－0000494　0161　集部/別集類

櫻島間吟一卷　黄光撰　民國二十四年(1935)石印本　一冊

330000－4701－0000495　0162　集部/別集類

海外虬髯手寫四十紀懷詩卷一卷　王理孚撰　民國石印本　一冊

330000－4701－0000497　0164　集部/別集類

葖廬詩草二卷　鮑震撰　民國二十年(1931)石印本　一冊

330000－4701－0000498　0165　集部/別集類

葖廬詩草二卷　鮑震撰　民國二十年(1931)石印本　一冊

330000－4701－0000499　0166　集部/別集類

葖廬詩草二卷　鮑震撰　民國二十年(1931)石印本　一冊

330000－4701－0000500　0167　集部/別集類

抱一廬詩存一卷　鄭汝璋撰　民國三十五年(1946)溫州朱公茂印書局鉛印本　一冊

330000－4701－0000501　0168　集部/別集類/清別集

粲花樓吟稿一卷　(清)鄭兆璜撰　民國二十九年(1940)夏紹俅鉛印本　一冊

330000－4701－0000502　0169　集部/別集類/清別集

粲花樓吟稿一卷　(清)鄭兆璜撰　民國抄本　一冊

330000－4701－0000505　0171　集部/總集類/酬唱之屬

戊社初刊十卷　王理孚輯　民國二十年(1931)鉛印本　一冊

330000－4701－0000506　0172　集部/總集類/酬唱之屬

戊社翌年賡集一卷　劉紹寬輯　民國抄本　一冊

330000－4701－0000507　0173　集部/別集類

飛情閣集四卷　黄光撰　民國三十八年(1949)鉛印本　三冊

330000－4701－0000508　0174　集部/別集類

淑園詩存一卷　張陶撰　民國抄本　一冊

330000－4701－0000509　0175　集部/別集類/清別集
睡餘偶吟四卷　(清)顧清標撰　民國抄本　一冊　存一卷(二)

330000－4701－0000511　0176　史部/政書類
林鐘英控訴全案不分卷　民國抄本　一冊

330000－4701－0000516　0181　集部/別集類
曳殘吟稿一卷　葉桐嶔撰　民國油印本　一冊

330000－4701－0000518　0183　史部/紀傳類/別史之屬
東嘉錄二十卷　(明)王朝佐編　民國抄本　四冊

330000－4701－0000519　0184　集部/別集類/清別集
張蘭畦詩稿一卷　(清)張元啟撰　**庚申集一卷**　(清)張元品著　民國抄本　一冊

330000－4701－0000520　0185　集部/別集類/清別集
張渠西先生遺稿五卷　(清)張南英撰　民國抄本　一冊

330000－4701－0000521　0186　集部/別集類/清別集
可笑人集一卷　(清)顧苞育撰　民國抄本　一冊

330000－4701－0000522　0187　經部/四書類/總義之屬
管窺外篇二卷　(元)史伯璿撰　民國抄本　二冊

330000－4701－0000538　0509　史部/紀傳類/正史之屬
史記一百三十卷　(漢)司馬遷撰　(明)歸有光等評點　**方望溪平點史記四卷**　(清)方苞撰　民國四年(1915)上海同文圖書館石印本　二十四冊

330000－4701－0000543　0554　子部/雜著類/雜編之屬
廣談助五十卷　(清)方飛鴻彙輯　民國抄本　七冊　缺三卷(一至三)

330000－4701－0000546　0556　集部/別集類/清別集
春在堂尺牘六卷　(清)俞樾撰　民國八年(1919)上海益新書局石印本　二冊

330000－4701－0000548　0557　類叢部/叢書類/彙編之屬
唐人說薈一百六十四種　(清)陳世熙(一題王文誥)輯　民國十一年(1922)上海掃葉山房石印本　十五冊　存一百五十種

330000－4701－0000551　0373　類叢部/叢書類/自著之屬
章氏遺書十一種二十四卷　(清)章學誠撰　民國浙江圖書館鉛印本　九冊　缺六卷(一至三、十五至十七)

330000－4701－0000552　0559　子部/儒家類/儒學之屬/禮教/鑑戒
分類詳註曾文正公治家全書六種二十卷　廣益書局輯　民國上海廣益書局石印本　一冊　存二卷(大事記一至二)

330000－4701－0000553　0560　子部/藝術類/書畫之屬/總論
甌鉢羅室書畫過目攷四卷首一卷附一卷　(清)李玉棻輯　民國上海朝記書莊鉛印本　四冊

330000－4701－0000562　0563　類叢部/叢書類/彙編之屬
國立中央研究院歷史語言研究所單刊　國立中央研究院歷史語言研究所編　民國上海商務印書館鉛印本暨影印本　一冊　存一種

330000－4701－0000578　0573　類叢部/叢書類
懷舊樓叢書　民國十五年(1926)金山姚氏懷舊樓刻本　一冊　存一種

330000－4701－0000579　0574　子部/藝術類/書畫之屬/法帖

明清名人尺牘墨寶第一集六卷第二集六卷第三集六卷　文明書局輯　民國十四年(1925)上海文明書局影印本　十五册　缺三卷(第一集一、第二集一、第三集六)

330000－4701－0000580　0600　類叢部/叢書類/彙編之屬

四部叢刊　張元濟等編　民國上海商務印書館影印本　二千一百四册　存三百二十一種

330000－4701－0000582　0522　史部/地理類/方志之屬/郡縣志

[民國]平陽縣志九十八卷首一卷　王理孚修　劉紹寬纂　民國十四年至十五年(1925－1926)刻本　三十册

330000－4701－0000583　0523　史部/地理類/方志之屬/郡縣志

[民國]平陽縣志九十八卷首一卷　王理孚修　劉紹寬纂　民國十四年至十五年(1925－1926)刻本　十四册　存四十九卷(九至十六、十九至二十一、五十八至六十二、六十六至九十八)

330000－4701－0000584　0524　史部/地理類/方志之屬/郡縣志

[民國]平陽縣志九十八卷首一卷　王理孚修　劉紹寬纂　民國十四年至十五年(1925－1926)刻本　一册　存三卷(十四至十六)

330000－4701－0000585　0525　史部/目録類/總録之屬/地方

溫州經籍志三十三卷首一卷外編二卷辨誤一卷　(清)孫詒讓撰　民國十年(1921)浙江公立圖書館刻本　十六册

330000－4701－0000589　0529　集部/别集類/明别集

甌東錄十卷　(明)項喬撰　民國永嘉區徵輯鄉先哲遺著委員會抄本　十册

330000－4701－0000594　0381　史部/金石類/璽印之屬/文字

選集漢印分韻二卷　(清)袁日省輯　(清)謝雲生臨摹　民國石印本　一册　存一卷(下)

330000－4701－0000596　0383　集部/别集類/宋别集

劍南詩鈔六卷　(宋)陸游撰　(清)楊大鶴選　民國八年(1919)上海掃葉山房石印本　一册　存一卷(一)

330000－4701－0000599　0531　類叢部/叢書類/彙編之屬

漢魏叢書九十六種　(清)王謨輯　民國六年(1917)上海育文書局石印本　三十二册

330000－4701－0000602　0387　集部/總集類/選集之屬/通代

經史百家簡編二卷　(清)曾國藩纂　民國上海商務印書館鉛印本　一册

330000－4701－0000603　0388　集部/詩文評類/詩評之屬

隨園詩話十六卷補遺十卷　(清)袁枚撰　民國石印本　二册　存八卷(一至四、九至十二)

330000－4701－0000605　0532　類叢部/叢書類/郡邑之屬

敬鄉樓叢書三十八種　黄羣編　民國十七年至二十四年(1928－1935)永嘉黄氏鉛印本　十七册　存第一輯三種、第二輯二種、第三輯三種、第四輯一種

330000－4701－0000609　0579　集部/總集類/選集之屬/通代

歷代詩文評註讀本　王文濡編　民國上海文明書局鉛印本　一册　存一種

330000－4701－0000610　0580　子部/小說家類/雜事之屬

世說新語六卷　(南朝宋)劉義慶撰　(南朝梁)劉孝標注　民國掃葉山房石印本　一册　存一卷(六)

330000－4701－0000612　0582　集部/别集類/唐五代别集

玉谿生詩詳註六卷首一卷　(唐)李商隱撰

(清)馮浩注　民國石印本　一冊　存一卷(一)

330000－4701－0000613　0583　集部/詩文評類/文法之屬
言文對照評註高等小學論說文範四卷　邵伯棠撰　民國二十五年(1936)上海會文堂書局石印本　一冊　存一卷(四)

330000－4701－0000614　0585　集部/總集類/尺牘之屬
新式活用尺牘秘訣大全四卷　許慕羲編　民國十三年(1924)上海廣益書局石印本　一冊　存二卷(一至二)

330000－4701－0000616　0586　集部/總集類/尺牘之屬
商業新尺牘四卷　林萬里撰　民國二十三年(1934)會文堂新記書局石印本　三冊　存三卷(一至二、四)

330000－4701－0000617　0587　集部/詩文評類/文法之屬/函牘格式
言文對照繪圖兒童新尺牘不分卷　廣文書局編輯所編　民國十五年(1926)上海世界書局石印本　一冊

330000－4701－0000618　0588　集部/總集類/尺牘之屬
音註分類交際尺牘大全不分卷　王有珩編　民國上海大東書局石印本　一冊

330000－4701－0000619　0589　子部/小說家類/雜事之屬
虞初新志二十卷　(清)張潮輯　**虞初續志十二卷**　(清)鄭澍若編　民國上海文瑞樓石印本　一冊　存三卷(一至三)

330000－4701－0000620　0590　集部/詩文評類/文法之屬
初學論說文範四卷　邵伯棠撰　民國上海會文堂粹記石印本　四冊

330000－4701－0000621　0591　子部/術數類/相宅相墓之屬
入地眼全書十卷　(宋)釋靜道撰　(清)萬樹華編　民國鑄記書局石印本　三冊　存七卷(一至五、九至十)

330000－4701－0000622　0533　集部/總集類/氏族之屬
詳註校正三蘇文集　(宋)蘇洵　(宋)蘇軾　(宋)蘇轍撰　民國十六年(1927)上海會文堂書局鉛印本　二冊　存一種

330000－4701－0000623　0592　子部/宗教類/佛教之屬
玄門日誦不分卷　民國文成齋石印局石印本　一冊

330000－4701－0000624　0593　集部/小說類/長篇之屬
繪圖歷朝通俗演義十一種　蔡東帆輯　民國上海會文堂新記書局石印本　一冊　存一種

330000－4701－0000627　0596　集部/小說類/長篇之屬
增像全圖加批西遊記八卷　(明)吳承恩撰　(清)陳士斌詮解　民國石印本　四冊　存四卷(四至七)

330000－4701－0000629　0598　集部/小說類/長篇之屬
增像全圖東周列國志□□卷一百八回　(清)蔡奡評點　民國石印本　一冊　存十二回(六十九至八十)

330000－4701－0000630　0599　子部/儒家類/儒學之屬/蒙學
重增繪圖幼學故事瓊林四卷首一卷　(清)程登吉撰　(清)鄒聖脈增補　蔡郕續增　民國上海會文堂書局石印本　一冊　存一卷(三)

330000－4701－0000631　0541　集部/總集類/選集之屬/通代
評註古文讀本六卷　林景亮撰　民國十年(1921)上海中華書局鉛印本　一冊　存一卷(四)

330000－4701－0000633　0543　新學/學校
新式修身教科書八卷　方鈞編　民國十二年(1923)上海中華書局鉛印本　一冊　存一卷

（三）

330000－4701－0000634　0544　新學/學校

新式國民學校國文教科書八卷　李步青等編　民國十一年至十二年(1922－1923)上海中華書局石印本　四冊　存四卷(二至五)

330000－4701－0000635　0534　集部/總集類/郡邑之屬

永嘉詩人祠堂叢刻十四種　冒廣生輯　民國四年(1915)如皋冒氏刻本　六冊　存十種

330000－4701－0000636　0545　新學/理學/文學

中華高等小學歷史教科書四卷　汪楷　華紹昌編　民國元年(1912)中華書局鉛印本　一冊　存一卷(一)

330000－4701－0000637　0546　集部/總集類/課藝之屬

全國學生國文成績文庫甲編二十卷乙編二十卷　盧壽籛選輯　民國十一年(1922)上海崇文書局鉛印本　一冊　存五卷(乙編十六至二十)

330000－4701－0000638　0547　新學/議論/通論

評註中學論說新範二卷　秦同培編輯　民國上海世界書局石印本　一冊　存一卷(一)

330000－4701－0000639　0548　子部/雜著類/雜編之屬

日用酬世大觀　世界書局編輯所編　民國十四年(1925)上海世界書局石印本　一冊　存五種

330000－4701－0000640　0549　子部/雜著類

玉歷至寶鈔勸世一卷附經驗神效良方一卷　王子達重編　民國上海宏大善書局石印本　一冊　存一卷(玉歷至寶鈔勸世)

330000－4701－0000643　0602　子部/雜著類/雜纂之屬

新增繪圖萬寶全書續編六卷　(清)陳淏子輯　民國石印本　一冊　存三卷(一至三)

330000－4701－0000645　0604　經部/四書類/總義之屬/傳說

四書集註十九卷　(宋)朱熹撰　民國三年(1914)中華書局鉛印本　二冊　存五卷(孟子三至七)

330000－4701－0000647　0606　史部/傳記類/總傳之屬/忠孝

男女百孝圖全傳四卷　(清)俞葆真編輯　(清)何雲梯繪　民國石印本　二冊　存二卷(三至四)

330000－4701－0000649　0608　經部/詩類/傳說之屬

詩經集傳八卷　(宋)朱熹撰　民國上海天寶書局石印本　二冊　存四卷(五至八)

330000－4701－0000650　0609　經部/四書類/總義之屬/文字音義

注音字母四書白話句解十九卷　周覲光　吳穀民撰　民國石印本　一冊　存二卷(七至八)

330000－4701－0000651　0610　經部/四書類/總義之屬/傳說

新式標點四書白話註解十九卷　琴石山人注解　民國上海會文堂新記書局石印本　一冊　存二卷(孟子一至二)

330000－4701－0000652　0611　經部/四書類/總義之屬/傳說

新訂四書補註備旨十卷　(明)鄧林撰　(清)鄧煜編　(清)杜定基增訂　民國上海昌文書局石印本　一冊　存一卷(孟子一)

330000－4701－0000653　0612　子部/雜著類/雜說之屬

論衡三十卷　(漢)王充撰　民國上海掃葉山房石印本　一冊　存五卷(十六至二十)

330000－4701－0000654　0613　集部/別集類/明別集

王文成公全書三十八卷　(明)王守仁撰　民國石印本　一冊　存三卷(九至十一)

330000－4701－0000656　0617　史部/地理

類/山川之屬/山志

廬山志十二卷首一卷 吳宗慈編 民國二十二年(1933)鉛印本 二冊 存二卷(十、十二)

330000－4701－0000657 0615 子部/儒家類/儒學之屬/蒙學

新增繪圖幼學故事瓊林四卷首一卷 (清)程登吉撰 (清)鄒聖脈增補 民國上海鴻寶齋石印本 一冊 存二卷(三至四)

330000－4701－0000659 0619 史部/史抄類

史記菁華錄六卷 (清)姚祖恩輯評 民國鉛印本 一冊 存二卷(一至二)

330000－4701－0000660 0620 史部/地理類/方志之屬/郡縣志

識小錄□□卷 (明)徐樹丕撰 民國石印本 一冊 存一卷(二)

330000－4701－0000661 0616 集部/總集類/選集之屬/斷代

隨園女弟子詩選六卷 (清)袁枚輯 民國石印本 一冊 存三卷(四至六)

330000－4701－0000662 0621 集部/總集類/選集之屬/斷代

新體廣註唐詩三百首讀本六卷 世界書局編輯所編輯 民國十四年(1925)上海世界書局石印本 一冊 存四卷(三至六)

330000－4701－0000664 0623 經部/四書類/總義之屬/傳說

四書集註十九卷 (宋)朱熹撰 民國上海錦章書局石印本 一冊 存一種

330000－4701－0000668 0627 經部/小學類/文字之屬/字書/字典

新編中華字典十二集十二卷總目一卷檢字一卷辨似一卷補遺一卷 許伏民等編 民國二十四年(1935)上海羣學書社石印本 三冊 存四卷(子集、丑集、寅集,補遺)

330000－4701－0000674 0633 經部/小學類/文字之屬/字書/字典

校正攷正字彙二卷 (清)陳淏子撰 民國上海鴻章書局石印本 一冊

330000－4701－0000675 0634 經部/小學類/文字之屬/字書

農家備覽一卷 民國凌雲閣紙號石印本 一冊

330000－4701－0000676 0636 集部/總集類/選集之屬/通代

古文觀止十二卷 (清)吳乘權 (清)吳大職輯 民國上海天寶書局石印本 三冊 存六卷(七至十二)

330000－4701－0000678 0637 集部/總集類/選集之屬/通代

增輯古文釋義新編八卷 (清)余誠評註 民國上海啟新書局石印本 三冊 存三卷(六至八)

330000－4701－0000679 0638 集部/詩文評類/文評之屬

言文對照古文評註讀本十二卷 (清)過珙 (清)黃越選評 (清)曾潢 (清)龐雲燦訂 民國上海世界書局石印本 一冊 存一卷(二)

330000－4701－0000680 0639 集部/總集類/選集之屬/通代

新體廣註古文觀止十二卷 (清)吳乘權 (清)吳大職輯 黃築巖 劉再蘇註釋 民國石印本 一冊 存二卷(九至十)

330000－4701－0000681 0640 集部/總集類/選集之屬/通代

古文觀止十二卷 (清)吳乘權 (清)吳大職輯 民國上海鴻寶齋石印本 三冊 存六卷(七至十二)

330000－4701－0000682 0641 經部/小學類/文字之屬/說文

說文解字十五卷標目一卷 (漢)許慎撰 (宋)徐鉉等校定 民國三年(1914)上海商務印書館據藤花榭刻本影印本 一冊 存四卷(一至四)

330000－4701－0000688　0647　經部/小學類/文字之屬/訓蒙

新刻訓蒙五言雜字大全一卷　民國四年(1915)鼎邑文成堂石印本　一冊

330000－4701－0000689　0648　史部/金石類/金之屬/文字

歷代鐘鼎彝器欵識法帖二十卷　(宋)薛尚功撰　民國石印本　一冊　存四卷(五至八)

330000－4701－0000690　0650　集部/總集類/郡邑之屬

慎江詩類六卷　(清)周天錫輯　民國抄本　三冊　存三卷(一、三、五)

330000－4701－0000691　0649　史部/傳記類/日記之屬

越縵堂日記不分卷(清同治二年四月朔至光緒十五年七月初十)　(清)李慈銘撰　民國影印本　一冊　存荀學齋日記癸集上

330000－4701－0000692　0651　子部/藝術類/遊藝之屬/雜藝

益智圖二卷　(清)童叶庚撰　**益智續圖一卷**　(清)童昂　(清)童昶　(清)童晏撰　(清)童叶庚編　**益智字圖一卷附一卷**　(清)祝梅君撰　民國石印本　一冊　存一卷(益智字圖)

330000－4701－0000695　0654　子部/藝術類/書畫之屬/畫譜

芥子園畫傳初集六卷二集九卷三集六卷　(清)王槩　(清)王蓍　(清)王臬輯　民國上海發文新書局石印本　五冊　存十一卷(初集一至二、二集一至九)

330000－4701－0000697　0656　子部/雜著類/雜纂之屬

隨園食譜一卷　(清)袁枚撰　民國十一年(1922)掃葉山房石印本　一冊

330000－4701－0000698　0657　子部/宗教類/道教之屬/經文

玄門諸經輯要不分卷　項育根編　民國二十六年(1937)永嘉石印本　一冊

330000－4701－0000699　0658　子部/儒家類/儒學之屬/禮教

費隱子八德淺言一卷　費隱子編　民國宏大善書局石印本　一冊

330000－4701－0000700　0659　集部/別集類

厚莊詩文續集文六卷文外二卷詩四卷　劉紹寬撰　民國二十六年(1937)鉛印本　二冊　存二卷(文外一至二)

330000－4701－0000701　0758　子部/藝術類/書畫之屬/法帖

初拓鄭文公碑不分卷　(北魏)鄭道昭書　味道腴齋藏　民國六年(1917)上海有正書局拓本　一冊

330000－4701－0000707　0665　史部/目録類/總録之屬/官修

壬子文瀾閣所存書目五卷　錢恂編　民國元年(1912)浙江圖書館刻本　三冊　存三卷(一、四至五)

330000－4701－0000712　0537　子部/道家類

莊子十卷　(晉)郭象注　(唐)陸德明音義　民國上海文瑞樓石印本　四冊

330000－4701－0000713　0539　子部/道家類

老子道德經二卷　(三國魏)王弼注　**音義一卷**　(唐)陸德明撰　**附識一卷老子校勘記一卷**　民國九年(1920)浙江圖書館刻本　一冊

330000－4701－0000714　0540　子部/道家類

老子道德經二卷　民國十九年(1930)石印本　一冊

330000－4701－0000715　0681　子部/宗教類/道教之屬

重鐫清靜經圖註一卷　題太上老君撰　水精子註解　混然子付圖　民國石印本　一冊

330000－4701－0000716　0682　子部/宗教類/道教之屬

新編玄門勸道錄一卷 孫公木編 民國二十六年(1937)鉛印本 一册

330000－4701－0000718 0684 子部/宗教類/道教之屬/經文

玄門諸經輯要不分卷 項育根編 民國二十六年(1937)永嘉石印本 一册

330000－4701－0000725 0692 子部/宗教類/道教之屬

[溫郡]道教會第一次布告不分卷 民國元年(1912)溫州中華石印局石印本 一册

330000－4701－0000729 0695 子部/宗教類/道教之屬

浙江鎮海淵德觀丁卯壇登真籙一卷 民國十六年(1927)鎮海新同文圖書印局鉛印本 一册

330000－4701－0000730 0696 子部/宗教類/道教之屬

浙江鎮海淵德觀丁卯壇登真籙一卷 民國十六年(1927)鎮海新同文圖書印局鉛印本 一册

330000－4701－0000731 0697 子部/宗教類/道教之屬

委羽山大有宮癸酉壇登真錄一卷 民國二十二年(1933)石印本 一册

330000－4701－0000732 0698 子部/宗教類/道教之屬

委羽山大有宮癸酉壇登真錄一卷 民國二十二年(1933)石印本 一册

330000－4701－0000733 0699 子部/宗教類/道教之屬

委羽山龍門宗譜四卷 民國二十九年(1940)石印本 三册 缺一卷(三)

330000－4701－0000734 0700 子部/宗教類/道教之屬

委羽山龍門宗譜四卷 民國二十九年(1940)石印本 二册 存二卷(一、四)

330000－4701－0000735 0701 子部/宗教類/道教之屬

玉定金科例誅輯要十卷首一卷末一卷特宥輯要十卷首一卷末一卷例賞輯要十卷首一卷末一卷 南天都劫司 桂宮武昌候輯 民國十五年(1926)北京金科流通處鉛印本 一册 存二卷(例誅輯要一至二)

330000－4701－0000736 0708 史部/目録類/總録之屬

萬有文庫索引不分卷 民國抄本 一册

330000－4701－0000738 0724 類叢部/叢書類/郡邑之屬

括蒼叢書第一集八種 劉燿東編 民國二十七年(1938)鉛印本(滑疑集詩卷二原缺) 二册 存二種

330000－4701－0000739 0728 類叢部/叢書類/郡邑之屬

括蒼叢書第二集十二種 劉燿東編 民國三十七年(1948)鉛印本 一册 存二種

330000－4701－0000741 0669 子部/藝術類/書畫之屬/畫譜

芥子園畫傳初集六卷二集九卷三集六卷 (清)王槩 (清)王蓍 (清)王臬輯 民國三年(1914)上海共和書局石印本 三册 存五卷(初集一至二、四,二集一至二)

330000－4701－0000743 0671 子部/藝術類/書畫之屬/法帖

劉石庵相國墨蹟第一集 (清)劉墉書 民國上海有正書局石印本 一册

330000－4701－0000744 0672 子部/藝術類/書畫之屬/畫譜

海上二大名家畫譜三卷 (清)錢慧安繪 曹華繪 民國石印本 三册

330000－4701－0000745 0673 子部/藝術類/書畫之屬/法帖

顏體大楷東方書贊碑精華一卷 (唐)顏真卿書 民國上海世界書局石印本 一册

330000－4701－0000746 0674 子部/藝術類/書畫之屬/法帖

清道人尉夫人墓碑不分卷　李瑞清書　民國碧梧山莊石印本　一册

330000－4701－0000747　0675　子部/藝術類/書畫之屬/法帖

宋拓麻姑仙壇記不分卷　（唐）顏真卿撰並書　民國上海碧梧山莊影印本　二册

330000－4701－0000748　0676　史部/金石類/石之屬/文字

東海廟殘碑一卷　民國上海有正書局影印本　一册

330000－4701－0000750　0678　子部/藝術類/書畫之屬/法帖

周文清藏北宋未斷本聖教序不分卷　（晉）王羲之書　民國十二年（1923）上海有正書局影印本　一册

330000－4701－0000751　0679　子部/藝術類/書畫之屬/法帖

青玉版十三行不分卷　（晉）王獻之書　民國上海有正書局影印本　一册

330000－4701－0000753　0751　史部/金石類/石之屬/文字

初拓崔敬邕墓誌一卷　民國十一年（1922）上海有正書局影印本　一册

330000－4701－0000756　0753　子部/藝術類/書畫之屬/法帖

篆書陶公廟碑不分卷　（清）吳大澂書　民國石印本　一册

330000－4701－0000759　0756　子部/醫家類/綜合之屬/通論

御纂醫宗金鑑九十卷首一卷　（清）吳謙等撰　民國石印本　四册　存十六卷（編輯外科心法要訣一至十六）

330000－4701－0000760　0757　子部/醫家類/綜合之屬/通論

御纂醫宗金鑑九十卷首一卷　（清）吳謙等撰　民國抄本　一册　存八卷（編輯外科心法要訣一至八）

330000－4701－0000762　0759　子部/藝術類/書畫之屬/法帖

初拓鄭文公碑不分卷　（北魏）鄭道昭書　味道腴齋藏　民國八年（1919）上海有正書局拓本　一册

330000－4701－0000763　0767　子部/藝術類/書畫之屬/法帖

董文敏臨懷素自敘不分卷　（明）董其昌臨　民國十九年（1930）上海文明書局影印本　一册

330000－4701－0000764　0760　子部/藝術類/書畫之屬/法帖

南海書一天園記一卷　康有為撰並書　民國十四年（1925）上海有正書局石印本　一册

330000－4701－0000765　0761　子部/藝術類/書畫之屬/法帖

楊少師韭花帖墨迹一卷　（五代）楊凝式書　民國十二年（1923）上海有正書局影印本　一册

330000－4701－0000766　0762　子部/藝術類/書畫之屬/畫譜

惲南田花卉册不分卷　（清）惲格繪　民國影印本　一册

330000－4701－0000767　0763　子部/藝術類/書畫之屬/法帖

武昌西山詩帖不分卷　（宋）蘇軾書　民國商務印書館影印本　一册

330000－4701－0000768　0764　子部/宗教類/道教之屬

青玄交經薦靈金科一卷　民國四年（1915）抄本　一册

330000－4701－0000769　0766　子部/藝術類/書畫之屬/畫譜

全國名伶秘本戲畫大觀二卷　錢病鶴繪　民

國石印本　一冊　存一卷(一)

330000－4701－0000770　0787　子部/藝術類/書畫之屬/法帖

古今碑帖集成一百五十種　大衆書局編　民國上海大衆書局影印本　一冊　存一種

330000－4701－0000771　0765　子部/藝術類/書畫之屬/法帖

顔魯公書宋拓東方畫像贊碑不分卷　(唐)顔真卿書　民國上海碧梧山莊影印本　一冊

330000－4701－0000774　0747　子部/宗教類/道教之屬

三元召兵科一卷　民國抄本　一冊

330000－4701－0000775　0750　史部/傳記類/别傳之屬/墓誌

瑞安姚君墓志銘一卷瑞安姚氏家廟記一卷　章炳麟撰並書　**先嚴言行述畧一卷**　姚琮撰並書　民國二十三年(1934)影印本　一冊

330000－4701－0000776　0769　子部/儒家類/儒學之屬/禮教/家訓

朱柏廬先生治家格言(朱子家訓)一卷　(清)朱用純撰　民國三友實業社石印本　一冊

330000－4701－0000780　0772　集部/總集類/題詠之屬

玉樹先生暨德配蘇夫人像贊不分卷　民國石印本　一冊

330000－4701－0000784　0776　史部/傳記類/總傳之屬/家乘

[浙江平陽]許氏宗譜不分卷　許良梨　王松軒輯　民國二十二年(1933)瑞邑四十四都東嶴王茹古齋木活字印本　一冊

330000－4701－0000785　0777　史部/傳記類/總傳之屬/家乘

[浙江平陽]滎陽郡鄭氏宗譜一卷　(清)鄭嘉志修　(清)涂定高纂　民國九年(1920)木活字印本　一冊

330000－4701－0000787　0779　史部/傳記類/總傳之屬/家乘

[浙江平陽]汝南周氏宗譜十二卷首一卷　周承漁等纂修　民國九年(1920)瑞邑五都埸橋黄成文堂木活字印本　二冊　存三卷(首、一至二)

330000－4701－0000788　0780　史部/傳記類/總傳之屬/家乘

[浙江平陽]西河郡林氏宗譜不分卷　林思真等修　劉纘輯　民國二十四年(1935)平邑莒溪樹人堂木活字印本　一冊

330000－4701－0000789　0781　史部/傳記類/總傳之屬/家乘

[浙江平陽]林氏宗譜不分卷　民國三十五年(1946)南港萃英齋木活字印本　一冊

平陽縣檔案館
民國時期傳統裝幀書籍普查登記目録

浙江省民國時期傳統裝幀書籍普查登記目録 · 温州 湖州

國家圖書館出版社
National Library of China Publishing House

《平陽縣檔案館民國時期傳統裝幀書籍普查登記目録》

主　編：包崇調

《平陽縣檔案館民國時期傳統裝幀書籍普查登記目録》

前　言

平陽縣檔案館前身爲平陽縣委、縣政府檔案室，1959 年兩室合并成立平陽縣檔案館。1986 年 10 月，平陽縣檔案局成立，檔案館歸屬檔案局。現館内設辦公室、督導編研科、檔案管理科、登記備份中心 4 個職能科室。1997 年 12 月，平陽縣檔案館晋升爲省一級綜合檔案館。2010 年 12 月，晋升爲國家三級綜合檔案館。

我館以收藏檔案文書著稱，最早的檔案資料是清咸豐十一年（1861）的屋契，此外还保存有民國時期檔案 12 個全宗 2560 卷，存有反映民國時期平陽經濟社會情況的《平陽六年》。還藏有少量的綫裝文獻，其中一些文獻較爲珍貴。時值浙江全省開展古籍普查工作，我館藉助平陽縣圖書館的普查人員和設備，對館藏的歷史文獻作了較爲全面的普查登記。

我館藏的綫裝書不多，經普查，一共有 3 種 32 册，其中民國《平陽縣志》和《牧齋有學集》（《四部叢刊》本）爲民國時期文獻。從古籍定級上看，這兩部文獻皆爲四級古籍。民國《平陽縣志》是民國十四年至十五年（1925—1926）刻本，《牧齋有學集》是民國八年（1919）上海商務印書館據清金匱山房刻本影印。從破損程度上看，民國《平陽縣志》保存較爲完好，没有破損。《牧齋有學集》屬於四級破損。

我館藏民國《平陽縣志》是一部重要的鄉邦文獻。該書九十八卷首一卷，王理孚主持，符璋、劉紹寬編纂，民國十四年至十五年刻本。全書分輿地、建置、學校、食貨、武衛、風土、職官、選舉、人物、神教、經籍、古迹、金石、雜事、文徵等内容。民國《平陽縣志》是一部民國時期國内優秀的志書，亦是平陽舊方志的集大成者，被專家譽爲"近代地方志中佳本之一"。值得一提的是，我館收藏的民國《平陽縣志》每卷首葉鈐有"縣立中山圖書館藏書"印，這説明館藏的民國《平陽縣志》來源於縣立中山圖書館的藏書。

綫裝文獻普查的完成，爲我館古籍保護工作打下了良好的基礎。我們將制訂合理可行的文獻保護計劃，加强庫房建設和管理，開展文獻修復和數字化工作。文獻普查是一項專業的工作，也是一項系統工作，需要多方協作。因此，我館綫裝文獻普查的完成，首先要感謝本館包崇調同志和縣圖書館趙丹同志，從普查項目申報，到文獻信息著録，再到業務溝通對接，無不凝聚着他們的汗水。最後，特別要感謝館領導，他們在政策、時間和經費上給予了充分保障,使普查工作得以順利完成。

普查工作雖然已經結束,但文獻保護工作永遠在路上。由於普查人員業務水平有限,我館文獻普查在數據著録及版本鑒定等方面肯定有一些疏誤,敬請方家批評指正。

平陽縣檔案館
2017 年 10 月 31 日

330000－4799－0000001　001　史部/地理類/方志之屬/郡縣志

[民國]平陽縣志九十八卷首一卷　王理孚修　劉紹寬纂　民國十四年至十五年(1925－1926)刻本　三十冊　缺三卷(五十二至五十四)

330000－4799－0000002　002　類叢部/叢書類/彙編之屬

四部叢刊　張元濟等編　民國八年(1919)上海商務印書館影印本　一冊　存一種

蒼南縣圖書館
民國時期傳統裝幀書籍普查登記目録

浙江省民國時期傳統裝幀書籍普查登記目録・温州 湖州

國家圖書館出版社
National Library of China Publishing House

《蒼南縣圖書館民國時期傳統裝幀書籍普查登記目録》

編委會

主　　編： 洪振允

編纂人員： 張　潔　易少玲

《蒼南縣圖書館民國時期傳統裝幀書籍普查登記目録》

前　言

2014 年 3 月，蒼南縣圖書館認真貫徹落實浙江省古籍保護工作相關會議和文件精神，根據省古籍保護中心要求，結合蒼南縣實際情況，積極部署和推動古籍普查工作，於 2014 年 8 月按時完成該項工作任務。經普查，蒼南縣圖書館古籍 20 種，共計 144 册，其中民國文獻 10 種，計 30 册。按古籍版本類型，有刻本 1 部 8 册，鉛印本 6 部 14 册，石印本 2 部 5 册，鈐印本 1 部 3 册；按古籍四部分類，經部 1 部 4 册，子部 1 部 3 册，集部 8 部 23 册。從古籍定級上統計，存有三級古籍 1 種 3 册，其餘皆爲四級古籍；從破損程度上統計，三級破損 4 册，四級破損 13 册，餘下都較爲完好，其中四級破損所占比例最大，約占 43%，主要的破損類型爲蟲蛀、斷綫、黴蝕、口開等。

古籍普查是一個系統工程，蒼南縣圖書館古籍普查工作能够順利完成，要感謝省古籍保護中心領導和專家老師的悉心指導，以及蒼南縣圖書館領導的大力支持。同時普查工作中也得到了上級有關部門及領導的有力支持，在此一并感謝！

蒼南縣圖書館

2017 年 11 月 22 日

330000－4702－0000001　0003　經部/小學類/音韻之屬
新編音畫字攷三卷首一卷音畫對照表一卷　葉衡編　民國十一年(1922)石印本　四册

330000－4702－0000003　0002　類叢部/叢書類/郡邑之屬
永嘉詩人祠堂叢刻十四種　冒廣生輯　民國四年(1915)如皋冒氏刻本　八册

330000－4702－0000007　0010　集部/別集類
厚莊詩文續集文六卷文外二卷詩四卷　劉紹寬撰　民國二十六年(1937)鉛印本　六册

330000－4702－0000010　0013　集部/別集類/唐五代別集
韓集箋正五卷昌黎先生詩文年譜一卷　(清)方成珪撰　民國十五年(1926)瑞安陳氏湫漻齋鉛印本　四册

330000－4702－0000012　0014　子部/藝術類/篆刻之屬/印譜
鐵耕小築印譜不分卷　(清)劉慶祥篆　劉紹寬輯　民國十九年(1930)鈐印本　三册

330000－4702－0000014　0018　集部/詩文評類/詩評之屬
歷代詩話二十七種五十七卷考索一卷　(清)何文煥輯　民國十六年(1927)上海大一統書局鉛印本　一册　存四卷(詩品一至三、詩式)

330000－4702－0000015　0019　集部/總集類/酬唱之屬
戊社初刊十卷　王理孚輯　民國二十年(1931)鉛印本　一册

330000－4702－0000016　0022　集部/詞類/詞話之屬
學詞百法一卷　劉坡公編　民國十七年(1928)上海世界書局鉛印本　一册

330000－4702－0000017　0021　集部/詞類/詞譜之屬
考正白香詞譜不分卷　(清)舒夢蘭輯　民國二十三年(1934)上海新文化書社鉛印本　一册

330000－4702－0000020　0020　集部/曲類/寶卷之屬
南雁聖傳仙姑修行四卷　(清)醒迷子編　民國十九年(1930)石印本　一册

文成縣圖書館
民國時期傳統裝幀書籍普查登記目録

浙江省民國時期傳統裝幀書籍普查登記目録 · 温州 湖州

國家圖書館出版社
National Library of China Publishing House

《文成縣圖書館民國時期傳統裝幀書籍普查登記目録》

編委會

主　　編: 周肖曉

副 主 編: 胡海珍

編纂人員: 馬丹卓　朱加静　蘇青青

《文成縣圖書館民國時期傳統裝幀書籍普查登記目録》

前　言

文成縣圖書館館藏古籍來源於中華人民共和國成立後的政府徵集和民間捐贈。由於當時館舍條件簡陋，這批書一直被單獨放置在一個庫房，没有恒温恒濕的設備，没有專門的人員管理，有些發黴蟲蛀，有些被老鼠啃咬，破損比較嚴重。中途有工作人員加以整理，但是缺乏正確的保護意識，將古籍放到外面直接曬，用漿糊將古籍大片粘連在一起，反而起到了破壞作用。隨着全國古籍保護工作的全面開展，我們對古籍保護有了新的認識，清楚地意識到這些文獻典籍是中華民族在數千年歷史發展過程中創造的重要文明成果，蘊含着中華民族特有的精神價值、思維方式和想象力、創造力，是不可再生資源，而對於古籍開展摸清家底、分級保護工作，是我們這輩人應該承擔的責任。

根據《浙江省人民政府辦公廳關於加强古籍保護工作的意見》（浙政辦發［2009］54號）和《浙江省文化廳關於開展全省古籍普查項目申報的通知》（浙文社［2011］77號，浙古保［2012］1號）的精神，我館於2014年3月制訂古籍普查計劃，申報了古籍普查項目，正式啓動古籍普查工作。項目預定開展時間爲2014年4月至2015年6月，在普查工作人員的共同努力下，於2015年6月完成了全部館藏古籍的普查著録工作。

我館古籍普查工作的開展，首次全面、系統地著録了館藏歷史文獻的信息，爲下一步古籍保護工作打下了堅實的基礎，也標志着我館古籍保護工作邁上了新的臺階。經普查，我館現存綫裝古籍376部1227册，其中民國傳統裝幀圖書127部254册。在民國傳統裝幀文獻中，從古籍版本類型來説，有刻本19部28册，抄本12部12册，稿本2部2册，石印本42部74册，鉛印本46部123册，影印本5部14册，油印本1部1册。從古籍四部分類來講，經部11部15册，史部29部67册，子部36部57册，集部39部93册，類叢部10部20册，新學2部2册。其中石印本和鉛印本的數量較多，這也從側面反映了民國時期圖書印刷技術的變化。值得一提的是，我館收藏的抄本稿本文獻，都集中在民國時期。

大部分民國傳統裝幀書籍都爲劉耀東先生《啓後亭藏書目》中著録的藏書，可能由於年代等因素，本館并没有收録《啓後亭藏書目》的全部書籍，其中有些可能被民間收藏家收藏，有些被其他館收藏，如劉耀東先生的《疚廎日志》的手稿就收録在温州圖書館。由於是劉耀東先生的藏書，很多書上留有他的印記，他會在一些書的空白處寫上批注，表達自己的感受和見解。我們館還保存了劉耀東先生的兩部手稿：《南田山志》和《啓後亭藏書目》。《南田山志》十四卷，對南田的山水、名勝、古迹、人物、風土、人情、村莊等都進行記載，是一部文成最早的、獨一無二的地方鄉土志。《啓後亭藏書目》記録了劉耀東先生生前收藏的部分古籍的書目。這些都是研究劉耀東先生不可多得的史料。另外還有一些抄本，如劉耀東先生編的《校聞》不分卷，對研究南田中心小學的歷史、當時的辦學情况，都是非常重要的資料。

古籍保護是長遠的綜合性工程，就我館的古籍保護工作而言，在許多方面仍需要跟進，具體體現在庫房管理、數字化、修復與人員安排、開發利用等方面。我們將通過營造良好的庫房環境，讓古籍在合適的温濕度條件下保存，不僅可以延長古籍紙張壽命，還可以抑制書蟲、黴菌的生長繁殖，避免蟲黴危害等。對古籍修復而言，我們將配備專業的古籍修復設備與古籍修復人員，及時對破損古籍進行修復。這些還衹是古籍保護的第一步，接下來，還將利用現代化技術進行再生性保護，對古籍進行規範性數字化。最重要的是要充分挖掘其内容，讓古籍發揮作用。

此外，衷心感謝省館領導對我館古籍保護工作業務上的指導，特别是徐曉軍館長、童聖江主任、陳誼老師和曹海花老師。同時，感謝爲我館古籍保護工作做出貢獻的所有同事和朋友！由於能力水平有限，著録的數據存在錯誤在所難免，請各位專家給予指正！

周肖曉
2017年12月

330000－4703－0000011　0001　集部/總集類/選集之屬/通代

古今文綜不分卷　張相輯　民國十四年(1925)上海中華書局鉛印本　二十二册

330000－4703－0000015　0005　子部/雜著類/雜考之屬

籀廎述林十卷　(清)孫詒讓撰　民國五年(1916)刻本　四册

330000－4703－0000020　0010　集部/總集類/選集之屬/通代

古文觀止十二卷　(清)吳乘權　(清)吳大職輯　民國上海天寶書局石印本　一册　存二卷(五至六)

330000－4703－0000025　0015　史部/紀傳類/正史之屬

史記一百三十卷　(漢)司馬遷撰　(明)歸有光等評點　**方望溪平點史記四卷**　(清)方苞撰　民國四年(1915)上海同文圖書館石印本　九册　存三十八卷(一至六、十二至十六、二十一至二十四、三十五至三十九、四十三至四十七、六十八至七十六,方望溪平點史記一至四)

330000－4703－0000031　0021　史部/編年類/通代之屬

增修補註歷代通鑑輯覽一百四十卷　王文濡等撰　民國鉛印本　四册　存九卷(二十至二十四、五十七至五十八、一百一至一百二)

330000－4703－0000055　0045　史部/地理類/方志之屬/郡縣志

嘉泰會稽志二十卷　(宋)沈作賓修　(宋)施宿等纂　民國十五年(1926)據清嘉慶十三年(1808)采鞠軒刻本影印本　九册

330000－4703－0000063　0052　經部/詩類/傳說之屬

詩經集傳八卷　(宋)朱熹撰　民國四年(1915)中華書局鉛印本　一册　存二卷(七至八)

330000－4703－0000066　0055　史部/地理類/方志之屬/郡縣志

[寶慶]會稽續志八卷　(宋)張淏纂修　民國十五年(1926)據清嘉慶十三年(1808)刻本影印本　二册　存六卷(三至八)

330000－4703－0000076　0065　子部/雜著類/雜說之屬

桐陰清話八卷　(清)倪鴻撰　民國十三年(1924)上海掃葉山房石印本　三册　存六卷(一至四、七至八)

330000－4703－0000078　0067　集部/別集類

晚山人集四卷　陳訓正撰　民國油印本　一册

330000－4703－0000079　0068　集部/總集類/選集之屬/通代

新選詳註國文讀本六卷　雷瑨編　雷瑊註　民國十年(1921)上海掃葉山房石印本　六册

330000－4703－0000080　0069　集部/總集類/選集之屬/通代

新選詳註國文讀本六卷　雷瑨編　雷瑊註　民國十年(1921)上海掃葉山房石印本　六册

330000－4703－0000081　0070　集部/別集類/清別集

紀曉嵐詩文集八卷　(清)紀昀撰　湯壽潛選輯　民國十七年(1928)上海華普書局鉛印本　四册

330000－4703－0000086　0075　史部/史評類/史論之屬

讀通鑑論十六卷附宋論十五卷　(清)王夫之撰　民國上海商務印書館鉛印本　七册　存二十五卷(三至四、九至十六,宋論一至十五)

330000－4703－0000089　0078　史部/傳記類/總傳之屬/儒林

學統五十六卷　(清)熊賜履撰　民國十二年(1923)靈峰精舍鉛印本　十册

330000－4703－0000099　0087　史部/傳記類/總傳之屬/姓名

留學日本東京法政大學同學録不分卷　民國

六年(1917)江蘇鉛印本　一册

330000－4703－0000100　0088　史部/傳記類/總傳之屬/姓名
留學日本東京法政大學同學録不分卷　民國六年(1917)江蘇鉛印本　一册

330000－4703－0000101　0089　史部/傳記類/總傳之屬/姓名
留學日本東京法政大學同學録不分卷　民國六年(1917)江蘇鉛印本　一册

330000－4703－0000106　0093　子部/宗教類/佛教之屬
居士參禪簡録不分卷　劉大心撰　民國十年(1921)杭州武林印書館鉛印本　一册

330000－4703－0000107　0094　子部/宗教類/佛教之屬
居士參禪簡録不分卷　劉大心撰　民國十年(1921)杭州武林印書館鉛印本　一册

330000－4703－0000109　0096　子部/雜著類/雜說之屬
香祖筆記十二卷　(清)王士禛撰　民國上海進步書局石印本　二册

330000－4703－0000111　0098　子部/雜著類/雜纂之屬
洪容齋筆記七十四卷首一卷　(宋)洪邁撰　民國十七年(1928)上海掃葉山房石印本　五册

330000－4703－0000112　0099　集部/總集類/尺牘之屬
歷代名人書札續編二卷　吳曾祺輯　民國三年(1914)上海商務印書館鉛印本　四册

330000－4703－0000114　101　集部/總集類/尺牘之屬
分類詳註文學尺牘大全集二十卷　(明)鍾惺纂輯　(明)馮夢龍訂釋　民國十年(1921)上海求古齋鉛印本　六册　存六卷(一、三、十四至十六、二十)

330000－4703－0000118　103　集部/別集類
厚莊文鈔三卷詩鈔二卷　劉紹寬撰　民國八年(1919)刻本　二册

330000－4703－0000125　111　子部/道家類
莊子補注四卷　奚侗撰　民國六年(1917)鉛印本　二册

330000－4703－0000126　112　子部/雜著類/雜編之屬
安士全書四種　(清)周夢顔撰　民國鉛印本　五册　缺一卷(文昌帝君陰騭文廣義節録一)

330000－4703－0000127　113　集部/總集類/選集之屬/通代
古文四象四卷　(清)曾國藩輯　民國六年(1917)上海有正書局鉛印本　三册　存三卷(一、三至四)

330000－4703－0000132　119　史部/傳記類/總傳之屬/姓名
留學日本東京法政大學同學録不分卷　民國六年(1917)江蘇鉛印本　一册

330000－4703－0000141　126　類叢部/叢書類/彙編之屬
復性書院叢刊二十七種　馬浮編　民國二十九年至三十七年(1940－1948)復性書院刻本暨鉛印本　三册　存一種

330000－4703－0000149　134　子部/儒家類/儒學之屬/蒙學
新增繪圖幼學故事瓊林四卷首一卷　(清)程登吉撰　(清)鄒聖脈增補　民國二年(1913)上海天寶書局石印本　一册

330000－4703－0000152　137　子部/小說家類/瑣語之屬
岐海瑣譚集十六卷　(明)姜準輯　民國二十五年(1936)浙江省永嘉區徵輯鄉先哲遺著委員會鉛印本　四册

330000－4703－0000153　138　子部/小說家類/瑣語之屬
岐海瑣譚集十六卷　(明)姜準輯　民國二十五年(1936)浙江省永嘉區徵輯鄉先哲遺著委

員會鉛印本　四冊

330000－4703－0000155　141　集部/總集類/郡邑之屬

縉雲文徵二十卷補編一卷　(清)湯成烈輯　民國二十七年(1938)文華閣鉛印本　三冊　存十六卷(一至五、十一至二十,補編)

330000－4703－0000156　142　子部/雜著類/雜纂之屬

身世準繩二卷　(清)李迪光輯　民國七年(1918)蘇州上藝齋刻本　二冊

330000－4703－0000158　143　子部/儒家類/儒學之屬

古今格言四卷　江畬經編纂　民國七年(1918)上海商務印書館鉛印本　三冊　存三卷(二至四)

330000－4703－0000160　243　子部/雜著類/雜纂之屬

身世準繩二卷　(清)李迪光輯　民國七年(1918)蘇州上藝齋刻本　一冊　存一卷(下)

330000－4703－0000162　242　集部/別集類/清別集

石古齋詩文雜存三卷　(清)黃卿夔撰　民國二十四年(1935)義烏黃侗鉛印本　一冊

330000－4703－0000164　148　史部/史評類/史論之屬

評選船山史論二卷　林紓撰　民國上海商務印書館鉛印本　一冊　存一卷(一)

330000－4703－0000169　152　子部/天文曆算類/曆法之屬

新鐫增補時憲臺曆袖裏璇璣星命須知一卷欽定萬年書一卷　民國二十二年(1933)石印本　一冊

330000－4703－0000170　153　子部/天文曆算類/曆法之屬

新鐫增補時憲臺歷袖裏璇機星命須知一卷星命萬年曆一卷　民國石印本　一冊

330000－4703－0000177　160　集部/別集類

屈巡按使出巡全浙文稿四卷　屈映光撰　民國鉛印本　二冊　存二卷(一至二)

330000－4703－0000180　163　史部/史抄類

史記菁華録六卷　(清)姚祖恩輯評　民國上海商務印書館鉛印本　一冊　存二卷(一至二)

330000－4703－0000181　164　子部/醫家類/溫病之屬

溫熱經緯五卷　(清)王士雄纂　(清)楊照藜(清)汪曰楨評　民國四年(1915)上海普新書局石印本　一冊

330000－4703－0000182　165　集部/別集類

慎江草堂詩四卷　黃迂撰　民國十三年(1924)鉛印本　二冊

330000－4703－0000184　167　集部/總集類/尺牘之屬

歷代名人書札二卷　吳曾祺輯　民國上海商務印書館鉛印本　一冊　存一卷(一)

330000－4703－0000185　168　類叢部/叢書類/郡邑之屬

敬鄉樓叢書三十八種　黃羣編　民國十七年至二十四年(1928－1935)永嘉黃氏鉛印本　四冊　存二種(第二輯一種、第三輯一種)

330000－4703－0000190　173　集部/總集類/郡邑之屬

永嘉詩人祠堂叢刻十四種　冒廣生輯　民國四年(1915)如皋冒氏刻本　一冊　存三種

330000－4703－0000191　174　子部/醫家類/針灸之屬

增圖編纂鍼灸醫案不分卷　姚寅生撰　民國十九年(1930)石印本　一冊

330000－4703－0000195　178　類叢部/叢書類/彙編之屬

春暉叢書二種　張天錫輯　民國鉛印本　一冊　存一種

330000－4703－0000196　179　子部/儒家類/儒學之屬/禮教/鑑戒

人道實行録十卷首一卷　金潛撰　民國八年(1919)鉛印本　一册　存六卷(首、一至五)

330000－4703－0000197　180　集部/總集類/尺牘之屬
分類白話句解新式普通尺牘六卷　廣益書局編輯部輯　民國十年(1921)上海廣益書局石印本　三册

330000－4703－0000198　181　集部/别集類
畏廬文集一卷　林紓撰　民國八年(1919)上海商務印書館鉛印本　一册

330000－4703－0000200　183　類叢部/叢書類/郡邑之屬
括蒼叢書第一集八種　劉燿東編　民國二十七年(1938)鉛印本(滑疑集詩卷二原缺)　二册　存一種

330000－4703－0000205　188　類叢部/叢書類/郡邑之屬
義烏先哲遺書五種　黄侗編　民國二十二年至二十四年(1933－1935)義烏黄氏鉛印本　一册　存一種

330000－4703－0000207　190　類叢部/類書類/專類之屬
分類駢句精華録不分卷　王藝　施崇恩撰　民國彪蒙書局石印本　一册

330000－4703－0000208　210　類叢部/叢書類
宋氏雜箸　宋慈裒撰　民國九年(1920)刻本　一册　存一種

330000－4703－0000209　191　子部/小説家類/雜事之屬
南亭筆記十六卷　(清)李伯元(李寶嘉)撰　民國十三年(1924)上海大東書局石印本　一册

330000－4703－0000213　195　經部/書類/傳説之屬
書經集傳六卷　(宋)蔡沈撰　民國上海文盛書局影印本　一册

330000－4703－0000217　199　經部/春秋左傳類/傳説之屬
春秋左傳句解六卷　(清)韓菼重訂　民國上海商務印書館鉛印本　二册　存二卷(五至六)

330000－4703－0000218　200　經部/春秋左傳類/傳説之屬
曲江書屋新訂批註左傳快讀十八卷首一卷　(清)李紹崧輯　民國上海錦章圖書局石印本　一册　存二卷(五至六)

330000－4703－0000221　204　史部/雜史類/斷代之屬
國語二十一卷　(三國吳)韋昭解　**校刊明道本韋氏解國語札記一卷**　(清)黄丕烈撰　民國石印本　二册　存十五卷(七至二十一)

330000－4703－0000222　205　經部/四書類/總義之屬/文字音義
注音字母四書白話句解十九卷　周觀光　吴穀民撰　民國石印本　四册　存六卷(論語一至四、孟子一至二)

330000－4703－0000223　206　史部/雜史類/斷代之屬
戰國策補註三十三卷　吴曾祺撰　民國十三年(1924)上海商務印書館鉛印本　三册　存二十三卷(一至十五、二十六至三十三)

330000－4703－0000225　208　經部/小學類/文字之屬/説文
説文解字十五卷標目一卷　(漢)許慎撰　(宋)徐鉉等校定　民國上海商務印書館據藤花榭刻本影印本　一册　存四卷(一至四)

330000－4703－0000227　211　子部/儒家類/儒學之屬/禮教/鑑戒
人道大義録不分卷　夏震武撰　夏成吉輯注　民國十一年(1922)於陵王氏寶善堂刻本　一册

330000－4703－0000230　214　集部/别集類/明别集
自怡集一卷　(明)劉璉撰　民國九年(1920)

劉燿東刻本　一册

330000－4703－0000232　216　史部/地理類/專志之屬/寺觀
天童寺續志二卷首一卷　釋淨心修　釋蓮萍纂　民國九年(1920)天童寺刻本　一册

330000－4703－0000237　221　史部/目録類/總録之屬/彙刻
宛委别藏四十種樣本一卷　商務印書館編　民國二十四年(1935)上海商務印書館鉛印本　一册

330000－4703－0000240　224　集部/詩文評類/文評之屬
韓文研究法一卷柳文研究法一卷　林紓撰　民國三年(1914)上海商務印書館鉛印本　一册

330000－4703－0000242　230　史部/雜史類/斷代之屬
國語二十一卷　(三國吳)韋昭解　**校刊明道本韋氏解國語札記一卷**　(清)黄丕烈撰　民國七年(1918)上海鴻寶齋石印本　一册　存六卷(一至六)

330000－4703－0000243　226　史部/目録類/版本之屬/書影
重印聚珍倣宋版五開大本四部備要樣本不分卷　中華書局編　民國二十年(1931)中華書局鉛印本　一册

330000－4703－0000245　228　子部/宗教類/佛教之屬/經疏
徑中徑又徑徵義三卷首一卷　(清)張師誠輯　(清)徐槐廷義　民國十年(1921)刻本　一册

330000－4703－0000250　234　集部/别集類
靈峯先生集十一卷　夏震武撰　民國刻本　二册　存七卷(五至十一)

330000－4703－0000251　235　子部/宗教類/佛教之屬/經疏
大方廣佛華嚴經入不思議解脱境界普賢行願品一卷　(唐)釋般若譯　民國刻本　一册

330000－4703－0000254　237　子部/小説家類/雜事之屬
世説新語六卷　(南朝宋)劉義慶撰　(南朝梁)劉孝標注　民國石印本　一册　存一卷(六)

330000－4703－0000255　289　集部/總集類/選集之屬/通代
增批古文觀止十二卷　(清)吳乘權　(清)吳大職輯　民國上海育文書局石印本　一册　存二卷(五至六)

330000－4703－0000257　240　子部/雜著類
玉歷至寶鈔勸世八卷附經驗神效良方一卷　王子達重編　民國上海宏大善書局石印本　一册　存二卷(四至五)

330000－4703－0000263　255　集部/總集類/郡邑之屬
四明文獻二卷　(明)鄭眞輯　民國二十四年(1935)約園鉛印本　二册

330000－4703－0000264　256　子部/藝術類/遊藝之屬/聯語
楹聯録存三卷附録一卷　(清)俞樾撰　民國三年(1914)尚古山房石印本　一册

330000－4703－0000268　260　史部/雜史類
新篁戊寅浩劫記不分卷　王拱北編　民國二十八年(1939)刻本　一册

330000－4703－0000272　264　子部/儒家類/儒學之屬/性理
朱子小學節本二卷　(清)高愈纂註　民國鉛印本　一册

330000－4703－0000274　266　集部/小説類/長篇之屬
紅樓夢一百二十卷　(清)曹霑　(清)高鶚撰　民國鉛印本　二册　存四十卷(七十三至八十、八十九至一百二十)

330000－4703－0000276　268　史部/傳記類/總傳之屬/釋道
清世宗御製三十二祖傳讚不分卷　(清)世宗胤禛撰　民國七年(1918)揚州藏經院刻本

一冊

330000－4703－0000277　269　子部/儒家類/儒學之屬/蒙學

昔時賢文一卷　民國上海錦章書局石印本　一冊

330000－4703－0000278　270　集部/總集類/尺牘之屬

普通適用通俗白話尺牘二卷　民國十九年(1930)上海昌文書局石印本　一冊　存一卷(上)

330000－4703－0000281　273　集部/小說類/長篇之屬

第一才子書繡像三國志演義六十卷一百二十回　(明)羅本撰　(清)毛宗崗　(清)金人瑞評　民國鉛印本　一冊　存八卷(三十一至三十八)

330000－4703－0000283　275　子部/雜家類

原人三卷後編一卷晦堂書錄一卷　(清)陳澹然撰　民國四年(1915)鉛印本　一冊　存一卷(晦堂書錄)

330000－4703－0000285　277　子部/術數類

象吉備要通書二十九卷　(清)魏鑑撰　民國石印本　二冊　存三卷(七至九)

330000－4703－0000292　285　子部/小說家類

古今筆記精華錄二十四卷　古今圖書局編譯部編纂　民國三年(1914)古今圖書局石印本　一冊　存一卷(一)

330000－4703－0000294　286　集部/總集類/氏族之屬

三蘇文集四十四卷　(清)邵希雍輯　民國石印本　一冊　存七卷(欒城文集八至十四)

330000－4703－0000301　294　集部/詩文評類/文法之屬

初學論說文範四卷　邵伯棠撰　民國十年(1921)上海會文堂書局石印本　一冊　存一卷(四)

330000－4703－0000303　296　子部/儒家類/儒家之屬

荀子二十卷　(唐)楊倞注　**荀子校勘補遺一卷**　(清)謝墉撰　民國六年(1917)育文書局石印本　一冊　存三卷(一至三)

330000－4703－0000306　299　史部/史抄類

史記菁華錄六卷　(清)姚祖恩輯評　民國上海商務印書館鉛印本　一冊　存二卷(三至四)

330000－4703－0000307　300　類叢部/叢書類/彙編之屬

乙亥叢編十六種　趙詒琛　王保譿　王大隆編　民國二十四年(1935)鉛印本　一冊　存一種

330000－4703－0000309　302　新學/理學/文學

秋季始業新國文八卷　莊俞　沈頤編　民國二十二年(1933)上海商務印書館石印本　一冊　存一卷(八)

330000－4703－0000312　305　類叢部/類書類/專類之屬

分類駢句精華錄不分卷　王藝　施崇恩撰　民國九年(1920)彪蒙書局石印本　一冊

330000－4703－0000314　307　史部/傳記類/別傳之屬/年譜

韓湘巖先生[錫胙]年譜二卷附錄一卷　劉燿東纂　民國三十六年(1947)敔後亭鉛印本　一冊

330000－4703－0000318　310　子部/儒家類/儒學之屬/俗訓

格言合璧不分卷　(清)金纓輯　民國上海宏大紙號鉛印本　一冊

330000－4703－0000322　314　子部/道家類

莊子十卷　(晉)郭象注　(唐)陸德明音義　民國七年(1918)上海育文書局石印本　一冊　存二卷(七至八)

330000－4703－0000329　322　新學/學校

初級常識課本不分卷　民國上海世界書局石

印本　一册

330000－4703－0000332　325　子部/小說家類/雜事之屬
秦淮畫舫録二卷畫舫餘譚一卷三十六春小譜四卷　(清)捧花生撰　民國石印本　一册　存一卷(秦淮畫舫録二)

330000－4703－0000337　330　集部/詞類/總集之屬
古今詞選十二卷　(清)沈時棟選　民國掃葉山房石印本　一册　存二卷(九至十)

330000－4703－0000343　334　子部/藝術類/書畫之屬/法帖
三頌精拓本放大合册三卷　有正書局輯　民國上海有正書局影印本　一册

330000－4703－0000345　336　經部/四書類/總義之屬/傳說
四書合講十九卷　(宋)朱熹集註　民國石印本　一册　存五卷(論語一至五)

330000－4703－0000348　384　子部/雜著類/雜纂之屬
雜録便覽不分卷　民國三年(1914)抄本　一册

330000－4703－0000350　340　史部/政書類/公牘檔册之屬
校閳不分卷　劉祝羣編　民國油印本　一册

330000－4703－0000351　341　史部/傳記類/總傳之屬/家乘
祖公簿不分卷　潘承集撰　民國二十七年(1938)抄本　一册

330000－4703－0000352　342　集部/戲劇類/雜劇之屬
拾景不分卷　民國抄本　一册

330000－4703－0000353　343　集部/别集類/清别集
教書賦不分卷　(清)張廷獻撰　民國抄本　一册

330000－4703－0000355　345　經部/四書類/總義之屬
四書精義彙纂□□卷首一卷　民國石印本　一册　存四卷(首、一至三)

330000－4703－0000356　346　史部/地理類/山川之屬/山志
南田山志十四卷首一卷　劉燿東撰　稿本　一册　存三卷(首、一至二)

330000－4703－0000357　347　史部/目録類/總録之屬/私撰
啟後亭藏書目不分卷　劉燿東撰　稿本　一册

330000－4703－0000358　348　類叢部/類書類/專類之屬
幼學瓊林節選不分卷　(清)程登吉撰　(清)鄒聖脈增補　民國抄本　一葉

330000－4703－0000359　349　史部/金石類/石之屬/文字
宋拓龍藏寺碑一卷　民國上海有正書局影印本　一册

330000－4703－0000365　355　子部/天文曆算類/曆法之屬
曆書不分卷　民國抄本　一册

330000－4703－0000366　356　集部/總集類/選集之屬/通代
增批古文觀止十二卷　(清)吴乘權　(清)吴大職輯　民國石印本　一册

330000－4703－0000367　357　集部/總集類
文章不分卷　民國抄本　一册

330000－4703－0000368　358　子部/雜著類/雜纂之屬
日用文件大全不分卷　民國石印本　一册

330000－4703－0000369　359　子部/醫家類/醫經之屬/難經
難經註疏不分卷　(日本)名古屋玄醫撰注　民國鉛印本　一册

330000－4703－0000370　360　類叢部/叢書類/郡邑之屬

四明叢書第一集總目序跋輯要一卷第二集總目序跋輯要一卷第三集總目序跋輯要一卷 張壽鏞撰 民國四明張壽鏞約園刻本 一冊

330000－4703－0000371 361 史部/目録類/書志之屬
四明叢書第四集總目序跋輯要一卷 張壽鏞撰 民國二十一年(1932)四明張氏約園刻藍印本 一冊

330000－4703－0000373 377 經部/小學類/文字之屬/字書/字典
字典初編不分卷 民國石印本 一冊

330000－4703－0000374 363 史部/目録類/總録之屬/彙刻
四部叢刊三編預約樣本一卷 商務印書館編 民國二十四年(1935)商務印書館鉛印本 一冊

330000－4703－0000381 370 集部/總集類/選集之屬/通代
古文觀止十二卷 (清)吳乘權 (清)吳大職輯 民國抄本 一冊 存二卷(七至八)

330000－4703－0000382 371 集部/詩文評類/文法之屬
制藝詩兼破承起講題批不分卷 民國抄本 一冊

330000－4703－0000384 380 子部/天文曆算類/曆法之屬
曆書不分卷 民國抄本 一冊

330000－4703－0000385 379 集部/總集類/課藝之屬
浙江省學堂望朔課麗聚九篇不分卷 民國劉燿東抄本 一冊

泰順縣圖書館
民國時期傳統裝幀書籍普查登記目録

浙江省民國時期傳統裝幀書籍普查登記目録・温州 湖州

國家圖書館出版社
National Library of China Publishing House

《泰順縣圖書館民國時期傳統裝幀書籍普查登記目録》

編委會

主　　編： 龔士玲

副 主 編： 王翠娜

編纂人員： 王翠娜　邱楊健

《泰順縣圖書館民國時期傳統裝幀書籍普查登記目録》

前　言

泰順縣圖書館大部分藏書來自1930年設立的泰順縣立民衆教育館,還有部分藏書來自私人捐贈,現存古籍約5000册。1990年曾邀請本縣宿儒徐志炎先生整理過一次藏書清單,歷時三個月。我館於2014年1月至2015年12月開展古籍普查工作,共完成普查數據386條4711册。

泰順縣圖書館民國傳統裝幀書籍普查登記目録共收録了自1912年以來至1949年前刊印、抄録的綫裝古籍,凡57條數據,251册。收録古籍總類包括經、史、子、集、叢五類,版本形式包括刻本、抄本、石印本、鉛印本等。

由於歷史原因及收藏條件的限制,我館古籍破損嚴重。所幸搬入新館後,設置了古籍室,定做了一批樟木書櫃,安裝了除濕機,并配備專人管理。在接下來的工作中,我們將加快推進古籍保護工作及數字化建設,以便更好地服務讀者。

古籍普查登記工作難度大,書中的疏漏之處難以避免,敬請方家批評指正,以待完善。

泰順縣圖書館
2017年10月31日

330000－4704－0000006　G312　史部/地理類/山川之屬/山志
仙巖山志八卷　張揚纂　民國二十二年(1933)籀經樓鉛印本　張揚題記　四冊

330000－4704－0000007　G077　子部/雜著類/雜說之屬
雞肋編三卷　(宋)莊綽撰　民國二十二年(1933)上海商務印書館鉛印本　一冊

330000－4704－0000008　G081　子部/雜著類/雜說之屬
仇池筆記二卷　(宋)蘇軾撰　民國二十二年(1933)涵芬樓鉛印本　一冊

330000－4704－0000009　G080　子部/雜著類/雜說之屬
歸田錄二卷補遺一卷　(宋)歐陽修撰　民國二十二年(1933)涵芬樓鉛印本　一冊

330000－4704－0000010　G078　集部/別集類
刪亭文集二卷續集二卷　周同愈撰　民國二十四年(1935)無錫周氏鉛印本　一冊

330000－4704－0000011　G076　史部/傳記類/別傳之屬/年譜
陳介石[黻宸]先生年譜一卷　陳謐編　民國二十三年(1934)見思堂鉛印本　二冊

330000－4704－0000013　G302　子部/小說家類/瑣語之屬
岐海瑣譚集十六卷　(明)姜準輯　民國二十五年(1936)浙江省永嘉區徵輯鄉先哲遺著委員會鉛印本　三冊　缺四卷(五至八)

330000－4704－0000045　G399　集部/別集類/清別集
曾文正公書牘彙鈔四卷　(清)曾國藩撰　民國石印本　一冊　存一卷(三)

330000－4704－0000046　G407　集部/總集類/選集之屬/通代
言文對照古文觀止十二卷　(清)吳乘權　(清)吳大職輯　廣益書局編譯　民國上海廣益書局石印本　一冊　存一卷(二)

330000－4704－0000056　G082　類叢部/叢書類/彙編之屬
甌風雜誌彙刊第一輯　甌風社編　民國二十三年(1934)鉛印本　五冊

330000－4704－0000077　G422　經部/春秋左傳類/傳說之屬
增批輯註東萊博議四卷　(宋)呂祖謙撰　(宋)劉鍾英輯注　民國上海中新書局鉛印本　三冊　缺一卷(二)

330000－4704－0000082　G025　集部/總集類/選集之屬/通代
歷代詩文評註讀本　王文濡編　民國上海文明書局鉛印本　三冊　存一種

330000－4704－0000083　G204　經部/四書類/總義之屬/傳說
新註四書白話解說三十六卷　江希張注　民國上海大公書局石印本　十二冊　缺七卷(新註論語白話解說一至五、新註孟子白話解說一至二)

330000－4704－0000087　G135　類叢部/叢書類/自著之屬
船山遺書六十六種附一種　(清)王夫之撰　民國二十二年(1933)上海太平洋書店鉛印本(永曆實錄卷十六原缺)　七十四冊　缺二十八卷(尚書引義四至六,四書訓義二十至二十四、三十五至三十六,讀四書大全說一至二,莊子解二十一至三十三,古詩評選一至三)

330000－4704－0000089　G166　類叢部/類書類/專類之屬
潛龍讀書表十二卷　陳電飛編　民國十四年(1925)中華書局石印本　四冊

330000－4704－0000090　G522　類叢部/類書類/專類之屬
潛龍讀書表十二卷　陳電飛編　民國十四年(1925)中華書局石印本　四冊

330000－4704－0000117　G285　經部/春秋穀梁傳類/傳說之屬
春秋穀梁傳十二卷　(晉)范甯集解　(唐)陸

德明音義　民國五年(1916)上海大成書局石印本　二册

330000－4704－0000119　G392　集部/詞類/别集之屬

留餘堂賦草一卷　吴其元撰　民國二十二年(1933)慶元藝文鉛石印社鉛印本　一册

330000－4704－0000137　G002　集部/别集類

飲冰室全集四十八卷　梁啓超撰　民國五年(1916)上海中華書局鉛印本　十五册　存十五卷(三、九、十五、十七、二十二、二十五至三十、三十二、三十四至三十六)

330000－4704－0000138　G002－1　集部/别集類

飲冰室全集四十八卷　梁啓超撰　民國五年(1916)上海中華書局鉛印本　一册　存一卷(三十四)

330000－4704－0000140　G272　史部/地理類/方志之屬/郡縣志

[民國]新登縣志二十卷首一卷附録一卷　徐士瀛等修　張子榮　史錫永纂　白志恒繪圖　民國十一年(1922)鉛印本　三册　存七卷(三至五、十四至十七)

330000－4704－0000143　G260、G257　類叢部/叢書類/自著之屬

崇雅堂叢書十四種　楊晨撰　民國二十五年(1936)黄巖友成書局鉛印本　六册　存二種

330000－4704－0000148　G283　史部/史抄類

史記精華八卷　中華書局編　民國上海中華書局鉛印本　七册　缺一卷(七)

330000－4704－0000152　G001　子部/叢編

子書百家(百子全書)　(清)崇文書局編　民國三年(1914)上海掃葉山房石印本　三十册　存三十四種

330000－4704－0000211　G333　史部/目録類/總録之屬/私撰

東海藏書樓書目不分卷　徐允中藏並編　民國九年(1920)武林印書館鉛印本　一册

330000－4704－0000212　G332　集部/别集類

盜天廬集三卷　劉之屏撰　民國溫州翰墨林鉛印本　一册

330000－4704－0000213　G331　集部/别集類

墨庵駢文甲集一卷補一卷　宋慈褒撰　民國十年(1921)瑞安刻本　一册

330000－4704－0000223　G297　史部/傳記類/總傳之屬/技藝

歷代畫史彙傳二十四卷首一卷附録一卷　(清)彭蘊璨編　民國六年(1917)上海掃葉山房石印本　四册　存九卷(首,一至二、十五至十六、十九至二十二)

330000－4704－0000224　G024　經部/小學類/文字之屬/字書/字典

康熙字典十二集三十六卷總目一卷檢字一卷辨似一卷等韻一卷備考一卷補遺一卷　(清)張玉書等纂修　民國上海錦章圖書局石印本　四册　存二十六卷(寅集上中下、卯集上中下、辰集上中下、未集上中下、申集上中下、酉集上中下、戌集上中下、亥集上中下,備考,補遺)

330000－4704－0000236　G321　子部/宗教類/佛教之屬/諸宗

淨土五經六卷　釋印光輯　**大方廣佛華嚴經淨行品一卷**　(唐)釋實叉難陀譯　**大佛頂首楞嚴經卷第六四種決定清淨明誨一卷**　民國二十六年(1937)蘇州弘化社鉛印本　一册

330000－4704－0000237　G428　子部/宗教類/道教之屬

太上感應篇直講一卷首一卷附一卷　釋印光鑒定　民國二十年(1931)國光印書局鉛印本　一册

330000－4704－0000238　G326　集部/總集類/氏族之屬

守約堂遺詩彙鈔三卷　潘鍾華輯　民國十四

年(1925)潘鍾華刻本　一册

330000－4704－0000247　G241　集部/别集類/唐五代别集

昌黎先生集四十卷外集十卷遺文一卷　(唐)韓愈撰　(唐)李漢編　民國九年(1920)毘陵章氏石印本　五册　存三十三卷(十一至二十六、三十四至四十,外集一至十)

330000－4704－0000249　G011　史部/金石類/總志之屬/文字

金石萃編一百六十卷　(清)王昶撰　民國石印本　十册　存九十九卷(十至十九、二十七至九十八、一百四十四至一百六十)

330000－4704－0000262　G363　類叢部/類書類/專類之屬

分類分韻小佩文韻府六卷　趙暄撰　民國十二年(1923)上海碧梧山莊石印本　六册

330000－4704－0000265　G252　子部/宗教類/佛教之屬/諸宗

印光法師文鈔二卷附録一卷　釋聖量撰　民國鉛印本　一册　存一卷(一)

330000－4704－0000266　G252－1　子部/宗教類/佛教之屬/諸宗

印光法師文鈔四卷首一卷附録一卷　釋聖量撰　民國十七年(1928)上海中華書局鉛印本　四册

330000－4704－0000267　G252－2　子部/宗教類/佛教之屬/諸宗

印光法師文鈔四卷首一卷附録一卷　釋聖量撰　民國十七年(1928)上海中華書局鉛印本　三册　缺二卷(首、一)

330000－4704－0000286　G074　經部/春秋左傳類/傳説之屬

春秋左傳杜注三十卷　(清)姚培謙撰　民國中華書局鉛印本　二册　存六卷(二十一至二十三、二十八至三十)

330000－4704－0000287　G169　經部/春秋公羊傳類/傳説之屬

春秋公羊傳十一卷附公羊校記一卷　(漢)何休撰　(唐)陸德明音義　民國五年(1916)上海大成書局石印本　四册

330000－4704－0000294　G456　子部/宗教類/佛教之屬

佛學叢書□□種　民國上海商務印書館鉛印本　一册　存一種

330000－4704－0000295　G457　子部/宗教類/佛教之屬

觀音經咒五卷靈感録六卷善惡報應彙編一卷　民國鉛印本　一册

330000－4704－0000315　G174　子部/天文曆算類/曆法之屬

繼成堂洪潮和通書不分卷　民國福建泉州繼成堂刻本　一册

330000－4704－0000350　G492　集部/總集類/氏族之屬

守約堂駢文彙鈔四卷　潘鍾華輯　民國二十六年(1937)鉛印本　一册

330000－4704－0000356　善 G494　集部/詞類/别集之屬

須曼那館詞稿一卷　(清)潘其祝撰　民國抄本　一册

330000－4704－0000361　G501　集部/别集類/清别集

小麗農山館詩鈔一卷　(清)潘鼎撰　民國抄本　一册

330000－4704－0000362　G488　集部/總集類/郡邑之屬

先賢遺稿拾零不分卷　(清)陶祖翼等撰　民國抄本　一册

330000－4704－0000363　G483　集部/别集類/清别集

萍廬遺詩一卷　(清)范鴻書撰　民國抄本　一册

330000－4704－0000364　G482　集部/總集類/選集之屬

魚雁詩存一卷　(清)林姓帆等撰　民國抄本

一册

330000－4704－0000365　G489　集部/别集類

綠斐山房吟草一卷　潘鴻康撰　民國抄本　一册

330000－4704－0000366　G498　集部/别集類/清别集

自怡悦齋詩稿一卷　（清）胡睦琴撰　民國抄本　一册

330000－4704－0000367　G487　集部/别集類/清别集

特夫詩集一卷　（清）林大璋撰　民國抄本　一册

330000－4704－0000368　G484　集部/别集類/清别集

樂山詩鈔一卷　（清）林昕撰　民國抄本　一册

330000－4704－0000369　G503　集部/别集類/宋别集

之官紀行詩草一卷　（宋）吳駟撰　民國抄本　一册

330000－4704－0000370　G490　集部/别集類/清别集

古俠遺稿一卷　（清）周京撰　民國抄本　一册

330000－4704－0000371　G497　集部/别集類/清别集

秋蟲吟草一卷　（清）董憲曾撰　民國抄本　一册

330000－4704－0000373　G493　集部/别集類/清别集

旅中稿一卷　（清）張天樹撰　民國抄本　一册

湖州市圖書館民國時期傳統裝幀書籍普查登記目録

浙江省民國時期傳統裝幀書籍普查登記目録·温州　湖州

國家圖書館出版社
National Library of China Publishing House

《湖州市圖書館民國時期傳統裝幀書籍普查登記目録》

編委會

主　　編: 范國榮

副 主 編: 潘希榮

編纂人員: 錢志遠　李　菈　周　凱

《湖州市圖書館民國時期傳統裝幀書籍普查登記目録》

前　言

20 世紀 80 年代，湖州市圖書館開始從古舊書店等途徑收集民國圖書，其中部分屬傳統裝幀形式。1993 年接收湖州市鐵佛寺文保所移交的一批綫裝書 125 種 1740 册，其中民國時期的綫裝書 19 種。至古籍普查開始前，也有少量的社會捐贈入藏。2007 年年末，從民間藏家手中購入一批以《四部叢刊》爲主的清末至民國綫裝書，計有 214 種 1479 册(叢書按零種計)。

在全國古籍普查前，部分舊版新印的古籍和全部民國綫裝書被計入館藏綫裝書目録中，僅進行了善本古籍的分編著録工作。全國古籍普查工作展開後，湖州市圖書館針對館藏古籍進行了普查工作，并在 2013 年年底前完成了對館藏古籍的普查工作。2013 年 4 月，湖州市圖書館被浙江省文化廳評爲"浙江省古籍普查先進單位"，潘希榮被評爲"浙江省古籍普查先進個人"。經過古籍普查，摸清了館藏古籍的家底。湖州市圖書館現存民國時期傳統裝幀書籍 110 種 1914 册。

爲了更好地保護古籍，湖州市圖書館派員參加浙江省古籍保護中心舉辦的古籍修復培訓，開始具備對館藏古籍進行簡單修復的能力。2013 年 7 月，湖州市圖書館成爲浙江省第一批古籍保護達標單位，這是對我館古籍保護工作的肯定。

在湖州市圖書館古籍普查工作中，范國榮、潘希榮兩位同志付出了辛勤勞動。當然，由於我們學識有限，工作中存在不足，書目中難免存在差錯，請專家同仁不吝批評指正。

湖州市圖書館
2018 年 11 月

330000－4709－0000002　普 00198　子部/醫家類/外科之屬/通論

外科圖說四卷　(清)高文晉輯　民國上海普通書局石印本　一冊

330000－4709－0000011　普 00748　史部/傳記類/總傳之屬/家乘

[浙江湖州]吳興鈕氏西支家譜不分卷　鈕承藩主修　鈕家魯　鈕家燦編纂　民國十二年(1923)鉛印本　四冊

330000－4709－0000013　普 00749　史部/傳記類/總傳之屬/家乘

[浙江湖州]東皋沈氏重修宗譜十四卷　沈全爵修　沈孔彪　沈孔時纂　沈孔鈞繪圖　民國二十二年(1933)福澤堂刻本　九冊　存九卷(一至二、五、七至八、十、十二至十四)

330000－4709－0000014　普 00750　史部/傳記類/總傳之屬/家乘

[□□]周氏七修族譜□□卷　民國木活字印本　六冊　存六卷(十至十一、十四、十六至十八)

330000－4709－0000015　普 00092　史部/地理類/方志之屬/郡縣志

[民國]德清縣新志十四卷　吳翯皋等修　程森纂　民國二十一年(1932)鉛印本　四冊

330000－4709－0000017　普 00132　史部/地理類/山川之屬/山志

廬山志十二卷首一卷　吳宗慈編　民國二十二年(1933)鉛印本　十四冊

330000－4709－0000018　普 00108　史部/地理類/方志之屬/郡縣志

[民國]海寧州志稿四十一卷首一卷末一卷附志餘一卷藝文志補遺一卷　(清)李圭修　(清)許傳霈等纂　劉蔚仁續修　朱錫恩續纂　盧兆周繪圖　民國十一年(1922)鉛印本　三十二冊

330000－4709－0000020　普 00443　類叢部/叢書類/彙編之屬

嘉業堂叢書五十七種　劉承幹輯　民國吳興劉氏嘉業堂刻本　一冊　存一種

330000－4709－0000038　普 00045－2　史部/傳記類/總傳之屬/斷代

清史列傳八十卷　中華書局編　民國十七年(1928)上海中華書局鉛印本　三冊　存三卷(四、八至九)

330000－4709－0000039　普 00654　類叢部/叢書類/彙編之屬

四部備要　中華書局編　民國二十五年(1936)上海中華書局鉛印本　四冊　存一種

330000－4709－0000043　普 00026、普 00027、普 00028、普 00029　史部/紀傳類/正史之屬

四史四百十五卷　劉承幹輯　民國十九年(1930)上海掃葉山房石印本　五十五冊　缺九十卷(史記一至三十六、前漢書一至二十四、三國志魏志一至三十)

330000－4709－0000045　普 00127　史部/地理類/山川之屬/山志

東林山志二十四卷首一卷　(清)吳玉樹輯　民國十一年(1922)鉛印本　四冊

330000－4709－0000050　普 00158　史部/目録類/總録之屬/官修

欽定四庫全書簡明目錄二十卷　(清)紀昀等撰　**四庫未收書目提要五卷**　(清)阮元撰　民國十四年(1925)上海掃葉山房石印本　一冊　存五卷(四庫未收書目提要一至五)

330000－4709－0000052　普 00671　經部/小學類/音韻之屬/韻書

廣韻五卷　(宋)陳彭年等修　**宋本廣韻校札一卷**　(清)黎庶昌撰　民國上海涵芬樓影印本　五冊

330000－4709－0000056　普 00194　子部/醫家類/本草之屬/本草藥性

珍珠囊指掌補遺藥性賦四卷　(金)李杲輯　**雷公炮製藥性解六卷**　(清)李中梓輯　民國煥文書局石印本　二冊

330000－4709－0000060　普00215　集部/小説類/短篇之屬

詳註聊齋志異圖詠十六卷　(清)蒲松齡撰　(清)呂湛恩注　民國上海大中國印書館石印本　八册

330000－4709－0000078　普00201　子部/醫家類/類編之屬

世補齋醫書　(清)陸懋修撰　民國元年至三年(1912－1914)上海江東書局石印本　七册　存三種

330000－4709－0000089　普00203　子部/雜著類/雜考之屬

日知錄集釋三十二卷栞誤二卷續栞誤二卷　(清)黄汝成撰　民國四年(1915)中華圖書館石印本　七册　缺四卷(日知錄集釋一至四)

330000－4709－0000090　普00109　史部/地理類/方志之屬/郡縣志

[萬曆]秀水縣志十卷　(明)李培修　(明)黄洪憲等纂　金蓉鏡校補　民國十四年(1925)金蓉鏡鉛印本　四册

330000－4709－0000100　00246　子部/藝術類/書畫之屬/法帖

戴鹿牀手寫宋元四家詩四種　(清)戴熙書　民國十七年(1928)中社據戴熙抄本影印本　一册　存一種

330000－4709－0000109　普00282　集部/總集類/選集之屬/通代

古文觀止十二卷　(清)吳乘權　(清)吳大職輯　民國商務印書館鉛印本　三册　存六卷(七至十二)

330000－4709－0000114　普00209、普00643、普00644、普00645　類叢部/叢書類/彙編之屬

四部叢刊　張元濟等編　民國上海商務印書館影印本　十一册　存四種

330000－4709－0000115　普00110　史部/地理類/方志之屬/郡縣志

[萬曆]秀水縣志十卷　(明)李培修　(明)黄洪憲等纂　金蓉鏡校補　民國十四年(1925)金蓉鏡鉛印本　四册

330000－4709－0000129　普00312　集部/小説類/長篇之屬

圖像鏡花緣六卷一百回　(清)李汝珍撰　民國上海中華書局石印本　二册　存二卷(四至五)

330000－4709－0000130　普00481　史部/目録類/書志之屬/提要

四部叢刊書錄一卷　商務印書館編　民國十一年(1922)上海商務印書館鉛印本　一册

330000－4709－0000133　普00482　史部/目録類/書志之屬/提要

四部叢刊書錄一卷　商務印書館編　民國十五年(1926)上海商務印書館鉛印本　一册

330000－4709－0000134　普00483　史部/目録類/書志之屬/提要

四部叢刊書錄一卷　商務印書館編　民國十五年(1926)上海商務印書館鉛印本　一册

330000－4709－0000136　普00480　史部/目録類/書志之屬/提要

四部叢刊續編輯印緣起發行簡章目錄附定單一卷　商務印書館編　民國二十三年(1934)上海商務印書館鉛印本　一册

330000－4709－0000139　普00217　子部/藝術類/書畫之屬/畫法畫品

畫法要錄六卷首一卷　余紹宋撰　民國十五年(1926)北京京城印書局鉛印本　一册　缺三卷(首、一至二)

330000－4709－0000143　普00226　子部/藝術類/書畫之屬/法帖

安吉莫伯衡先生遺墨一卷　莫永貞書　民國影印本　一册

330000－4709－0000147　普00002、普00005、普00006、普00011、普00043、普00046、普00173、普00242、普00646、普00647、普00648、普00649、普00650、普00651、普00652、

普 00653、普 00655、普 00656　類叢部/叢書類/彙編之屬

四部備要　中華書局編　民國二十五年(1936)上海中華書局鉛印本　一百四冊　存十八種

330000－4709－0000148　普 00004　經部/詩類/傳說之屬

詩經集註八卷　(宋)朱熹撰　民國十二年(1923)玉山慎言堂刻本　四冊

330000－4709－0000149　普 00010　經部/春秋左傳類/文字音義之屬

春秋左傳音義白話註解六卷　費恕皆編　民國十年(1921)上海群學書社石印本　六冊

330000－4709－0000150　普 00012　經部/春秋穀梁傳類/傳說之屬

春秋穀梁傳十二卷　(晉)范寧集解　(唐)陸德明音義　民國五年(1916)上海大成書局石印本　三冊

330000－4709－0000151　普 00014　經部/四書類/總義之屬/傳說

四書白話註解　許伏民　童官卓編　民國石印本　二冊　存一種

330000－4709－0000152　普 00016　經部/小學類/文字之屬/說文/傳說

說文解字句讀三十卷　(清)王筠撰　民國上海涵芬樓據清王氏家刻本影印本　十四冊

330000－4709－0000153　普 00017　經部/小學類/文字之屬/字書/字典

新字典十二卷　陸爾奎等編纂　民國元年(1912)上海商務印書館鉛印本　三冊　存九卷(一至九)

330000－4709－0000154　普 00227　子部/藝術類/書畫之屬/法帖

四大名家法書衛生刍言一卷　吳昌碩等書

中華民國十六年歲次丁卯時憲通書一卷　民國十五年(1926)上海九福公司影印本　一冊

330000－4709－0000155　普 00019　集部/詩文評類/文法之屬/文法

傅氏文典三卷　傅子東撰　民國三十八年(1949)江油縣中壩鎮興中印刷廠鉛印本　二冊　缺一卷(二)

330000－4709－0000156　普 00021　經部/小學類/音韻之屬/古今韻說

增廣詩韻合璧五卷　(清)湯祥瑟輯　(清)許時庚重編　民國八年(1919)上海錦章圖書局石印本　二冊

330000－4709－0000157　普 00025　經部/小學類/文字之屬/字書/字典

分類辭源三十卷　世界書局編輯所編　民國十五年(1926)上海世界書局石印本　三冊　存七卷(八至十一、十五至十六、二十五)

330000－4709－0000158　普 00231　子部/工藝類/日用器物之屬/錦繡

雪宧繡譜一卷　沈壽述　張謇撰　民國八年(1919)上海翰墨林書局鉛印本　一冊

330000－4709－0000159　普 00235　集部/楚辭類

楚辭集註八卷後語六卷辯證二卷　(宋)朱熹撰　民國二十五年(1936)掃葉山房石印本　四冊

330000－4709－0000160　普 00254　類叢部/叢書類/郡邑之屬

崇雅堂叢書初編十二種　甘鵬雲編　民國十一年至二十四年(1922－1935)潛江甘氏崇雅堂刻本　一冊　存一種

330000－4709－0000161　普 00239　集部/別集類/唐五代別集

重刊五百家註音辯昌黎先生文集四十卷　(唐)韓愈撰　民國上海文瑞樓石印本　五冊　缺二十五卷(五至十九、二十三至三十二)

330000－4709－0000162　普 00085　史部/地理類/方志之屬/郡縣志

[民國]南潯志六十卷首一卷　周慶雲纂　民國九年至十一年(1920－1922)刻本　一冊

存五卷(首、一至四)

330000－4709－0000163　普00052　史部/傳記類/別傳之屬/事狀

清河太君節孝褒揚錄不分卷　張鍾來編　民國蘇州張鍾來鉛印本　一册

330000－4709－0000164　普00045－1　史部/傳記類/總傳之屬/斷代

清史列傳八十卷　中華書局編　民國十七年(1928)上海中華書局鉛印本　七十六册　缺四卷(十五、十七、二十四、五十二)

330000－4709－0000165　普00252　集部/別集類/清別集

箋注提要有正味齋駢體文二十四卷　(清)吳錫麒撰　(清)王廣業箋　(清)葉聯芬注　民國十五年(1926)上海會文堂書局石印本　四册　存十三卷(二至七、十一至十三、二十一至二十四)

330000－4709－0000170　普00038　史部/雜史類/斷代之屬

戰國策詳註三十三卷　郭希汾輯註　民國二十五年(1936)上海文明書局鉛印本　一册　存五卷(二十九至三十三)

330000－4709－0000171　普00053　史部/傳記類/總傳之屬/家乘

新陽趙氏清芬錄三卷　趙詒琛編　民國六年(1917)新陽趙詒琛義莊刻本　一册

330000－4709－0000172　普00256　集部/別集類/清別集

言文對照分類詳註秋水軒尺牘四卷　(清)許思湄撰　許家恩譯　民國十五年(1926)上海羣學社石印本　三册　缺一卷(二)

330000－4709－0000173　普00063　集部/別集類/清別集

曾文正公尺牘四卷　(清)曾國藩撰　民國十七年(1928)上海商務印書館鉛印本　四册

330000－4709－0000174　普00066　史部/地理類/方志之屬/通志

[民國]浙江新志三卷　姜卿雲編　民國二十五年(1936)杭州正中書局鉛印本　二册

330000－4709－0000175　普00067　史部/地理類/方志之屬/通志

[民國]浙江新志三卷　姜卿雲編　民國二十五年(1936)杭州正中書局鉛印本　一册　存一卷(下)

330000－4709－0000176　普00068　史部/地理類/方志之屬/通志

[民國]重修浙江通志初稿不分卷　浙江省通志館修　余紹宋　孫延釗等纂　民國三十七年(1948)鉛印本　四册

330000－4709－0000177　普00079、普00385、普00386　類叢部/叢書類/郡邑之屬

吳興叢書六十六種　劉承幹編　民國吳興劉氏嘉業堂刻本　十七册　存三種

330000－4709－0000178　普00086　類叢部/叢書類/郡邑之屬

南林叢刊正集五種次集七種　周延年編　民國二十五年(1936)、二十八年(1939)南林周氏鉛印本　一册　存一種

330000－4709－0000179　普00259　集部/別集類

飲冰室全集四十八卷　梁啓超撰　民國五年(1916)上海中華書局鉛印本　四十八册

330000－4709－0000180　普00260　集部/別集類

梅影軒遺稿四卷　潘世元撰　民國二十三年(1934)高天棲鉛印本　一册

330000－4709－0000181　普00093　史部/地理類/方志之屬/郡縣志

[民國]德清縣新志十四卷　吳翯皋等修　程森纂　民國二十一年(1932)鉛印本　三册　缺四卷(七至十)

330000－4709－0000182　普00112　史部/地理類/方志之屬/郡縣志

[乾隆]烏青鎮志十二卷　(清)董世寧纂　民國鉛印本　二册

330000－4709－0000183　普00113　史部/地理類/方志之屬/郡縣志

[民國]烏青鎮志四十四卷首一卷　盧學溥修　朱辛彝　張惟驤等纂　民國二十五年(1936)刻藍印本　十二册

330000－4709－0000184　普00120、普00121、普00122、普00123　史部/地理類/方志之屬/郡縣志

溆水志彙編四種　程煦元輯　民國二十四年(1935)鉛印本　六册

330000－4709－0000185　普00129　類叢部/叢書類/自著之屬

晨風廬叢刊十八種　周慶雲撰　民國吴興周氏夢坡室刻本　四册　存一種

330000－4709－0000186　普00128　史部/地理類/山川之屬/山志

東林山志二十四卷首一卷　(清)吴玉樹輯　民國二十二年(1933)鉛印本　四册

330000－4709－0000187　普00136　史部/地理類

邊疆叢書甲集六種　禹貢學會輯　民國二十六年(1937)禹貢學會鉛印本　一册　存一種

330000－4709－0000190　普00142　史部/金石類/總志之屬/目録

金石書錄目十卷附方志中金石志目一卷金石叢書目一卷　容媛輯　民國十九年(1930)北平國立中央研究院歷史語言研究所鉛印本　一册

330000－4709－0000191　普00146　史部/紀傳類/正史之屬

史記紀年考三卷　劉坦撰　民國二十七年(1938)長沙商務印書館影印本　一册

330000－4709－0000192　普00147　新學/商務

工商部中華國貨展覽會實錄三卷附錄一卷　中華民國工商部編　民國十八年(1929)鉛印本　六册

330000－4709－0000193　普00154　史部/目録類/總録之屬/私撰

揚州吴氏測海樓藏書目錄七卷　吴引孫藏　富晉書社編　民國二十年(1931)北平富晉書社石印本　三册　存五卷(一至五)

330000－4709－0000195　普00153　史部/目録類/版本之屬/書影

吴興劉氏嘉業堂善本書景五卷　劉承幹編　民國十八年(1929)吴興劉氏嘉業堂影印本　五册

330000－4709－0000196　普00155　史部/目録類/總録之屬/私撰

韓氏讀有用書齋書目一卷　封文權編　民國二十三年(1934)瑞安陳氏裒殷堂鉛印本　一册

330000－4709－0000197　普00157、普00158　史部/目録類/總録之屬/官修

欽定四庫全書簡明目錄二十卷　(清)紀昀等撰　**四庫未收書目提要五卷**　(清)阮元撰　民國十四年(1925)上海掃葉山房石印本　八册

330000－4709－0000199　普00159　子部/農家農學類/總論之屬

四庫提要農學輯存二卷　新學會社編　民國九年(1920)上海新學會社鉛印本　一册

330000－4709－0000200　普00168　類叢部/叢書類/彙編之屬

適園叢書七十四種　張鈞衡編　民國二年至六年(1913－1917)烏程張氏刻本　一册　存一種

330000－4709－0000201　普00169　史部/目録類/通論之屬/掌故瑣記

書林清話十卷　葉德輝撰　民國八年(1919)葉啟崟刻本　五册

330000－4709－0000202　普00170　類叢部/叢書類/彙編之屬

己卯叢編四種　趙詒琛　王大隆輯　民國二十八年(1939)鉛印本　一册　存一種

330000－4709－0000203　普 00172　子部/儒家類/儒學之屬/經濟
說苑二十卷　(漢)劉向撰　民國上海涵芬樓鉛印本　四冊

330000－4709－0000204　普 00177　子部/道家類
列子八卷　(晉)張湛注　(唐)殷敬順釋文　民國十五年(1926)上海掃葉山房石印本　二冊

330000－4709－0000205　普 00031、普 00032　史部/編年類/通代之屬
綱鑑易知錄九十二卷明鑑易知錄十五卷　(清)吳乘權　(清)周之炯　(清)周之燦輯　民國浙衢典學書齋刻本　四十八冊

330000－4709－0000206　普 00181　子部/農家農學類/總論之屬
欽定授時通考七十八卷　(清)鄂爾泰等撰　民國上海實業研究社影印本　五冊　缺十二卷(二十七至三十八)

330000－4709－0000208　普 00191　子部/醫家類/類編之屬
張氏醫書七種　(清)張璐　(清)張登　(清)張倬撰　民國上海錦章圖書局石印本　一冊　存一種

330000－4709－0000210　普 00003　經部/詩類/三家詩之屬
韓詩外傳十卷　(漢)韓嬰撰　民國涵芬樓鉛印本　二冊

330000－4709－0000211　普 00037　史部/雜史類/斷代之屬
戰國策補註三十三卷　吳曾祺撰　民國二十七年(1938)上海商務印書館鉛印本　四冊

330000－4709－0000223　普 00279　集部/總集類/選集之屬/通代
精選廣註黎氏古文辭類纂不分卷　(清)黎庶昌輯　秦同培選　民國十四年(1925)上海世界書局石印本　四冊

330000－4709－0000224　普 00281　集部/總集類/選集之屬/通代
文選六十卷　(南朝梁)蕭統輯　(唐)李善注　**文選考異十卷**　(清)胡克家撰　民國上海錦章圖書局石印本　七冊　存三十二卷(三十四至五十五、考異一至十)

330000－4709－0000225　普 00283　集部/總集類/選集之屬/通代
古文辭類纂評註七十四卷　(清)姚鼐纂輯　沈伯經等評注　民國上海文明書局鉛印本　二冊　存十一卷(五十六至六十六)

330000－4709－0000226　普 00285　集部/總集類/選集之屬/通代
詳註經史百家雜鈔二十六卷　(清)曾國藩纂　民國二十二年(1933)上海掃葉山房石印本　十二冊

330000－4709－0000227　普 00290　集部/總集類/選集之屬/通代
新古文辭類纂六十卷首一卷　蔣瑞藻纂集　民國十一年(1922)上海中華書局石印本　八冊　存十八卷(七至十一、十五至二十二、四十三至四十五、五十一至五十二)

330000－4709－0000228　普 00289　集部/總集類/選集之屬/通代
新古文辭類纂六十卷首一卷　蔣瑞藻纂集　民國十一年(1922)上海中華書局石印本　二十四冊

330000－4709－0000229　普 00292　集部/詩文評類/文評之屬
文心雕龍十卷　(南朝梁)劉勰撰　(清)黃叔琳注　(清)紀昀評　民國十四年(1925)海左書局石印本　四冊

330000－4709－0000230　普 00293　集部/詩文評類/文評之屬
文心雕龍注十卷　(南朝梁)劉勰撰　范文瀾注　民國上海開明書店鉛印本　五冊　存七卷(二至八)

330000－4709－0000231　普 00297　集部/詩文評類/文法之屬/文法

作文秘訣不分卷　曹載春撰　民國三年(1914)上海普文學會石印本　四册

330000－4709－0000232　普00296　集部/詩文評類/詩評之屬
歷代詩話二十七種五十七卷考索一卷　(清)何文焕輯　民國上海文實公司石印本　十六册

330000－4709－0000233　普00300　集部/詞類/詞話之屬
樂府指迷箋釋一卷附録一卷　(宋)沈義父撰　蔡嵩雲箋釋　民國三十七年(1948)上海中華書局鉛印本　一册

330000－4709－0000234　普00306　集部/曲類/曲選之屬
繪圖綴白裘十二集四十八卷　(清)玩花主人輯　(清)錢德蒼增輯　民國上海周月記機器印書處影印本　十二册

330000－4709－0000235　普00307　集部/曲類/曲選之屬
繪圖綴白裘十二集四十八卷　(清)玩花主人輯　(清)錢德蒼增輯　民國上海廣雅書局石印本　十二册

330000－4709－0000236　普00308　集部/曲類/曲選之屬
繪圖精選崑曲大全四集五十卷　張芬編輯　民國十四年(1925)上海世界書局石印本　十八册　缺第三集十二種

330000－4709－0000237　普00314　集部/小説類/長篇之屬
清史通俗演義十卷一百回　蔡東藩撰　民國上海會文堂書局石印本　四册　存四卷(二至四、八)

330000－4709－0000238　普00315、普00316、普00317、普00318　集部/小説類/長篇之屬
新輯繪圖彭公案正集四卷一百回續集四卷八十回三集四卷八十回四集四卷八十一回　(清)貪夢道人撰　民國四年(1915)上海共和書局石印本　十六册

330000－4709－0000239　普00662　類叢部/類書類
韻海大全角山樓類腋不分卷　(清)姚培謙原本　(清)趙克宜增輯　民國上海文瑞樓石印本　六册

330000－4709－0000240　普00670　類叢部/叢書類/彙編之屬
留餘草堂叢書十二種　劉承幹編　民國吳興劉氏嘉業堂刻本　一册　存一種

330000－4709－0000241　普00683　類叢部/叢書類/輯佚之屬
輯佚叢刊十一種十九卷　陶棟輯　民國三十七年(1948)上海中華書局鉛印本　一册

330000－4709－0000242　普00674　類叢部/叢書類/彙編之屬
景印元明善本叢書十種　商務印書館編　民國二十六年至二十九年(1937－1940)上海商務印書館影印本　四十册　存一種

330000－4709－0000243　普00484－00642、普00237、普00295　類叢部/叢書類/彙編之屬
四部叢刊　張元濟等編　民國上海商務印書館影印本　一千五十六册　存一百六十一種

330000－4709－0000244　普00280　集部/總集類/選集之屬/通代
文選六十卷　(南朝梁)蕭統輯　(唐)李善注　**文選考異十卷**　(清)胡克家撰　民國石印本　二册　存十卷(考異一至十)

330000－4709－0000245　普00284　子部/農家農學類/園藝之屬/花卉
蘭言偶録二卷　金武祥輯　民國五年(1916)上海掃葉山房石印本　一册　存一卷(下)

330000－4709－0000246　普00298　集部/詩文評類/詩評之屬
學詩初步三卷　張廷華　吳玉編　民國上海文明書局鉛印本　一册

330000－4709－0000247　普00663　類叢部/類書類/通類之屬

欽定古今圖書集成一萬卷目錄四十卷　（清）蔣廷錫　（清）陳夢雷等輯　**古今圖書集成考證二十四卷**　民國二十三年（1934）中華書局影印本　八册　存二十四卷（考證一至二十四）

湖州市博物館民國時期傳統裝幀書籍普查登記目録

浙江省民國時期傳統裝幀書籍普查登記目録·温州 湖州

國家圖書館出版社
National Library of China Publishing House

《湖州市博物館民國時期傳統裝幀書籍普查登記目録》

編委會

主　　編：潘林榮

副 主 編：劉榮華

編纂人員：金媛媛　顧佳勤　沈　潔　王　婧

《湖州市博物館民國時期傳統裝幀書籍普查登記目録》

前　言

湖州是人文薈萃之地和典籍聚散中心，藏書文化源遠流長。早在1500年前，南朝梁沈約就“聚書至二萬卷，京城莫比”，近代更有陸心源的皕宋樓，劉承幹的嘉業堂藏書樓名揚海内。中華人民共和國成立以來，湖州的古籍收藏主要集中在國有收藏單位。湖州市博物館自1962年創建以來，依靠舊藏、歷年來收購徵集及社會各界捐贈，收藏古籍約8000餘册，是浙江省首批古籍達標單位之一。

湖州市博物館古籍普查工作於2014年5月正式啓動，經過整理、數據采集及信息平臺登録等工作，截至2015年12月，歷時一年多，圓滿完成了館藏古籍的普查工作，共有1139條數據登録在全國古籍普查平臺上。此書收録民國數據501條，主要爲刻本、石印本、影印本、鉛印本以及少量的手抄本。以家譜、方志、地方文獻爲特色。

通過古籍普查工作的開展，湖州市博物館摸清了館藏古籍的收藏情況，掌握了館藏古籍的保存現狀，爲接下來的古籍保護修復工作奠定了基礎。對於保證中華文明的傳承和國家的可持續發展具有重要而深遠的意義。

參與普查的具體編目人員有：金媛媛、顧佳勤、沈潔、王婧。普查成果來之不易，在此向爲普查付出辛勤勞動的編目人員表示由衷的敬意和誠摯的感謝！由於時間倉促、編者水平有限，本書疏漏、錯誤在所難免，敬請讀者諒解、指正。

湖州市博物館

2018年11月

330000－1784－0000001　普0001　史部/地理類/方志之屬/郡縣志
[康熙]德清縣志十卷　(清)侯元棐修　(清)王振孫等纂　民國元年(1912)石印本　四冊

330000－1784－0000002　普0002　史部/地理類/方志之屬/郡縣志
[嘉慶]德清縣續志十卷　(清)周紹濂修　(清)許宗彥　(清)徐養原纂　民國元年(1912)德清縣續修縣志事務所石印本　兩冊

330000－1784－0000003　民0001　史部/傳記類/總傳之屬/家乘
[□□]周氏支譜不分卷　(清)周嘉欽撰　周柏馨重編　民國抄本　一冊

330000－1784－0000004　民0002　史部/地理類/方志之屬/郡縣志
[康熙]德清縣誌十卷　(清)侯元棐修　(清)王振孫等纂　**[嘉慶]德清縣續志十卷**　(清)周紹濂續修　民國元年(1912)德清縣續修縣志事務所石印本　六冊

330000－1784－0000007　民0003　類叢部/叢書類/郡邑之屬
吳興叢書六十六種　劉承幹編　民國吳興劉氏嘉業堂刻本　十九冊　存三種

330000－1784－0000008　民0004　類叢部/叢書類/自著之屬
晨風廬叢刊十八種　周慶雲撰　民國吳興周氏夢坡室刻本　四冊　存一種

330000－1784－0000009　民0005　史部/地理類/山川之屬/山志
東林山志二十四卷首一卷　(清)吳玉樹輯　民國十一年(1922)鉛印本　四冊

330000－1784－0000010　民0006　史部/地理類/方志之屬/郡縣志
[嘉慶]同里志二十四卷首一卷　(清)閻登雲修　(清)周之楨纂　民國六年(1917)葉嘉棣鉛印本　三冊　缺九卷(十四至二十二)

330000－1784－0000013　民0007　史部/地理類/山川之屬/山志
西天目祖山志八卷首一卷末一卷補遺一卷　(明)釋廣賓撰　(清)釋際界增訂　民國十五年(1926)鉛印本　二冊

330000－1784－0000014　民0008　史部/地理類/專志之屬/寺觀
東天目山昭明禪寺志十二卷　釋慈壽輯　陳兆元編　民國三年(1914)杭州文粹印局鉛印本　二冊

330000－1784－0000015　民0009　史部/地理類/方志之屬/郡縣志
[民國]南潯志六十卷首一卷　周慶雲纂　民國九年至十一年(1920－1922)刻本　十六冊

330000－1784－0000017　民0010　史部/地理類/方志之屬/郡縣志
[乾隆]烏青鎮志十二卷　(清)董世寧纂　民國七年(1918)鉛印本　二冊

330000－1784－0000018　民0011　史部/地理類/方志之屬/郡縣志
[乾隆]烏青鎮志十二卷　(清)董世寧纂　民國七年(1918)鉛印本　二冊

330000－1784－0000019　民0012　史部/地理類/方志之屬/郡縣志
[民國]雙林鎮志三十二卷首一卷　(清)蔡蓉升纂　蔡蒙續纂　民國六年(1917)上海商務印書館鉛印本　四冊

330000－1784－0000020　民0013　類叢部/叢書類/郡邑之屬
南林叢刊正集五種次集七種　周延年編　民國二十五年(1936)、二十八年(1939)南林周氏鉛印本　一冊　存一種

330000－1784－0000023　民0014　類叢部/叢書類/自著之屬
晨風廬叢刊十八種　周慶雲撰　民國吳興周氏夢坡室刻本　四冊　存一種

330000－1784－0000026　民0015　史部/地理類/方志之屬/郡縣志
[乾隆]烏青鎮志十二卷　(清)董世寧纂　民

國七年(1918)鉛印本　二冊

330000－1784－0000028　民0016　史部/地理類/方志之屬/郡縣志
[民國]雙林鎮志三十二卷首一卷　(清)蔡蓉升纂　蔡蒙續纂　民國六年(1917)上海商務印書館鉛印本　四冊

330000－1784－0000030　民0017　史部/地理類/山川之屬/山志
峨山圖志不分卷　(清)黄綬芙　(清)譚鐘嶽原著　(美國)費爾樸譯　(清)俞子丹繪　民國二十五年(1936)成都華西大學哈佛燕京學社鉛印本暨石印本　一冊

330000－1784－0000031　民0018　集部/總集類/尺牘之屬
道咸同光名人手札第一集四卷　商務印書館輯　民國十三年(1924)上海商務印書館影印本　四冊

330000－1784－0000033　民0019　史部/地理類/方志之屬/郡縣志
[民國]烏青鎮志四十四卷首一卷　盧學溥修　朱辛彝　張惟驤等纂　民國二十五年(1936)刻本　十二冊

330000－1784－0000035　民0020　史部/傳記類/總傳之屬/家乘
[浙江湖州]吴興荻溪章氏四修家乘十五卷　章祖佑等纂修　章有大撰　民國十三年(1924)鉛印本　八冊

330000－1784－0000036　民0021　史部/傳記類/總傳之屬/家乘
[浙江湖州]吴興荻溪章氏四修家乘十五卷　章祖佑等纂修　章有大撰　民國十三年(1924)鉛印本　六冊　缺三卷(三至四、九)

330000－1784－0000038　民0022　史部/傳記類/總傳之屬/家乘
[浙江湖州]吴興荻溪章氏四修家乘十五卷　章祖佑等纂修　章有大撰　民國十三年(1924)鉛印本　八冊

330000－1784－0000039　民0023　史部/傳記類/總傳之屬/家乘
[浙江湖州]吴興荻溪章氏四修家乘十五卷　章祖佑等纂修　章有大撰　民國十三年(1924)鉛印本　二冊　存三卷(一至二、十三)

330000－1784－0000040　民0024　史部/傳記類/總傳之屬/家乘
[浙江湖州]吴興荻溪章氏家乘補編不分卷　章乃煒纂修　民國三十三年(1944)鉛印本　一冊

330000－1784－0000060　民0025　子部/雜著類
退齋賸稿三卷　(清)陳啟文撰　民國三十一年(1942)油印本　一冊

330000－1784－0000061　民0026　集部/別集類
繡餘草一卷　陶先畹撰　民國十七年(1928)上海商務印書館鉛印本　一冊

330000－1784－0000078　民0027　類叢部/叢書類/郡邑之屬
吴興叢書六十六種　劉承幹編　民國吴興劉氏嘉業堂刻本　四十五冊　存十三種

330000－1784－0000121　民0526　子部/藝術類/書畫之屬/法帖
最初精拓爨龍顔碑不分卷　民國上海有正書局石印本　一冊

330000－1784－0000431　普0404　集部/別集類/清別集
袁枚全集　(清)袁枚撰　民國上海校經山房成記書局石印本　六冊　存一種

330000－1784－0000577　民0028　史部/政書類/儀制之屬/專志/紀元
重校訂紀元編三卷　羅振玉重編　民國十四年(1925)東方學會鉛印本　三冊

330000－1784－0000578　民0029　子部/工藝類/日用器物之屬
古硯攷一卷　(清)唐秉鈞纂　民國抄本　一冊

330000－1784－0000579　民 0030　史部/編年類/斷代之屬

清史綱要十四卷　吳曾祺等編　民國二年(1913)上海商務印書館鉛印本　六冊

330000－1784－0000580　民 0031　史部/雜史類/斷代之屬

滿清稗史十六種附二種　陸保璿輯　民國二年(1913)新中國圖書局鉛印本　十八冊　缺一卷(湘漢百事下)

330000－1784－0000581　民 0032　史部/傳記類/總傳之屬/斷代

清史列傳八十卷　中華書局編　民國十七年(1928)上海中華書局鉛印本　四十八冊　存四十八卷(二至三、十一至十六、二十七至二十九、三十一至四十、四十九至五十二、五十四、五十六至五十七、五十九至六十四、六十六至七十九)

330000－1784－0000582　民 0033　史部/史評類/史學之屬

評註四史菁華錄十六卷　民國十三年(1924)上海鴻寶齋書局石印本　六冊　存二種

330000－1784－0000583　民 0034　史部/編年類/通代之屬

增修補註歷代通鑑輯覽一百四十卷　王文濡等撰　民國鉛印本　十冊　存三十六卷(十四至二十八、四十三至四十六、五十九至六十一、八十至九十、九十四至九十六)

330000－1784－0000584　民 0035　史部/紀傳類/正史之屬

史記一百三十卷　(漢)司馬遷撰　(南朝宋)裴駰集解　(唐)司馬貞索隱　(唐)張守節正義　**補史記一卷**　(唐)司馬貞撰並注　民國中華圖書館影印本　十冊　存三十六卷(一至三十六)

330000－1784－0000585　民 0036　類叢部/叢書類/彙編之屬

四部叢刊　張元濟等編　民國上海商務印書館影印本　二冊　存一種

330000－1784－0000586　民 0037　類叢部/叢書類/彙編之屬

四部備要　中華書局編　民國二十五年(1936)上海中華書局鉛印本　十四冊　存一種

330000－1784－0000587　民 0038－民 0040、民 0083、民 0091、民 0113、民 0497、民 0500、民 0505　類叢部/叢書類/彙編之屬

四部備要　中華書局編　民國二十五年(1936)上海中華書局鉛印本　一百二十一冊　存十種

330000－1784－0000588　民 0520　史部/傳記類/日記之屬

翁文恭公日記不分卷(清咸豐八年至光緒三十年)　(清)翁同龢撰　民國十四年(1925)上海商務印書館影印本　四十冊

330000－1784－0000590　民 0041　類叢部/叢書類/彙編之屬

四部備要　中華書局編　民國二十五年(1936)上海中華書局鉛印本　十二冊　存一種

330000－1784－0000591　民 0042　子部/藝術類/書畫之屬/畫譜

費曉樓百美畫譜二卷　(清)費丹旭繪　民國十五年(1926)上海世界書局石印本　二冊

330000－1784－0000592　民 0043　經部/小學類/音韻之屬/韻書

自修適用詩韻合璧大全五卷　(清)湯文潞編　**虛字韻藪一卷**　(清)潘維城輯　民國十二年(1923)上海廣益書局石印本　五冊

330000－1784－0000593　民 0044　經部/小學類/文字之屬/字書/通論

文字通詮八卷　楊譽龍編　民國十二年(1923)上海中華書局石印本　四冊

330000－1784－0000594　民 0045　子部/工藝類/日用器物之屬/陶瓷

匋雅二卷　陳瀏撰　民國上海朝記書莊石印本　四冊

330000－1784－0000595　民 0046　經部/四書類/總義之屬/傳說

銅版四書集註　(宋)朱熹撰　民國上海錦章圖書局石印本　六冊

330000－1784－0000596　民 0047　經部/小學類/文字之屬/字書/字典

康熙字典十二集三十六卷總目一卷檢字一卷辨似一卷等韻一卷補遺一卷備考一卷　(清)張玉書等纂修　民國上海商務印書館石印本　七冊

330000－1784－0000597　民 0048　經部/春秋左傳類/傳說之屬

左傳菁華錄二十四卷　吳曾祺評注　民國商務印書館鉛印本　六冊

330000－1784－0000598　民 0049　經部/羣經總義類/授受源流之屬

經學歷史一卷　(清)皮錫瑞撰　民國十三年(1924)涵芬樓影印本　一冊

330000－1784－0000599　民 0050　經部/羣經總義類/授受源流之屬

經學歷史一卷　(清)皮錫瑞撰　民國十六年(1927)涵芬樓影印本　一冊

330000－1784－0000600　民 0051　類叢部/叢書類/彙編之屬

四部叢刊　張元濟等編　民國上海商務印書館影印本　一冊　存一種

330000－1784－0000601　民 0052　類叢部/叢書類/彙編之屬

四部叢刊　張元濟等編　民國上海商務印書館影印本　五冊　存一種

330000－1784－0000602　民 0053　經部/小學類/文字之屬/字書/字典

康熙字典十二集三十六卷總目一卷檢字一卷辨似一卷等韻一卷補遺一卷備考一卷　(清)張玉書等纂修　民國十五年(1926)上海鴻章書局石印本　六冊

330000－1784－0000603　民 0054　經部/四書類/總義之屬/文字音義

注音字母四書白話句解七卷　周觀光　吳穀民話解　民國上海求古齋書局鉛印本　六冊

330000－1784－0000604　民 0055　類叢部/叢書類/彙編之屬

四部叢刊　張元濟等編　民國上海商務印書館影印本　二冊　存一種

330000－1784－0000605　民 0056　集部/別集類

樊樊山尺牘一卷　樊增祥撰　民國十七年(1928)上海文明書局石印本　一冊

330000－1784－0000606　民 0057　集部/別集類

赤水吟一卷自題所書一卷　(清)傅金銓撰　民國上海江左書林石印本　一冊

330000－1784－0000607　民 0058　經部/春秋左傳類/傳說之屬

春秋左傳句解六卷　(清)韓菼重訂　民國二十三年(1934)上海商務印書館石印本　六冊

330000－1784－0000608　民 0059　經部/春秋左傳類/傳說之屬

曲江書屋新訂批註左傳快讀十八卷首一卷　(清)李紹崧輯　民國三年(1914)直隸書局石印本　十二冊

330000－1784－0000609　民 0060　經部/春秋左傳類/傳說之屬

春秋左傳五十卷　(晉)杜預　(宋)林堯叟註釋　(唐)陸德明音義　民國石印本　十二冊

330000－1784－0000610　民 0061　集部/別集類/清別集

越縵堂詩續集十卷　(清)李慈銘撰　由雲龍編　民國二十四年(1935)上海商務印書館鉛印本　一冊

330000－1784－0000611　民 0062　集部/別集類/元別集

存復齋文集十卷附錄一卷　(元)朱德潤撰　(明)朱夏重編　(明)吳項璁校正　民國二十三年(1934)上海商務印書館涵芬樓影印本　二冊

330000－1784－0000612　民0063　集部/總集類/選集之屬/通代

唐宋十大家全集　(清)儲欣輯　民國十四年(1925)上海大通書局石印本　二册　存一種

330000－1784－0000613　民0064　集部/別集類/清別集

梅村詩集箋注十八卷　(清)吳偉業撰　(清)吳翌鳳箋注　民國中華圖書館石印本　八册

330000－1784－0000614　民0065　集部/別集類/唐五代別集

評註陸宣公奏議十五卷首一卷　(唐)陸贄撰　(宋)郎曄注　馬傳庚評點　劉鐵冷補正　民國二十二年(1933)上海中原書局鉛印本　六册

330000－1784－0000615　民0066　類叢部/類書類/專類之屬

古今楹聯類纂十二卷附慶弔雜件備覽二卷　雲后編輯　民國十一年(1922)上海會文堂書局石印本　十册

330000－1784－0000616　民0067　集部/總集類/選集之屬/通代

評選古詩源十四卷　(清)沈德潛輯　民國上海鴻章書局石印本　一册　存三卷(一至三)

330000－1784－0000617　民0068　集部/總集類/尺牘之屬

唐宋十大家尺牘十四卷　文明書局輯　民國十五年(1926)上海文明書局石印本　二册　存一種

330000－1784－0000618　民0069　集部/別集類/清別集

增訂袁文箋正四卷　(清)袁枚撰　(清)魏大縉增訂　民國上海文瑞樓石印本　一册

330000－1784－0000619　民0070　集部/總集類/尺牘之屬

歷代名人書札註釋四卷　許國英撰　民國十四年(1925)上海商務印書館鉛印本　四册

330000－1784－0000620　民0071　子部/藝術類/書畫之屬/法帖

趙書道德經一卷　(元)趙孟頫書　民國上海大眾書局影印本　一册

330000－1784－0000621　民0072　集部/別集類/明別集

玄蓋副草二十卷目錄二卷　(明)吳稼竳撰　民國五年(1916)吳氏雍睦堂影印本　六册

330000－1784－0000622　民0073　史部/傳記類/總傳之屬/家乘

[浙江湖州]吳興鈕氏西支家譜不分卷　鈕承藩主修　鈕家魯　鈕家燦編纂　民國十二年(1923)鉛印本　四册

330000－1784－0000623　民0074　類叢部/叢書類/彙編之屬

選印宛委別藏四十種　故宮博物院輯　民國二十四年(1935)上海商務印書館影印本　一册　存一種

330000－1784－0000624　民0075　子部/儒家類/儒學之屬/禮教

費隱廬八德賡唱集四卷　費隱子編　民國二十四年(1935)明善書局鉛印本　四册

330000－1784－0000625　民0076　集部/總集類/郡邑之屬

香山詩略十二卷　(清)黃紹昌　(清)劉熽芬纂輯　民國二十六年(1937)鉛印本　六册

330000－1784－0000626　民0077　類叢部/叢書類/自著之屬

隨園全集三十九種　(清)袁枚撰　民國十九年(1930)國學書局鉛印本　十二册　存三種

330000－1784－0000627　民0078　集部/別集類

畏廬論文一卷　林紓撰　民國十八年(1929)上海商務印書館鉛印本　一册

330000－1784－0000628　民0079　類叢部/叢書類/郡邑之屬

吳興叢書六十六種　劉承幹編　民國吳興劉氏嘉業堂刻本　二十册　存三種

330000－1784－0000629　民0080　類叢部/

叢書類/彙編之屬

國學彙編三集四十一種 國學研究社編 民國十二年至十四年(1923－1925)上海國學研究社鉛印本 三冊 存二集十一種

330000－1784－0000630 民0081 集部/別集類

寒柯堂詩四卷 余紹宋撰 民國三十五年(1946)浙江文化印刷公司鉛印本 一冊

330000－1784－0000631 民0082 類叢部/叢書類/彙編之屬

四部叢刊 張元濟等編 民國上海商務印書館影印本 五冊 存一種

330000－1784－0000633 民0084 子部/藝術類/書畫之屬/法帖

智永真草千字文一卷 (隋)釋智永書 民國十九年(1930)上海商務印書館影印本 一冊

330000－1784－0000634 民0085 史部/傳記類/總傳之屬/家乘

[浙江湖州]雙林鄭氏支乘不分卷 鄭坤颺纂 民國十八年(1929)孔安堂祠鉛印本 二冊

330000－1784－0000635 民0086 史部/傳記類/總傳之屬/家乘

[浙江湖州]雙林高氏家乘四卷 高元炽等纂修 **慕陶吟稿二卷** 高辛仲 澹人甫撰 民國抄本 二冊

330000－1784－0000636 民0087 集部/別集類/宋別集

黃太史精華録六卷 (宋)黃庭堅撰 任淵選 民國十九年(1930)上海商務印書館鉛印本 一冊

330000－1784－0000637 民0088 史部/傳記類/總傳之屬/家乘

[浙江湖州]苕溪蔣氏宗譜□□卷 民國十五年(1926)刻本 一冊 存一卷(五)

330000－1784－0000638 民0089 集部/詞類/總集之屬

歷朝名人詞選十三卷 (清)夏秉衡輯 民國元年(1912)上海掃葉山房石印本 六冊

330000－1784－0000639 民0090 集部/楚辭類

楚辭十七卷 (漢)劉向集 (漢)王逸章句 (宋)洪興祖補注 民國上海涵芬樓影印本 五冊

330000－1784－0000640 民0521 類叢部/叢書類/彙編之屬

四庫全書珍本初集二百三十種 中央圖書館籌備處輯 民國二十三年至二十四年(1934－1935)上海商務印書館據文淵閣本影印本(原缺六十六卷) 十四冊 存一種

330000－1784－0000641 民0092 集部/別集類

大休上人遺著一卷 周冠九輯 民國二十二年(1933)鉛印本 一冊

330000－1784－0000642 民0093 史部/傳記類/別傳之屬/事狀

世德堂楊氏六秩雙慶壽言彙編二卷 民國七年(1918)鉛印本 二冊

330000－1784－0000643 民0094 史部/傳記類/別傳之屬/事狀

錫嘏堂壽言不分卷 謝天錫輯 民國七年(1918)西泠印社木活字印本 二冊

330000－1784－0000644 民0095 集部/別集類/清別集

音注袁子才文二卷 (清)袁枚撰 蔣劍人選本 曹繡君音注 民國十七年(1928)文明書局鉛印本 二冊

330000－1784－0000645 民0096 集部/總集類/尺牘之屬

歷代名人小簡二卷 吳曾祺輯 民國元年(1912)上海商務印書館鉛印本 二冊

330000－1784－0000646 民0097 集部/總集類/選集之屬/通代

古文範二卷 吳闓生評解 高步瀛集箋 民國八年(1919)上海中華書局鉛印本 四冊

330000－1784－0000647 民0522 類叢部/叢書類/彙編之屬

選印宛委別藏四十種　故宮博物院編　民國二十四年(1935)上海商務印書館影印本　二冊　存一種

330000－1784－0000648　民0523　類叢部/叢書類/彙編之屬
四部叢刊三編七十一種　張元濟等編　民國二十四年至二十五年(1935－1936)上海商務印書館影印本(長興集卷一至十二、三十一、三十三至四十一原缺)　一冊　存一種

330000－1784－0000649　民0100　集部/別集類/清別集
詳註鄭板橋全集不分卷　(清)鄭燮撰　雷瑨註釋　民國十五年(1926)上海掃葉山房石印本　四冊

330000－1784－0000650　民0524　類叢部/叢書類/彙編之屬
四部叢刊　張元濟等編　民國上海商務印書館影印本　十二冊　存四種

330000－1784－0000651　民0525　類叢部/叢書類/彙編之屬
四部叢刊續編七十七種　張元濟等編　民國二十三年(1934)上海商務印書館影印本(儀禮疏卷三十二至三十七、周易要義卷三至六、禮記要義卷一至二、麟臺故事卷四至五原缺)　二冊　存一種

330000－1784－0000652　民0103　集部/總集類/選集之屬/斷代
註釋唐詩三百首六卷　(清)孫洙編　民國商務印書館鉛印本　二冊

330000－1784－0000653　民0104　集部/總集類/選集之屬/斷代
唐詩三百首註疏六卷　(清)孫洙編　(清)章燮註　民國上海鴻寶齋書局石印本　六冊

330000－1784－0000656　民0107　集部/別集類
友古堂詩集二卷　李經鈺撰　民國十二年(1923)鉛印本　一冊

330000－1784－0000657　民0108　集部/總集類/選集之屬/通代
歷代詩文評註讀本不分卷　王文濡編　民國上海文明書局鉛印本　二冊　存一種

330000－1784－0000658　民0109　集部/詞類/總集之屬
陽春白雪八卷外集一卷　(宋)趙聞禮選　民國商務印書館影印本　四冊

330000－1784－0000659　民0110　集部/總集類/選集之屬/斷代
隨園女弟子詩選六卷　(清)袁枚輯　民國四年(1915)上海掃葉山房石印本　一冊　存三卷(一至三)

330000－1784－0000660　民0111　集部/詩文評類/詩評之屬
古今詩話探奇二卷　(清)蔣鳴珂手錄　民國三年(1914)上海廣益書局石印本　二冊

330000－1784－0000661　民0112　集部/詩文評類/詩評之屬
學詩初步三卷　張廷華　吳玉編　民國上海文明書局鉛印本　一冊

330000－1784－0000663　民0114　集部/別集類/清別集
新體廣註雪鴻軒尺牘二卷　(清)龔萼撰　朱詩隱　徐慎幾註　民國十年(1921)上海世界書局石印本　二冊

330000－1784－0000664　民0115　類叢部/叢書類/彙編之屬
選印宛委別藏四十種　故宮博物院編　民國二十四年(1935)上海商務印書館影印本　一冊　存一種

330000－1784－0000665　民0116　集部/總集類/選集之屬/通代
高僧山居詩續編一卷　懺庵居士編輯　民國二十五年(1936)上海商務印書館鉛印本　一冊

330000－1784－0000666　民0117　子部/墨家類
墨子閒詁十五卷目錄一卷附錄一卷後語二卷

（清）孫詒讓撰　民國上海商務印書館影印本　八册

330000－1784－0000667　民0118　子部/墨家類

墨子閒詁十五卷目錄一卷附錄一卷後語二卷　（清）孫詒讓撰　民國上海商務印書館影印本　八册

330000－1784－0000668　民0119　子部/墨家類

定本墨子閒詁校補二卷附編一卷　李笠撰　民國十六年（1927）上海商務印書館鉛印本　二册

330000－1784－0000669　民0120　集部/總集類/郡邑之屬

潯溪詩徵四十卷補遺一卷　周慶雲輯　民國六年（1917）周氏夢坡室刻本　十八册　缺一卷（一）

330000－1784－0000670　民0121　集部/詞類/别集之屬

黄山樵唱一卷　朱師轍撰　民國二十一年（1932）燕京刻本　一册

330000－1784－0000671　民0122　集部/總集類/郡邑之屬

新溪詩初鈔六卷　（清）李元纁　（清）沈莘士輯　**新溪詩續鈔十卷**　（清）許楨輯　**新溪詩三鈔六卷**　（清）朱士楷輯　鄭綸章補輯　民國十五年（1926）鉛印本　四册　缺六卷（三鈔一至六）

330000－1784－0000672　民0123　史部/金石類/石之屬

漢安甋甗磚錄一卷拾遺一卷　王修撰　民國十九年（1930）影印本暨鉛印本　一册

330000－1784－0000673　民0124　集部/别集類/清别集

紫花菘館詩賸一卷補遺一卷　（清）俞廷飏撰　徐公修編校　民國四年（1915）中華圖書館鉛印本　一册

330000－1784－0000674　民0125　類叢部/叢書類/自著之屬

隅樓叢書四種　古直撰　民國十五年至十七年（1926－1928）上海聚珍倣宋印書局鉛印本　一册　存一種

330000－1784－0000675　民0126　集部/詞類/别集之屬

彊邨語業二卷　朱祖謀撰　民國十三年（1924）歸安朱氏託鵑樓刻本　一册

330000－1784－0000676　民0127　集部/别集類

道園詩稿六卷　許葆翰撰　民國二十四年（1935）鉛印本　二册

330000－1784－0000677　民0128　類叢部/叢書類/彙編之屬

娟鏡樓叢刻七種　張祖廉輯　民國九年（1920）嘉善張氏鉛印本　四册

330000－1784－0000678　民0129　集部/總集類/郡邑之屬

潯溪詩徵四十卷補遺一卷詞徵二卷　周慶雲輯　民國六年（1917）周氏夢坡室刻本　二十册

330000－1784－0000679　民0130　類叢部/叢書類/自著之屬

晨風廬叢刊十八種　周慶雲撰　民國吳興周氏夢坡室刻本　十三册　存七種

330000－1784－0000680　民0131　類叢部/叢書類/彙編之屬

適園叢書七十四種　張鈞衡編　民國二年至六年（1913－1917）烏程張氏刻本（唐大詔令集卷十四至二十四、八十七至九十八原缺）　二十一册　存八種

330000－1784－0000681　民0132　集部/總集類/酬唱之屬

甘棠湖留别唱酬集一卷　方佛生編　民國七年（1918）鉛印本　一册

330000－1784－0000682　民0133　集部/總集類/尺牘之屬

分類詳註文學尺牘大全集二十卷　（明）鍾惺

纂輯　(明)馮夢龍訂釋　民國十年(1921)上海求古齋鉛印本　十六冊

330000－1784－0000683　民0134　子部/雜著類/雜說之屬
老學庵筆記十卷　(宋)陸游撰　民國八年(1919)上海商務印書館鉛印本　二冊

330000－1784－0000684　民0135　集部/別集類/清別集
星輝樓詩鈔一卷　(清)周善登撰　民國五年(1916)桐鄉周氏研華堂刻本　一冊

330000－1784－0000685　民0136　集部/總集類/選集之屬/通代
歷代詩文評註讀本　王文濡編　民國上海文明書局鉛印本　三冊　存一種

330000－1784－0000686　民0137　子部/雜著類/雜說之屬
潛書二卷　(清)唐甄撰　(清)王聞遠編　民國上海大經綸書局石印本　二冊

330000－1784－0000687　民0138　集部/別集類/清別集
箋注提要有正味齋駢體文二十四卷　(清)吳錫麒撰　(清)王廣業箋　(清)葉聯芬注　民國十五年(1926)上海會文堂書局石印本　八冊

330000－1784－0000688　民0139　集部/詞類/詞韻之屬
詞林正韻三卷發凡一卷　(清)戈載輯　民國四年(1915)掃葉山房石印本　四冊

330000－1784－0000689　民0140　集部/別集類
醉靈軒詩存十卷　陳蘧撰　民國十七年(1928)上海聚珍倣宋印書局鉛印本　一冊　存五卷(六至十)

330000－1784－0000690　民0141　集部/詩文評類/類編之屬
淮海先生詩詞叢話一卷補遺一卷　秦國璋輯　民國三年(1914)無錫秦氏嘉會堂刻本　一冊

330000－1784－0000691　民0142　集部/別集類/唐五代別集
歌詩編四卷　(唐)李賀撰　民國影印本　陸拙生題記　一冊

330000－1784－0000692　民0143　集部/別集類
梅影軒遺稿四卷　潘世元撰　民國二十三年(1934)高天棲鉛印本　一冊

330000－1784－0000693　民0144　集部/詞類/詞譜之屬
白香詞譜一卷　(清)舒夢蘭輯　民國二年(1913)鴻雪軒石印本　一冊

330000－1784－0000694　民0145　集部/總集類/選集之屬/斷代
增註唐詩三百首一卷　(清)孫洙編　錢黎民補註　民國上海鑄記書局石印本　一冊

330000－1784－0000695　民0146　集部/詞類/別集之屬
碩果齋詞不分卷　施祖皋撰　民國二十一年(1932)鉛印本　一冊

330000－1784－0000696　民0147　集部/別集類/唐五代別集
唐女郎魚玄機詩一卷　(唐)魚玄機撰　民國九年(1920)上海掃葉山房石印本　一冊

330000－1784－0000697　民0148　集部/別集類/清別集
言文對照分類詳解雪鴻軒尺牘四卷　(清)龔萼撰　許家恩譯　民國十三年(1924)上海羣學社書局石印本　四冊

330000－1784－0000698　民0149　子部/雜著類/雜說之屬
冷廬雜識八卷　(清)陸以湉撰　民國十八年(1929)掃葉山房石印本　八冊

330000－1784－0000699　民0150　集部/詩文評類/文法之屬/函牘格式
新撰詳註分類尺牘大全不分卷　袁智根編　民國十七年(1928)上海會文堂書局石印本　十二冊

330000－1784－0000700　民0151　集部/别集類

泉山詩藁一卷附詞鈔一卷　管籥撰　民國鉛印本　一册

330000－1784－0000701　民0152　史部/金石類/陶之屬/文字

溫州古甓記不分卷　(清)孫詒讓撰　民國鉛印本　一册

330000－1784－0000702　民0153　集部/總集類/氏族之屬

荻溪章氏詩存不分卷　章奎輯　民國十七年(1928)鉛印本　七册

330000－1784－0000703　民0154　集部/别集類/清别集

雲來山館詩鈔六卷　(清)張興烈撰　民國四年(1915)虎林張氏申江刻本　一册　存三卷(一至三)

330000－1784－0000704　民0155　集部/别集類

翠樓吟草六卷附文稿一卷　陳琛撰　民國十八年(1929)鉛印本　一册

330000－1784－0000705　民0156　集部/别集類/清别集

感菊百詠集一卷　(清)陸樹藩輯　民國八年(1919)鉛印本　一册

330000－1784－0000706　民0157　集部/别集類

天放樓文言十一卷附錄一卷　金天羽撰　民國十六年(1927)蘇州文新印刷公司鉛印本　二册

330000－1784－0000707　民0158　史部/史評類/詠史之屬

清宫詞一卷　吳士鑑撰　民國二十六年(1937)吳秉灊鉛印本　一册

330000－1784－0000708　民0159　集部/别集類

北溟詩藁二卷補遺一卷　江起鯤撰　民國二十二年(1933)寧波鈞和公司鉛印本　一册

330000－1784－0000709　民0160　集部/總集類/選集之屬/通代

詳註經史百家雜鈔二十六卷　(清)曾國藩纂　民國上海會文堂書局石印本　八册　缺十一卷(一至十一)

330000－1784－0000710　民0161　集部/總集類/選集之屬/通代

精選廣註黎氏古文辭類纂不分卷　(清)黎庶昌輯　秦同培選　民國十四年(1925)上海世界書局石印本　四册

330000－1784－0000711　民0162　集部/别集類/唐五代别集

白香山詩後集二十卷　(唐)白居易撰　(清)汪立名編訂　民國三年(1914)石印本　六册

330000－1784－0000712　民0163　集部/别集類/漢魏六朝别集

陶淵明文集十卷　(晉)陶潛撰　民國十四年(1925)海左書局石印本　四册

330000－1784－0000713　民0164　集部/别集類/唐五代别集

杜工部草堂詩箋四十卷外集一卷　(唐)杜甫撰　(宋)蔡夢弼會箋　**杜工部草堂詩話二卷**　(宋)蔡夢弼輯　**杜工部草堂詩年譜二卷**　(宋)趙子櫟　(宋)魯訔撰　民國八年(1919)上海文瑞樓據宋麻沙本影印本　六册　缺二十一卷(一至二十一)

330000－1784－0000714　民0165　集部/詩文評類/文法之屬

注釋分類通俗尺牘六卷　大東書局編輯　民國七年(1918)上海大東書局石印本　六册

330000－1784－0000715　民0166　集部/總集類/選集之屬/斷代

增註隨園女弟子詩選六卷　(清)席佩蘭等撰　(清)謝璿增註　民國十三年(1924)上海會文堂書局石印本　二册

330000－1784－0000716　民0167　集部/别集類/清别集

香屑集十八卷首一卷末一卷　(清)黃之雋撰

（清）陳邦直注　民國十一年（1922）上海掃葉山房石印本　四冊

330000－1784－0000717　民 0168　集部/別集類/清別集

笠翁一家言全集十六卷　（清）李漁撰　民國上海會文堂書局石印本　十二冊

330000－1784－0000718　民 0169　集部/總集類/選集之屬/通代

文選六十卷　（南朝梁）蕭統輯　（唐）李善注　**文選考異十卷**　（清）胡克家撰　民國上海錦章圖書局石印本　十六冊

330000－1784－0000719　民 0170　集部/別集類

志頤堂詩文集文篇三卷詩十二卷題跋文二卷　沙元炳撰　民國二十二年（1933）如皋沙志頤堂鉛印本　六冊

330000－1784－0000720　民 0171　集部/別集類

屈翁詩稿十二卷泰西新史雜詠一卷　李世伸撰　民國十四年（1925）刻本　二冊

330000－1784－0000721　民 0172　集部/總集類/氏族之屬

三蘇文集四十四卷　（清）邵希雍輯　民國元年（1912）上海會文學社石印本　八冊

330000－1784－0000722　民 0173　集部/總集類/選集之屬/通代

言文對照古文觀止十二卷　（清）吳乘權　（清）吳大職輯　廣益書局編譯　民國十四年（1925）上海廣益書局石印本　十一冊　缺一卷（三）

330000－1784－0000723　民 0174　集部/詞類/類編之屬

鶯音集二種　孫德謙輯　民國七年（1918）元和孫氏四益宧鉛印本　一冊

330000－1784－0000724　民 0175　集部/別集類

畏廬文集一卷　林紓撰　民國五年（1916）上海商務印書館鉛印本　一冊

330000－1784－0000725　民 0176　集部/別集類

澹廬吟藁一卷　王恆德撰　民國十九年（1930）鉛印本　一冊

330000－1784－0000726　民 0177　集部/總集類/選集之屬/斷代

近代文評註讀本三卷　王文濡評選　沈鎔等註釋　民國十八年（1929）上海文明書局鉛印本　三冊

330000－1784－0000727　民 0178　集部/總集類/選集之屬/通代

歷代詩文評註讀本　王文濡編　民國上海文明書局鉛印本　四冊　存一種

330000－1784－0000728　民 0179　集部/總集類/選集之屬/通代

歷代詩文評註讀本　王文濡編　民國上海文明書局鉛印本　四冊　存一種

330000－1784－0000729　民 0180　集部/總集類/選集之屬/通代

歷代詩文評註讀本　王文濡編　民國上海文明書局鉛印本　二冊　存一種

330000－1784－0000730　民 0181　集部/總集類/選集之屬/通代

歷代詩文評註讀本　王文濡編　民國上海文明書局鉛印本　四冊　存一種

330000－1784－0000731　民 0182　集部/總集類/選集之屬/通代

歷代詩文評註讀本　王文濡編　民國上海文明書局鉛印本　四冊　存一種

330000－1784－0000732　民 0183　集部/總集類/選集之屬/通代

歷代詩文評註讀本　王文濡編　民國上海文明書局鉛印本　四冊　存一種

330000－1784－0000733　民 0184　集部/總集類/選集之屬/通代

歷代詩文評註讀本　王文濡編　民國上海文明書局鉛印本　四冊　存一種

330000－1784－0000734　民 0185　集部/別集類/清別集
陳檢討四六二十卷　(清)陳維崧撰　(清)程師恭注　民國上海文瑞樓石印本　八冊

330000－1784－0000735　民 0186　類叢部/叢書類/自著之屬
尤西堂全集二十六種　(清)尤侗撰　民國上海文瑞樓石印本　十一冊　存十一種

330000－1784－0000736　民 0187　集部/別集類/清別集
梅村詩集箋注十八卷　(清)吳偉業撰　(清)吳翌鳳箋注　民國中華圖書館石印本　八冊

330000－1784－0000737　民 0188　集部/別集類/清別集
依舊草堂遺稿二卷　(清)費丹旭撰　(清)汪鉽編　民國十八年(1929)鉛印本　一冊

330000－1784－0000738　民 0189　史部/傳記類/總傳之屬/儒林
學案小識十四卷首一卷末一卷　(清)唐鑑撰　民國上海文瑞樓石印本　六冊

330000－1784－0000739　民 0190　史部/目録類/通論之屬/掌故瑣記
書林清話十卷　葉德輝撰　民國八年(1919)葉啟崟刻本　五冊

330000－1784－0000740　民 0191　史部/目録類/通論之屬/掌故瑣記
書林清話十卷　葉德輝撰　民國八年(1919)葉啟崟刻本　五冊

330000－1784－0000741　民 0192　史部/傳記類/別傳之屬/事狀
吳昌碩哀啟一卷　吳邁撰　**吳先生行述一卷**　王賢撰　民國十六年(1927)鉛印本　一冊

330000－1784－0000742　民 0193　類叢部/叢書類/彙編之屬
求恕齋叢書三十一種　劉承幹編　民國吳興劉氏嘉業堂刻本　二十六冊　存三種

330000－1784－0000743　民 0194　集部/總集類/郡邑之屬
潯溪詞徵二卷　周慶雲輯　民國六年(1917)周氏夢坡室刻本　一冊

330000－1784－0000744　民 0195　集部/別集類/清別集
亦有秋齋詩鈔二卷　(清)鈕福疇撰　民國七年(1918)烏程鈕氏鉛印本　一冊

330000－1784－0000745　民 0196　集部/別集類/清別集
春壺殘滴二卷　(清)沈祿康撰　**附錄一卷**　沈昌眉撰　民國九年(1920)沈昌眉鉛印本　一冊

330000－1784－0000746　民 0197　集部/總集類/選集之屬/通代
古文觀止十二卷　(清)吳乘權　(清)吳大職輯　民國七年(1918)掃葉山房刻本　六冊

330000－1784－0000747　民 0198　集部/總集類/氏族之屬
荻溪章氏詩存不分卷　章奎輯　民國十七年(1928)鉛印本　一冊

330000－1784－0000748　民 0199　集部/別集類/清別集
叢桂山房遺稿二卷　(清)任錫庸撰　民國九年(1920)上海聚珍仿宋印書局鉛印本　一冊

330000－1784－0000749　民 0200　集部/別集類/清別集
寓庸室詩稿一卷　(清)余坤撰　民國七年(1918)余重耀南昌石印本　一冊

330000－1784－0000750　民 0201　集部/別集類/清別集
豐草菴詩集十一卷文前集三後集三卷寶雲詩集七卷禪樂府一卷　(清)董說撰　民國吳興劉氏嘉業堂刻本　一冊　存六卷(豐草菴詩集一至六)

330000－1784－0000751　民 0202　類叢部/類書類/通類之屬
清初殿版銅活字印古今圖書集成樣本不分卷　中華書局編　民國二十三年(1934)中華書

局鉛印本暨影印本　一冊

330000－1784－0000752　民 0203　類叢部/類書類/通類之屬

永樂大典二萬二千八百七十七卷　（明）解縉等輯　民國二十八年（1939）影印本　一冊　存二卷（三千五百八十四至三千五百八十五）

330000－1784－0000753　民 0204　類叢部/叢書類/彙編之屬

袖珍古書讀本三十種　中華書局編　民國十九年（1930）上海中華書局鉛印本　五冊　存一種

330000－1784－0000754　民 0205　類叢部/叢書類/郡邑之屬

南林叢刊正集五種次集七種　周延年編　民國二十五年（1936）、二十八年（1939）南林周氏鉛印本　五冊

330000－1784－0000755　民 0206　集部/別集類/清別集

俞曲園尺牘二卷　（清）俞樾撰　民國五年（1916）上海商務印書館鉛印本　二冊

330000－1784－0000756　民 0207　史部/目録類/總録之屬/彙刻

四部叢刊目錄一卷　商務印書館編　民國上海商務印書館鉛印本暨影印本　一冊

330000－1784－0000757　民 0208　史部/目録類/書志之屬/提要

四部叢刊書錄一卷　商務印書館編　民國十一年（1922）上海商務印書館鉛印本　一冊

330000－1784－0000758　民 0209　集部/別集類/清別集

郤掃庵存稿八卷　（清）謝宗素撰　民國十六年（1927）鉛印本　一冊

330000－1784－0000759　民 0210　集部/詞類/別集之屬

半櫻詞二卷　林鵾翔撰　民國十六年（1927）鉛印本　一冊

330000－1784－0000760　民 0211　集部/別集類/清別集

西堂雜組一集八卷二集八卷三集八卷　（清）尤侗撰　民國上海中華圖書館石印本　六冊

330000－1784－0000761　民 0212　集部/別集類/明別集

震川先生集三十卷別集十卷附錄一卷　（明）歸有光撰　民國十七年（1928）上海民和書局影印本　八冊

330000－1784－0000762　民 0213　集部/小說類/長篇之屬

紅樓復夢十六卷一百回　（清）陳少海撰　民國十二年（1923）上海啟新書局石印本　十冊　存十卷（二、七至十五）

330000－1784－0000763　民 0214　史部/傳記類/總傳之屬/姓名

別號索引不分卷　陳乃乾輯　陶毓英編　民國三十年（1941）共讀樓鉛印本　一冊

330000－1784－0000764　民 0215　史部/目録類

室名索引不分卷　陳乃乾輯　陶毓英編　民國二十二年（1933）海寧陳乃乾共讀樓鉛印本　一冊

330000－1784－0000765　民 0216　集部/總集類/選集之屬/通代

唐宋十大家全集　（清）儲欣輯　民國十四年（1925）上海大通書局石印本　七冊　存四種

330000－1784－0000766　民 0217　集部/別集類/明別集

王文成公全書三十八卷　（明）王守仁撰　民國二年（1913）上海中華圖書館影印本　十二冊

330000－1784－0000767　民 0218　史部/史抄類

教科適用漢書精華八卷　中華書局編　民國四年（1915）上海中華書局鉛印本　八冊

330000－1784－0000768　民 0219　類叢部/叢書類/郡邑之屬

續金華叢書六十種　胡宗楙編　民國十三年

(1924)永康胡氏夢選樓刻本　二冊　存一種

330000－1784－0000769　民0220　史部/紀事本末類/通代之屬

歷史不分卷　陳家奎編輯　民國元年(1912)吳興中學校油印本　一冊

330000－1784－0000770　民0221　史部/政書類/律令之屬

塔景亭案牘十卷　許文濬撰　民國十三年(1924)鉛印本　四冊

330000－1784－0000771　民0222　子部/雜著類/雜說之屬

齊東野語二十卷　(宋)周密撰　民國上海商務印書館鉛印本　四冊

330000－1784－0000772　民0223　史部/史表類/通代之屬

嘉慶一統志表二十卷　(清)穆彰阿纂修　胡文楷輯　民國二十四年(1935)上海商務印書館影印本　十冊

330000－1784－0000773　民0224　史部/史評類/史學之屬

評註四史菁華錄十六卷　民國十三年(1924)上海鴻寶齋書局石印本　四冊　存一種

330000－1784－0000774　民0225　史部/地理類

邊疆叢書甲集六種　禹貢學會輯　民國二十六年(1937)禹貢學會鉛印本　五冊　存四種

330000－1784－0000775　民0226　史部/金石類/甲骨之屬/通考

甲骨年表一卷　董作賓　胡厚宣編　民國二十六年(1937)上海商務印書館鉛印本　一冊

330000－1784－0000776　民0227　史部/金石類/甲骨之屬/文字

甲骨文字研究二卷附錄一卷　郭沫若撰　民國二十年(1931)上海大東書局石印本　二冊

330000－1784－0000777　民0228　子部/藝術類/書畫之屬/書法書品

書法津梁四卷　(清)包世臣撰　民國十七年(1928)上海中一書局石印本　四冊

330000－1784－0000778　民0229　類叢部/叢書類/自著之屬

趣園六種不分卷　(清)蔡丕撰　民國六年(1917)交通圖書館石印本　一冊

330000－1784－0000779　民0230　子部/法家類

管子二十四卷　(唐)房玄齡注　民國十三年(1924)上海掃葉山房石印本　六冊

330000－1784－0000780　民0231　史部/編年類/通代之屬

兩朝通鑑輯覽一百二十卷　(清)傅恆等總裁　民國二年(1913)上海鑄記書局石印本　三十二冊

330000－1784－0000781　民0232　史部/地理類/方志之屬/郡縣志

[光緒]杭州府志一百七十八卷首八卷　(清)陳璚等修　(清)王棻等纂　屈映光續修　陸懋勳續纂　齊耀珊重修　吳慶坻重纂　民國十一年(1922)鉛印本　二冊　存五卷(首一至二、一百六十九至一百七十一)

330000－1784－0000782　民0233　子部/兵家類/兵法之屬

趙註孫子五卷　(明)趙本學解引類　民國益新書局石印本　四冊

330000－1784－0000783　民0234　子部/兵家類/兵法之屬

趙註孫子五卷　(明)趙本學解引類　民國益新書局石印本　四冊

330000－1784－0000784　民0235　子部/醫家類/類編之屬

南雅堂醫書全集(陳修園醫書)　(清)陳念祖等撰　民國石印本　一冊　存一種

330000－1784－0000785　民0236　子部/醫家類/類編之屬

潛齋醫學叢書十四種　曹炳章編　民國七年(1918)集古閣石印本　一冊　存一種

330000－1784－0000786　民0237　子部/醫家類/醫話醫論之屬

醫學門徑語正編一卷續編一卷附錄一卷　陳邦賢　萬鍾　丁福保撰　民國上海醫學書局鉛印本　一冊

330000－1784－0000787　民0238　子部/醫家類/方書之屬/單方驗方

增評醫方集解二十三卷增補本草備要八卷重校舊本湯頭歌訣一卷　(清)汪昂著輯　民國元年(1912)上海同文書局石印本　四冊　存二十三卷(一至二十三)

330000－1784－0000788　民0239　子部/醫家類/方書之屬/歷代方書

古今名醫萬方類編三十二卷　曹繩彥輯　民國八年(1919)上海大東書局石印本　八冊

330000－1784－0000789　民0240　子部/醫家類/醫經之屬/内經

靈樞經合纂十卷　(清)張志聰　(清)馬蒔註　民國二十年(1931)上海錦章圖書局石印本　九冊

330000－1784－0000790　民0241　子部/道家類

莊子十卷　(晉)郭象注　民國十三年(1924)上海會文堂書局石印本　四冊

330000－1784－0000791　民0242　子部/叢編

六子全書　(明)顧春輯　民國三年(1914)右文社據明嘉靖十二年(1533)吴郡顧氏世德堂刻本影印本　六冊　存一種

330000－1784－0000792　民0243　子部/術數類/相宅相墓之屬

形家集要巒頭心法四卷　(清)賴布衣撰　民國十九年(1930)鉛印本　一冊

330000－1784－0000793　民0244　子部/術數類/相宅相墓之屬

形家集要巒頭心法四卷　(清)賴布衣撰　民國十九年(1930)鉛印本　一冊

330000－1784－0000794　民0245　新學/商務

商辦浙江全省鐵路有限公司清稾不分卷　民國抄本　一冊

330000－1784－0000795　民0246　子部/小說家類/瑣語之屬

岐海瑣譚集十六卷　(明)姜準輯　民國二十五年(1936)浙江省永嘉區徵輯鄉先哲遺著委員會鉛印本　四冊

330000－1784－0000797　民0248　史部/地理類/方志之屬/郡縣志

[民國]南潯志六十卷首一卷附南潯擷秀錄一卷　周慶雲纂　民國十一年(1922)刻十七年(1928)補刻本　十六冊

330000－1784－0000798　民0249　史部/地理類/方志之屬/郡縣志

[民國]南潯志六十卷首一卷附南潯擷秀錄一卷　周慶雲纂　民國十一年(1922)刻十七年(1928)補刻本　十六冊

330000－1784－0000799　民0250　子部/小說家類

筆記小說大觀二百二十二種　進步書局輯　民國上海進步書局石印本　十五冊　存七種

330000－1784－0000800　民0251　子部/藝術類/篆刻之屬/印譜

匋齋藏印初集不分卷二集不分卷　(清)端方藏　民國有正書局影印本　八冊

330000－1784－0000801　民0252　子部/藝術類/篆刻之屬/印譜

匋齋藏印初集不分卷二集不分卷　(清)端方藏　民國有正書局影印本　三冊

330000－1784－0000802　民0253　史部/傳記類/總傳之屬/通代

百歲敘譜六卷　(清)丁文策　(清)陳師錫　(清)沈九如輯　民國二十年(1931)上海中華書局鉛印本　六冊

330000－1784－0000803　民0254　子部/醫家類/醫案之屬

凌氏醫案一卷　馮謙成錄輯　稿本　一冊

330000－1784－0000804　民 0255　史部/地理類/方志之屬/郡縣志

[民國]新塍鎮志二十六卷首一卷　朱士楷纂輯　民國十二年(1923)平湖綺春閣鉛印本　四册

330000－1784－0000805　民 0256　史部/地理類/方志之屬/郡縣志

[民國]新塍鎮志二十六卷首一卷　朱士楷纂輯　民國十二年(1923)平湖綺春閣鉛印本　四册

330000－1784－0000806　民 0257　史部/地理類/方志之屬/郡縣志

[民國]新塍鎮志二十六卷首一卷　朱士楷纂輯　民國十二年(1923)平湖綺春閣鉛印本　四册

330000－1784－0000807　民 0258　史部/地理類/方志之屬/郡縣志

[民國]竹林八圩志十二卷首一卷　祝廷錫纂　民國二十一年(1932)石印本　四册

330000－1784－0000808　民 0259　史部/地理類/方志之屬/郡縣志

民國上海縣志二十卷　吴馨等修　姚文枬等纂　民國二十五年(1936)鉛印本　六册

330000－1784－0000809　民 0260　史部/地理類/方志之屬/通志

[民國]重修浙江通志初稿不分卷　浙江省通志館修　余紹宋　孫延釗等纂　民國三十七年(1948)鉛印本　四册

330000－1784－0000810　民 0261　史部/地理類/方志之屬/郡縣志

[民國]廣德縣志稿五十九卷首一卷末一卷附各省陵墓集目一卷　錢文選編　民國三十七年(1948)鉛印本　一册

330000－1784－0000811　民 0262　史部/地理類/山川之屬/山志

乍浦九山補志十二卷　(清)李確撰　民國五年(1916)刻本　二册

330000－1784－0000812　民 0263　史部/地理類/方志之屬/郡縣志

[民國]歙縣志十六卷　石國柱　樓文釗修　許承堯纂　民國二十六年(1937)歙縣旅滬同鄉會鉛印本　十六册

330000－1784－0000813　民 0264　史部/傳記類/總傳之屬/家乘

[浙江湖州]吳興鈕氏西支家譜不分卷　鈕承藩主修　鈕家魯　鈕家燦編纂　民國十二年(1923)鉛印本　四册

330000－1784－0000814　民 0265　史部/傳記類/總傳之屬/家乘

[浙江湖州]吳興鈕氏西支家譜不分卷　鈕承藩主修　鈕家魯　鈕家燦編纂　民國十二年(1923)鉛印本　四册

330000－1784－0000815　民 0266　史部/傳記類/總傳之屬/家乘

[浙江湖州]吳興鈕氏西支家譜不分卷　鈕承藩主修　鈕家魯　鈕家燦編纂　民國十二年(1923)鉛印本　四册

330000－1784－0000816　民 0267　史部/傳記類/總傳之屬/家乘

[浙江湖州]吳興鈕氏西支家譜不分卷　鈕承藩主修　鈕家魯　鈕家燦編纂　民國十二年(1923)鉛印本　四册

330000－1784－0000817　民 0268　史部/傳記類/總傳之屬/家乘

[浙江湖州]吳興鈕氏西支家譜不分卷　鈕承藩主修　鈕家魯　鈕家燦編纂　民國十二年(1923)鉛印本　四册

330000－1784－0000818　民 0269　史部/傳記類/總傳之屬/家乘

[浙江湖州]吳興鈕氏西支家譜不分卷　鈕承藩主修　鈕家魯　鈕家燦編纂　民國十二年(1923)鉛印本　四册

330000－1784－0000819　民 0270　史部/傳記類/總傳之屬/家乘

[浙江湖州]吳興鈕氏西支家譜不分卷　鈕承藩主修　鈕家魯　鈕家燦編纂　民國十二年

(1923)鉛印本　四册

330000－1784－0000820　民0271　史部/傳記類/總傳之屬/家乘
[浙江湖州]吴興鈕氏西支家譜不分卷　鈕承藩主修　鈕家魯　鈕家燦編纂　民國十二年(1923)鉛印本　四册

330000－1784－0000821　民0272　史部/傳記類/總傳之屬/家乘
[浙江湖州]吴興鈕氏西支家譜不分卷　鈕承藩主修　鈕家魯　鈕家燦編纂　民國十二年(1923)鉛印本　四册

330000－1784－0000822　民0273　史部/傳記類/總傳之屬/家乘
[浙江湖州]吴興鈕氏西支家譜不分卷　鈕承藩主修　鈕家魯　鈕家燦編纂　民國十二年(1923)鉛印本　四册

330000－1784－0000823　民0274　史部/金石類/錢幣之屬/圖像
古今錢譜不分卷　(清)馮雲鵬　(清)馮雲鵷輯　民國七年(1918)上海千頃堂書局石印本　三册

330000－1784－0000824　民0275　史部/金石類/錢幣之屬/圖像
古今錢譜不分卷　(清)馮雲鵬　(清)馮雲鵷輯　民國七年(1918)上海千頃堂書局石印本　一册

330000－1784－0000825　民0276　史部/傳記類/總傳之屬/技藝
墨林今話十八卷　(清)蔣寶齡撰　**續編一卷**　(清)蔣茝生撰　民國十二年(1923)上海中華書局鉛印本　六册

330000－1784－0000826　民0277　史部/傳記類/總傳之屬/技藝
墨林今話十八卷　(清)蔣寶齡撰　**續編一卷**　(清)蔣茝生撰　民國十二年(1923)上海中華書局鉛印本　六册

330000－1784－0000827　民0278　子部/藝術類/書畫之屬/畫法畫品
初等毛筆習畫指南四卷　汪耀如撰　民國十三年(1924)上海益新書局石印本　四册

330000－1784－0000828　民0279　史部/目録類/專録之屬
國外公私收藏家參加倫敦中國藝展會之展品目錄一卷　民國鉛印本　一册

330000－1784－0000829　民0280　史部/目録類/專録之屬
參加倫敦中國藝術國際展覽會出品目錄四卷　倫敦中國藝術國際展覽會籌備委員會編　民國二十四年(1935)鉛印本　一册

330000－1784－0000830　民0281　史部/目録類/專録之屬
參加倫敦中國藝術國際展覽會出品目錄四卷　倫敦中國藝術國際展覽會籌備委員會編　民國二十四年(1935)鉛印本　一册

330000－1784－0000831　民0282　子部/藝術類/書畫之屬/畫譜
改七薌百美畫譜二卷　(清)改琦繪　民國十五年(1926)上海世界書局影印本　二册

330000－1784－0000832　民0283　子部/藝術類/書畫之屬/畫譜
改七薌百美畫譜二卷　(清)改琦繪　民國十五年(1926)上海世界書局影印本　二册

330000－1784－0000833　民0284　子部/藝術類/書畫之屬/畫譜
吴友如百美畫譜二卷　(清)吴友如繪　蕉影書屋藏　民國十五年(1926)上海世界書局影印本　二册

330000－1784－0000834　民0285　子部/藝術類/書畫之屬/畫法畫品
畫法要錄十七卷首一卷　余紹宋撰　民國十九年(1930)上海中華書局鉛印本　四册

330000－1784－0000835　民0286　子部/藝術類/書畫之屬/畫譜
費曉樓百美畫譜二卷　(清)費丹旭繪　民國十五年(1926)上海世界書局石印本　二册

330000－1784－0000836　民0287　史部/傳記類/總傳之屬/技藝

歷代畫史彙傳七十二卷首一卷附録二卷　（清）彭藴璨編　民國十三年（1924）上海啟新書局石印本　六冊

330000－1784－0000837　民0288　史部/傳記類/總傳之屬/技藝

畫徵録三卷續録二卷明人附録一卷　（清）張庚撰　民國八年（1919）上海有正書局鉛印本　二冊

330000－1784－0000838　民0289　子部/藝術類/篆刻之屬/印論

篆刻入門一卷　孔雲白撰　民國二十四年（1935）上海商務印書館影印本　一冊

330000－1784－0000839　民0290　經部/小學類

小學金石論叢五卷補遺一卷　楊樹達撰　民國二十六年（1937）上海商務印書館鉛印本　二冊

330000－1784－0000840　民0291　子部/藝術類/書畫之屬/總論

佩文齋書畫譜一百卷　（清）孫岳頒等輯　民國八年（1919）上海掃葉山房石印本　二十一冊　存六十五卷（三至三十一、六十二至九十二、九十六至一百）

330000－1784－0000841　民0292　史部/傳記類/總傳之屬/技藝

清朝書畫家筆録四卷　竇鎮輯　民國九年（1920）二友書屋鉛印本　四冊

330000－1784－0000842　民0293　子部/藝術類/書畫之屬/畫録

存古齋叢畫全集八卷　任頤等繪　民國十四年（1925）上海集雲書屋石印本　八冊

330000－1784－0000843　民0294　史部/金石類/金之屬/圖像

西清古鑑四十卷錢録十六卷　（清）梁詩正（清）蔣溥等纂修　民國十五年（1926）上海雲華居廬石印本　十七冊　存三十卷（一至二、五至八、十一至十五、十八至二十一、二十四至三十三、三十六至四十）

330000－1784－0000844　民0295　史部/傳記類/總傳之屬/技藝

歷代畫史彙傳七十二卷首一卷附録二卷　（清）彭藴璨編　民國十三年（1924）上海啟新書局石印本　十二冊

330000－1784－0000845　民0296　子部/藝術類/書畫之屬/畫譜

影印足本芥子園畫譜初集四卷二集四卷三集四卷　（清）王槩　（清）王蓍　（清）王臬輯　民國十五年（1926）上海世界書局影印本　十二冊

330000－1784－0000846　民0297　史部/傳記類/總傳之屬/技藝

歷代畫史彙傳七十二卷首一卷附録二卷　（清）彭藴璨編　民國十三年（1924）上海啟新書局石印本　十二冊

330000－1784－0000847　民0298　史部/傳記類/總傳之屬/技藝

歷代畫史彙傳二十四卷首一卷附録一卷　（清）彭藴璨編　民國六年（1917）上海掃葉山房石印本　十二冊

330000－1784－0000848　民0299　子部/藝術類/書畫之屬/法帖

御刻三希堂石渠寶笈法帖不分卷　（清）梁詩正等輯　**御刻三希堂石渠寶笈續法帖不分卷**　（清）蔣溥等輯　民國石印本　十冊

330000－1784－0000849　民0300　子部/藝術類/書畫之屬/畫譜

梅花喜神譜二卷　（宋）宋伯仁編　梅王閣藏　民國十七年（1928）上海中華書局影印本　二冊

330000－1784－0000850　民0301　子部/藝術類/書畫之屬/法帖

漢郃陽令曹全碑不分卷　民國十年（1921）上海有正書局影印本　一冊

330000－1784－0000851　民0302　子部/藝

術類/書畫之屬/法帖
黃山谷楷書幽蘭賦帖一卷　(宋)黃庭堅書　民國四年(1915)進步書局石印本　一冊

330000－1784－0000852　民 0303　子部/藝術類/書畫之屬/法帖
舊拓唐歐陽率更令正草九歌千文一卷　(唐)歐陽詢書　民國二十五年(1936)上海中華書局影印本　一冊

330000－1784－0000853　民 0304　子部/藝術類/書畫之屬/法帖
張文襄書翰墨寶不分卷　(清)張之洞書　民國七年(1918)上海文明書局石印本　一冊

330000－1784－0000854　民 0305　子部/藝術類/書畫之屬/法帖
三希堂蘇長公法書帖三卷　(宋)蘇軾書　民國上海有正書局影印本　一冊　存一卷(三)

330000－1784－0000855　民 0306　子部/藝術類/書畫之屬/法帖
三希堂蘇長公法書帖三卷　(宋)蘇軾書　民國上海有正書局影印本　一冊　存一卷(三)

330000－1784－0000856　民 0307　子部/藝術類/書畫之屬/法帖
初拓鄭文公碑一卷　(北魏)鄭道昭書　民國十四年(1925)上海有正書局影印本　一冊

330000－1784－0000857　民 0308　子部/藝術類/書畫之屬/法帖
王夢樓行書墨蹟第二集一卷　(清)王文治書　民國上海有正書局石印本　一冊

330000－1784－0000858　民 0309　子部/藝術類/書畫之屬/法帖
鄧石如篆書易經一卷　(清)鄧石如書　民國尚古山房石印本　一冊

330000－1784－0000859　民 0310　子部/藝術類/書畫之屬/法帖
趙之謙大字一卷　(清)趙之謙書　民國影印本　一冊

330000－1784－0000860　民 0311　子部/藝術類/書畫之屬/法帖
董其昌小楷習字帖一卷　(明)董其昌書　民國石印本　一冊

330000－1784－0000861　民 0312　子部/藝術類/書畫之屬/法帖
張季直書許鼎霖墓誌一卷　張謇書　民國三十八年(1949)商務印書館影印本　一冊

330000－1784－0000862　民 0313　子部/藝術類/書畫之屬/法帖
初拓爨龍顔碑一卷　(南朝宋)爨道慶撰文　民國影印本　一冊

330000－1784－0000863　民 0314　子部/藝術類/書畫之屬/法帖
蘇東坡書赤壁賦一卷　(宋)蘇軾撰並書　民國四年(1915)上海商務印書館影印本　一冊

330000－1784－0000864　民 0315　子部/藝術類/書畫之屬/法帖
錢南園墨蹟一卷　(清)錢灃撰並書　民國二十七年(1938)長沙商務印書館石印本　一冊

330000－1784－0000865　民 0316　子部/藝術類/書畫之屬/法帖
南園大楷一卷　(清)錢灃書　民國碧梧山莊影印本　一冊

330000－1784－0000866　民 0317　子部/藝術類/書畫之屬/法帖
魏故懷令李君墓誌銘一卷　民國影印本　一冊

330000－1784－0000867　民 0318　史部/地理類/山川之屬/山志
東林山志二十四卷首一卷　(清)吳玉樹輯　民國十一年(1922)鉛印本　四冊

330000－1784－0000868　民 0319　子部/藝術類/書畫之屬/法帖
北宋拓蘇書醉翁亭記一卷　(宋)蘇軾書　民國十一年(1922)上海有正書局影印本　一冊

330000－1784－0000869　民 0320　子部/藝術類/書畫之屬/法帖

九成宫醴泉銘一卷　(唐)歐陽詢書　民國二十八年(1939)商務印書館影印本　一冊

330000－1784－0000870　民 0321　子部/藝術類/書畫之屬/法帖

宋拓顔魯公大麻姑仙壇記不分卷　(唐)顔真卿撰並書　民國石印本　一冊

330000－1784－0000871　民 0322　子部/藝術類/書畫之屬/法帖

初拓鄭文公碑一卷　(北魏)鄭道昭書　民國有正書局影印本　一冊

330000－1784－0000872　民 0323　子部/藝術類/書畫之屬/法帖

初拓爨寶子碑放大本一卷　民國上海佛記書局影印本　一冊

330000－1784－0000873　民 0324　子部/藝術類/書畫之屬/法帖

宋拓玄秘塔不分卷　(唐)裴休撰　(唐)柳公權書　民國二十二年(1933)上海商務印書館影印本　一冊

330000－1784－0000874　民 0325　子部/藝術類/書畫之屬/法帖

宋游丞相藏蘭亭宣城本一卷　(晉)王羲之書　民國十二年(1923)上海商務印書館珂羅版影印本　一冊

330000－1784－0000875　民 0326　子部/藝術類/書畫之屬/畫譜

白龍山人畫選一卷　王震繪　民國二十五年(1936)影印本　一冊

330000－1784－0000876　民 0327　子部/藝術類/書畫之屬/畫譜

一亭居士二十四孝圖不分卷　王震繪　民國二十一年(1932)西泠印社影印本　一冊

330000－1784－0000877　民 0328　類叢部/叢書類/彙編之屬

宋人小説二十八種　涵芬樓編　民國上海商務印書館鉛印本　二冊　存一種

330000－1784－0000878　民 0329　類叢部/叢書類/彙編之屬

宋人小説二十八種　涵芬樓編　民國上海商務印書館鉛印本　二冊　存一種

330000－1784－0000879　民 0330　子部/藝術類/書畫之屬

海上名家書畫稿不分卷　民國十一年(1922)國粹書畫社影印本　四冊

330000－1784－0000880　民 0331　史部/地理類/方志之屬/郡縣志

[民國]南潯志六十卷首一卷附南潯擷秀録一卷　周慶雲纂　民國八年至十一年(1919－1922)刻本　十六冊

330000－1784－0000881　民 0332　子部/藝術類/篆刻之屬/印譜

朱其石印存不分卷　檇李學社輯　張大千　謝玉岑選　民國二十三年(1934)檇李學社影印本　一冊

330000－1784－0000882　民 0333　子部/藝術類/書畫之屬/畫譜

清操軒畫賸不分卷　趙詠清繪　民國十五年(1926)上海大德書局石印本　二冊

330000－1784－0000883　民 0334　子部/藝術類/書畫之屬/法帖

唐拓柳書金剛經一卷　(唐)柳公權書　民國十四年(1925)上海有正書局石印本　四冊

330000－1784－0000884　民 0335　子部/藝術類/書畫之屬/法帖

王母楊太夫人七秩晉九壽文一卷　伊立勲書　民國十二年(1923)石印本　一冊

330000－1784－0000885　民 0336　子部/藝術類/書畫之屬/法帖

舊拓宋米南宫篆真宗御製詩一卷　陳錫鈞藏　民國二十五年(1936)中華書局影印本　一冊

330000－1784－0000886　民 0337　子部/藝術類/書畫之屬/法帖

宋拓顔平原東方畫贊不分卷　(唐)顔真卿書　民國上海有正書局影印本　二冊

330000－1784－0000887　民 0338　子部/藝術類/書畫之屬/法帖

蘇東坡書武昌西山詩一卷　（宋）蘇軾書　民國四年（1915）商務印書館影印本　一册

330000－1784－0000888　民 0339　子部/藝術類/書畫之屬/法帖

何子貞書石門頌禮器碑墨迹不分卷　（清）何紹基書　民國十四年（1925）上海有正書局影印本　一册

330000－1784－0000889　民 0340　子部/藝術類/書畫之屬/畫譜

可竹軒畫譜不分卷　張熊等繪　可竹軒主人編　民國十三年（1924）上海育智書局石印本　一册

330000－1784－0000890　民 0341　子部/藝術類/書畫之屬/法帖

陸鳳石鼒太淑人傳一卷　（清）俞樾撰　陸潤庠書　民國十一年（1922）上海文明書局石印本　一册

330000－1784－0000891　民 0342　子部/藝術類/書畫之屬/法帖

三希堂小楷四種不分卷　民國九年（1920）上海有正書局影印本　一册

330000－1784－0000892　民 0343　子部/藝術類/書畫之屬/法帖

張季直大楷習字範本一卷　張謇書　民國四年（1915）上海有正書局石印本　一册

330000－1784－0000893　民 0344　子部/藝術類/書畫之屬/法帖

舊拓鄭文公碑一卷　（北魏）鄭道昭書　民國十六年（1927）文明書局影印本　一册

330000－1784－0000894　民 0345　子部/藝術類/書畫之屬/法帖

陶心雲臨龍藏寺碑一卷　（清）陶濬宣書　民國十九年（1930）上海文明書局石印本　一册

330000－1784－0000895　民 0346　史部/傳記類/科舉録之屬

南潯擷秀録一卷　周慶雲編　民國八年（1919）刻藍印本　一册

330000－1784－0000896　民 0347　子部/藝術類/書畫之屬/畫譜

近世一百名家畫集四卷　錢辛編　民國十七年（1928）上海大東書局石印本　二册

330000－1784－0000897　民 0348　子部/藝術類/書畫之屬/法帖

顔真卿爭坐位帖一卷　（唐）顔真卿書　民國上海文明書局影印本　一册

330000－1784－0000898　民 0349　子部/藝術類/書畫之屬/法帖

真草千字文一卷　（元）趙孟頫書　民國世界書局影印本　一册

330000－1784－0000899　民 0350　子部/藝術類/書畫之屬/畫譜

近世一百名家畫集四卷　錢辛編　民國十年（1921）上海大東書局石印本　一册　存三卷（二至四）

330000－1784－0000900　民 0351　子部/藝術類/書畫之屬/法帖

小楷曹娥碑一卷　（晉）王羲之書　民國上海碧梧山莊影印本　一册

330000－1784－0000901　民 0352　子部/藝術類/書畫之屬/法帖

靈飛經小楷一卷　（唐）鍾紹京書　民國上海有正書局影印本　一册

330000－1784－0000902　民 0353　子部/藝術類/書畫之屬/法帖

董文敏曹娥碑一卷　（明）董其昌書　民國十四年（1925）上海文明書局影印本　一册

330000－1784－0000903　民 0354　史部/金石類/金之屬/文字

精拓孟鼎放大本一卷　民國九年（1920）上海有正書局影印本　一册

330000－1784－0000904　民 0355　子部/藝術類/書畫之屬/書法畫品

畫學心印八卷桐陰論畫初編二卷二編二卷三

編二卷畫訣二卷附錄一卷　（清）秦祖永評輯　民國七年（1918）上海掃葉山房石印本　八册

330000－1784－0000905　民 0356　子部/藝術類/書畫之屬/法帖

趙文敏書嵇叔夜絕交書一卷　（元）趙孟頫書　民國上海商務印書館影印本　一册

330000－1784－0000906　民 0357　子部/藝術類/書畫之屬/法帖

舊拓王右軍樂毅論趙松雪閑邪公傳合刻不分卷　（晉）王羲之書　（元）趙孟頫書　民國七年（1918）上海有正書局影印本　一册

330000－1784－0000907　民 0358　子部/藝術類/書畫之屬/法帖

快雪堂法書不分卷　民國上海有正書局影印本　五册

330000－1784－0000908　民 0359　子部/藝術類/書畫之屬/法帖

大唐西京千福寺多寶佛塔感應碑文一卷　（唐）岑勛撰　（唐）顏真卿書　民國十五年（1926）影印本　一册

330000－1784－0000909　民 0360　子部/藝術類/書畫之屬/法帖

大唐西京千福寺多寶佛塔感應碑文一卷　（唐）岑勛撰　（唐）顏真卿書　民國十五年（1926）影印本　一册

330000－1784－0000910　民 0361　子部/藝術類/書畫之屬/法帖

魏封宗聖侯孔羡碑不分卷　民國十五年（1926）上海有正書局影印本　一册

330000－1784－0000911　民 0362　子部/藝術類/書畫之屬/畫録

清朝畫徵録三卷明人附録一卷續録二卷浦山論畫一卷　（清）張庚撰　**清朝畫徵三録一卷**　（清）張寅撰　民國上海朝記書莊鉛印本　一册　缺一卷（清朝畫徵三録）

330000－1784－0000912　民 0363　子部/藝術類/書畫之屬/總論

墨緣彙觀四卷　（清）安岐撰　民國九年（1920）上海廣雅書局石印本　四册

330000－1784－0000913　民 0364　子部/藝術類/書畫之屬/畫譜

芥子園畫傳四集四卷　（清）闕十原繪圖　民國十三年（1924）上海天寶書局石印本　四册

330000－1784－0000914　民 0365　子部/藝術類/書畫之屬/畫譜

芥子園畫傳初集六卷二集九卷三集六卷四集四卷　（清）王槩　（清）王蓍　（清）王臬輯　民國上海天寶書局石印本　十六册

330000－1784－0000915　民 0366　子部/藝術類/書畫之屬/法帖

米南宫法書一卷　（宋）米芾書　民國石印本　一册

330000－1784－0000916　民 0367　子部/藝術類/書畫之屬/法帖

初拓趙子昂靈飛經一卷　（元）趙孟頫書　民國二十二年（1933）上海掃葉山房石印本　一册

330000－1784－0000917　民 0368　子部/藝術類/書畫之屬/法帖

杭州福神觀記一卷　民國影印本　一册

330000－1784－0000918　民 0369　子部/藝術類/書畫之屬/法帖

趙文敏充國頌一卷　（元）趙孟頫書　民國十四年（1925）上海文明書局石印本　一册

330000－1784－0000919　民 0370　子部/藝術類/書畫之屬/法帖

鄧石如書司馬溫公家儀一卷　（清）鄧石如書　民國五年（1916）上海有正書局石印本　一册

330000－1784－0000920　民 0371　子部/藝術類/書畫之屬/法帖

北宋拓蘇書醉翁亭記一卷　（宋）蘇軾書　民國影印本　一册

330000－1784－0000921　民 0372　子部/藝

術類/書畫之屬/法帖

御刻三希堂石渠寶笈法帖不分卷　(清)梁詩正等輯　民國上海中華圖書館影印本　二冊　存冊十六

330000－1784－0000922　民 0373　子部/藝術類/書畫之屬/法帖

王羲之樂毅論小楷一卷　(晉)王羲之書　民國上海大觀書局石印本　一冊

330000－1784－0000923　民 0374　子部/藝術類/書畫之屬/畫法畫品

畫箑叢談一卷　胡佩衡撰　民國十六年(1927)北京京城印書局鉛印本　一冊

330000－1784－0000924　民 0375　子部/藝術類/書畫之屬/法帖

閑邪公家傳一卷　(元)周馳撰　(元)趙孟頫書　民國十二年(1923)上海文明書局影印本　一冊

330000－1784－0000925　民 0376　子部/天文曆算類/曆法之屬

中華民國三十七年農曆通書一卷　民國三十六年(1947)石印本　一冊

330000－1784－0000926　民 0377　子部/藝術類/書畫之屬/法帖

大唐西京千福寺多寶佛塔感應碑文一卷　(唐)岑勛撰　(唐)顏真卿書　民國上海有正書局影印本　一冊

330000－1784－0000927　民 0378　子部/藝術類/書畫之屬/法帖

大唐西京千福寺多寶佛塔感應碑文一卷　(唐)岑勛撰　(唐)顏真卿書　民國影印本　一冊

330000－1784－0000928　民 0379　子部/藝術類/書畫之屬/法帖

鄧石如楷書隸書三種合冊不分卷　(清)鄧石如書　民國五年(1916)上海有正書局石印本　一冊

330000－1784－0000929　民 0380　子部/藝術類/書畫之屬/法帖

狼山觀音巖觀音造象記一卷　張謇書　民國七年(1918)上海有正書局石印本　一冊

330000－1784－0000930　民 0381　子部/藝術類/書畫之屬/法帖

靈飛經小楷一卷　(唐)鍾紹京書　民國上海藝苑真賞社影印本　一冊

330000－1784－0000931　民 0382　史部/傳記類/總傳之屬/技藝

國朝畫識十七卷　(清)馮金伯纂輯　民國十二年(1923)上海中華書局鉛印本　四冊

330000－1784－0000932　民 0383　史部/傳記類/總傳之屬/技藝

墨林今話十八卷　(清)蔣寶齡撰　**續編一卷**　(清)蔣茝生撰　民國十二年(1923)上海中華書局鉛印本　六冊

330000－1784－0000933　民 0384　子部/藝術類/書畫之屬/法帖

趙子昂充國頌一卷　(元)趙孟頫書　民國上海清儀閣石印本　一冊

330000－1784－0000934　民 0385　史部/傳記類/別傳之屬/事狀

王笙甫訃告一卷　王兆麟等撰　民國十四年(1925)石印本　一冊

330000－1784－0000935　民 0386　史部/傳記類/別傳之屬/事狀

汪雅軒[如榮]訃告一卷　汪兆翔等撰　民國十九年(1930)鉛印本　一冊

330000－1784－0000936　民 0387　子部/藝術類/書畫之屬/總論

甌鉢羅室書畫過目攷四卷首一卷附卷一卷　(清)李玉棻輯　民國上海朝記書莊鉛印本　四冊

330000－1784－0000937　民 0388　子部/藝術類/書畫之屬/畫譜

大觀樓叢畫八卷　汪鑅繪　民國十年(1921)泰華圖書館石印本　八冊

330000－1784－0000938　民 0389　子部/藝

術類/篆刻之屬/印譜

潛泉印叢　吴隱輯　民國西泠印社鈐印本　四册　存一種

330000－1784－0000939　民 0390　史部/傳記類/總傳之屬/技藝

歷代畫史彙傳二十四卷首一卷附録一卷　(清)彭藴璨編　民國十三年(1924)上海掃葉山房石印本　十二册　缺一卷(附録)

330000－1784－0000940　民 0391　子部/藝術類/書畫之屬/法帖

翁松禪相國尺牘真蹟不分卷　(清)翁同龢書　民國十五年(1926)上海中華書局影印本　十二册

330000－1784－0000941　民 0392　子部/藝術類/書畫之屬/法帖

鄧石如篆書十五種不分卷　(清)鄧石如書　民國五年(1916)上海文明書局石印本　六册

330000－1784－0000942　民 0393　子部/藝術類/書畫之屬/法帖

淳化秘閣法帖十卷　(明)溫如玉等書　民國二十五年(1936)影印本　十册

330000－1784－0000943　民 0394　子部/藝術類/書畫之屬/法帖

李元靖碑不分卷　(唐)顔真卿書　民國影印本　二册

330000－1784－0000944　民 0395　集部/曲類/彈詞之屬

繡像再生緣全傳六卷七十八回　(清)陳端生撰　民國石印本　六册

330000－1784－0000945　民 0396　集部/戲劇類/雜劇之屬

增批繪像第六才子書八卷　(元)王德信　(元)關漢卿撰　(清)金人瑞評　**六才子西廂文一卷　唐六如先生文韻一卷**　(明)祝允明評定　(明)念庵居士輯　民國十一年(1922)上海大成書局石印本　六册

330000－1784－0000946　民 0397　集部/小説類/長篇之屬

後紅樓夢四卷三十回首一卷　(清)逍遥子撰　民國三年(1914)振華書局石印本　四册

330000－1784－0000947　民 0398　集部/小説類/長篇之屬

繪圖歷朝通俗演義十一種　蔡東帆輯　民國上海會文堂新記書局石印本　八册　存一種

330000－1784－0000948　民 0399　子部/藝術類/書畫之屬/畫録

虚齋名畫續録四卷補遺一卷　龐元濟撰　民國十三年(1924)吴興龐氏刻十四年(1925)補刻本　四册

330000－1784－0000949　民 0400　史部/目録類/專録之屬

中國地方志綜録不分卷　朱士嘉撰　民國二十六年(1937)上海商務印書館石印本　二册

330000－1784－0000950　民 0401　子部/藝術類/書畫之屬/畫譜

芥子園畫傳初集六卷　(清)王槩　(清)王蓍　(清)王臬輯　民國上海天寶書局石印本　二册

330000－1784－0000951　民 0402　子部/藝術類/書畫之屬/畫譜

芥子園畫傳二集九卷　(清)王槩　(清)王蓍　(清)王臬輯　民國石印本　一册

330000－1784－0000952　民 0403　類叢部/叢書類/自著之屬

張季子九録附一種　張謇撰　張怡祖編　民國二十一年(1932)上海中華書局鉛印本　十八册　存七種

330000－1784－0000953　民 0404　子部/農家農學類/園藝之屬/花卉

春暉堂花卉圖說十二卷　許衍灼撰　民國十二年(1923)上海新學會社石印本　四册

330000－1784－0000954　民 0405　集部/小説類/長篇之屬

第一才子書六十卷一百二十回　(明)羅本撰　(清)毛宗崗　(清)金人瑞評　民國石印本　六册　存三十七卷(九至二十九、三十五至

五十)

330000－1784－0000955　民 0406　史部/傳記類/總傳之屬/技藝
國朝書識十七卷　(清)馮金伯纂輯　民國十二年(1923)上海中華書局鉛印本　四册

330000－1784－0000956　民 0407　集部/小說類/長篇之屬
第一才子書六十卷一百二十回　(明)羅本撰　(清)毛宗崗　(清)金人瑞評　民國石印本　六册　存四十七卷(十四至六十)

330000－1784－0000957　民 0408　集部/小說類/長篇之屬
清代十三朝演義初集四卷二十八回　朱壽基撰　民國五年(1916)上海東吴書局石印本　四册

330000－1784－0000958　民 0409　子部/藝術類/遊藝之屬/聯語
影印名人楹聯真蹟大全不分卷附屏條堂幅不分卷　劉再蘇搜集　民國十五年(1926)上海世界書局影印本　六册

330000－1784－0000959　民 0410　子部/藝術類/書畫之屬/畫譜
沙山春人物扇集畫譜一卷　(清)沙馥繪　民國十四年(1925)育材書局影印本　二册

330000－1784－0000960　民 0411　史部/金石類/金之屬/圖像
澂秋館吉金圖不分卷　羅振玉　王國維撰　孫莊編　民國商務印書館石印本　一册

330000－1784－0000961　民 0412　史部/傳記類/别傳之屬/事狀
吴興周夢坡先生[慶雲]訃告一卷年譜一卷墓表一卷墓誌銘一卷畫史一卷　周延礽輯　民國二十三年(1934)影印本暨鉛印本　四册

330000－1784－0000962　民 0413　史部/傳記類/别傳之屬/事狀
吴興周夢坡先生[慶雲]訃告一卷年譜一卷墓表一卷墓誌銘一卷畫史一卷　周延礽輯　民國二十三年(1934)影印本暨鉛印本　四册

330000－1784－0000963　民 0414　類叢部/叢書類/彙編之屬
宋人小說二十八種　涵芬樓編　民國上海商務印書館鉛印本　一册　存一種

330000－1784－0000964　民 0415　子部/藝術類/書畫之屬/法帖
近代碑帖大觀不分卷　煙水山民輯　民國上海碧梧山莊影印本　八册

330000－1784－0000965　民 0416　子部/藝術類/書畫之屬/法帖
近代碑帖大觀續集不分卷　周愧齋輯　民國上海碧梧山莊影印本　八册

330000－1784－0000966　民 0417　子部/藝術類/書畫之屬/畫譜
杏芬老人遺墨不分卷　吴淑娟繪　民國十九年(1930)影印本　一册

330000－1784－0000967　民 0418　子部/藝術類/書畫之屬/法帖
莫友芝篆書三種一卷　(清)莫友芝書　民國十一年(1922)上海文明書局石印本　一册

330000－1784－0000968　民 0419　史部/傳記類/别傳之屬/事狀
羅立欽行狀不分卷　羅基銘等撰　民國二十四年(1935)石印本　一册

330000－1784－0000969　民 0420　子部/藝術類/書畫之屬/畫譜
叢芳競秀一卷　(清)□□編　民國石印本　一册

330000－1784－0000970　民 0421　子部/藝術類/書畫之屬/法帖
宋文信國公正氣歌不分卷　馬良書　民國十一年(1922)商務印書館石印本　一册

330000－1784－0000971　民 0422　子部/藝術類/書畫之屬/法帖
温以燠書經書不分卷　(清)温以燠書　民國石印本　一册

330000－1784－0000972　民 0423　子部/藝

術類/書畫之屬/法帖
董其昌書海市詩一卷 (明)董其昌書 民國石印本 一册

330000－1784－0000973 民0424 子部/藝術類/書畫之屬/法帖
元明法帖一卷 (明)金琮等書 民國石印本 一册

330000－1784－0000974 民0425 子部/藝術類/書畫之屬/法帖
擁翠山莊記一卷 (清)楊見山書 民國上海求古齋書帖局石印本 一册

330000－1784－0000975 民0426 子部/藝術類/書畫之屬/法帖
吴倉碩石鼓文一卷 吴昌碩書 光齋軒藏 民國上海求古齋書帖局影印本 一册

330000－1784－0000976 民0427 子部/藝術類/書畫之屬/畫譜
名人畫册一卷 (明)李日華繪 民國十二年(1923)上海文明書局影印本 一册

330000－1784－0000977 民0428 史部/傳記類/別傳之屬/事狀
吴興周夢坡先生[慶雲]哀思録不分卷 周延礽輯 民國二十四年(1935)鉛印本 一册

330000－1784－0000978 民0429 史部/傳記類/別傳之屬/事狀
趙子鶴先生赴告一卷 趙毓銘等撰 民國十九年(1930)石印本 一册

330000－1784－0000979 民0430 史部/傳記類/別傳之屬/事狀
王笙甫訃告一卷 王兆麟等撰 民國十四年(1925)石印本 一册

330000－1784－0000980 民0431 史部/傳記類/別傳之屬/事狀
周湘舲先生[慶雲]行狀一卷 葉為銘篆 民國二十三年(1934)石印本 一册

330000－1784－0000981 民0432 史部/傳記類/別傳之屬/事狀
吴興周夢坡先生[慶雲]訃告一卷年譜一卷墓表一卷墓志銘一卷畫史一卷 周延礽輯 民國二十三年(1934)影印本暨鉛印本 一册 存二卷(墓表、墓志銘)

330000－1784－0000982 民0433 史部/傳記類/別傳之屬/事狀
吴興周夢坡先生[慶雲]訃告一卷年譜一卷墓表一卷墓志銘一卷畫史一卷 周延礽輯 民國二十三年(1934)影印本暨鉛印本 四册

330000－1784－0000983 民0434 子部/藝術類/書畫之屬/法帖
蘇東坡赤壁賦一卷 (宋)蘇軾撰並書 民國東方書局石印本 一册

330000－1784－0000984 民0435 集部/別集類/清別集
翁松禪家書二集 (清)翁同龢撰 民國二十三年(1934)上海商務印書館影印本 一册 存一集(二)

330000－1784－0000985 民0436 史部/傳記類/別傳之屬/事狀
周湘舲先生[慶雲]行狀一卷 葉為銘篆 民國二十三年(1934)石印本 一册

330000－1784－0000986 民0437 子部/藝術類/書畫之屬
吴中近人書畫集一卷 鄒登鏊輯 民國十八年(1929)蘇州振新書社影印本 一册

330000－1784－0000987 民0438 子部/藝術類/書畫之屬/法帖
宋拓王右軍書不分卷 (晉)王羲之書 民國十五年(1926)上海商務印書館影印本 一册

330000－1784－0000988 民0439 子部/藝術類/書畫之屬/畫譜
陸廉夫仿古山水册不分卷 陸恢繪 依幻廬藏 民國二十一年(1932)影印本 一册

330000－1784－0000989 民0440 子部/藝術類/書畫之屬/書法畫品
壽世草堂藏畫選第一集一卷 丁健行輯 民國三十四年(1945)影印本 一册

330000－1784－0000990　民 0441　子部/藝術類/書畫之屬/法帖

大唐西京千福寺多寶佛塔感應碑文一卷　（唐）岑勛撰　（唐）顔真卿書　民國影印本　一冊

330000－1784－0000991　民 0442　子部/藝術類/書畫之屬/畫譜

陸廉夫臨王石谷山水冊不分卷　陸恢繪　民國十五年（1926）蘇州振新書社影印本　一冊

330000－1784－0000992　民 0443　子部/藝術類/書畫之屬/畫譜

一亭居士二十四孝圖不分卷　王震繪　民國上海有正書局影印本　一冊

330000－1784－0000993　民 0444　子部/藝術類/書畫之屬/畫法畫品

流民圖不分卷　王震繪　民國八年（1919）上海西泠印社影印本　一冊

330000－1784－0000994　民 0445　子部/藝術類/書畫之屬/畫法畫品

流民圖不分卷　王震繪　民國八年（1919）上海西泠印社影印本　一冊

330000－1784－0000995　民 0446　史部/地理類/方志之屬/郡縣志

[乾隆]烏青鎮志十二卷　（清）董世寧纂　民國七年（1918）鉛印本　二冊

330000－1784－0000996　民 0447　史部/地理類/方志之屬/郡縣志

[乾隆]烏青鎮志十二卷　（清）董世寧纂　民國七年（1918）鉛印本　二冊

330000－1784－0000997　民 0448　史部/傳記類/别傳之屬/事狀

張適園先生[鈞衡]哀輓録不分卷　（清）張懿德堂編　民國十七年（1928）鉛印本　一冊

330000－1784－0000999　民 0450　子部/藝術類/書畫之屬/畫譜

朱墓十二景圖詠一卷　周廷華撰　民國七年（1918）影印本　一冊

330000－1784－0001000　民 0451　子部/藝術類/書畫之屬/法帖

朱君五樓生壙記一卷　吴俊卿撰　李瑞清書　民國六年（1917）上海尚古山房影印本　一冊

330000－1784－0001001　民 0452　史部/金石類/石之屬/文字

魏齊造像二十品不分卷　（清）沈樹鏞藏　（清）趙之謙選定　民國上海有正書局影印本　一冊

330000－1784－0001003　民 0453　子部/藝術類/書畫之屬/畫譜

夢坡畫史一卷　周慶雲繪　民國二十三年（1934）影印本　一冊

330000－1784－0001005　民 0455　史部/傳記類/别傳之屬/事狀

吴興周夢坡先生[慶雲]訃告一卷年譜一卷墓表一卷墓誌銘一卷畫史一卷　周延礽輯　民國二十三年（1934）影印本暨鉛印本　四冊

330000－1784－0001006　民 0456　史部/金石類/石之屬/文字

魏齊造像二十品不分卷　（清）沈樹鏞藏　（清）趙之謙選定　民國四年（1915）上海有正書局影印本　一冊

330000－1784－0001007　民 0457　類叢部/叢書類/彙編之屬

嘉業堂叢書五十七種　劉承幹輯　民國吴興劉氏嘉業堂刻本　十一冊　存三種

330000－1784－0001008　民 0458　史部/傳記類/别傳之屬/事狀

金丽生訃告一卷　金澄華等撰　民國十五年（1926）石印本　一冊

330000－1784－0001011　民 0461　史部/金石類/金之屬/文字

籀範初編二卷附釋文一卷　秦文錦輯　民國十八年（1929）上海藝苑真賞社影印本　二冊　缺一卷（二）

330000－1784－0001012　民 0462　子部/藝

術類/書畫之屬/畫譜

八大山人花鳥冊不分卷 (清)朱耷繪 民國影印本 一冊

330000－1784－0001013 民0463 子部/藝術類/書畫之屬/畫法畫品

流民圖不分卷 王震繪 民國八年(1919)上海西泠印社影印本 一冊

330000－1784－0001014 民0464 子部/藝術類/書畫之屬/畫譜

夢坡畫史一卷 周慶雲繪 民國二十三年(1934)影印本 一冊

330000－1784－0001015 民0465 子部/藝術類/書畫之屬/畫譜

陳一禪山水集不分卷 陳一禪繪 海陵老人編 民國二十年(1931)上海華商書局影印本 一冊

330000－1784－0001016 民0466 子部/藝術類/書畫之屬/畫譜

名人書畫第一集不分卷 商務印書館輯 民國十六年(1927)上海商務印書館影印本 一冊

330000－1784－0001017 民0467 子部/藝術類/書畫之屬/畫譜

戴文節山水冊一卷 (清)戴熙繪 民國十二年(1923)上海中華書局影印本 一冊

330000－1784－0001018 民0468 子部/藝術類/書畫之屬/法帖

顏真卿祭姪文藁記一卷 (唐)顏真卿書 民國十四年(1925)北京京華印書局影印本 一冊

330000－1784－0001019 民0469 子部/藝術類/書畫之屬/法帖

蘇長公草書醉翁亭記一卷 (宋)蘇軾書 民國拓本 一冊

330000－1784－0001020 民0470 子部/藝術類/書畫之屬/法帖

墨蹟十種不分卷 張寅書 民國抄本 一冊

330000－1784－0001021 民0471 經部/小學類/文字之屬/字書/字典

春秋地名鐘鼎字源檢字表一卷 民國抄本 一冊

330000－1784－0001022 民0472 史部/傳記類/别傳之屬/事狀

沈陳夫人家傳一卷 沈衛撰並書 民國拓本 一冊

330000－1784－0001023 民0473 子部/藝術類/書畫之屬/法帖

沈耀勲墓志一卷 吴士鑑書 民國拓本 一冊

330000－1784－0001025 民0475 子部/藝術類/書畫之屬/法帖

曾文正公竹遊記不分卷 (清)曾國藩書 民國尚古山房搨本 一冊

330000－1784－0001027 民0476 子部/藝術類/書畫之屬/法帖

蘇孝慈[慈]墓誌一卷 (隋)□□書 民國拓本 一冊

330000－1784－0001035 民0481 子部/藝術類/書畫之屬/法帖

山谷老人西山題名一卷 (宋)黄庭堅書 民國拓本 一冊

330000－1784－0001038 民0482 史部/金石類/陶之屬/文字

瓦削文字譜一卷 文素松輯 民國二十年(1931)萍鄉文氏思簡樓影印本 一冊

330000－1784－0001039 民0483 子部/藝術類/書畫之屬

悲盦賸墨十集 (清)趙之謙書並繪 丁仁吳隱編 民國十二年至二十三年(1923－1934)上海西泠印社影印本 四冊 存四集(一至二、七、十)

330000－1784－0001040 民0484 子部/藝術類/書畫之屬/法帖

觀音殿記一卷 (元)趙孟頫書 民國上海育古山房石印本 一冊

330000－1784－0001041　民0485　子部/藝術類/書畫之屬/畫譜
夢坡畫史一卷　周慶雲繪　民國二十三年(1934)影印本　一冊

330000－1784－0001042　民0486　子部/藝術類/書畫之屬/法帖
長興州修建東嶽行宫記一卷　(元)孟淳撰　(元)趙孟頫書　民國拓本　一冊

330000－1784－0001043　民0487　子部/藝術類/書畫之屬/法帖
長興州修建東嶽行宫記一卷　(元)孟淳撰　(元)趙孟頫書　民國拓本　一冊

330000－1784－0001045　民0488　史部/地理類/方志之屬/郡縣志
[民國]南潯志六十卷首一卷　周慶雲纂　民國九年至十一年(1920－1922)刻本　十五冊　缺三卷(二十九至三十一)

330000－1784－0001046　民0489　史部/地理類/方志之屬/郡縣志
[民國]古浪縣志九卷首一卷　李培清修　唐海雲纂　民國二十八年(1939)河西印刷局鉛印本　五冊　缺三卷(三、七、九)

330000－1784－0001047　民0490　史部/傳記類/總傳之屬/家乘
[浙江湖州]吴興荻溪章氏四修家乘十五卷　章祖佑等纂修　章有大撰　民國十三年(1924)鉛印本　八冊

330000－1784－0001048　民0491　子部/藝術類/書畫之屬/法帖
御刻三希堂石渠寶笈法帖不分卷　(清)梁詩正等輯　**三希堂續刻瀍帖不分卷**　(清)蔣溥等輯　民國石印本　三十六冊

330000－1784－0001049　民0492　史部/傳記類/總傳之屬/家乘
[江蘇常熟]京兆歸氏世譜十二卷　歸賡良主修　歸兆籛編纂　民國二年(1913)常熟歸氏義莊木活字印本　四冊

330000－1784－0001050　民0493　史部/傳記類/總傳之屬/家乘
[浙江湖州]吴興荻溪章氏四修家乘十五卷　章祖佑等纂修　章有大撰　民國十三年(1924)鉛印本　八冊

330000－1784－0001052　民0494　史部/目録類/專録之屬
怡廬所藏字畫不分卷　丁怡寫　民國抄本　一冊

330000－1784－0001053　民0495　史部/金石類/總志之屬
鄭冢古器圖考十二卷　關葆謙著兼繪圖　鄧甫田書　關敏恂繪圖　民國二十九年(1940)中華書局影印本　四冊

330000－1784－0001054　民0496　史部/金石類/金之屬/圖像
夢坡室獲古叢編十二卷　周慶雲藏　鄒壽祺編　民國十六年(1927)上海周慶雲夢坡室影印本　六冊　存六卷(一至二、五至七、九)

330000－1784－0001056　民0498　史部/地理類/方志之屬/郡縣志
[民國]續修曲阜縣志八卷　孫永漢修　李經野　孔昭曾纂　民國二十三年(1934)濟南同志印刷所鉛印本　八冊

330000－1784－0001057　民0499　史部/金石類/總志之屬
清儀閣所藏古器物文十卷　(清)張廷濟輯　民國十四年(1925)上海商務印書館影印本　四冊　存四卷(一、五至七)

330000－1784－0001059　民0501　子部/藝術類/書畫之屬/畫譜
青山農書畫集一卷　黄葆鉞書繪　黄聿豐藏　民國二十四年(1935)影印本　一冊

330000－1784－0001060　民0502　子部/藝術類/書畫之屬/法帖
蘇文忠天際烏雲帖真蹟一卷　(宋)蘇軾書　民國十二年(1923)上海商務印書館影印本　一冊

330000－1784－0001061　民0503　子部/藝

術類/書畫之屬/畫法畫品

宋朱鋭赤壁圖一卷 (宋)朱鋭繪 北平故宫博物院古物館編 民國二十一年(1932)北平故宫印刷所影印本 一册

330000 - 1784 - 0001062 民 0504 子部/藝術類/書畫之屬/畫譜

陸廉夫冷香居士記事圖册不分卷 陸恢繪 民國十九年(1930)上海中華書局影印本 一册

330000 - 1784 - 0001066 民 0506 子部/宗教類/道教之屬/道藏

道藏一千二百五十八種 (明)張宇初等編 民國上海涵芬樓影印本 二十册 存四十七種

330000 - 1784 - 0001076 民 0507 史部/地理類/方志之屬/郡縣志

[光緒]杭州府志一百七十八卷首八卷 (清)陳璚等修 (清)王棻等纂 屈映光續修 陸懋勳續纂 齊耀珊重修 吴慶坻重纂 民國十一年(1922)鉛印本 八十册

330000 - 1784 - 0001077 民 0508 子部/藝術類/書畫之屬/法帖

宋拓顔魯公大麻姑仙壇記不分卷 (唐)顔真卿撰並書 民國石印本 一册

330000 - 1784 - 0001078 民 0509 子部/藝術類/書畫之屬/法帖

李某庵臨周散氏盤真蹟一卷 李瑞清書 民國二十五年(1936)上海中華書局影印本 一册

330000 - 1784 - 0001079 民 0510 子部/藝術類/書畫之屬/法帖

宋拓衛景武公碑不分卷 寄青霞軒藏 民國五年(1916)上海有正書局影印本 一册

330000 - 1784 - 0001080 民 0511 經部/春秋左傳類/專著之屬

春秋地名辨異三卷晉書地理志證今一卷 (清)程廷祚撰 民國抄本 一册

330000 - 1784 - 0001083 民 0512 史部/地理類/方志之屬/郡縣志

[民國]雙林鎮志三十二卷首一卷 (清)蔡蓉升纂 蔡蒙續纂 民國抄本 八册

330000 - 1784 - 0001084 民 0513 史部/地理類/方志之屬/郡縣志

菱湖鎮志補充資料不分卷 潘吉榮撰 民國抄本 一册

330000 - 1784 - 0001085 民 0514 史部/地理類/方志之屬/郡縣志

[光緒]菱湖鎮志四十四卷首一卷 (清)孫志熊撰 民國抄本 六册

330000 - 1784 - 0001086 民 0515 史部/傳記類/總傳之屬/家乘

[浙江湖州]月河陸氏支譜不分卷 陸熙咸等纂修 民國二十五年(1936)鉛印本 一册

330000 - 1784 - 0001087 民 0516、民 0098 - 民 0099、民 0101 - 民 0102、民 0105 - 民 0106 類叢部/叢書類/彙編之屬

四部叢刊 張元濟等編 民國上海商務印書館影印本 二百八十三册 存六十四種

330000 - 1784 - 0001088 民 0517 史部/地理類/專志之屬/寺觀

靈峰寺志九卷 王華編纂 民國四年(1915)鉛印本 一册

330000 - 1784 - 0001098 民 0518 類叢部/叢書類/郡邑之屬

吴興叢書六十六種 劉承幹編 民國吴興劉氏嘉業堂刻本 十一册 存一種

330000 - 1784 - 0001101 民 0519 類叢部/叢書類/自著之屬

彊邨遺書六種外編二種附一種 朱祖謀撰 民國二十二年(1933)刻本 十二册

湖州師範學院圖書館民國時期傳統裝幀書籍普查登記目録

浙江省民國時期傳統裝幀書籍普查登記目録·温州 湖州

國家圖書館出版社
National Library of China Publishing House

《湖州師範學院圖書館民國時期傳統裝幀書籍普查登記目録》

編委會

主　　編: 祝玉芳

副 主 編: 龔景興

編纂人員: 祝玉芳　張銀龍　龔景興

《湖州師範學院圖書館民國時期傳統裝幀書籍普查登記目録》

前　言

湖州師範學院圖書館收藏的民國時期傳統裝幀的圖書,絶大多數來自於高校恢復辦學、圖書館重新起步發展時期。當時全國各地古舊書店生意興隆,也不乏有許多珍貴的古籍和民國時期出版的好書。20 世紀 80 年代初,當時的湖州師範專科學校副校長吳鳴皋先生携同圖書館館長王增清先生一起多次奔波於杭州、蘇州、上海等地的古舊書店,用并不充裕的經費購買了大量的綫裝古籍和民國時期鉛印圖書,構建了一個具有一定規模的古籍書庫。建庫早期,圖書館進行了簡單的分類編目,在圖書館采用計算機系統管理之後,重新組織力量按照四部法進行再次分編。近年,根據浙江省古籍保護中心的指導和安排,我們對所有館藏進行梳理和檢查,把清以前的古籍和民國時期的綫裝書分開排架和存放,使圖書的類别更加清晰,管理和開放使用方式也更加細化,保護措施也更加嚴密。

本次書目整理完成的民國時期傳統裝幀書籍有 120 條數據,以史部、集部類圖書爲主,其中又以方志、别集更多。部分圖書目前國内都已經極少收藏,且在古籍交易市場叫價極高,如張元濟輯《百衲本二十四史》,當初我們的購買價格僅 2200 元,目前價格已經飆升至幾十萬元。王亨彦輯《普陀洛迦山志》等多種書籍在浙江省高校圖書館中僅有我館收藏。其他大部頭圖書還有民國二十五年(1936)上海中華書局鉛印本《四部備要》和民國二十三年(1934)中華書局影印本《欽定古今圖書集成》一萬卷目録四十卷考證二十四卷等等。

目前,湖州師範學院圖書館古籍書庫建有獨立的館藏空間,所有古籍都配有紅木和香樟木做成的專用書架,書庫配有惰性氣體自動滅火器,在防光、防塵方面也作了特殊處理。

由於圖書館崗位的頻繁變動,一度影響了古籍整理工作的順利開展。祝玉芳老師接手古籍部工作以後,把所有古籍書目進行了全面清理和清點,對原來著録中的數據和實際圖書藏量進行校對、比證,糾正了許多差錯,目前已經初步清理出了比較清晰的書目數據。爲此,她憑藉自己比較扎實的歷史學功底展開工作,克服了身體不適的困擾,付出了艱辛的勞動,終於基本完成任務。張銀龍老師調離圖書館以後,繼續熱心關心和幫助古籍書目整理工作,多次抽出時間在古籍書庫與祝老師一起查改數據、修訂書目。在此,向他們的辛勤付出表示衷心的感謝！

由於我館基礎條件和設施設備條件的限制，加上專業知識缺乏的影響，在這次的書目整理過程中，一定還存在着許多的問題和差錯，有待我們在今後的工作中進一步修訂和完善，在此，謹向廣大讀者深表歉意！

龔景興

2018年1月17日

330000－1751－0000006　1041－1066　類叢部/叢書類/彙編之屬

四部叢刊　張元濟等編　民國上海商務印書館影印本　二千九十一册　存三百二十二種

330000－1751－0000009　1246　史部/紀傳類/正史之屬

百衲本二十四史　張元濟輯　民國上海商務印書館影印本　二十四册　存一種

330000－1751－0000010　1254　類叢部/類書類/通類之屬

欽定古今圖書集成一萬卷目録四十卷考證二十四卷　(清)蔣廷錫　(清)陳夢雷等輯　**古今圖書集成考證二十四卷**　民國二十三年(1934)中華書局影印本　二百一册　存二千三百五十五卷(目録一至七,考證一至二十四、禽蟲典一至一百九十二、戎政典一至三百、祥刑典一至一百八十、學行典一至三百、樂律典一至一百三十六、禮儀典一至三百四十八、銓衡典一至一百二十、食貨典一至三百六十、選舉典一至一百三十六、考工典一至二百五十二)

330000－1751－0000011　1231－1233　類叢部/叢書類/彙編之屬

四部備要　中華書局編　民國二十五年(1936)上海中華書局鉛印本　三百十六册　存二十一種

330000－1751－0000014　1145　類叢部/叢書類/自著之屬

隨園四十種　(清)袁枚撰　民國十七年(1928)上海掃葉山房成記書局鉛印本　五十二册

330000－1751－0000016　1146　集部/别集類

飲冰室全集四十八卷　梁啓超撰　民國五年(1916)上海中華書局鉛印本　四十八册

330000－1751－0000018　1121　史部/地理類/方志之屬/郡縣志

[民國]台州府志一百四十卷首一卷　喻長霖等纂修　章梫繪圖　民國二十五年(1936)上海游民習勤所鉛印本　三十六册

330000－1751－0000024　1241－1246　史部/紀傳類/正史之屬

百衲本二十四史　張元濟輯　民國上海商務印書館影印本　八百二十册

330000－1751－0000032　464－3　史部/傳記類/日記之屬

越縵堂日記不分卷(清同治二年四月朔至光緒十五年七月初十)　(清)李慈銘撰　民國九年(1920)北京浙江公會影印本　五十一册

330000－1751－0000033　653－8　類叢部/叢書類/彙編之屬

四部叢刊　張元濟等輯　民國上海商務印書館鉛印本　一册　存一種

330000－1751－0000036　1062－1　類叢部/叢書類/彙編之屬

四部叢刊　張元濟等編　民國上海商務印書館影印本　四十二册　存一種

330000－1751－0000037　341－3　史部/地理類/方志之屬/郡縣志

[民國]吳縣志八十卷　曹允源等纂修　民國二十二年(1933)蘇州文新公司鉛印本　四十册

330000－1751－0000038　465－10　史部/傳記類/日記之屬

翁文恭公日記不分卷(清咸豐八年至光緒三十年)　(清)翁同龢撰　民國十四年(1925)上海商務印書館影印本　四十册

330000－1751－0000039　1044－1　類叢部/叢書類/彙編之屬

四部叢刊　張元濟等編　民國上海商務印書館影印本　四十册　存一種

330000－1751－0000043　651－3　類叢部/叢書類/彙編之屬

四部叢刊　張元濟等編　民國上海商務印書館影印本　三十六册　存一種

330000－1751－0000044　664－2　類叢部/

叢書類/彙編之屬
四部叢刊 張元濟等輯 民國上海商務印書館鉛印本 六册 存一種

330000－1751－0000049 1135－4 集部/別集類/清別集
李文忠公尺牘不分卷 (清)李鴻章撰 民國五年(1916)合肥李氏石印本 三十二册

330000－1751－0000062 256－5 類叢部/叢書類/彙編之屬
嘉業堂叢書五十七種 劉承幹輯 民國吳興劉氏嘉業堂刻本 一册 存一種

330000－1751－0000066 434－2 集部/小說類/長篇之屬
增像全圖三國演義六十卷一百二十回 (明)羅本撰 (清)毛宗崗評 民國上海錦章書局石印本 十六册

330000－1751－0000068 434－1 集部/小說類/長篇之屬
繪圖增像第五才子書水滸全傳十二卷七十回首一卷 (元)施耐庵撰 (清)金人瑞評釋 民國上海文瑞樓、鴻章書局石印本 十二册

330000－1751－0000069 626－2 集部/總集類/選集之屬/通代
明清八家文鈔二十卷 徐世昌輯 民國二十年(1931)天津徐氏刻本 十二册

330000－1751－0000070 436－5 集部/總集類/選集之屬/通代
歷代詩文評註讀本 王文濡編 民國上海文明書局鉛印本 二册 存一種

330000－1751－0000071 436－4 集部/總集類/選集之屬/通代
歷代詩文評註讀本 王文濡編 民國八年(1919)上海文明書局鉛印本 四册 存一種

330000－1751－0000072 436－13 集部/詩文評類/類編之屬
近代文評註讀本三卷 王文濡評選 沈鎔等注釋 民國十八年(1929)上海文明書局鉛印本 三册

330000－1751－0000073 436－12 集部/總集類/選集之屬/通代
宋元明文評註讀本不分卷 王文濡編 金熙汪勁扶註 民國二十一年(1932)上海文明書局鉛印本 二册

330000－1751－0000101 424－13 子部/醫家類/類編之屬
吳興凌氏二種 (清)凌奐撰 民國六年(1917)上海鉛印本 一册

330000－1751－0000102 425－5 史部/地理類/雜志之屬
北戶録三卷 (唐)段公路撰 (唐)崔龜圖注 民國張宗祥抄本 一册

330000－1751－0000136 324－8 史部/地理類/山川之屬/山志
天台山方外志三十卷 (明)釋傳燈撰 民國十一年(1922)上海集雲軒鉛印本 十六册

330000－1751－0000183 462－7 史部/目録類/書志之屬/提要
四部寓眼録二卷 (清)周廣業撰 民國二十二年(1933)上虞羅振常蟫隱廬鉛印本 一册

330000－1751－0000191 455－5 類叢部/叢書類/彙編之屬
四部叢刊 張元濟等輯 民國上海商務印書館鉛印本 二十四册 存一種

330000－1751－0000228 353－7 史部/地理類
鄭開陽雜著十一卷 (明)鄭若曾撰 民國二十一年(1932)陶風樓據清康熙刻本影印本 四册

330000－1751－0000272 141－9 經部/小學類/文字之屬/說文/傳說
說文解字句讀三十卷 (清)王筠撰 民國涵芬樓影印王氏家刻本 二十册 存一種

330000－1751－0000275 325－6 史部/地理類/方志之屬/郡縣志
[乾隆]烏青鎮志十二卷 (清)董世寧纂修 民國七年(1918)鉛印本 二册

330000－1751－0000293　434－6　子部/藝術類/遊藝之屬/聯語

梡鞠録四卷　朱祖謀編　民國西泠印社石印本　二冊

330000－1751－0000297　424－5　史部/金石類/總志之屬

湫漻齋叢書十種　陳準輯　民國瑞安陳氏刻本　一冊　存一種

330000－1751－0000298　325－8　史部/地理類/山川之屬/山志

莫干山志十三卷　周慶雲撰　民國二十五年(1936)上海大東書局影印本　二冊

330000－1751－0000299　424－14　子部/藝術類/書畫之屬

拜李樓遺墨不分卷　溫匋繪　民國十九年(1930)影印本　一冊

330000－1751－0000300　335－2　史部/地理類/方志之屬/郡縣志

[民國]臨海縣志稿四十二卷首一卷　張熙鼎修　張寅重修　何奏簧纂　蔣鳳鳴　洪鋭心繪　民國二十四年(1935)鉛印本　二十二冊

330000－1751－0000301　324－6　史部/地理類/方志之屬/郡縣志

[民國]南潯志六十卷首一卷　周慶雲纂　民國九年至十一年(1920－1922)刻本　十六冊

330000－1751－0000302　353－3　史部/地理類/山川之屬/山志

廬山志副刊六種附圖一卷　吳宗慈輯注　民國二十三年(1934)鉛印本　一冊　存一種

330000－1751－0000303　363－1　史部/傳記類/總傳之屬/儒林

台學統一百卷　(清)王棻輯　民國七年(1918)吳興劉氏嘉業堂刻本　四十冊

330000－1751－0000304　436－10　集部/總集類/選集之屬/通代

古文辭類纂七十四卷　(清)姚鼐輯　民國上海鴻章書局石印本　十六冊

330000－1751－0000305　353－2　史部/地理類/山川之屬/水志

西湖志六卷首一卷　(清)姚循義輯　民國五年(1916)福建水利局鉛印本　十二冊

330000－1751－0000306　451－13　類叢部/叢書類/郡邑之屬

吳興叢書　劉承幹輯　民國吳興劉氏嘉業堂刻本　六冊　存一種

330000－1751－0000307　443－3　類叢部/叢書類/彙編之屬

嘉業堂叢書五十七種　劉承幹輯　民國吳興劉氏嘉業堂刻本　四冊　存一種

330000－1751－0000308　451－12　類叢部/叢書類/彙編之屬

嘉業堂叢書五十七種　劉承幹輯　民國吳興劉氏嘉業堂刻本　四冊　存一種

330000－1751－0000310　626－1　類叢部/叢書類/彙編之屬

景印元明善本叢書十種　商務印書館編　民國二十六年至二十九年(1937－1940)上海商務印書館影印本　十四冊　存一種

330000－1751－0000318　462－12　史部/目録類/總録之屬/私撰

郘亭知見傳本書目十六卷　(清)莫友芝撰　民國石印本　四冊

330000－1751－0000323　451－11　類叢部/叢書類/彙編之屬

嘉業堂叢書五十七種　劉承幹輯　民國吳興劉氏嘉業堂刻本　二冊　存一種

330000－1751－0000324　443－10　類叢部/叢書類/郡邑之屬

吳興叢書　劉承幹輯　民國吳興劉氏嘉業堂刻本　一冊　存一種

330000－1751－0000325　443－11　類叢部/叢書類/郡邑之屬

吳興叢書　劉承幹輯　民國吳興劉氏嘉業堂刻本　一冊　存一種

330000－1751－0000326　443－2　類叢部/叢書類/郡邑之屬
吴興叢書　劉承幹輯　民國吴興劉氏嘉業堂刻本　一册　存一種

330000－1751－0000327　335－3　史部/地理類/方志之屬/郡縣志
［民國］定海縣志不分卷　陳訓正　馬瀛纂修　施臯　顔聖介　張紀隆測繪　民國十三年(1924)旅滬同鄉會鉛印本　十二册

330000－1751－0000328　361－6　類叢部/叢書類/彙編之屬
求恕齋叢書三十一種　劉承幹編　民國吴興劉氏嘉業堂刻本　四册　存一種

330000－1751－0000329　361－7　類叢部/叢書類/彙編之屬
求恕齋叢書三十一種　劉承幹編　民國吴興劉氏嘉業堂刻本　四册　存一種

330000－1751－0000332　452－7　子部/藝術類/書畫之屬/總論
庚子銷夏記八卷　(清)孫承澤撰　民國九年(1920)上海掃葉山房石印本　四册

330000－1751－0000333　466－5　子部/雜著類/雜考之屬
讀書雜志八十二卷餘編二卷　(清)王念孫撰　民國十三年(1924)掃葉山房石印本　六册　存二十卷(逸周書一至四、戰國策一至三、史記一至六、漢書一至七)

330000－1751－0000334　464－2　史部/傳記類/日記之屬
越縵堂日記補不分卷(清咸豐四年三月十四日至同治二年三月三十日)　(清)李慈銘撰　民國二十五年(1936)上海商務印書館影印本　二十六册

330000－1751－0000335　511－4　集部/總集類/彙編之屬
戊戌六君子遺集九種　張元濟輯　民國二十六年(1937)上海商務印書館鉛印本　六册

330000－1751－0000336　124－3　經部/禮記類/傳説之屬
禮記集説四十九卷　(清)莊有可撰　民國二十四年(1935)上海商務印書館影印本　八册

330000－1751－0000337　436－11　集部/總集類/選集之屬/通代
評校音註續古文辭類纂三十四卷　王先謙輯　王文濡校注　民國十三年(1924)上海文明書局影印本　八册

330000－1751－0000338　354－4　史部/地理類/專志之屬/寺觀
鄧尉聖恩寺志十八卷　(明)周永年編　民國十九年(1930)影印本　四册

330000－1751－0000339　546－1　類叢部/叢書類/郡邑之屬
四明叢書一百六十七種　張壽鏞編　民國四明張氏約園刻本　二册　存序目

330000－1751－0000340　355－13　史部/地理類/專志之屬/寺觀
寒山寺志三卷　葉昌熾撰　民國十一年(1922)吴縣潘氏刻本　四册

330000－1751－0000341　464－1　類叢部/叢書類/彙編之屬
求恕齋叢書三十一種　劉承幹編　民國吴興劉氏嘉業堂刻本　六册　存一種

330000－1751－0000342　462－2　史部/目録類/版本之屬/書影
吴興劉氏嘉業堂善本書景五卷　劉承幹輯　民國十八年(1929)吴興劉氏嘉業堂影印本　五册

330000－1751－0000344　465－8　類叢部/叢書類/彙編之屬
嘉業堂叢書五十七種　劉承幹輯　民國吴興劉氏嘉業堂刻本　二册　存一種

330000－1751－0000345　761－1　類叢部/叢書類/郡邑之屬
揚州叢刻二十四種　陳恒和編　民國十九年至二十三年(1930－1934)揚州陳恒和書林刻本　八册

330000－1751－0000346　424－20　史部/目録類/總録之屬/私撰
詒莊樓書目八卷　王修藏並撰　民國十九年(1930)長興王修鉛印本　四冊

330000－1751－0000347　353－1　史部/地理類
廬山志十二卷首一卷　吳宗慈編　民國二十二年(1933)鉛印本　十四冊

330000－1751－0000348　361－10　類叢部/叢書類/彙編之屬
四部備要　中華書局編　民國上海中華書局鉛印本　二十二冊　存一種

330000－1751－0000349　454－7　類叢部/叢書類/彙編之屬
四部備要　中華書局編　民國上海中華書局鉛印本　十冊　存一種

330000－1751－0000350　454－8　類叢部/叢書類/彙編之屬
四部備要　中華書局編　民國二十五年(1936)上海中華書局鉛印本　十冊　存一種

330000－1751－0000351　454－6　類叢部/叢書類/彙編之屬
四部備要　中華書局編　民國上海中華書局鉛印本　八冊　存一種

330000－1751－0000352　454－3　類叢部/叢書類/彙編之屬
四部備要　中華書局編　民國上海中華書局鉛印本　八冊　存一種

330000－1751－0000354　454－5　類叢部/叢書類/彙編之屬
四部備要　中華書局編　民國上海中華書局鉛印本　四冊　存一種

330000－1751－0000355　451－2　類叢部/叢書類/彙編之屬
四部備要　中華書局編　民國上海中華書局鉛印本　二冊　存一種

330000－1751－0000356　451－1　類叢部/叢書類/彙編之屬
四部備要　中華書局編　民國上海中華書局鉛印本　一冊　存一種

330000－1751－0000357　451－4　類叢部/叢書類/彙編之屬
四部備要　中華書局編　民國上海中華書局鉛印本　一冊　存一種

330000－1751－0000358　454－4　類叢部/叢書類/彙編之屬
四部備要　中華書局編　民國上海中華書局鉛印本　四冊　存一種

330000－1751－0000361　441－3　集部/總集類/選集之屬/斷代
太平天國文鈔一卷詩鈔一卷聯語鈔一卷附録三卷補遺二卷　羅邕　沈祖基輯　民國二十四年(1935)上海商務印書局鉛印本　四冊

330000－1751－0000362　444－5　集部/別集類/宋別集
南湖集十卷附録三卷　(宋)張鎡撰　民國十四年(1925)杭州廣壽慧雲禪寺刻藍印本　四冊

330000－1751－0000365　325－5　史部/地理類/專志之屬/古跡
海昌勝蹟志八卷補綴一卷　管元耀輯　民國二十一年(1932)海寧管氏靜得樓刻本　八冊

330000－1751－0000366　455－1　集部/別集類
缶廬集五卷　吳俊卿撰　民國九年(1920)吳興劉承幹刻十二年(1923)增刻印本　二冊

330000－1751－0000367　434－5　集部/詩文評類/詩評之屬
詩學淵源八卷　丁儀撰　民國十九年(1930)鉛印本　三冊

330000－1751－0000369　116－1　類叢部/叢書類/郡邑之屬
吳興叢書六十六種　劉承幹編　民國吳興劉氏嘉業堂刻本　十四冊

330000－1751－0000370　331－1　史部/地理類/方志之屬/郡縣志
[民國]嵊縣志三十二卷首一卷　牛蔭麐　羅穀修　丁謙　余重耀纂　民國二十四年(1935)鉛印本　二十册

330000－1751－0000371　322－3　史部/地理類/方志之屬/郡縣志
[民國]蕭山縣志稿三十三卷首一卷末一卷　(清)彭延慶　(清)陳曾蔭　(清)張宗海修　(清)楊鍾羲　(清)姚瑩俊　(清)楊士龍纂　民國二十四年(1935)鉛印本　十六册

330000－1751－0000372　331－2　史部/地理類/方志之屬/郡縣志
[民國]新昌縣志二十卷沃洲詩存一卷文存一卷　金城修　陳畬等纂　**新昌農事調查不分卷**　金城撰　民國八年(1919)鉛印本　十二册

330000－1751－0000373　325－10　類叢部/叢書類/自著之屬
晨風廬叢刊十八種　周慶雲撰　民國吳興周氏夢坡室刻本　四册　存一種

330000－1751－0000374　353－8　史部/地理類/山川之屬/山志
普陀洛迦山志十二卷　王亨彦輯　民國十七年(1928)鉛印本　四册

330000－1751－0000375　353－11　史部/地理類/山川之屬/山志
峨眉山誌十二卷　(清)蔣超纂　民國十八年(1929)刻本　四册

330000－1751－0000376　136－4　經部/小學類/音韻之屬/韻書
中華新韻一卷　教育部國語推行委員會編　民國影印本　一册

330000－1751－0000377　145－11　經部/小學類/音韻之屬/古今韻說
經籍舊音一卷　吳承仕撰　民國十年(1921)刻本　一册

330000－1751－0000378　255－11　集部/總集類/尺牘之屬
歷代名人小簡續編二卷　吳曾祺輯　民國三年(1914)上海商務印書館鉛印本　一册

330000－1751－0000379　326－1　史部/地理類/方志之屬/郡縣志
[民國]紹興地志述略不分卷　尹幼蓮纂　民國二十年(1931)鉛印本　一册

330000－1751－0000380　225－1　史部/傳記類/别傳之屬/事狀
吳興周夢坡先生訃告一卷年譜一卷墓表一卷墓誌銘一卷畫史一卷　周延礽輯　民國二十三年(1934)影印本暨鉛印本　三册

330000－1751－0000381　255－2　類叢部/叢書類/彙編之屬
嘉業堂叢書五十七種　劉承幹編　民國吳興劉氏嘉業堂刻本　五十册　存一種

330000－1751－0000383　322－4　類叢部/叢書類/郡邑之屬
吳興叢書六十六種　劉承幹編　民國吳興劉氏嘉業堂刻本　三十六册　存一種

330000－1751－0000384　255－3　類叢部/叢書類/彙編之屬
嘉業堂叢書五十七種　劉承幹編　民國吳興劉氏嘉業堂刻本　一册　存一種

330000－1751－0000386　136－5　集部/詞類/詞話之屬
詞源疏證二卷　(宋)張炎編　蔡楨疏證　民國二十一年(1932)金陵大學中國文化研究所鉛印本　一册

330000－1751－0000387　361－5　類叢部/叢書類/彙編之屬
金陵大學中國文化研究所叢刊　金陵大學中國文化研究所編　民國金陵大學中國文化研究所刻本、鉛印本暨影印本　一册　存一種

330000－1751－0000388　462－11　類叢部/叢書類/彙編之屬
金陵大學中國文化研究所叢刊　民國金陵大學中國文化研究所刻本、鉛印本暨影印本

民國金陵大學中國文化研究所刻本、鉛印本暨影印本　一冊　存一種

330000－1751－0000391　512－6　集部/別集類

吹萬樓文集十八卷憤悱録一卷　高燮撰　民國三十年(1941)金山高氏刻本　六冊

330000－1751－0000392　341－4　史部/地理類/方志之屬/郡縣志

[民國]歙縣志十六卷　石國柱　樓文釗修　許承堯纂　民國二十六年(1937)歙縣旅滬同鄉會鉛印本　十六冊

330000－1751－0000393　355－9　史部/地理類/山川之屬/山志

九峯山志五卷首一卷　(清)王棻撰　民國二十年(1931)黄巖王氏鉛印本　一冊

330000－1751－0000394　334－7　史部/地理類/山川之屬/山志

南雁蕩山志十三卷首一卷　周喟編　民國七年(1918)瑞安戴氏詠古齋刻本　四冊

330000－1751－0000395　451－3　子部/雜著類/雜説之屬

論衡三十卷　(漢)王充撰　民國十四年(1925)上海掃葉山房石印本　六冊

330000－1751－0000396　242－1　史部/地理類/總志之屬/斷代

嘉慶一統志表二十卷　(清)穆彰阿纂修　胡文楷輯　民國二十四年(1935)上海商務印書館影印本　二十冊

330000－1751－0000397　256－4　史部/雜史類/通代之屬

明清史料丙編不分卷　國立中央研究院歷史語言研究所編　民國二十五年(1936)上海商務印書館鉛印本　十冊

330000－1751－0000398　256－5　史部/雜史類/通代之屬

明清史料乙編不分卷　國立中央研究院歷史語言研究所編　民國二十五年(1936)上海商務印書館鉛印本　十冊

330000－1751－0000399　254－8　史部/紀傳類/正史之屬

史記紀年考三卷　劉坦撰　民國二十六年(1937)上海商務印書館石印本　一冊

330000－1751－0000400　646－1　史部/目録類/總録之屬

叢書書目匯編　沈乾一編　民國十八年(1929)上海醫學書局鉛印本　四冊

330000－1751－0000403　355－14　史部/地理類/專志之屬/寺觀

元妙觀志十二卷首一卷　(清)顧沅輯　民國十七年(1928)鉛印本　二冊

330000－1751－0000404　434－9　類叢部/叢書類/郡邑之屬

吴興叢書　劉承幹輯　民國吴興劉氏嘉業堂刻本　六冊　存一種

330000－1751－0000405　116－10　類叢部/叢書類/郡邑之屬

吴興叢書　劉承幹輯　民國吴興劉氏嘉業堂刻本　一冊　存一種

330000－1751－0000407　241－5、241－4　史部/地理類

邊疆叢書甲集六種　禹貢學會輯　民國二十六年(1937)禹貢學會鉛印本　二冊　存二種

330000－1751－0000408　355－12　史部/地理類/山川之屬/山志

靈巖山志八卷首一卷末一卷　張一留編述　民國三十七年(1948)上海印公紀念會鉛印本　一冊

330000－1751－0000409　334－2　史部/目録類/總録之屬/地方

溫州經籍志三十三卷首一卷外編二卷辨誤一卷　(清)孫詒讓撰　民國十年(1921)浙江公立圖書館刻本　十七冊

330000－1751－0000410　462－8　史部/目録類/總録之屬/官修

四庫目略四卷　楊立誠編　民國十八年(1929)浙江省立圖書館鉛印本　四冊

330000－1751－0000411　124－2　類叢部/叢書類/彙編之屬

四部備要　中華書局編　民國上海中華書局石印本　十二冊　存一種

330000－1751－0000412　136－11　經部/小學類/文字之屬/字書/通論

文字通詮八卷　楊譽龍編　民國十二年(1923)上海中華書局石印本　四冊

330000－1751－0000413　252－5　類叢部/叢書類/彙編之屬

四部備要　中華書局編　民國二十五年(1936)上海中華書局鉛印本　二十六冊　存一種

330000－1751－0000416　255－5　史部/政書類/儀制之屬/專志/紀元

重校訂紀元編三卷　羅振玉重編　民國十四年(1925)東方學會鉛印本　三冊

330000－1751－0000417　325－9　史部/地理類/專志之屬/寺觀

靈峯寺志九卷首一卷　吳清修　葉向陽　王華纂　民國二十四年(1935)浙江正楷印書局鉛印本　一冊

330000－1751－0000419　353－9　史部/地理類/山川之屬/山志

普陀洛迦新志十二卷首一卷　許止淨述　王亨彥輯　民國二十年(1931)鉛印本　四冊

330000－1751－0000422　456－1　類叢部/叢書類/彙編之屬

四部叢刊　張元濟等編　民國上海商務印書館影印本　七冊　存一種

330000－1751－0000423　353－3　史部/地理類/山川之屬/山志

廬山志副刊六種附圖一卷　吳宗慈輯注　民國二十三年(1934)鉛印本　二冊　存一種

330000－1751－0000424　353－3　史部/地理類/山川之屬/山志

廬山志副刊六種附圖一卷　吳宗慈輯注　民國二十三年(1934)鉛印本　四冊　存一種

330000－1751－0000425　353－3　史部/地理類/山川之屬/山志

廬山志副刊六種附圖一卷　吳宗慈輯注　民國二十三年(1934)鉛印本　四冊　存一種

德清縣博物館民國時期傳統裝幀書籍普查登記目録

浙江省民國時期傳統裝幀書籍普查登記目録 · 温州 湖州

國家圖書館出版社
National Library of China Publishing House

《德清縣博物館民國時期傳統裝幀書籍普查登記目録》

編委會

《德清縣博物館民國時期傳統裝幀書籍普查登記目録》

前　言

德清縣博物館原藏古籍 413 部 3303 册，大部分爲 1985 年由德清縣文化館移交收藏，部分爲文物商店移交。德清縣博物館保管部工作人員對古籍的名稱、實際數量、來源等情况進行了初步登記。自 2014 年 3 月始，德清縣博物館開展對館藏古籍的整理、數據采集及信息平臺登録等工作。截至 2015 年 6 月，歷時一年多，圓滿完成了館藏古籍的普查工作。

本次古籍普查收録納入普查範圍的古籍信息總計 354 條，普查古籍 354 部 3089 册。德清縣博物館館藏古籍具體可分爲經、史、子、集、類叢部、新學部、刻經等七類，内容涉及政治、歷史、地理、文學、書法、法律、農政、醫藥等。版本主要以清代刻本、石印本、鉛印本，民國石印本、影印本爲主。

通過本次普查，德清縣博物館完成了對館藏古籍的梳理、編目與登録工作。古籍的基本信息、影像數據得到了全面完善，建立了古籍信息數據庫，可以全面瞭解縣博物館所藏古籍情况，有利於省市級古籍信息數據庫的形成，提高古籍藏書的利用價值。下一步德清縣博物館計劃對本次普查中破損較爲嚴重的古籍開展修復工作，并加强對古籍文化内涵的挖掘。

本次普查因時間緊、專業性强，因此要特别感謝奮戰在古籍普查前綫、付出大量心血的年輕同志們及耐心指導、給予專業支持的老同志。

當然，因普查員能力所限，在古籍著録及審核中難免有不足之處，還請各位方家、同仁批評指正。

德清縣博物館
2017 年 4 月

330000－1782－0000003　普 000347　類叢部/叢書類/彙編之屬

四部叢刊　張元濟等編　民國上海商務印書館影印本　十冊　存一種

330000－1782－0000016　普 000010　類叢部/叢書類/彙編之屬

士禮居黄氏叢書十九種附四種　(清)黄丕烈編　民國十一年(1922)上海博古齋增輯影印清黄氏刻本　二冊　存一種

330000－1782－0000028　普 000021　史部/地理類/輿圖之屬/郡縣

修訂浙江全省輿圖並水陸道里記不分卷　(清)宗源瀚等纂　民國四年(1915)杭州武林印書館石印本　十五冊

330000－1782－0000029　普 000022　史部/地理類/輿圖之屬/郡縣

修訂浙江全省輿圖並水陸道里記不分卷　(清)宗源瀚等纂　民國四年(1915)杭州武林印書館石印本　十四冊

330000－1782－0000035　普 000027　史部/地理類/方志之屬/郡縣志

[民國]德清縣志稿不分卷　德清縣修志館編　稿本　四冊

330000－1782－0000038　普 000037　集部/詩文評類/詩評之屬

隨園詩話十六卷補遺十卷　(清)袁枚撰　民國三年(1914)上海鴻寶齋書局石印本　四冊

330000－1782－0000039　普 000030　集部/總集類/選集之屬/通代

文選六十卷　(南朝梁)蕭統輯　(唐)李善注　**文選考異十卷**　(清)胡克家撰　民國影印本　六冊

330000－1782－0000049　普 000042　集部/總集類/尺牘之屬

名賢手札八卷　(清)郭慶藩輯　民國十四年(1925)上海掃葉山房石印本　四冊

330000－1782－0000050　普 000041　子部/道家類

莊子集解八卷　王先謙撰　民國上海校經山房成記書局石印本　三冊　缺二卷(五至六)

330000－1782－0000051　普 000045　集部/總集類/選集之屬/斷代

十種唐詩選十七卷　(清)王士禛輯　民國中國詩畫會社石印本　四冊

330000－1782－0000052　普 000044　子部/藝術類/書畫之屬/畫法畫品

畫學心印八卷　(清)秦祖永評輯　民國十四年(1925)上海掃葉山房石印本　四冊　缺一卷(三)

330000－1782－0000054　普 000046　史部/紀傳類/正史之屬

史記一百三十卷　(漢)司馬遷撰　(明)歸有光等評點　**方望溪平點史記四卷**　(清)方苞撰　民國掃葉山房石印本　六冊　存七十三卷(五十至一百二十二)

330000－1782－0000067　普 000060　史部/地理類/專志之屬/寺觀

舜帝廟志三卷　谷暘編　民國二十四年(1935)鉛印本　一冊

330000－1782－0000069　普 000062　集部/曲類/寶卷之屬

回天寶懺八卷首一卷　民國三十三年(1944)石印本　八冊

330000－1782－0000071　普 000064　史部/傳記類/總傳之屬/技藝

歷代畫史彙傳二十四卷首一卷附錄一卷　(清)彭蘊璨編　民國十三年(1924)上海掃葉山房石印本　十二冊

330000－1782－0000073　普 000066　集部/總集類/選集之屬/通代

古文析義初編六卷二編八卷　(清)林雲銘評註　民國上海錦章圖書局石印本　七冊　存七卷(二編二至八)

330000－1782－0000074　普 000067　集部/曲類/寶卷之屬

回天寶懺八卷首一卷　民國三十三年(1944)

石印本　八冊

330000－1782－0000079　普000070　史部/政書類/邦交之屬

限制軍備會議討論太平洋及遠東問題議決案不分卷　民國鉛印本　一冊

330000－1782－0000082　普000111　子部/藝術類/書畫之屬/畫法畫品

桐陰論畫二卷首一卷附錄一卷畫訣一卷續桐陰論畫一卷二編二卷三編二卷　（清）秦祖永撰　民國十四年(1925)上海掃葉山房石印本　三冊

330000－1782－0000085　普000075　集部/總集類/選集之屬/斷代

當代八家文鈔　胡君復輯　民國十六年(1927)中國圖書公司和記鉛印本　二十冊

330000－1782－0000088　普000077　史部/金石類/石之屬/文字

明拓石鼓文不分卷　石鼓文續集一卷　趙鎬編　民國八年(1919)上海有正書局影印本　一冊

330000－1782－0000103　普000093　類叢部/叢書類/彙編之屬

四部叢刊　張元濟等編　民國上海商務印書館影印本　三冊　存一種

330000－1782－0000105　普000095　類叢部/叢書類/彙編之屬

四部備要　中華書局編　民國二十五年(1936)上海中華書局鉛印本(經義考卷二百八十六、二百九十九至三百,東塾讀書記卷十三至十四、十七至二十、二十二至二十五原缺)　二冊　存二種

330000－1782－0000106　普000096　類叢部/叢書類/彙編之屬

四部叢刊　張元濟等編　民國上海商務印書館影印本　六冊　存一種

330000－1782－0000109　普000099　集部/別集類/宋別集

黃太史精華録六卷　（宋）黃庭堅撰　任淵選民國十九年(1930)上海商務印書館鉛印本　一冊

330000－1782－0000111　普000101　子部/藝術類/篆刻之屬/印論

治印雜説不分卷　王世纂　**篆刻約言一卷**　鍾以敬撰　民國六年(1917)鉛印本　一冊

330000－1782－0000114　普000104　史部/傳記類/總傳之屬/技藝

越中歷代畫人傳二卷　王瞻民輯　民國十七年(1928)上海西泠印社鉛印本　一冊

330000－1782－0000115　普000105　子部/藝術類/書畫之屬/總論

寒松閣談藝瑣錄六卷　（清）張鳴珂撰　民國十二年(1923)上海文明書局鉛印本　一冊

330000－1782－0000116　普000106　史部/雜史類/斷代之屬

南明野史三卷首一卷附錄一卷　（清）南沙三餘氏撰　民國十九年(1930)上海商務印書館鉛印本　三冊

330000－1782－0000118　普000108　子部/藝術類/書畫之屬/畫法畫品

論畫輯要八種　馬克明輯　民國十七年(1928)上海商務印書館鉛印本　一冊

330000－1782－0000120　普000110　集部/別集類/清別集

言文對照分類詳解雪鴻軒尺牘四卷　（清）龔萼撰　許家恩譯　民國十九年(1930)上海羣學社書局石印本　四冊

330000－1782－0000121　普000112　集部/別集類/清別集

二田齋讀書絕句不分卷　（清）計光炘撰　民國十一年(1922)嘉興振新社石印本　一冊

330000－1782－0000123　普000114　集部/別集類/宋別集

六一居士文集五卷外集錄二卷　（宋）歐陽修撰　民國十五年(1926)石印本　六冊

330000－1782－0000124　普000115　集部/

別集類

嚴幾道文鈔五卷詩鈔一卷　嚴復撰　蔣貞金輯　貢少芹編　**吳摯甫先生致嚴幾道書一卷**　（清）吳汝綸撰　民國十一年(1922)上海國華書局鉛印本　五册

330000－1782－0000130　普000121　類叢部/叢書類/彙編之屬

四部備要　中華書局編　民國二十五年(1936)上海中華書局鉛印本(經義考卷二百八十六、二百九十九至三百,東塾讀書記卷十三至十四、十七至二十、二十二至二十五原缺)　一册　存一種

330000－1782－0000133　普000124　子部/藝術類/書畫之屬

胡氏書畫考三種八卷　（清）胡敬輯　民國十三年(1924)上海中國書畫保存會據清嘉慶胡氏刻本影印本　八册

330000－1782－0000146　普000137　新學/兵制

軍制學講義一卷　黄郛撰　民國十一年(1922)鉛印本　黄郛題記　一册

330000－1782－0000147　普000138　新學/兵制

軍制學講義一卷　黄郛撰　民國十一年(1922)鉛印本　一册

330000－1782－0000149　普000140　新學/兵制

軍制學講義一卷　黄郛撰　民國十八年(1929)鉛印本　一册

330000－1782－0000150　普000141　新學/兵制

軍制學講義一卷　黄郛撰　民國十一年(1922)鉛印本　一册

330000－1782－0000153　普000144　史部/地理類/專志之屬/宮殿

圓明園攷一卷　程演生輯　民國十七年(1928)上海中華書局鉛印本　一册

330000－1782－0000155　普000146　史部/傳記類/總傳之屬/技藝

東皋印人傳二卷　（清）黃學圯輯　民國西泠印社鉛印本　一册

330000－1782－0000157　普000148　史部/金石類/石之屬/文字

石鼓讀七種　（清）吳東發撰　民國十五年(1926)海寧陳乃乾慎初堂據清乾隆刻本影印本　一册

330000－1782－0000163　普000154　史部/雜史類/斷代之屬

掖海叢書　趙琪編　民國二十四年(1935)東萊趙永厚堂青島鉛印本　一册　存一種

330000－1782－0000178　普000169　類叢部/叢書類/彙編之屬

四部備要　中華書局編　民國二十五年(1936)上海中華書局鉛印本(經義考卷二百八十六、二百九十九至三百,東塾讀書記卷十三至十四、十七至二十、二十二至二十五原缺)　八十册　存四種

330000－1782－0000179　普000170　集部/總集類/選集之屬/通代

詳註六朝文絜八卷　吳承烜註釋　民國六年(1917)上海國華書局鉛印本　四册

330000－1782－0000180　普000171　史部/傳記類/總傳之屬/斷代

清史列傳八十卷　中華書局編　民國十七年(1928)上海中華書局鉛印本　八十册

330000－1782－0000185　普000176　子部/藝術類/書畫之屬/總論

江村銷夏錄三卷　（清）高士奇撰　民國十二年(1923)上海有正書局影印本　三册

330000－1782－0000187　普000178　史部/傳記類/總傳之屬/技藝

墨林今話十八卷　（清）蔣寶齡撰　**續編一卷**　（清）蔣茝生撰　民國十二年(1923)上海中華書局鉛印本　六册

330000－1782－0000188　普000179　史部/傳記類/總傳之屬/技藝

國朝畫識十七卷 （清）馮金伯纂輯 民國十二年(1923)上海中華書局鉛印本 四冊

330000－1782－0000193 普 000185 經部/易類/傳說之屬

周易象理證不分卷 張承緒纂述 民國二十年(1931)新都大陸印書館鉛印本 一冊

330000－1782－0000196 普 000187 類叢部/叢書類/彙編之屬

四庫全書珍本初集二百三十種 中央圖書館籌備處輯 民國二十三年至二十四年(1934－1935)上海商務印書館據文淵閣本影印本(原缺六十六卷) 一百七十五冊 存一種

330000－1782－0000200 普 000191 集部/總集類/氏族之屬

嘉樂齋三蘇文範十八卷 （宋）蘇洵 （宋）蘇軾 （宋）蘇轍撰 （明）楊慎選 （明）袁宏道參閱 民國八年(1919)掃葉山房、林記山莊石印本 八冊

330000－1782－0000213 普 000202 子部/藝術類/書畫之屬/法帖

錢南園杜詩蘇詩合冊不分卷 （清）錢灃書 民國十一年(1922)上海震亞圖書局影印本 一冊

330000－1782－0000216 普 000205 類叢部/叢書類/彙編之屬

賓鴻堂叢書□□種 朱鴻達編 民國二十六年(1937)賓鴻堂鉛印本 一冊 存一種

330000－1782－0000222 普 000210 子部/藝術類/書畫之屬/畫譜

夢坡畫史一卷 周慶雲繪 民國二十三年(1934)影印本 一冊

330000－1782－0000224 普 000212 子部/藝術類/書畫之屬/書法書品

說文部首不分卷 周承德書 民國石印本 一冊

330000－1782－0000229 普 000217 子部/工藝類/日用器物之屬/陶瓷

匋雅二卷 陳瀏撰 民國十二年(1923)上海古瓷研究會石印本 四冊

330000－1782－0000233 普 000222 集部/別集類/唐五代別集

杜詩鏡銓二十卷附諸家論杜一卷杜工部年譜一卷 （清）楊倫輯 **讀書堂杜工部文集註解二卷** （清）張溍撰 民國三年(1914)上海著易堂書局影印本 八冊

330000－1782－0000234 普 000223 史部/傳記類/總傳之屬/技藝

清朝書畫家筆錄四卷 竇鎮輯 民國九年(1920)二友書屋鉛印本 四冊

330000－1782－0000235 普 000224 史部/金石類/金之屬/文字

積古齋鐘鼎彝器款識十卷 （清）阮元撰 民國十六年(1927)上海大一統書局影印本 二冊 存三卷(一、九至十)

330000－1782－0000236 普 000225 子部/藝術類/書畫之屬/總論

甌鉢羅室書畫過目攷四卷首一卷附卷一卷 （清）李玉棻輯 民國上海朝記書莊鉛印本 四冊

330000－1782－0000237 普 000226 史部/目録類/總録之屬/私撰

書目答問補正五卷 范希曾編 民國二十四年(1935)江蘇省立國學圖書館鉛印本 二冊

330000－1782－0000239 普 000228 集部/總集類/選集之屬/斷代

唐人萬首絕句選七卷 （宋）洪邁選 （清）王士禛輯 民國鉛印本 一冊 存四卷(四至七)

330000－1782－0000242 普 000231 類叢部/叢書類/自著之屬

晨風廬叢刊十八種 周慶雲撰 民國吳興周氏夢坡室刻本 四冊 存一種

330000－1782－0000244 普 000233 子部/藝術類/篆刻之屬/印譜

芷青印式不分卷 徐克芳輯 民國鈐印本 三十三冊

330000－1782－0000245　普 000234　史部/目録類/總録之屬/官修

浙江圖書館保存類書目四卷末一卷　浙江圖書館編　民國四年(1915)浙江圖書館鉛印本　一冊

330000－1782－0000246　普 000235　史部/目録類/總録之屬/官修

浙江圖書館觀覽類書目四卷　浙江圖書館編　民國四年(1915)浙江圖書館鉛印本　一冊　存一卷(子部)

330000－1782－0000249　普 000238　子部/藝術類/書畫之屬/畫譜

陸廉夫冷香居士記事圖冊不分卷　陸恢繪　民國十九年(1930)上海中華書局影印本　一冊

330000－1782－0000250　普 000239　子部/藝術類/書畫之屬/畫譜

王員照山水冊不分卷　民國二十年(1931)神州國光社影印本　春飃批　一冊

330000－1782－0000251　普 000240　子部/藝術類/書畫之屬/畫録

海天鴻藻不分卷　民國鉛印本　一冊

330000－1782－0000252　普 000241　史部/金石類/石之屬/通考

石鼓文疏記一卷　馬敘倫撰　民國二十四年(1935)上海商務印書館影印本　一冊

330000－1782－0000253　普 000242　子部/藝術類/書畫之屬/畫譜

文衡山瀟湘八景冊不分卷　(明)文徵明繪
王圓照仿古山水冊不分卷　(清)王鑑繪　民國影印本　一冊

330000－1782－0000255　普 000245　子部/藝術類/書畫之屬/畫譜

心漢閣扇集四集　民國十六年至十九年(1927－1930)慎修書社影印本　一冊　存一集(四)

330000－1782－0000256　普 000244　子部/藝術類/書畫之屬/畫譜

歷代名人書畫選本不分卷　内務部古物陳列所選　民國十四年(1925)影印本　一冊

330000－1782－0000257　普 000246　子部/藝術類/書畫之屬

墨巢秘笈藏影第二集不分卷第三集不分卷　李宣龔藏　民國二十七年(1938)商務印書館影印本　柯定盦批跋　二冊

330000－1782－0000258　普 000247　子部/藝術類/書畫之屬

石濤山水圖詠不分卷　(清)釋道濟繪　林朗庵藏　民國二十一年(1932)上海商務印書館影印本　柯定盦題記　一冊

330000－1782－0000259　普 000248　子部/藝術類/書畫之屬/畫譜

石濤和尚畫東坡時序詩意十二幀不分卷　文明書局編　民國十一年(1922)上海文明書局影印本　一冊

330000－1782－0000260　普 000249　子部/藝術類/書畫之屬

金石家書畫集不分卷　高野侯　丁輔之編
金石家書畫集小傳一卷　西泠印社纂輯　民國十三年(1924)西泠印社影印本暨鉛印本　柯治題記　一冊

330000－1782－0000261　普 000250　子部/藝術類/書畫之屬

寶蘊不分卷　北平古物陳列所編　民國十九年(1930)北平古物陳列所影印本　一冊

330000－1782－0000262　普 000251　子部/藝術類/書畫之屬/畫譜

程青溪詩畫卷不分卷　民國二十年(1931)神州國光社影印本　一冊

330000－1782－0000264　普 000253　子部/藝術類/書畫之屬/畫譜

董文敏山水冊不分卷　(明)董其昌繪　沈慈護藏　民國二十七年(1938)商務印書館影印本　一冊

330000－1782－0000265　普 000254　子部/藝術類/書畫之屬/畫譜

四王吳惲畫冊不分卷　商務印書館編　民國二十八年(1939)商務印書館影印本　一冊

330000－1782－0000266　普 000255　子部/藝術類/書畫之屬/畫譜

名筆集勝五卷　丁廣平等編　龐虛齋藏　民國二十九年(1940)上海墨緣堂影印本　柯定盦題記　四冊　存四卷(二至五)

330000－1782－0000267　普 000256　子部/藝術類/書畫之屬/畫譜

梅瞿山墨筆山水冊不分卷　(清)梅清繪　民國二十三年(1934)商務印書館影印本　柯治題記　一冊

330000－1782－0000268　普 000257　子部/藝術類/書畫之屬/畫譜

郭忠恕輞川圖卷不分卷　民國十五年(1926)上海商務印書館影印本　一冊

330000－1782－0000269　普 000258　子部/藝術類/書畫之屬/畫譜

王麓臺山水扇面不分卷　(清)王原祁繪　民國十五年(1926)上海商務印書館影印本　柯治題記　一冊

330000－1782－0000270　普 000259　子部/藝術類/書畫之屬/畫譜

王時敏仿古山水冊不分卷　(清)王時敏繪　民國二十年(1931)神州國光社影印本　一冊

330000－1782－0000271　普 000260　子部/藝術類/書畫之屬/畫譜

錢竹初山水畫冊不分卷　(清)錢維喬繪　民國九年(1920)上海商務印書館影印本　一冊

330000－1782－0000272　普 000261　子部/藝術類/書畫之屬/畫譜

王石谷仿古山水冊不分卷　(清)王翬繪　民國影印本　一冊

330000－1782－0000273　普 000348　子部/藝術類/書畫之屬/畫譜

董其昌宋元人縮本山水冊不分卷　(明)董其昌繪　民國二十年(1931)北平古物陳列所影印本　一冊

330000－1782－0000274　普 000262　子部/藝術類/書畫之屬/法帖

缶廬石鼓文不分卷　吳昌碩書　民國西泠印社石印本　一冊

330000－1782－0000275　普 000263　子部/藝術類/書畫之屬/畫譜

吳漁山仿古山水冊不分卷　(清)吳歷繪　民國十一年(1922)文明書局影印本　一冊

330000－1782－0000276　普 000264　子部/藝術類/書畫之屬/畫譜

石濤山水精品不分卷　(清)釋道濟繪　林朗庵藏　民國二十一年(1932)上海商務印書館影印本　柯治題記　一冊

330000－1782－0000277　普 000265　子部/藝術類/書畫之屬/畫譜

名畫琳瑯不分卷　北平故宮博物院編　民國十九年(1930)影印本　一冊

330000－1782－0000278　普 000266　史部/傳記類/總傳之屬/技藝

國朝畫識十七卷　(清)馮金伯纂輯　民國十三年(1924)上海中華書局鉛印本　四冊

330000－1782－0000281　普 000269　史部/傳記類/總傳之屬/家乘

[浙江德清]德清蔡氏宗譜十二卷　蔡兆驥纂修　民國九年(1920)鉛印本　二冊　存二卷(一至二)

330000－1782－0000283　普 000271　子部/藝術類/書畫之屬/總論

中國文人畫之研究不分卷　(日本)大郁西崖述　陳衡恪譯　民國十一年(1922)中華書局鉛印本　一冊

330000－1782－0000285　普 000273　子部/藝術類/書畫之屬/畫譜

海上名人畫稿不分卷　民國上海同文書局石印本　一冊

330000－1782－0000290　普 000278　經部/小學類/音韻之屬/韻書

正續漢印分韻四卷　(清)袁予三原本　(清)

謝雲生摹錄　民國上海文瑞樓石印本　四冊

330000－1782－0000293　普 000281　子部/藝術類/書畫之屬/法帖

楹聯墨蹟大觀不分卷　高野侯輯　民國十七年(1928)上海中華書局影印本　十冊

330000－1782－0000294　普 000282　類叢部/叢書類/自著之屬

晨風廬叢刊十八種　周慶雲撰　民國吳興周氏夢坡室刻本　四冊　存一種

330000－1782－0000300　普 000287　史部/地理類/方志之屬/郡縣志

[光緒]德清縣續志十卷　(清)周紹濂續修　(清)孔繼洙編　民國元年(1912)石印本　二冊

330000－1782－0000305　普 000292　史部/地理類/方志之屬/郡縣志

[嘉慶]餘杭縣志四十卷　(清)張吉安修　(清)朱文藻纂　(清)崔應榴　(清)董作楝續纂　民國八年(1919)吳蘭孫鉛印本　五冊　存二十六卷(一至十、十六至二十、二十五至二十八、三十四至四十)

330000－1782－0000308　普 000295　子部/藝術類/書畫之屬/法帖

清道人臨毛公鼎全文一卷　李瑞清書　民國七年(1918)上海震亞圖書局鉛印本　一冊

330000－1782－0000309　普 000296　子部/藝術類/書畫之屬

吳中近人書畫集一卷　鄒登鏊輯　民國十八年(1929)蘇州振新書社影印本　一冊

330000－1782－0000311　普 000298　集部/總集類/題詠之屬

勝游圖詠第一集不分卷　(清)鄧澍繪　姚洪淦等撰　民國十七年(1928)上海西泠印社影印本　一冊

330000－1782－0000312　普 000291　子部/藝術類/書畫之屬/法帖

古鑑閣藏周石鼓文集聯搨本一卷　秦文錦編集　民國八年(1919)上海藝苑真賞社影印本　一冊

330000－1782－0000313　普 000299　子部/藝術類/書畫之屬/畫譜

王石谷臨安山色圖卷不分卷　(清)王翬繪　民國十年(1921)上海中華書局影印本　一冊

330000－1782－0000314　普 000300　子部/藝術類/書畫之屬/畫譜

奚鐵生山水集冊一卷　(清)奚岡繪　丁鶴廬集　民國八年(1919)上海中華書局影印本　一冊

330000－1782－0000315　普 000306　子部/藝術類/書畫之屬/畫譜

黃端木萬里尋親圖冊不分卷　(清)黃向堅繪　民國二十三年(1934)上海商務印書館影印本　一冊

330000－1782－0000316　普 000302　子部/藝術類/書畫之屬/畫譜

歷代名人書畫六集　內務部古物陳列所編　民國十四年(1925)北京京華印書局影印本　一冊　存一集(一)

330000－1782－0000317　普 000303　子部/藝術類/書畫之屬/畫譜

王小梅寫景人物冊不分卷　(清)王素繪　民國十三年(1924)上海中華書局、文明書局影印本　一冊

330000－1782－0000318　普 000304　子部/藝術類/書畫之屬/畫譜

虛靜齋所藏名畫集一卷　孫祖同輯　民國二十三年(1934)上海商務印書館影印本　柯定盦題記　一冊

330000－1782－0000319　普 000305　子部/藝術類/書畫之屬/畫譜

戴文節山水竹石集冊一卷　(清)戴熙繪　民國九年(1920)上海中華書局影印本　一冊

330000－1782－0000320　普 000307　史部/傳記類/雜傳之屬

曼殊留影一卷附銘傳并名人題跋　(清)毛奇齡輯　民國十九年(1930)上海中華學藝社影

印本　一册

330000－1782－0000321　普000308　子部/藝術類/書畫之屬/法帖
宋拓皇甫君碑一卷　(唐)歐陽詢書　民國二十一年(1932)上海商務印書館影印本　柯治題記　一册

330000－1782－0000322　普000309　子部/藝術類/書畫之屬/畫譜
王麓臺仿古山水册一不分卷　(清)王原祁繪　民國十年(1921)上海文明書局影印本　一册

330000－1782－0000325　普000312　史部/雜史類/斷代之屬
戊戌政變記九卷　梁啓超撰　民國鉛印本　一册　存一卷(一)

330000－1782－0000326　普000313　子部/藝術類/書畫之屬/畫譜
王麓臺仿古山水册二不分卷　(清)王原祁繪　民國十一年(1922)上海文明書局影印本　一册

330000－1782－0000329　普000316　子部/醫家類/診法之屬/脈經脈訣
口歇方脈不分卷　民國抄本　一册

330000－1782－0000332　普000319　史部/地理類/方志之屬/郡縣志
[民國]臨安縣志不分卷　稿本　一册

330000－1782－0000335　普000322　經部/春秋左傳類/傳說之屬
左傳菁華錄二十四卷　吳曾祺評注　民國十五年(1926)商務印書館鉛印本　一册　存四卷(一至四)

330000－1782－0000341　普000328　子部/宗教類/道教之屬/雜著
張三豐先生全集八卷　(明)張三豐撰　(清)李西月重編　民國石印本　一册　存一卷(八)

330000－1782－0000342　普000329　史部/傳記類/别傳之屬/年譜
吕祖年譜海山奇遇七卷　(清)火西月編　民國石印本　一册　存四卷(四至七)

330000－1782－0000343　普000330　子部/醫家類/外科之屬
祕本瘍科選粹八卷　(明)陳文治撰　(清)徐大椿批點　民國石印本　一册　存一卷(三)

330000－1782－0000346　普000333　子部/儒家類/儒學之屬
儒學一卷　林子儒編　民國二十五年(1936)杭州國學善書館鉛印本　一册

330000－1782－0000359　普000346　子部/藝術類/書畫之屬/畫譜
董其昌山水册一卷　(明)董其昌繪　民國影印本　一册

長興縣圖書館
民國時期傳統裝幀書籍普查登記目録

浙江省民國時期傳統裝幀書籍普查登記目録·温州 湖州

國家圖書館出版社
National Library of China Publishing House

《長興縣圖書館民國時期傳統裝幀書籍普查登記目録》

編委會

主　　編：朱煜峰

副 主 編：李玉富

編纂人員：李玉富　金　舒　蔣伯良

《長興縣圖書館民國時期傳統裝幀書籍普查登記目録》

前　言

長興縣位於浙江省西部，自古爲魚米之鄉，崇尚耕讀傳家，尤重子弟讀書。清同治《長興縣志》"風俗"記爲："吴興士風之盛甲於浙西，而長城（長興縣）視旁邑尤盛，士由科第奮身，肩背相望。"濃厚的讀書、藏書傳統世代相傳，爲長興縣積澱了豐厚的古籍文化。

2014年，長興縣圖書館在浙江圖書館的指導下，開展館藏古籍普查工作，經過一年多的系統普查登記，共登記數據142部894册，完成全部古籍普查登記工作，其中民國時期傳統裝幀書籍74種445册。長興縣圖書館館藏古籍中，珍貴古籍很少，屬三級古籍的有四條，依次是：《諸子品節》五十卷，明陳深輯，明萬曆刻本；《陸放翁全集六種》（存二種），宋陸游撰，明毛晋校刊，明末毛氏汲古閣刻清毛扆增刻張氏詩禮堂印本；《寶顔堂秘笈二百二十八種》（存二種），明陳繼儒輯，明王體國、沈德先校，明萬曆中綉水沈氏刻本；《西游真詮一百回》，清陳士斌詮解，清乾隆竹蘭軒刻本。其餘均屬第四類普通古籍。值得一提的是，長興縣因是著名小説家吴承恩一生唯一莅官之地（明嘉靖末年，吴承恩曾任長興縣丞），所以圖書館爲服務地方文化名人研究，特别重視各種《西游記》版本收藏，館藏《西游記》版本26種。不足之處是，長興縣圖書館古籍因歷史原因（原珍貴典藏全部作爲文物1984年劃撥給博物館），館藏均是21世紀，尤以2006年遷新館後采購、募捐，此次普查登記也恰好爲有限的古籍做了一次重要的保護宣傳。

長興縣圖書館

2017年11月30日

330000－4711－0000001　I242.4/6016　集部/小說類/長篇之屬

繪圖增像西遊記一百回　（明）吴承恩撰　（清）陳士斌詮解　民國鉛印本（第五十三至六十回補配加批繪圖西遊記石印本）　四册　存八十二回（一至八十二）

330000－4711－0000002　I242.4/6016　集部/小說類/長篇之屬

繪圖增像西遊記八卷一百回　（明）吴承恩撰　（清）陳士斌詮解　民國上海錦章書局石印本　八册

330000－4711－0000003　I242/6016　集部/小說類/長篇之屬

增像全圖西遊記八卷一百回　（明）吴承恩撰　（清）陳士斌詮解　民國十一年（1922）上海昌文書局石印本　四册

330000－4711－0000004　I214.22/7424　集部/别集類/唐五代别集

笠澤叢書七卷補遺一卷續補遺一卷　（唐）陸龜蒙撰　民國二十九年（1940）上海古書流通處影印本　二册

330000－4711－0000005　I242.4/6016　集部/小說類/長篇之屬

繪圖增像西遊記八卷一百回　（明）吴承恩撰　（清）陳士斌詮解　民國上海廣益書局石印本　十六册

330000－4711－0000007　K295.5/4279　子部/宗教類/佛教之屬

釋迦方志四卷　（唐）釋道宣撰　民國十三年（1924）支那内學院刻本　一册

330000－4711－0000016　/00063　史部/史抄類

史記精華八卷　中華書局編　民國四年（1915）上海中華書局鉛印本　八册

330000－4711－0000017　R24/2844　類叢部/叢書類/彙編之屬

徐氏雜著四種四卷外科正宗十二卷徐氏醫書八種十八卷　（清）徐大椿撰　民國二年（1913）上海中華圖書館鉛印本　十一册　缺二卷（蘭台軌範五至六）

330000－4711－0000019　O18/4030　類叢部/叢書類/彙編之屬

知不足齋叢書一百九十五種　（清）鮑廷博輯　（清）鮑士恭續輯　民國十年（1921）上海古書流通處據清鮑氏刻本影印本　四册　存一種

330000－4711－0000020　I262/4076　集部/總集類/選集之屬/通代

古文觀止十二卷　（清）吴乘權　（清）吴大職輯　民國上海商務印書館鉛印本　三册　存六卷（三至六、十一至十二）

330000－4711－0000021　Z221/2820　類叢部/類書類/通類之屬

初學記三十卷　（唐）徐堅等撰　民國七年（1918）江左書林仿殿本石印本　八册

330000－4711－0000022　/00065　集部/别集類

壬寅癸卯飲冰室文集不分卷　梁啓超撰　民國石印本　十册

330000－4711－0000025　R281.3/4061　子部/醫家類/本草之屬/歷代綜合本草

增廣本草綱目五十二卷圖三卷首一卷本草綱目拾遺十卷　（明）李時珍編輯　（清）吴毓昌校訂　（清）趙學敏輯　民國上海錦章圖書局石印本　九册

330000－4711－0000035　R271/2350　子部/醫家類/婦科之屬

傅青主女科二卷　（清）傅山撰　民國石印本　二册　存一種

330000－4711－0000036　I264.8/2749　類叢部/叢書類/彙編之屬

四部備要　中華書局編　民國二十五年（1936）上海中華書局鉛印本（經義考卷二百八十六、二百九十九至三百，東塾讀書記卷十三至十四、十七至二十、二十二至二十五原缺）　六十三册　存十二種

330000－4711－0000037　/00017　經部/四書類/總義之屬/傳說

四書集註十九卷　（宋）朱熹撰　民國上海廣益書局石印本　三冊　存七卷（孟子一至七）

330000－4711－0000038　I222.847/2560　集部/詞類/類編之屬

彊村叢書一百七十八種　朱祖謀輯並撰校記　民國六年（1917）歸安朱氏刻十一年（1922）校補印本　一冊　存二種

330000－4711－0000039　K225.04/0740　經部/春秋左傳類/傳說之屬

春秋左傳句解六卷　（清）韓菼重訂　民國三年（1914）上海商務印書館鉛印本　六冊

330000－4711－0000040　I222.6/4724　類叢部/叢書類/彙編之屬

四部叢刊　張元濟等編　民國上海商務印書館影印本　五十九冊　存十七種

330000－4711－0000041　Z424.7/4723　集部/別集類/元別集

東維子文集三十卷附錄一卷　（元）楊維楨撰　民國上海涵芬樓影印本　六冊

330000－4711－0000043　I214.82/6016　集部/別集類/明別集

射陽先生存稿四卷　（明）吳承恩撰　民國十九年（1930）故宮博物院圖書館鉛印本　二冊

330000－4711－0000044　K827/2130　史部/雜史類/斷代之屬

世祖出家事考實不分卷　孟森撰　民國抄本　一冊

330000－4711－0000045　K204.3/1003　史部/編年類/通代之屬

增修補註歷代通鑑輯覽一百四十卷　王文濡等撰　民國七年（1918）文明書局鉛印本　十冊　存四十二卷（一至四十二）

330000－4711－0000047　I242.4/6016　集部/小說類/長篇之屬

繪圖增像西遊記八卷一百回　（明）吳承恩撰（清）陳士斌詮解　民國上海廣益書局石印本　七幅　存四十五回（一至十七、二十五至五十二）

330000－4711－0000048　I242.4/6016　集部/小說類/長篇之屬

增像全圖加批西遊記八卷一百回　（明）吳承恩撰　（清）陳士斌詮解　民國石印本　五冊　存五卷（三至四、六至八）

330000－4711－0000051　I246.4/4444　集部/小說類/長篇之屬

繪圖歷朝通俗演義十一種　蔡東帆輯　民國上海會文堂新記書局石印本　十冊　存一種

330000－4711－0000062　/00072　集部/小說類/長篇之屬

閩都別記雙峰夢二十卷四百回　（清）何求撰　民國十六年（1927）藕根齋石印本　二十冊

330000－4711－0000064　K207/0240　史部/紀傳類/正史之屬

史記紀年考三卷　劉坦撰　民國二十六年（1937）上海商務印書館石印本　一冊

330000－4711－0000066　I242.45/6016　集部/小說類/長篇之屬

西遊記一百回　（明）吳承恩撰　民國抄本　一冊　存八十七回（四至九十）

330000－4711－0000068　I242.41/6016　集部/小說類/長篇之屬

西遊原旨二十四卷一百回　（清）劉一明撰　民國上海宏大善書局石印本　十二冊

330000－4711－0000069　/00069　史部/紀傳類/正史之屬

二十四史附考證　民國上海涵芬樓據清乾隆武英殿刻本影印本　十四冊　存一種

330000－4711－0000072　/00034　新學/學校

共和國教科書新修身不分卷　包文毅　沈頤編纂　民國六年（1917）上海商務印書館鉛印本　三冊　存三冊（一至三）

330000－4711－0000073　/00041　集部/詩

文評類/文法之屬/函牘格式
新撰白話尺牘四卷 王藝撰 民國九年(1920)上海會文堂書局石印本 四冊

330000－4711－0000075 /00038 集部/小說類/長篇之屬
繪圖濟公傳前集四卷一百二十回後集四卷一百二十回 郭廣瑞撰 民國十七年(1928)上海共和書局石印本 三冊 存三卷(前集一至三)

330000－4711－0000076 /00040 子部/醫家類/婦科之屬/通論
濟陰綱目十四卷 (明)武之望 (明)金德生撰 (清)汪淇箋釋 **保生碎事一卷** (清)汪淇輯 民國五年(1916)上海鴻文書局石印本 三冊 存八卷(一至八)

330000－4711－0000079 /00036 集部/詩文評類/文法之屬
初學論說文範四卷 邵伯棠撰 民國上海會文堂書局石印本 二冊 存二卷(三至四)

330000－4711－0000080 R281.5/6414 子部/醫家類/眼科之屬
眼科良方一卷 (清)葉桂撰 民國二十年(1931)上海明善書局石印本 一冊

330000－4711－0000081 /00046 經部/四書類/總義之屬/傳說
四書集註十九卷 (宋)朱熹撰 民國上海錦章圖書局石印本 六冊

330000－4711－0000082 /00047 子部/儒家類/儒學之屬/蒙學
新增幼學瓊林白話句解四卷 (清)程登吉撰 (清)鄒聖脈增補 民國十六年(1927)上海中原書局石印本 四冊

330000－4711－0000083 /00042 集部/別集類/清別集
言文對照分類詳註秋水軒尺牘四卷 (清)許思湄撰 許家恩譯 民國十八年(1929)上海羣學社石印本 四冊

330000－4711－0000084 /00039 集部/小說類/長篇之屬
燕山外史註釋八卷 (清)陳球撰 (清)傅聲谷輯註 民國五年(1916)上海會文堂石印本 二冊 存五卷(二至六)

330000－4711－0000085 /00044 史部/編年類/通代之屬
尺木堂綱鑑易知錄九十二卷明鑑易知錄十五卷 (清)吳乘權 (清)周之炯 (清)周之燦輯 民國上海錦章書局石印本 二冊 存七卷(明鑑易知錄五至十一)

330000－4711－0000086 I242.42/6016 集部/小說類/長篇之屬
繡像西遊記傳四卷四十一回 (明)楊致和撰 民國上海鴻文書局石印本 一冊 存二卷(一至二)

330000－4711－0000087 I242.4/0000 集部/小說類/長篇之屬
南遊志傳四卷十八回 (明)余象斗撰 民國上海鴻文書局石印本 一冊 存二卷(一至二)

330000－4711－0000088 /00045 史部/史評類/史論之屬
讀通鑑論十六卷宋論十五卷 (清)王夫之撰 民國上海商務印書館鉛印本 三冊 存六卷(讀通鑑論三至六、十一至十二)

330000－4711－0000089 I207.419/6052 集部/曲類/寶卷之屬
陳光蕊還魂一卷唐王遊地府還魂一卷 民國羅春仙抄本 二冊

330000－4711－0000091 I242.43/6016 集部/小說類/長篇之屬
繪圖增像西遊記八卷一百回 (明)吳承恩撰 (清)陳士斌詮解 民國上海廣益書局石印本 八冊 存四十八回(五十三至一百)

330000－4711－0000092 /00029 子部/叢編
子書三十二種 育文書局編 民國五年(1916)上海書局石印本 二冊 存三種

330000－4711－0000093　R26/0004　子部/醫家類/外科之屬/通論
外科圖說四卷　(清)高文晉輯　民國石印本　三冊　存三卷(二至四)

330000－4711－0000094　R251/1044　子部/醫家類/類編之屬
潛齋醫書五種　(清)王士雄纂　(清)楊照藜　(清)汪曰楨評　民國上海千頃堂書局石印本　一冊　存一種

330000－4711－0000098　/00059　史部/史抄類
教科適用漢書精華八卷　中華書局編　民國十七年(1928)上海中華書局鉛印本　七冊　缺一卷(一)

330000－4711－0000101　/00078　集部/總集類/尺牘之屬
共和新尺牘四卷　孔憲彭撰　民國十五年(1926)上海會文堂書局石印本　四冊

330000－4711－0000102　/00056　集部/曲類/曲藝之屬
繡像小八義十二卷　民國六年(1917)章福記書局石印本　十二冊

330000－4711－0000103　/00052　集部/小說類/長篇之屬
增像小五義全傳六卷一百二十四回　(清)石玉崑撰　民國上海錦章圖書局石印本　六冊

330000－4711－0000104　/00061　新學/學校
共和國教科書新歷史六冊不分卷　傅運森編纂　民國上海商務印書館鉛印本　一冊　存一冊(五)

330000－4711－0000106　R24/6414　子部/醫家類/醫案之屬
臨證指南醫案十卷　(清)葉桂撰　(清)徐大椿評　民國著易堂鉛印本　一冊　存二卷(九至十)

330000－4711－0000107　I239.2/0024　集部/曲類/彈詞之屬
新刻繡像二度梅鼓詞四卷六十回　民國煙台誠文信石印本　四冊

330000－4711－0000111　/00003　集部/小說類/長篇之屬
繪圖封神演義八卷一百回　(明)許仲琳撰　(明)鍾惺評　民國九年(1920)上海昌文書局石印本　八冊

330000－4711－0000113　Z429.6/4435　子部/叢編
清代筆記叢刊四十一種　文明書局編　民國上海文明書局石印本　一冊　存一種

330000－4711－0000114　I242.17/6016　集部/小說類/長篇之屬
新說西遊記十六卷一百回　(明)吳承恩撰　(清)張書紳注　民國上海中新書局石印本　十六冊

330000－4711－0000115　/00020　集部/別集類/清別集
望溪先生文集十八卷集外文十卷集外文補遺二卷　(清)方苞撰　**方望溪先生年譜一卷附錄一卷**　(清)蘇惇元輯　民國上海中華圖書館石印本　一冊　存五卷(十四至十八)

330000－4711－0000116　/00004　子部/法家類
教科適用韓非子精華一卷　中華書局編　民國上海中華書局鉛印本　一冊

330000－4711－0000118　/00021　新學/學校
新式高等小學地理教科書六卷　呂思勉編輯　民國十一年(1922)上海中華書局鉛印本　一冊　存一卷(四)

330000－4711－0000119　/00051　集部/總集類/選集之屬/通代
古文析義初編六卷二編八卷　(清)林雲銘評註　民國四年(1915)上海文華書局石印本　七冊　存七卷(初編四至六、二編五至八)

330000－4711－0000120　/00015　子部/雜著類/雜說之屬

何氏語林三十卷　(明)何良俊撰並注　民國十八年(1929)鉛印本　一册　存五卷(十一至十五)

330000－4711－0000124　/00011　子部/雜著類/雜説之屬
歸田瑣記八卷　(清)梁章鉅撰　民國掃葉山房石印本　一册　存四卷(五至八)

330000－4711－0000131　/00027　集部/小説類/長篇之屬
明史通俗演義二十二回　胡寄塵編　民國廣益書局石印本　一册

330000－4711－0000132　/00016　集部/詩文評類/詩評之屬
隨園詩話十六卷補遺十卷　(清)袁枚撰　民國三年(1914)上海鴻寶齋書局石印本　一册　存七卷(十至十六)

330000－4711－0000133　/00026　史部/史評類/史論之屬
中國中古史不分卷　葉秉誠編　民國國立成都大學鉛印本　一册

330000－4711－0000135　R281.3/4061　子部/醫家類/本草之屬/歷代綜合本草
本草綱目五十二卷附圖一卷　(明)李時珍撰　民國石印本　七册　缺十五卷(二十九至三十七、四十七至五十二)

330000－4711－0000138　/00019　類叢部/叢書類/彙編之屬
涵芬樓祕笈五十一種　孫毓修等輯　民國五年至十五年(1916－1926)上海商務印書館影印暨鉛印本　一册　存一種

330000－4711－0000139　/00012　類叢部/叢書類/彙編之屬
四庫全書珍本初集二百三十種　中央圖書館籌備處輯　民國二十三年至二十四年(1934－1935)上海商務印書館據文淵閣本影印本(原缺六十六卷)　一册　存一種

330000－4711－0000140　R289.5/2734　子部/醫家類/本草之屬/本草藥性
增補本草備要八卷　(清)汪昂著輯　民國三年(1914)上海共和書局石印本　一册　存一卷(一)

330000－4711－0000143　R271/7426　子部/醫家類/類編之屬
陳修園醫書二十三種　(清)陳念祖等撰　民國石印本　一册　存一種

長興縣博物館民國時期傳統裝幀書籍普查登記目録

浙江省民國時期傳統裝幀書籍普查登記目録 · 温州 湖州

國家圖書館出版社
National Library of China Publishing House

《長興縣博物館民國時期傳統裝幀書籍普查登記目録》

編委會

主　　編： 應　徵

副 主 編： 周鳳平　童善平

編纂人員： 梁奕建　毛　波　楊美英　胡秋凉　魏　瀾　何　煒

《長興縣博物館民國時期傳統裝幀書籍普查登記目録》

前　言

由清季入民國，古城長興的文脉傳承，以王修仁壽堂、詒莊樓和金濤面城樓、花近樓兩家藏書樓爲代表，開創了長興在民國時期集書、藏書、梓書的優良傳統。至民國九年(1920)，長興縣始在雉城中山公園内設立長興圖書館，公共圖書館進入大衆視野。

長興王修一脉，自明清至民初，皆有書緣。1920年，王修任北洋政府財政部僉事，在北京寓居時，即注重收羅珍本善槧。其先祖王繼賢、王道明、王沅、王毓奎、王承湛及同宗祖王道隆、王書瑞、王世芬、王毓辰、王承田、王承吉等人，文史書畫造詣頗深，更喜集書。深受濃厚家學的影響，長興王修祖藏仁壽堂藏書頗豐，新構建的詒莊樓藏書更多爲王修於民國年間的收羅。王修夫婦刊印大量諸如《長興詩存》《長興詞存》《長興文存》《長興先哲遺著徵》《箬溪藝人徵略》等長興人文歷史鄉邦文獻，其中不少民國書籍因有王修題跋，均入善本之列。王修又輯録魏星杓《長興志乘輯本》、顧應祥《崇雅堂集輯存》等書，主編《鼎爨美術周刊》，對長興一地的歷史文獻可謂自清光緒以後的一次大規模收集和刊刻。全面抗戰前，王修將所藏善本600餘種寄存浙江圖書館，對文獻保存有功。海寧干人俊在民國版《長興縣志》序中提到，原請王修主編縣志及其弟子童書業作序，均因故未成，乃成憾事，却從側面反映王修及其弟子對長興地方文獻的貢獻。確實，王修夫婦收書、藏書、著書、梓書，爲民國的長興藏書事業開啓了一扇重要的大門。

王修表哥金濤，早年進上海商務印書館任編輯，精通圖書目録學。1931年入職浙江省立圖書館。在全面抗戰前的十年中，金濤編次《金氏花近樓書目解題》《浙江省立圖書館書目提要》《金氏面城樓善本書目》《面城樓筆記》《館藏善本書志》《復堂日記補録續録校字記》等重要書目。之後出版《偕隱廡漫筆》《秋海棠館聯話》《浙詩遺珠集》《續縵雅堂駢體文》《金氏花近樓詩話》《面城樓筆記》等17種。因成績突出，1950年春，金濤即被聘爲浙江省文史館館員。金濤花近樓藏書，較王修藏書而言，雖藏書均達萬卷之多，但宋刊元槧明本等善本較少，而藏書類别却頗有旨趣。

自然，除王修、金濤之外，尚有同爲“浙西三名士”之稱的朱景廬。朱景廬抗戰期間曾一度任長興縣文獻委員會主任委員兼圖書館館長。朱景廬著有《景廬四十告成詩草》《景廬題畫詩》《愧苟集》《長潮岕隨筆殘稿》等著作，對鄉邦文化的推介起到一定的作用。另外如犧牲於大革命期間的長興烈士錢一飛、關注民國海關權益的南社社員長興金葆光等著名人士，均著書立説，爲長興乃至國家民族做出貢獻。

長興縣博物館所藏民國傳統裝幀書籍，僅存種數不足百，册數不足千，實乃占比長興原有舊藏百不足一。但此中，雕版木刻、鉛印、石印、手稿、抄本、影印種類齊全，基本上承清末書籍形式，部分與清及清以前版式相類。内容既有反映傳統的四書五經、詩詞歌賦、醫藥雜類，也有反映地方的《民國長興縣新志稿》等地方文獻。

貽莊花近梓長邑，文脉書香企代傳。長興，歷代而來，皆重視書香教育，其中不乏大家誕生。進入新世紀，電腦手機互聯網占據大半時間，如何擠出更多的時間回歸傳統的讀書氛圍，倒是一個很好的課題。古有訓，忠厚傳家久，詩書繼世長。期盼當下的長興，在先賢的榜樣作用下，開創更美好的未來。

長興縣博物館

2017 年 11 月 14 日

330000－1786－0000001　0001　史部/地理類/方志之屬/郡縣志

民國長興縣新志稾二十六卷　干人俊纂　民國抄本　三冊　存六卷(一至六)

330000－1786－0000002　0003　子部/醫家類/婦科之屬

婦科秘本二卷　民國抄本　二冊

330000－1786－0000004　0005　子部/醫家類/外科之屬/通論

瘍醫大全四十卷　(清)顧世澄纂輯　民國石印本　十四冊　缺四卷(一、十二至十四)

330000－1786－0000007　0006　子部/藝術類/書畫之屬/畫譜

芥子園畫傳三集六卷　(清)王槩　(清)王蓍　(清)王臯輯　民國石印本　四冊

330000－1786－0000009　0011　史部/政書類/公牘檔冊之屬

土地權狀副本不分卷　民國抄本　一冊

330000－1786－0000011　0013　子部/藝術類/書畫之屬/法帖

舊拓龍門二十品二卷　民國八年(1919)上海有正書局石印本　二冊

330000－1786－0000014　0010　子部/醫家類/兒科之屬/痘疹

種痘新書十二卷　(清)張琰編輯　民國三年(1914)石印本　四冊

330000－1786－0000016　0012　集部/總集類/選集之屬/斷代

名家選定注音詩讀本　上海文明書局編　民國上海文明書局鉛印本　五冊　存五種

330000－1786－0000017　0021　類叢部/叢書類/自著之屬

曾文正公全集十六種　(清)曾國藩撰　民國鉛印本　八十冊

330000－1786－0000018　0014　集部/別集類/清別集

新體廣註秋水軒尺牘二卷　(清)許思湄撰　陸翔註　民國十八年(1929)上海世界書局石印本　二冊

330000－1786－0000022　0025　新學/醫學/內科

疫痙家庭自療集二卷　嚴雲撰　民國二十一年(1932)家庭醫藥顧問社鉛印本　一冊

330000－1786－0000027　0029　史部/政書類/邦計之屬/賦稅

長興縣科則冊不分卷　稿本　二冊

330000－1786－0000029　0026　子部/醫家類/針灸之屬/通論

鍼灸甲乙經十二卷　(晉)皇甫謐撰　民國二十年(1931)中原書局石印本　二冊　存六卷(一至二、九至十二)

330000－1786－0000032　0035　子部/醫家類/傷寒金匱之屬/傷寒論

傷寒指掌四卷　(清)吳貞撰　民國宋鞠舫抄本　一冊　存一卷(三)

330000－1786－0000034　0037　子部/醫家類/醫案之屬

孟河丁氏醫案八卷　(清)丁甘仁撰　民國二十年(1931)崇禮堂鉛印本　四冊

330000－1786－0000035　0032　集部/總集類/尺牘之屬

分類詳註文學尺牘大全集二十卷　(明)鍾惺纂輯　(明)馮夢龍訂釋　民國十年(1921)上海求古齋鉛印本　十五冊　缺二卷(十七至十八)

330000－1786－0000036　0039　史部/傳記類/別傳之屬/事狀

沈定一先生被難哀啟不分卷　沈定一先生雪憾治喪委員會編　民國十七年(1928)鉛印本　一冊

330000－1786－0000039　0040　集部/總集類/選集之屬/通代

評註唐宋八家古文三十卷　(唐)韓愈等撰　(清)沈德潛評點　雷瑨註釋　民國掃葉山房石印本　三冊　存八卷(十二至十四、二十一

至二十五)

330000－1786－0000041　0044　子部/醫家類/兒科之屬/通論
新纂兒科診斷學八卷　何廉臣撰述　民國二十二年(1933)上海大東書局鉛印本　二册

330000－1786－0000051　0060　經部/群經總義類
經學通論五卷　(清)皮錫瑞撰　民國十九年(1930)上海商務印書館影印本　五册

330000－1786－0000054　0047　集部/總集類/選集之屬/通代
聖嘆批才子古文歷朝九卷大家十七卷　(清)金人瑞批　(清)王之績評註　民國上海朝記書莊石印本　六册

330000－1786－0000055　049　新學/議論/通論
康南海文集彙編八卷　康有為撰　民國石印本　六册　存六卷(二至七)

330000－1786－0000056　0064　史部/雜史類/斷代之屬
國語韋解補正二十一卷　吳曾祺撰　朱元善校訂　民國上海商務印書館鉛印本　一册　存六卷(十至十五)

330000－1786－0000058　0066　集部/别集類/清别集
新體廣註小倉山房尺牘八卷　(清)袁枚撰　(清)胡光斗箋釋　(清)徐楨增註　民國十六年(1927)上海世界書局石印本　三册　缺二卷(三至四)

330000－1786－0000061　0068　子部/醫家類/綜合之屬/通論
醫學心悟六卷　(清)程國彭撰　民國上海錦章圖書局石印本　三册　存三卷(一至三)

330000－1786－0000062　0070　子部/醫家類/醫經之屬/難經
圖註八十一難經四卷　(戰國)秦越人撰　(明)張世賢註　民國元年(1912)上海鴻寶齋書局石印本　二册

330000－1786－0000064　0072　子部/醫家類/類編之屬
迴瀾社醫書四種　汪紹達撰　民國抄本　一册　存一種

330000－1786－0000065　0059　史部/政書類/公牘檔册之屬
分書一卷　李友諒撰　民國二十二年(1933)抄本　三册

330000－1786－0000068　0065　集部/小說類/長篇之屬
燕山外史註釋八卷　(清)陳球撰　(清)傅聲谷輯註　民國石印本　一册

330000－1786－0000070　0074　史部/地理類/方志之屬/郡縣志
[乾隆]烏青鎮志十二卷　(清)董世寧纂　民國鉛印本　一册　存六卷(七至十二)

330000－1786－0000071　0076　子部/醫家類/本草之屬
增補珍珠囊指掌藥性賦四卷增補雷公炮製藥性解六卷附藥性歌括四百種一卷　(金)李杲　(清)李中梓輯　民國上海錦章圖書局石印本　二册

330000－1786－0000072　0069　子部/醫家類/傷寒金匱之屬/傷寒論
傷寒集註六卷本義一卷　(清)張志聰註　高世栻輯　民國三年(1914)國粹書局石印本　一册　存一卷(一)

330000－1786－0000074　0071　史部/傳記類/别傳之屬/事狀
缶廬先生[吳昌碩]小傳一卷　諸宗元撰　民國鉛印本　一册

330000－1786－0000075　0080　子部/醫家類/婦科之屬/產科
葉氏女科證治四卷　(清)葉桂撰　民國上海千頃堂書局石印本　二册

330000－1786－0000078　0075　子部/藝術類/書畫之屬/畫譜
芥子園畫傳二集九卷　(清)王槩　(清)王蓍

（清）王臯輯　民國石印本　一冊　存一卷（五）

330000－1786－0000083　0079　子部/雜著類

玉歷至寶鈔勸世一卷　民國科學書局石印本　一冊

330000－1786－0000085　0092　子部/醫家類/本草之屬/歷代綜合本草

大字斷句增圖本草備要八卷　（清）汪昂輯　民國上海廣益書局石印本　二冊　存四卷（一至四）

330000－1786－0000087　0081　子部/醫家類/診法之屬/脈經脈訣

校正圖註脈訣四卷　（晉）王叔和撰　（明）張世賢註　民國石印本　一冊　存二卷（三至四）

330000－1786－0000088　0083　子部/醫家類/診法之屬/脈經脈訣

校正圖註脈訣四卷　（晉）王叔和撰　（明）張世賢註　民國石印本　一冊　存二卷（三至四）

330000－1786－0000090　0085　集部/總集類/尺牘之屬

中華民國新尺牘句解□□卷　民國石印本　一冊　存一卷（四）

330000－1786－0000092　0087　史部/政書類/公牘檔冊之屬

國民政府現行公文程式大全十二卷　上海廣益書局編　民國十八年（1929）上海廣益書局石印本　五冊　存十卷（一至十）

330000－1786－0000093　0100　子部/宗教類/道教之屬/方法

救時金丹四卷　唐光先纂修　梁志賢編輯　民國五年（1916）上海宏大善書局石印本　一冊

330000－1786－0000096　0093　經部/小學類/音韻之屬/韻書

詩韻全璧五卷　（清）汪慕杜輯　（清）湯文潞續輯　（清）惜陰主人再續輯　民國暢懷書屋鉛印本　三冊　缺三卷（一、四至五）

330000－1786－0000099　0104　子部/藝術類/遊藝之屬/聯語

楹聯錄存三卷附錄一卷　（清）俞樾撰　民國石印本　一冊　存二卷（三、附錄）

330000－1786－0000100　0106　子部/醫家類/婦科之屬/通論

方氏女科便讀五卷　方詠裳編　張之煜参　民國抄本　一冊　存三卷（一至三）

330000－1786－0000101　0108　子部/醫家類/婦科之屬/產科

產後論治歌□□卷　民國抄本　一冊　存一卷（四）

330000－1786－0000102　0110　子部/醫家類/溫病之屬

溫病雜議不分卷　民國抄本　一冊

330000－1786－0000103　0097　史部/金石類/郡邑之屬/雜著

台州金石錄十三卷甎錄五卷闕訪錄四卷　（清）黄瑞輯　民國五年（1916）吳興劉氏嘉業堂刻本　一冊　存二卷（台州金石錄十二至十三）

330000－1786－0000106　0099　史部/編年類/通代之屬

綱鑑易知錄九十二卷明鑑易知錄十五卷　（清）吳乘權　（清）周之炯　（清）周之燦輯　民國五年（1916）上海商務印書館鉛印本　一冊　存七卷（二十二至二十八）

330000－1786－0000110　0107　子部/宗教類/道教之屬

太上感應篇不分卷　民國十六年（1927）杭州彩華印書局石印本　一冊

330000－1786－0000111　0116　子部/醫家類/針灸之屬/經絡腧穴

經絡歌訣一卷附外科湯頭一卷　民國抄本　一冊

330000－1786－0000112　0118　子部/醫家類/醫案之屬

張氏醫案不分卷　民國抄本　一冊

330000－1786－0000113　0120　子部/醫家類/針灸之屬/經絡腧穴

步穴本靈七言句不分卷　民國抄本　一冊

330000－1786－0000116　0111　子部/醫家類/綜合之屬/通論

御纂醫宗金鑑九十卷首一卷　（清）吳謙等撰　民國上海章福記書局石印本　二十冊

330000－1786－0000121　0119　子部/醫家類/外科之屬/通論

瘍醫大全四十卷　（清）顧世澄纂輯　民國石印本　一冊　存三卷（十二至十四）

330000－1786－0000122　0121　子部/藝術類/書畫之屬/畫譜

癡洪梅譜不分卷　洪毅繪　民國二十一年（1932）北京清祕閣淳菁閣影印本　一冊

330000－1786－0000123　0123　史部/政書類/律令之屬

新編評註刀筆菁華四種　平襟亞纂　秋痕樓主評　民國十三年（1924）上海東亞書局鉛印本　一冊　存一種

330000－1786－0000124　0125　子部/藝術類/遊藝之屬/聯語

分類楹聯大全六編續集八編　世界書局編輯所編輯　民國十六年（1927）上海世界書局石印本　一冊

330000－1786－0000125　0127　集部/別集類/唐五代別集

杜詩註解節鈔一卷　（唐）杜甫撰　（清）顧淳慶輯注　民國十六年（1927）上海科學儀器館影印本　一冊

330000－1786－0000127　0128　集部/總集類/課藝之屬

全國學校成績新時代國文精華二卷　廣文書局編輯所編　民國十年（1921）上海世界書局石印本　一冊

330000－1786－0000128　0130　集部/別集類/清別集

新體廣註秋水軒尺牘二卷　（清）許思湄撰　陸翔註　民國八年（1919）上海廣文書局石印本　二冊

330000－1786－0000129　0132　集部/詩文評類/文法之屬/函牘格式

交際大全九章　世界書局編輯所編輯　民國二十年（1931）上海世界書局石印本　一冊

330000－1786－0000130　0134　集部/詩文評類/文法之屬/函牘格式

交際大全九章　世界書局編輯所編輯　民國二十年（1931）上海世界書局石印本　一冊

330000－1786－0000131　0131　史部/紀傳類/正史之屬

史記一百三十卷　（漢）司馬遷撰　（明）歸有光等評點　**方望溪平點史記四卷**　（清）方苞撰　民國四年（1915）上海同文圖書館影印本　二十二冊　存一百二十五卷（一至五十一、五十七至一百三十）

330000－1786－0000132　0129　集部/別集類/清別集

天真閣外集六卷　（清）孫原湘撰　民國十四年（1925）上海掃葉山房石印本　二冊

330000－1786－0000135　0136　子部/宗教類/道教之屬/戒律

太上寶筏圖說八卷　（清）黃正元撰　民國石印本　五冊　存五卷（弟、忠、信、義、恥）

330000－1786－0000136　0138　子部/宗教類/道教之屬/戒律

太上寶筏圖說八卷　（清）黃正元撰　民國石印本　一冊　存一卷（信）

330000－1786－0000137　0135　集部/別集類/唐五代別集

白香山詩長慶集二十卷後集十七卷別集一卷補遺二卷　（唐）白居易撰　（清）汪立名編訂　**白香山年譜舊本一卷**　（宋）陳振孫撰　**白香山年譜一卷**　（清）汪立名撰　民國四年

(1915)上海會文堂書局石印本　十二冊

330000－1786－0000138　0142　集部/總集類/選集之屬/斷代

隨園女弟子詩選六卷　(清)袁枚輯　民國十七年(1928)鑄記書局石印本　一冊

330000－1786－0000139　0137　類叢部/叢書類/彙編之屬

說庫一百七十種　王文濡編　民國石印本　二冊　存六種

330000－1786－0000140　0144　集部/詞類/詞譜之屬

詞律二十卷　(清)萬樹輯　**詞律拾遺八卷**　(清)徐本立纂　**詞律補遺一卷**　(清)杜文瀾編　民國石印本　八冊　缺八卷(詞律七至十二、十九至二十)

330000－1786－0000143　0141　經部/小學類/文字之屬/說文/傳說

說文解字注十五卷附六書音均表五卷　(清)段玉裁撰　**說文通檢十四卷首一卷末一卷**　(清)黎永椿編　**說文解字注匡謬八卷**　(清)徐承慶撰　民國十八年(1929)上海掃葉山房石印本　八冊

330000－1786－0000144　0148　子部/醫家類/本草之屬/本草藥性

增補本草備要八卷　(清)汪昂著輯　民國三年(1914)上海共和書局石印本　二冊

330000－1786－0000148　0143　集部/別集類/清別集

戴東原集十二卷　(清)戴震撰　**戴東原先生年譜一卷戴集札記一卷**　(清)段玉裁編　民國上海涵芬樓影印本　四冊

330000－1786－0000149　0145　類叢部/叢書類/彙編之屬

說郛一百卷　(元)陶宗儀編　張宗祥重校　民國上海商務印書館鉛印本　四冊　存四卷(十六、二十二、二十五至二十六)

330000－1786－0000151　0156　子部/儒家類/儒學之屬/經濟

孔教十年大事八卷　柯璜編　民國十三年(1924)宗聖會鉛印本　八冊

330000－1786－0000152　0158　新學/雜著/叢編

國民修養錄二卷　新華編輯社編輯　民國十一年(1922)上海新華書局鉛印本　一冊

330000－1786－0000153　0149　子部/儒家類/儒學之屬/經濟

歷代尊孔記一卷孔教外論一卷　程淯輯　民國二十二年(1933)上海中國道德會鉛印本　二冊

330000－1786－0000154　0160　集部/詩文評類

詩學速成指南二卷詞學速成指南一卷　鄒弢編　民國八年(1919)上海尚友社石印本　二冊

330000－1786－0000156　0153　類叢部/叢書類/彙編之屬

四部叢刊　張元濟等編　民國上海商務印書館影印本　四冊　存一種

330000－1786－0000160　0162　史部/雜史類/斷代之屬

辛壬大政記四十八卷　尚秉和纂輯　民國抄本　五冊　存三十三卷(一至三十三)

330000－1786－0000161　0161　史部/紀傳類/正史之屬

史記一百三十卷　(漢)司馬遷撰　(明)歸有光等評點　**方望溪平點史記四卷**　(清)方苞撰　民國上海文盛書局石印本　二冊　存四卷(方望溪平點史記一至四)

330000－1786－0000163　0164　集部/總集類/選集之屬/斷代

近代名人文學精華錄不分卷　孟澤民編　民國十一年(1922)上海教育圖書館鉛印本　一冊

330000－1786－0000164　0166　集部/詞類/詞韻之屬

學宋齋詞韻不分卷　(清)吳烺等輯　民國石

印本　一冊

330000－1786－0000166　0167　子部/醫家類/婦科之屬/通論
濟陰指南不分卷　民國抄本　一冊

330000－1786－0000167　0169　子部/醫家類/方書之屬/單方驗方
醫藥丹方一卷　民國抄本　一冊

330000－1786－0000168　0171　子部/醫家類/方書之屬/單方驗方
本草丹方不分卷　民國抄本　二冊

330000－1786－0000169　0173　子部/醫家類/綜合之屬/通論
類證治裁八卷首一卷　(清)林珮琴撰　民國石印本　五冊　存五卷(三、五至八)

330000－1786－0000171　0175　子部/醫家類/溫病之屬
溫病條辨六卷首一卷　(清)吳瑭撰　民國上海章福記書局石印本　二冊

330000－1786－0000175　0181　子部/醫家類/醫經之屬/內經
廣註素問靈樞類纂三卷　(清)汪昂輯註　(清)江忍庵增註　民國十四年(1925)世界書局石印本　二冊　存二卷(中、下)

330000－1786－0000178　0187　子部/醫家類/類編之屬
包氏醫宗十一種　包桃初　包識生撰　民國十九年至二十五年(1930－1936)包氏醫宗出版部鉛印本　七冊　存四種

330000－1786－0000179　0176　新學/醫學
病理學講義一卷　方善長編　民國鉛印本　一冊

330000－1786－0000181　0183　子部/醫家類/綜合之屬/通論
增訂醫宗金鑑九十卷首一卷　(清)吳謙等撰　民國馬啟新書局石印本　三冊　存十卷(外科一至十)

330000－1786－0000183　0199　子部/藝術類/書畫之屬/畫譜
海上名人畫稿不分卷　民國上海同文書局石印本　一冊

330000－1786－0000185　0178　子部/醫家類/兒科之屬/通論
幼科指南不分卷　民國抄本　一冊

330000－1786－0000186　0195　子部/醫家類/綜合之屬/雜著
醫學三字經四卷　(清)陳念祖撰　(清)龍萬育訂　民國石印本　一冊

330000－1786－0000187　0197　子部/醫家類/類編之屬
徐靈胎醫學全書十六種　(清)徐大椿撰　民國石印本　一冊　存二種

330000－1786－0000189　0203　子部/醫家類/綜合之屬/合刻、合抄
常見醫案醫方不分卷　民國抄本　一冊

330000－1786－0000191　0182　子部/醫家類/醫經之屬/內經
內經知要二卷　(清)李中梓輯注　(清)薛雪補注　民國上海商務印書館鉛印本　二冊

330000－1786－0000193　0207　子部/醫家類/方書之屬/單方驗方
隨地存方不分卷　民國抄本　一冊

330000－1786－0000197　0190　史部/金石類/石之屬/通考
石鼓為秦刻石考一卷原器原拓圖　馬衡撰　民國二十年(1931)珂羅版影印本　一冊

330000－1786－0000205　0217　史部/編年類/斷代之屬
內務府□□卷　(清)福隆安等撰　民國鉛印本　一冊　存二卷(二至三)

330000－1786－0000206　0219　史部/傳記類/總傳之屬/家乘
[浙江瑞安]安定胡氏宗譜不分卷　胡玉庭等修　民國三十七年(1948)刻本　一冊

330000－1786－0000208　0198　子部/醫家

類/喉科口齒之屬/白喉

洞主仙師白喉治法忌表抉微一卷附經驗救急諸方一卷　(清)耐修子錄並注　民國石印本　一冊

330000－1786－0000209　0200　史部/編年類/通代之屬

增評加批歷史綱鑑補三十九卷首一卷　(明)王世貞　(明)袁黃纂　**資治明紀綱目二十卷　資治明紀綱目三編一卷**　(清)張廷玉等撰　民國十八年(1929)上海錦章圖書局石印本　十六冊　缺六卷(歷史綱鑑補四至九)

330000－1786－0000213　0225　史部/傳記類/總傳之屬/家乘

[□□]曹氏宗譜八卷　民國三十六年(1947)刻本　一冊　存三卷(六至八)

330000－1786－0000214　0227　史部/傳記類/總傳之屬/家乘

[浙江長興]咸安韓氏宗譜十六卷　韓啟仁修　韓思濬纂　民國三十五年(1946)大本堂木活字印本　十六冊

330000－1786－0000216　0229　史部/傳記類/總傳之屬/家乘

[浙江長興]咸安韓氏宗譜十六卷　韓啟仁修　韓思濬纂　民國三十五年(1946)大本堂木活字印本　十六冊

330000－1786－0000217　0208　子部/醫家類/醫案之屬

淮陰吳鞠通醫案五卷　(清)吳瑭撰　民國抄本　一冊　存一卷(五)

330000－1786－0000223　0216　子部/藝術類/書畫之屬/畫譜

中國名畫□□集　有正書局編　民國十一年(1922)上海有正書局影印本　一冊　存一集(九)

330000－1786－0000225　0237　史部/傳記類/總傳之屬/家乘

[浙江長興]傅氏宗譜二卷　傅開鏡等修　民國十一年(1922)刻本　二冊

330000－1786－0000229　0241　史部/傳記類/總傳之屬/家乘

[浙江長興]咸安韓氏宗譜十六卷　韓啟仁修　韓思濬纂　民國三十五年(1946)大本堂木活字印本　十五冊　存十五卷(一至十四、十六)

330000－1786－0000230　0222　經部/小學類/文字之屬/說文/專著

說文解字研究法不分卷　馬敘倫撰　民國十八年(1929)上海商務印書館石印本　一冊

330000－1786－0000232　0243　史部/傳記類/總傳之屬/家乘

[浙江]傅氏宗譜二十五卷首一卷　傅仰曾　傅履莊等纂修　民國十六年(1927)刻本　二十四冊

330000－1786－0000233　0245　史部/傳記類/總傳之屬/家乘

[浙江]傅氏宗譜二十五卷首一卷　傅仰曾　傅履莊等纂修　民國十六年(1927)刻本　十九冊　存十九卷(首,一至八、十一至十二、十五至十八、二十二至二十五)

330000－1786－0000236　0228　子部/藝術類/書畫之屬/法帖

歷代名人法帖彙輯草書大字典二十四卷拾遺一卷　掃葉山房主人編　民國十三年(1924)上海掃葉山房石印本　十二冊　存十二卷(一、三至七、九至十一、十六、十八、二十二)

330000－1786－0000238　0251　史部/傳記類/總傳之屬/家乘

[浙江長興]欽氏家乘十卷首一卷　欽麟修　民國二十四年(1935)木活字印本　六冊

330000－1786－0000239　0253　史部/傳記類/總傳之屬/家乘

[浙江長興]欽氏家乘十卷首一卷　欽麟修　民國二十四年(1935)木活字印本　二冊　存四卷(首、一至三)

330000－1786－0000241　0255　史部/傳記類/總傳之屬/家乘

［安徽桐城］**皖桐程氏宗譜二十八卷首一卷末一卷**　程士傑等修　民國十三年(1924)伊洛堂木活字印本　二十三册　存二十三卷(一至七、九至十四、十七至二十、二十三至二十八)

330000－1786－0000242　0257　史部/傳記類/總傳之屬/家乘
［浙江長興］徐氏宗譜六卷　徐培根修　民國二十八年(1939)木活字印本　五册　存五卷(一至五)

330000－1786－0000244　0259　史部/傳記類/總傳之屬/家乘
［浙江長興］潘氏宗譜四卷　潘心貞等修　民國四年(1915)木活字印本　三册　存二卷(一、三)

330000－1786－0000248　0261　史部/傳記類/總傳之屬/家乘
［浙江長興］王塾荆氏宗譜□□卷　荆松雲等修　民國三十三年(1944)寶善堂木活字印本　二册　存二卷(二至三)

330000－1786－0000251　0265　史部/傳記類/總傳之屬/家乘
［浙江長興］王氏宗譜六卷　王寶壽等修　民國十七年(1928)木活字印本　六册

330000－1786－0000252　0267　史部/傳記類/總傳之屬/家乘
［浙江長興］陳氏宗譜□□卷　陳作舟等修　民國六年(1917)木活字印本　一册　存一卷(一)

330000－1786－0000253　0269　史部/傳記類/總傳之屬/家乘
［浙江長興］長興紫陽朱氏宗譜十二卷首一卷　朱思縉修　民國九年(1920)刻本　五册　存五卷(首,三、五、七、十二)

330000－1786－0000255　0242　子部/醫家類/診法之屬/脈經脈訣
四言脈訣不分卷　(清)李中梓撰　民國抄本　一册

330000－1786－0000256　0273　史部/政書類/公牘檔册之屬
萬代興隆合同不分卷　民國十六年(1927)許瑞森抄本　一册

330000－1786－0000258　0275　史部/政書類/公牘檔册之屬
進出全錄不分卷　周壽康抄錄　民國三十四年(1945)抄本一册

330000－1786－0000260　0279　史部/政書類/公牘檔册之屬
租簿不分卷　周福壽記　民國二十七年(1938)抄本　一册

330000－1786－0000262　0283　史部/政書類/公牘檔册之屬
張咸昌賬簿不分卷　民國抄本　一册

330000－1786－0000265　0285　子部/儒家類/儒學之屬/禮教/家訓
治家格言不分卷　民國影印本　一册

330000－1786－0000268　0291　子部/藝術類/篆刻之屬/印論
印學叢書　西泠印社編　民國刻本　二册　存二種

330000－1786－0000270　0252　史部/政書類/公牘檔册之屬
各事契式不分卷　民國二十一年(1932)抄本　一册

330000－1786－0000271　0256　子部/醫家類/方書之屬
王氏麻方不分卷　民國抄本　一册

330000－1786－0000272　0254　史部/史抄類
史記菁華錄六卷　(清)姚祖恩輯評　民國石印本　一册　存一卷(二)

330000－1786－0000275　0260　集部/總集類/課藝之屬
全國學生國文成績文庫甲編二十卷乙編二十卷　盧壽籛選輯　民國上海崇文書局鉛印本

五冊　存十五卷(乙編一至十五)

330000－1786－0000277　0262　子部/藝術類/書畫之屬/法帖

明拓張遷碑不分卷　民國十三年(1924)上海有正書局石印本　一冊

330000－1786－0000278　0297　集部/小說類/長篇之屬

新刊繡像評演濟公傳□□卷　郭廣瑞撰　民國石印本　二冊　存二卷(三、六)

330000－1786－0000279　0299　史部/政書類/公牘檔冊之屬

田地產收進支出簿不分卷　王正華撰　民國三十五年(1946)抄本　一冊

330000－1786－0000282　0264　集部/別集類

匏園詩集三十六卷　來裕恂撰　民國十三年(1924)鉛印本　三冊　存九卷(十三至十五、十九至二十四)

330000－1786－0000283　0305　史部/政書類/公牘檔冊之屬

稅簿不分卷　殷廷耀撰　民國二十一年(1932)抄本　一冊

330000－1786－0000285　0309　史部/政書類/公牘檔冊之屬

錢莊斗魚鱗草冊不分卷　臧福林抄錄　民國五年(1916)抄本　一冊

330000－1786－0000286　0311　子部/藝術類/書畫之屬/法帖

初拓爨寶子碑一卷　民國十一年(1922)上海有正書局石印本　一冊

330000－1786－0000287　0315　集部/總集類/選集之屬/通代

古文觀止十二卷　(清)吳乘權　(清)吳大職輯　民國商務印書館鉛印本　一冊　存二卷(五至六)

330000－1786－0000290　0266　集部/小說類/長篇之屬

增像全圖三國演義一百二十回　(明)羅本撰　(清)毛宗崗評　民國鉛印本　八冊　存九十四回(一至四十四、四十七至六十八、八十一至九十二、一百五至一百二十)

330000－1786－0000291　0319　子部/農家農學類/獸醫之屬

圖像水黃牛經大全二卷附駝經一卷　(明)喻仁　(明)喻傑撰　民國鑄記書局石印本　一冊

330000－1786－0000292　0321　子部/醫家類/外科之屬/通論

外科圖說四卷　(清)高文晉輯　民國石印本　一冊　存一卷(一)

330000－1786－0000296　0327　史部/金石類/石之屬/文字

吳天發神讖碑一卷　民國五年(1916)上海有正書局石印本　一冊

330000－1786－0000297　0329　子部/藝術類/書畫之屬/法帖

初拓鄭文公碑一卷　(北魏)鄭道昭書　民國六年(1917)上海有正書局影印本　一冊

330000－1786－0000298　0270　集部/詩文評類/文法之屬/函牘格式

寫信必讀十卷　(清)唐芸洲撰　民國石印本　一冊

330000－1786－0000299　0331　史部/金石類/石之屬/文字

吳天發神讖碑一卷　民國十一年(1922)上海有正書局石印本　一冊

330000－1786－0000302　0333　子部/農家農學類/獸醫之屬

新輯纂圖元亨療馬集六卷　(明)喻仁　(明)喻傑撰　民國上海鑄記書局石印本　三冊

330000－1786－0000304　0335　子部/藝術類/書畫之屬/畫譜

古佛畫譜二卷　黃語臯繪　民國十八年(1929)上海中華書局石印本　二冊

330000－1786－0000306　0278　集部/總集類/選集之屬/通代

新體廣註古文觀止十二卷　(清)吳乘權　(清)吳大職輯　黃築巖　劉再蘇註釋　民國石印本　一册　存二卷(三至四)

330000－1786－0000307　0339　子部/藝術類/書畫之屬/法帖

古鑑閣藏魏石門銘集聯拓本一卷　秦文錦編集　民國十四年(1925)上海藝苑真賞社影印本　一册

330000－1786－0000308　0341　類叢部/叢書類

瀛洲館叢書　民國廣倉學宭石印本　二册　存一種

330000－1786－0000311　0345　集部/總集類/選集之屬/通代

古文觀止十二卷　(清)吳乘權　(清)吳大職輯　民國三年(1914)上海簡青書局石印本　六册

330000－1786－0000312　0347　子部/藝術類/書畫之屬/法帖

趙松雪道教碑不分卷　(元)趙孟頫書　民國二十九年(1940)上海商務印書館影印本　二册

330000－1786－0000315　0349　子部/藝術類/書畫之屬/法帖

宋拓石門頌不分卷　民國上海有正書局影印本　一册

330000－1786－0000319　0453　集部/楚辭類

楚辭集註八卷後語六卷辯證二卷　(宋)朱熹撰　民國十七年(1928)掃葉山房石印本　一册　存四卷(楚辭集註五至八)

330000－1786－0000321　0455　子部/醫家類/類編之屬

藥盦醫學叢書　惲鐵樵撰　民國十九年(1930)鉛印本　一册　存一種

330000－1786－0000328　0310　經部/小學類/文字之屬/字書/字典

康熙字典十二集三十六卷檢字一卷辨似一卷等韻一卷補遺一卷備考一卷　(清)張玉書等纂修　民國九年(1920)上海昌文書局石印本　六册

330000－1786－0000329　0359　子部/醫家類/類編之屬

陳修園先生醫書新增七十二種　(清)陳念祖等撰　民國上海錦章書局石印本　八册　存四十八種

330000－1786－0000330　0312　經部/小學類/文字之屬/字書/字典

康熙字典十二集三十六卷總目一卷檢字一卷辨似一卷等韻一卷補遺一卷備考一卷　(清)張玉書等纂修　民國石印本　四册　存十七卷(未集上中下、申集上中下、酉集上中下、戌集上中下、亥集上中下,補遺,備考)

330000－1786－0000333　0361　子部/醫家類/綜合之屬/通論

類證治裁八卷首一卷　(清)林珮琴撰　民國四年(1915)上海千頃堂書局石印本　一册　存一卷(一)

330000－1786－0000334　0363　子部/醫家類/類編之屬

陳修園醫書四十八種　(清)陳念祖等撰　民國石印本　十二册　存三十種

330000－1786－0000335　0365　子部/醫家類/類編之屬

陳修園醫書四十八種　(清)陳念祖等撰　民國石印本　五册　存七種

330000－1786－0000336　0367　子部/醫家類/類編之屬

陳修園醫書四十八種　(清)陳念祖等撰　民國石印本　八册　存十五種

330000－1786－0000340　0369　集部/別集類

梁任公文集彙編六卷續集一卷　梁啓超撰　民國六年(1917)上海交通圖書館石印本　三

冊　存二卷(一、五)

330000 – 1786 – 0000342　0371　子部/醫家類/醫話醫論之屬
醫鏡一卷　汪岷羲輯　民國九年(1920)石印本　一冊

330000 – 1786 – 0000343　0373　類叢部/類書類/通類之屬
雞跖賦續刻三十卷　馮一梅撰　民國影印本　一冊　存三卷(七至九)

330000 – 1786 – 0000344　0326　新學/學校
言文對照新時代高等學生文範不分卷　民國上海世界書局石印本　二冊

330000 – 1786 – 0000353　0332　子部/醫家類/針灸之屬/通論
鍼灸大成十二卷　(明)楊繼洲撰　民國二十四年(1935)抄本　一冊　存一卷(五)

330000 – 1786 – 0000355　0334　子部/醫家類/針灸之屬/通論
鍼灸大成十二卷　(明)楊繼洲撰　民國石印本　五冊　存八卷(三至十)

330000 – 1786 – 0000358　0393　子部/醫家類/本草之屬/神農本草經
神農本草經讀四卷　(清)陳念祖撰　民國上海文華書局石印本　一冊

330000 – 1786 – 0000362　0399　子部/醫家類/本草之屬/歷代綜合本草
本草綱目五十二卷　(明)李時珍撰　民國石印本　二冊　存六卷(四十七至五十二)

330000 – 1786 – 0000363　0401　類叢部/叢書類/彙編之屬
四部備要　中華書局編　民國二十五年(1936)上海中華書局鉛印本(經義考卷二百八十六、二百九十九至三百,東塾讀書記卷十三至十四、十七至二十、二十二至二十五原缺)　一冊　存二種

330000 – 1786 – 0000368　0407　子部/醫家類/本草之屬/本草藥性
增補本草備要八卷　(清)汪昂著輯　民國石印本　一冊

330000 – 1786 – 0000369　0409　子部/醫家類/本草之屬/歷代綜合本草
本草綱目五十二卷　(明)李時珍撰　民國石印本　一冊　存三卷(十一至十三)

330000 – 1786 – 0000371　0344　經部/四書類/總義之屬/傳說
大字評點四書白話註解　朱麟公評註　民國石印本　二冊　存二種

安吉縣博物館
民國時期傳統裝幀書籍普查登記目録

浙江省民國時期傳統裝幀書籍普查登記目録·温州 湖州

國家圖書館出版社
National Library of China Publishing House

《安吉縣博物館民國時期傳統裝幀書籍普查登記目録》

編委會

主　　編： 朱清清

副 主 編： 黄衛琴　樓志强

編纂人員： 周意群　張秋華　江　玘　馬海鷹　章誠路　沈林霞

《安吉縣博物館民國時期傳統裝幀書籍普查登記目録》

前　言

古籍是中華傳統文化的重要載體，然由於年代久遠、保存不當等客觀原因，幸免厄運而流傳至今的百不及一，尤其珍貴。安吉縣博物館認真貫徹國務院、國家文化部（現文化和旅游部）的精神，按照古籍普查的範圍和要求，於2014年5月起，積極開展古籍普查工作，至2015年6月底已圓滿完成古籍普查工作。

我館所藏古籍因原館保存條件有限，且未經系統整理，受潮黴變、酸化絮化、蟲蛀鼠咬現象較爲嚴重。我館在做好古籍普查工作的同時，强化團隊協作，重點開展了館藏古籍的保護工作，建立古籍保護制度，改善古籍保護條件，加强古籍保護人才培養。經過一年多的努力，在古籍普查、古籍利用等方面取得了顯著成效，全面完成古籍普查任務。

實施全國古籍普查的一個重要目的，就是弄清我國目前現存古籍的破損情況，制訂統一、有效的古籍修復計劃，儘可能地延長現存古籍的保存時間。根據全國古籍普查平臺統計，本館普查著録館藏古籍1194部10334册。主要版本以清代刻本、清代石印本，民國刻本、民國石印本爲主，其中民國裝幀書籍有414部。通過古籍整理與普查，在館藏古籍中出現了一批具有地方特色的文獻，包括各類抄本及家族譜牒、地方文獻等民國傳統裝幀書籍，如民國四年（1915）的《天目山齋歲編》二十八卷及民國的《西苕溪詩抄》二卷等，是安吉歷史文化研究的珍貴文獻資料。

古籍保護是個長遠性的工作，摸清家底，改善儲藏條件，制訂古籍修復計劃，提高保護古籍的能力，這些還衹是古籍保護的第一步。今後，我們將遵循"保護爲主、搶救第一、合理利用、加强管理"的保護理念，重視加强館藏古籍的研究整理、影印出版、開發利用，真正讓館藏古籍煥發新的生機。

《安吉縣民國傳統裝幀書籍普查登記目録》在安吉縣委、縣政府的高度重視下，在浙江省古籍保護中心、安吉縣文化廣電新聞出版局、安吉縣第一次全國可移動文物普查辦公室的大力支持下，以及省市縣各級專家老師的指導幫助下，順利付梓。在此，謹向爲整理出版付出辛勤努力的所有人員表示衷心的感謝。

由於時間倉促、編者水平有限，本書難免有疏漏、錯誤的存在，敬請專家、讀者諒解、指正。

安吉縣博物館
2016年10月

330000－1783－0000007　普 1050　經部/四書類/論語之屬/傳說
論語足徵記二卷　崔適撰　民國六年(1917)鉛印本　一冊

330000－1783－0000011　普 0288　類叢部/叢書類/彙編之屬
求恕齋叢書三十一種　劉承幹編　民國吳興劉氏嘉業堂刻本　四冊　存一種

330000－1783－0000013　普 0993　史部/金石類/石之屬/文字
孔明先生碑文解一卷　民國抄本　一冊

330000－1783－0000015　普 0233　集部/總集類/郡邑之屬
永嘉詩人祠堂叢刻十四種　冒廣生輯　民國四年(1915)如皋冒氏刻本　八冊

330000－1783－0000017　普 1127　經部/春秋左傳類/傳說之屬
曲江書屋新訂批註左傳快讀十八卷首一卷　(清)李紹崧輯　民國三年(1914)直隸書局石印本　三冊

330000－1783－0000018　普 0349　經部/小學類/文字之屬/字書/字典
康熙字典十二集三十六卷檢字一卷辨似一卷等韻一卷補遺一卷備考一卷　(清)張玉書等纂修　民國二年(1913)上海鴻文恒記書局石印本　五冊

330000－1783－0000020　普 0084　史部/地理類/專志之屬/寺觀
靈峰寺志九卷　王華編纂　民國四年(1915)鉛印本　一冊　存七卷(一、四至九)

330000－1783－0000022　普 0026　子部/道家類
老子覈詁四卷老子稱經及篇章考一卷老子失文一卷引用書目一卷　馬敘倫撰　民國十三年(1924)鉛印本　一冊　存二卷(一至二)

330000－1783－0000025　普 1058　經部/小學類/文字之屬/說文
說文解字十五卷標目一卷　(漢)許慎撰　(宋)徐鉉等校定　民國石印本　一冊　存十一卷(五至十五)

330000－1783－0000026　普 0193　集部/總集類/選集之屬/通代
古文觀止十二卷　(清)吳乘權　(清)吳大職輯　民國上海天寶書局石印本　一冊

330000－1783－0000032　普 0194　集部/別集類
西苕溪詩鈔二卷　俞礎撰　民國鉛印本　俞礎題記　一冊

330000－1783－0000034　普 0196　史部/地理類/雜志之屬
孝豐鄉土教科書一卷　方秉性編纂　民國六年(1917)孝豐萬豐書局鉛印本　一冊

330000－1783－0000035　普 1060　集部/詞類/詞譜之屬
詞律二十卷　(清)萬樹輯　民國五年(1916)江左書林石印本　一冊　存二卷(八至九)

330000－1783－0000048　普 0200　史部/政書類/邦計之屬/荒政
湖屬水災籌賑會徵信錄不分卷　民國九年(1920)刻本　一冊

330000－1783－0000051　普 0250　類叢部/叢書類/彙編之屬
增訂漢魏叢書九十六種　(清)王謨編　民國六年(1917)育文書局石印本　八冊　存五十二種

330000－1783－0000052　普 1124　經部/春秋左傳類/傳說之屬
春秋左傳句解六卷　(清)韓菼重訂　民國二十二年(1933)上海商務印書館鉛印本　二冊　存二卷(三、六)

330000－1783－0000054　普 0684、普 0685　史部/金石類/總志之屬/文字
金石萃編一百六十卷　(清)王昶撰　**金石續編二十一卷首一卷**　(清)陸耀遹撰　**金石萃編補正四卷**　(清)方履籛撰　民國十五年(1926)上海掃葉山房石印本　十六冊　存九

十卷(七十至八十三、九十一至九十八、一百五至一百六十,續編五至十四,補正三至四)

330000－1783－0000058　普0220　集部/詞類/類編之屬

彊村叢書一百七十八種　朱祖謀輯並撰校記　民國六年(1917)歸安朱氏刻十一年(1922)校補印本　五冊　存十四種

330000－1783－0000060　普1126　經部/四書類/總義之屬/傳說

四書集註十九卷　(宋)朱熹撰　民國二十七年(1938)上海昌文書局石印本　一冊　存五卷(論語一至五)

330000－1783－0000063　普1418　子部/術數類/陰陽五行之屬

增廣玉匣記通書二卷　(清)朱說霖重校　民國上海龍文書局石印本　一冊　存一卷(上)

330000－1783－0000065　普0990　史部/編年類/通代之屬

兩朝通鑑輯覽一百二十卷　(清)傅恒等總裁　民國二年(1913)上海鑄記書局石印本　一冊　存六卷(一至六)

330000－1783－0000069　普1125　經部/四書類/總義之屬/傳說

言文對照廣註四書讀本　世界書局編輯所編輯　民國十四年(1925)上海世界書局石印本　一冊　存一種

330000－1783－0000071　普0201　類叢部/叢書類/彙編之屬

百尺樓叢書五種　陳去病編　民國十一年(1922)鉛印本　一冊　存一種

330000－1783－0000075　普0110　史部/政書類/邦計之屬

浙江最近財政說明書不分卷　張壽鏞編　民國四年(1915)武昌鉛印本　一冊

330000－1783－0000080　普0115　史部/政書類/公牘檔冊之屬

中華民國浙江省臨時議會議決案不分卷　民國元年(1912)鉛印本　一冊

330000－1783－0000081　普0370　經部/春秋總義類/傳說之屬

春秋復始三十八卷　崔適撰　民國七年(1918)北京大學出版部鉛印本　六冊

330000－1783－0000082　普0023　經部/春秋總義類/傳說之屬

春秋復始三十八卷　崔適撰　民國七年(1918)北京大學出版部鉛印本　一冊　存六卷(一至六)

330000－1783－0000088　普0214　集部/總集類/氏族之屬

浙西張氏合集十卷　張宗儒輯　民國十年(1921)鉛印本　一冊　存五卷(六至十)

330000－1783－0000089　普0512　集部/總集類/選集之屬/通代

全漢三國晉南北朝詩五十四卷緒言一卷　丁福保輯　民國五年(1916)無錫丁氏鉛印本　十九冊　缺二卷(全漢詩一至二)

330000－1783－0000090　普0879　史部/政書類/公牘檔冊之屬

中華民國浙江省臨時議會議決案不分卷　民國元年(1912)鉛印本　一冊

330000－1783－0000091　普0878　史部/政書類/公牘檔冊之屬

中華民國浙江省臨時議會議決案不分卷　民國元年(1912)鉛印本　一冊

330000－1783－0000092　普0225　子部/藝術類/書畫之屬/總論

佩文齋書畫譜一百卷　(清)孫岳頒等輯　民國八年(1919)上海掃葉山房石印本　二十五冊　存八十一卷(一至四十三、四十七至五十八、六十二至六十七、八十一至一百)

330000－1783－0000099　普1062　經部/孝經類/傳說之屬

孝經白話解說一卷　朱領中撰　民國二十一年(1932)上海明善書局石印本　一冊

330000－1783－0000103　普0622　類叢部/叢書類/彙編之屬

四部備要 中華書局編 民國二十五年(1936)上海中華書局鉛印本 五册 存一種

330000－1783－0000105 普1063 集部/詞類/詞譜之屬
詞律二十卷 (清)萬樹輯 **詞律拾遺八卷** (清)徐本立纂 民國石印本 一册 存二卷(詞律拾遺一至二)

330000－1783－0000110 普0492 史部/金石類/總志之屬
八瓊室金石補正一百三十卷目錄三卷札記四卷祛僞一卷元金石偶存一卷 (清)陸增祥撰 民國九年至十四年(1920－1925)吳興劉氏希古樓刻本 五册 存十卷(八瓊室金石補正一百二十七至一百三十、札記一至四、祛僞、元金石偶存)

330000－1783－0000112 普0496 子部/藝術類/書畫之屬/畫録
鹿牀畫絮一卷 (清)戴熙撰 民國九年(1920)上海中華書局石印本 一册

330000－1783－0000113 普0482 子部/藝術類/書畫之屬/畫録
清朝書畫錄四卷 竇鎮輯 民國九年(1920)上海進化書局石印本 二册 存二卷(三至四)

330000－1783－0000115 普0497 子部/藝術類/篆刻之屬/印論
治印雜説不分卷 王世纂 民國六年(1917)鉛印本 一册

330000－1783－0000116 普0498 子部/藝術類/音樂之屬/琴學
琴譜指法二卷 (清)徐常遇輯 民國三年(1914)上海廣益書局石印本 一册

330000－1783－0000117 普0709 史部/雜史類/斷代之屬
滿夷猾夏始末記八卷首一卷外編三卷 楊敦頤輯 民國元年(1912)上海新中華圖書館鉛印本 十二册

330000－1783－0000120 普0491 子部/藝術類/書畫之屬/書法書品
書法秘訣一卷 (清)□□撰 **書法輯要一卷** 文成郁輯 民國二十三年(1934)南京無錫錫成印刷公司鉛印本 一册

330000－1783－0000127 普0487 子部/雜著類/雜考之屬
籒廎述林十卷 (清)孫詒讓撰 民國五年(1916)刻本 一册 存三卷(八至十)

330000－1783－0000128 普0878－1 子部/雜著類/雜考之屬
籒廎述林十卷 (清)孫詒讓撰 民國五年(1916)刻本 一册 存三卷(八至十)

330000－1783－0000129 普0879－1 子部/藝術類/書畫之屬/畫録
清朝書畫錄四卷 竇鎮輯 民國九年(1920)上海進化書局石印本 一册 存一卷(四)

330000－1783－0000131 普0962 集部/別集類/清別集
讀書樓詩集六卷 (清)吳應奎撰 民國五年(1916)安吉吳氏雍睦堂影印本 二册

330000－1783－0000134 普1065 類叢部/叢書類/彙編之屬
百尺樓叢書五種 陳去病編 民國四年(1915)鉛印本 一册 存四種

330000－1783－0000138 普0880 集部/別集類/清別集
讀書樓詩集六卷 (清)吳應奎撰 民國五年(1916)安吉吳氏雍睦堂影印本 二册

330000－1783－0000139 普0881 集部/別集類/明別集
天目山齋歲編二十八卷 (明)吳維嶽撰 民國四年(1915)吳氏雍睦堂影印本 吳涵、吳邁校 二册

330000－1783－0000142 普0191 史部/傳記類/總傳之屬/斷代
明遺民錄四十八卷 孫靜菴撰 民國元年(1912)上海新中華圖書館鉛印本 十二册

330000－1783－0000143　普 0882　集部/別集類/明別集

玄蓋副草二十卷目錄二卷　(明)吴稼竳撰　民國五年(1916)吴氏雍睦堂影印本　吴涵、吴邁校　六冊

330000－1783－0000148　普 0187　類叢部/叢書類/郡邑之屬

吴興叢書六十六種　劉承幹編　民國吴興劉氏嘉業堂刻本　三冊　存一種

330000－1783－0000153　普 0609　集部/總集類/選集之屬/通代

精選廣註黎氏古文辭類纂不分卷　(清)黎庶昌輯　秦同培選　民國十四年(1925)上海世界書局石印本　四冊

330000－1783－0000154　普 0082　史部/地理類/方志之屬/郡縣志

[民國]建德縣志十五卷首一卷附教育公產一卷慈善公產一卷　夏曰璈　張良楷修　王韌纂　民國八年(1919)金華朱集成堂鉛印本　十一冊　缺二卷(十一、十五)

330000－1783－0000156　普 0608　集部/總集類/選集之屬/通代

古文辭類纂評註七十四卷　(清)姚鼐纂輯　沈伯經等評注　民國上海文明書局鉛印本　四冊　存十五卷(六至十、二十一至三十)

330000－1783－0000164　普 1066　史部/編年類/通代之屬

綱鑑易知錄九十二卷明鑑易知錄十五卷　(清)吴乘權　(清)周之炯　(清)周之燦輯　民國五年(1916)上海商務印書館鉛印本　四冊　存三十五卷(一至二十八、明鑑一至七)

330000－1783－0000170　普 1099　子部/藝術類/書畫之屬/畫譜

醉墨軒畫稿四卷　胡郯卿繪　民國石印本　一冊

330000－1783－0000172　普 0887　子部/術數類/陰陽五行之屬

新鐫曆法便覽象吉備要通書大全二十九卷　(清)魏鑑撰　民國上海錦章圖書局石印本　十二冊

330000－1783－0000173　普 0886　子部/術數類/陰陽五行之屬

欽定協紀辨方書三十六卷　(清)允祿　(清)張照等纂修　民國三十六年(1947)上海錦章書局石印本　八冊

330000－1783－0000176　普 0892　集部/別集類/明別集

玄蓋副草二十卷目錄二卷　(明)吴稼竳撰　民國五年(1916)吴氏雍睦堂影印本　吴涵、吴邁校　六冊

330000－1783－0000177　普 0181　類叢部/叢書類/郡邑之屬

吴興叢書六十六種　劉承幹編　民國吴興劉氏嘉業堂刻本　二冊　存一種

330000－1783－0000180　普 0182　類叢部/叢書類/郡邑之屬

吴興叢書六十六種　劉承幹編　民國吴興劉氏嘉業堂刻本　二冊　存一種

330000－1783－0000185　普 0197　史部/地理類/遊記之屬/紀勝

天目山遊記一卷　郝國璽撰　民國二十年(1931)上海商務印書館鉛印本　一冊

330000－1783－0000196　普 0900　史部/編年類/通代之屬

綱鑑易知錄九十二卷明鑑易知錄十五卷　(清)吴乘權　(清)周之炯　(清)周之燦輯　民國五年(1916)上海商務印書館鉛印本　九冊　存五十八卷(七至二十一、二十九至五十八、六十五至七十,明鑑一至七)

330000－1783－0000197　普 0899　史部/編年類/通代之屬

綱鑑易知錄九十二卷明鑑易知錄十五卷　(清)吴乘權　(清)周之炯　(清)周之燦輯　民國五年(1916)上海商務印書館鉛印本　五冊　存三十一卷(一至六、二十九至三十

四、五十三至六十四、七十一至七十七）

330000－1783－0000201　普0536　集部/別集類/唐五代別集

杜詩詳註二十五卷首一卷附編二卷　（清）仇兆鰲輯註　民國四年（1915）上海掃葉山房石印本　二十三冊　缺五卷（七、十、十七至十九）

330000－1783－0000203　普0666　集部/詞類/類編之屬

宋六十名家詞　（明）毛晉編　民國十年（1921）上海博古齋據明崇禎毛氏汲古閣刻本影印本　三十一冊

330000－1783－0000213　普0221　集部/詞類/類編之屬

彊村叢書一百七十八種　朱祖謀輯並撰校記　民國六年（1917）歸安朱氏刻十一年（1922）校補印本　十六冊　存五十四種

330000－1783－0000217　普0893　子部/藝術類/書畫之屬/畫譜

高且園書畫扇集不分卷　（清）高其佩繪　民國二十四年（1935）上海商務印書館影印本　一冊

330000－1783－0000223　普0661－普0663　類叢部/叢書類/彙編之屬

四部叢刊　張元濟等編　民國上海商務印書館影印本　二十冊　存三種

330000－1783－0000226　普0651　集部/別集類/漢魏六朝別集

庾子山集十六卷　（北周）庾信撰　（清）倪璠註釋　**庾集總釋一卷庾子山年譜一卷**　（清）倪璠撰　民國七年（1918）掃葉山房石印本　十二冊

330000－1783－0000227　普0676　經部/詩類/傳說之屬

毛詩不分卷　（漢）毛亨傳　民國上海商務印書館鉛印本　一冊

330000－1783－0000228　普0898　經部/詩類/傳說之屬

毛詩不分卷　（漢）毛亨傳　民國上海商務印書館鉛印本　一冊

330000－1783－0000232　普0901　史部/政書類/邦計之屬/賦稅

嘉興請減賦稅文牘一卷附財政廳通飭四件　張元濟等撰　民國四年（1915）嘉興振新社鉛印本　一冊

330000－1783－0000242　普0736　史部/政書類/邦計之屬/營田

量沙紀畧六章　張鴻編　民國四年（1915）鉛印本　一冊

330000－1783－0000243　普0902　史部/政書類/邦計之屬/營田

量沙紀畧六章　張鴻編　民國四年（1915）鉛印本　一冊

330000－1783－0000246　普0455－1　子部/醫家類/類編之屬

陳修園醫書四十八種　（清）陳念祖等撰　民國上海錦章書局石印本　五冊　存二十一種

330000－1783－0000248　普0737　類叢部/叢書類/彙編之屬

求恕齋叢書三十一種　劉承幹編　民國吳興劉氏嘉業堂刻本　二冊　存一種

330000－1783－0000257　普0455－2　子部/醫家類/類編之屬

陳修園醫書全集六十種　（清）陳念祖等撰　民國石印本　八冊

330000－1783－0000266　普0715　史部/編年類/通代之屬

注釋清鑑輯覽二十八卷　文明書局編輯　民國七年（1918）上海文明書局鉛印本　十二冊

330000－1783－0000268　普0218　集部/詞類/類編之屬

彊村叢書一百七十八種　朱祖謀輯並撰校記　民國六年（1917）歸安朱氏刻十一年（1922）校補印本　三十三冊　存一百四十五種

330000－1783－0000271　普0601　類叢部/

叢書類/彙編之屬

求恕齋叢書三十一種　劉承幹編　民國吳興劉氏嘉業堂刻本　十二册　存一種

330000－1783－0000272　普 0632　集部/別集類

天放樓詩集九卷　金天羽撰　民國十一年(1922)上海有正書局鉛印本　二册

330000－1783－0000275　普 0217　集部/詞類/類編之屬

彊村叢書一百七十八種　朱祖謀輯並撰校記　民國六年(1917)歸安朱氏刻十一年(1922)校補印本　三十册　存一百九種

330000－1783－0000278　普 0431　子部/醫家類/綜合之屬/通論

御纂醫宗金鑑九十卷首一卷　(清)吳謙等撰　民國上海啟新書局石印本　三十六册

330000－1783－0000279　普 0653　集部/詩文評類/詩評之屬

隨園詩話十六卷補遺十卷　(清)袁枚撰　民國上海文明書局石印本　五册　存二十一卷(一至十六、補遺六至十)

330000－1783－0000280　普 0634　集部/別集類

天放樓詩集九卷　金天羽撰　民國十一年(1922)上海有正書局鉛印本　二册

330000－1783－0000281　普 0235　類叢部/叢書類/彙編之屬

知不足齋叢書一百九十五種　(清)鮑廷博輯　(清)鮑士恭續輯　民國十年(1921)上海古書流通處據清鮑氏刻本影印本　一百五十七册　存一百七十五種

330000－1783－0000286　普 0434　子部/醫家類/本草之屬/歷代綜合本草

本草綱目五十二卷圖三卷瀕湖脈學一卷奇經八脈攷一卷脈訣考證一卷　(明)李時珍撰　**本草萬方鍼線八卷本草藥品總目一卷**　(清)蔡烈先輯　**本草綱目拾遺十卷**　(清)趙學敏輯　民國元年(1912)鴻寶齋石印本　二十二册　存六十四卷(本草綱目一至十八、二十六至三十六、四十二至五十二,圖一至三,瀕湖脈學,奇經八脈攷,脈訣考證,本草萬方鍼線一至八,本草綱目拾遺一至十)

330000－1783－0000291　普 0635　集部/別集類

天放樓詩續鈔一卷　金天羽撰　民國十六年(1927)鉛印本　一册

330000－1783－0000292　普 0633　集部/別集類

天放樓文言十一卷附錄一卷　金天羽撰　民國十六年(1927)蘇州文新印刷公司鉛印本　二册

330000－1783－0000294　普 0452－1　子部/醫家類/綜合之屬/通論

御纂醫宗金鑑九十卷首一卷　(清)吳謙等撰　民國石印本　二册　存十二卷(外科五至十六)

330000－1783－0000295　普 0458　子部/醫家類/本草之屬/食療本草

飲饌服食譜不分卷　(明)鍾惺輯　民國十八年(1929)上海千頃堂書局石印本　一册

330000－1783－0000301　普 0686　史部/金石類/石之屬

夢碧簃石言六卷　顧燮光撰　民國十四年(1925)上海科學儀器館鉛印本　三册

330000－1783－0000302　普 0638　集部/別集類

張季子詩錄十卷　張謇撰　民國三年(1914)南通鉛印本　二册

330000－1783－0000324　普 0615　集部/別集類/唐五代別集

山曉閣選唐大家柳柳州全集四卷　(唐)柳宗元撰　(清)孫琮評　民國上海廣益書局石印本　三册　存三卷(一至二、四)

330000－1783－0000334　普 0681　經部/四書類/總義之屬/傳說

四書集註十九卷　(宋)朱熹撰　民國商務印

書館鉛印本　五冊　存二種

330000－1783－0000335　普 0627　類叢部/叢書類/郡邑之屬
吳興叢書六十六種　劉承幹編　民國吳興劉氏嘉業堂刻本　二冊　存一種

330000－1783－0000353　普 0669　集部/別集類/唐五代別集
李太白文集三十卷　（唐）李白撰　民國二年（1913）上海文瑞樓石印本　七冊

330000－1783－0000357　普 0718　史部/傳記類/總傳之屬/通代
校正尚友錄續集二十二卷　（清）潘遵祁編　民國鉛印本　四冊　存十六卷（四至十六、二十至二十二）

330000－1783－0000364　普 0826　集部/別集類/清別集
讀書樓詩集六卷　（清）吳應奎撰　民國五年（1916）安吉吳氏雍睦堂影印本　二冊

330000－1783－0000365　普 0603　集部/總集類/選集之屬/通代
漢魏六朝百三名家集一百十八卷　（明）張溥輯　民國六年（1917）上海掃葉山房石印本　四十六冊　存八十一種

330000－1783－0000370　普 0585　集部/別集類/清別集
咄咄吟二卷首一卷末一卷　（清）貝青喬撰　民國三年（1914）吳興劉氏嘉業堂刻本　一冊

330000－1783－0000372　普 1409　子部/醫家類/方書之屬/單方驗方
重訂驗方新編十八卷　（清）鮑相璈等輯　民國十年（1921）石印本　一冊　存八卷（一至八）

330000－1783－0000373　普 0658　集部/別集類/清別集
帶經堂集七種九十二卷　（清）王士禛撰（清）程哲編　民國十年（1921）上海錦文堂石印本　十二冊　存四種

330000－1783－0000382　普 0514　集部/總集類/選集之屬/通代
漢魏六朝名家集初刻四十種　丁福保輯　民國四年（1915）上海掃葉山房石印本　十六冊　存二十二種

330000－1783－0000387　普 0085　史部/地理類/專志之屬/寺觀
靈峰寺志九卷　王華編纂　民國四年（1915）鉛印本　一冊

330000－1783－0000392　普 0518　集部/詩文評類/詩評之屬
靜志居詩話二十四卷　（清）朱彝尊撰　（清）姚祖恩輯　民國二年（1913）上海文瑞樓石印本　十冊

330000－1783－0000393　普 0077　史部/地理類/方志之屬/郡縣志
民國安吉縣新志稾二十二卷首一卷　干人俊纂　民國三十三年（1944）抄本　二冊　存六卷（首、一至五）

330000－1783－0000395　普 0517　集部/詞類/詞話之屬
詞話叢鈔十種　況周頤輯　王文濡增補　民國十年（1921）上海大東書局石印本　四冊

330000－1783－0000396　普 0859　子部/藝術類/書畫之屬/畫譜
白龍山人畫仙佛像不分卷　王震繪　民國上海有正書局影印本　一冊

330000－1783－0000399　普 0520　集部/總集類/選集之屬/斷代
王荆公唐百家詩選二十卷　（宋）王安石輯　民國影印本　八冊

330000－1783－0000404　普 0745－2　子部/藝術類/書畫之屬/法帖
古鑑閣藏漢張遷碑集聯拓本一卷　秦文錦編集　民國十三年（1924）上海藝苑真賞社影印本　一冊

330000－1783－0000405　普 0749　子部/藝術類/書畫之屬/法帖

古鑑閣藏齊侯兩罍集聯搨本一卷　秦文錦編集　民國十六年(1927)上海藝苑真賞社影印本　一冊

330000-1783-0000409　普0750　史部/金石類/金之屬/文字
周散氏盤銘集聯搨本一卷　秦文錦輯　民國十三年(1924)上海藝苑真賞社影印本　一冊

330000-1783-0000411　普0748　子部/藝術類/書畫之屬/法帖
古鑑閣藏漢鄐閣頌集聯拓本一卷　秦文錦編集　民國十二年(1923)上海藝苑真賞社影印本　一冊

330000-1783-0000414　普0747　子部/藝術類/書畫之屬/法帖
古鑑閣藏漢石門頌集聯搨本一卷　秦文錦編集　民國十六年(1927)上海藝苑真賞社影印本　一冊

330000-1783-0000415　普0746　子部/藝術類/書畫之屬/法帖
古鑑閣藏漢祀三公山碑集聯搨本一卷　秦文錦編集　民國十年(1921)上海藝苑真賞社影印本　一冊

330000-1783-0000419　普0680　經部/春秋左傳類/傳說之屬
春秋左傳五十卷　(晉)杜預　(宋)林堯叟註釋　(唐)陸德明音義　民國上海商務印書館石印本　十二冊

330000-1783-0000422　普0656　集部/總集類/選集之屬/斷代
才調集十卷　(五代)韋縠輯　民國上海涵芬樓據述古堂影宋鈔本影印本　三冊

330000-1783-0000426　普0249　集部/別集類
飲冰室全集四十八卷　梁啓超撰　民國五年(1916)上海中華書局鉛印本　二十冊　存二十卷(十三至二十四、三十七至四十、四十三至四十四、四十七至四十八)

330000-1783-0000429　普0788　類叢部/叢書類/郡邑之屬
吳興叢書六十六種　劉承幹編　民國吳興劉氏嘉業堂刻本　一冊

330000-1783-0000431　普0787　類叢部/叢書類/彙編之屬
嘉業堂叢書五十七種　劉承幹輯　民國吳興劉氏嘉業堂刻本(毛詩正義卷一至七原缺)　一冊　存一種

330000-1783-0000436　普0664　集部/詩文評類/類編之屬
清詩話四十三種　丁福保訂　民國五年(1916)上海文明書局鉛印本　十九冊　存四十二種

330000-1783-0000440　普0602　集部/詩文評類/詩評之屬
雪橋詩話十二卷　楊鍾羲撰　民國八年(1919)南林劉氏求恕齋刻本　十二冊

330000-1783-0000454　普0613　史部/史評類/詠史之屬
全史宮詞二十卷　(清)史夢蘭撰　民國十年(1921)上海著易堂書局鉛印本　六冊

330000-1783-0000455　普0665　集部/總集類/選集之屬/通代
歷代詩文評註讀本　王文濡編　民國上海文明書局鉛印本　三冊　存一種

330000-1783-0000458　普0516　集部/總集類/選集之屬/斷代
才調集十卷　(五代)韋縠輯　民國三年(1914)掃葉山房石印本　四冊

330000-1783-0000461　普0552　集部/總集類/彙編之屬
唐詩百名家全集　(清)席啟宇輯　民國掃葉山房石印本　十冊

330000-1783-0000462　普0682　史部/金石類/石之屬/通考
校碑隨筆六卷續二卷　方若撰　民國十二年(1923)華璋書局石印本　五冊　存七卷(一至二、四至六,續一至二)

330000－1783－0000463　普 0554　集部/別集類

散原精舍詩二卷續集三卷　陳三立撰　民國十一年(1922)上海商務印書館鉛印本　四冊

330000－1783－0000467　普 0906　子部/術數類/陰陽五行之屬

神秘符咒全書四卷　余哲夫撰　民國十一年(1922)精靈學社影印本　一冊　存一卷(一)

330000－1783－0000472　普 0612　集部/總集類/氏族之屬

三蘇文集四十四卷　(清)邵希雍輯　民國元年(1912)上海會文堂書局石印本　四冊　存十七卷(東坡文集一至三、七至八,欒城文集一至十二)

330000－1783－0000473　普 0032　經部/小學類/文字之屬/字書/字典

康熙字典十二集三十六卷總目一卷檢字一卷辨似一卷等韻一卷補遺一卷備考一卷　(清)張玉書等纂修　民國上海商務印書館石印本　七冊

330000－1783－0000475　普 0033　經部/小學類/文字之屬/字書/字典

康熙字典十二集三十六卷總目一卷檢字一卷辨似一卷等韻一卷補遺一卷備考一卷　(清)張玉書等纂修　民國二年(1913)上海錦章圖書局石印本　六冊

330000－1783－0000478　普 0644　集部/別集類/清別集

榆蔭廔詩存不分卷　(清)奚疑撰　民國五年(1916)洽溪周氏刻本　一冊

330000－1783－0000483　普 0557　集部/總集類/郡邑之屬

剡川詩鈔十二卷　(清)彭祖訓選　(清)舒順方編　(清)董彥琦輯　民國四年(1915)四明孫氏七千卷樓鉛印本　二冊

330000－1783－0000485　普 0029　經部/四書類/總義之屬/傳說

四書纂疏二十六卷札記一卷　(宋)趙順孫撰　民國十四年(1925)聖風書苑據清康熙通志堂經解本影印本　五冊　存十三卷(論語一至三、七至十,孟子一至四,大學,中庸)

330000－1783－0000493　普 0988　子部/術數類/陰陽五行之屬

新鐫曆法總覽合節鰲頭通書大全十卷　(清)熊宗立纂輯　民國石印本　十一冊　存九卷(一至二、四至十)

330000－1783－0000496　普 0030　經部/四書類/總義之屬/傳說

四書集註十九卷　(宋)朱熹撰　民國二十七年(1938)商務印書館鉛印本　六冊

330000－1783－0000498　普 0809　史部/編年類/通代之屬

綱鑑易知錄九十二卷明鑑易知錄十五卷　(清)吳乘權　(清)周之炯　(清)周之燦輯　民國鉛印本　十三冊　存八十五卷(十五至九十二、明鑑一至七)

330000－1783－0000499　普 0928　集部/詩文評類/文法之屬

新撰女子尺牘二卷　商務印書館編譯所編　民國十五年(1926)上海商務印書館石印本　一冊　存一卷(一)

330000－1783－0000509　普 0908　集部/詞類/詞話之屬

詞話叢鈔十種　況周頤輯　王文濡增補　民國十年(1921)上海大東書局石印本　四冊

330000－1783－0000510　普 0433、普 0453　子部/醫家類/醫案之屬

臨證指南醫案十卷　(清)葉桂撰　(清)徐大椿評　**種福堂續選臨證指南四卷**　(清)葉桂論　民國十七年(1928)錦文堂石印本　十六冊

330000－1783－0000512　普 0922　史部/雜史類/斷代之屬

雜錄不分卷　周渭賢輯　民國抄本　一冊

330000－1783－0000513　普 0519　集部/總集類/選集之屬/通代

玉臺新詠十卷 (南朝陳)徐陵編 (清)吳兆宜注 (清)程琰刪補 民國四年(1915)上海掃葉山房石印本 六冊

330000－1783－0000516 普0677 經部/四書類/總義之屬/傳說
新註四書白話解說三十六卷 江希張注 民國十五年(1926)上海書業公所石印本 五冊 存十六卷(新註論語白話解說一至十,新註孟子白話解說五至六、九至十、十三至十四)

330000－1783－0000518 普0857 子部/藝術類/書畫之屬/畫譜
芥子園畫傳三集六卷 (清)王槩 (清)王蓍 (清)王臬輯 民國石印本 一冊 存二卷(一至二)

330000－1783－0000521 普0909 新學/算學/數學
筆算數學三卷 (美國)狄考文撰 (清)邵立文譯 民國鉛印本 一冊 存一卷(三)

330000－1783－0000523 普0864 子部/醫家類/方書之屬/單方驗方
重訂驗方新編十八卷 (清)鮑相璈等輯 民國石印本 一冊 存一卷(十一)

330000－1783－0000525 普0522 集部/別集類/唐五代別集
溫飛卿詩集七卷別集一卷集外詩一卷附錄諸家詩評一卷 (唐)溫庭筠撰 (明)曾益注 (清)顧予咸補注 (清)顧嗣立續注 民國六年(1917)上海石竹山房石印本 四冊

330000－1783－0000526 普0523 集部/別集類/清別集
陳檢討四六二十卷 (清)陳維崧撰 (清)程師恭注 民國上海文瑞樓石印本 八冊

330000－1783－0000527 普0524 集部/別集類/清別集
煙霞萬古樓詩集二卷 (清)王曇撰 **仲瞿詩錄一卷** (清)徐渭仁輯 民國十三年(1924)上海掃葉山房石印本 三冊

330000－1783－0000528 普0525 集部/詩文評類/詩評之屬
歷代詩話續編二十九種 丁福保訂 民國五年(1916)無錫丁氏鉛印本 十八冊 存十七種

330000－1783－0000529 普0526 集部/別集類/清別集
梅村詩集箋注十八卷 (清)吳偉業撰 (清)吳翌鳳箋注 民國中華圖書館石印本 八冊

330000－1783－0000530 普0527 集部/總集類/選集之屬/通代
言文一貫古文觀止十二卷 文明書局編輯 民國十六年(1927)上海文明書局石印本 九冊

330000－1783－0000534 普0515 集部/總集類/選集之屬/通代
八代詩選二十卷 王闓運輯 民國掃葉山房石印本 七冊 存十七卷(四至二十)

330000－1783－0000535 普0432 子部/醫家類/溫病之屬
溫病條辨六卷首一卷 (清)吳瑭撰 民國十年(1921)上海文瑞樓石印本 六冊

330000－1783－0000539 普0916 集部/別集類/清別集
曾文正公家書十卷家訓二卷 (清)曾國藩撰 **曾文正公大事記三卷榮哀錄一卷** (清)王定安編 民國文明書局石印本 八冊 存十四卷(曾文正公家書一至十、家訓一至二、大事記一、榮哀錄)

330000－1783－0000540 普0915 集部/別集類/清別集
施愚山先生學餘詩集五十卷 (清)施閏章撰 民國國學扶輪社石印本 二冊 存十一卷(二十一至二十五、四十五至五十)

330000－1783－0000543 普0943 集部/總集類/選集之屬/通代
東萊先生古文關鍵四卷 (宋)呂祖謙評 (宋)蔡子文註 民國影印本 二冊 存三卷(二至四)

330000－1783－0000545　普 0913　集部/詞類/總集之屬
清十一家詞鈔十一卷　王煜編註　民國三十六年(1947)正中書局鉛印本　一冊

330000－1783－0000547　普 0920　子部/儒家類/儒學之屬/性理
秀才約語二卷　(清)吳毓珍手訂　民國鉛印本　一冊

330000－1783－0000559　普 0936　子部/醫家類/綜合之屬/合刻、合抄
江陰柳氏醫學叢書　(清)柳寶詒選評　民國石印本　一冊　存一種

330000－1783－0000561　普 1408　子部/醫家類/方書之屬/單方驗方
增廣驗方新編□□卷　(清)鮑相璈編輯　(清)張紹棠增輯　民國三十六年(1947)廣益書局刻本　一冊　存一卷(下)

330000－1783－0000565　普 0921　類叢部/類書類/通類之屬
增補萬寶全書二十卷新增繪圖萬寶全書續編六卷　民國鉛印本　一冊　存六卷(增補萬寶全書一至六)

330000－1783－0000573　普 0619　集部/詞類/類編之屬
詞學全書四種　(清)查培繼輯　民國木石居石印本　六冊

330000－1783－0000574　普 0618　集部/總集類/選集之屬/通代
古詩源十四卷　(清)沈德潛輯　民國上海商務印書館鉛印本　四冊

330000－1783－0000576　普 0127　子部/宗教類/佛教之屬/經疏
大方廣圓覺脩多羅了義經講義二卷　釋諦閑講演　民國晨鐘報鉛印本　二冊

330000－1783－0000578　普 0457　子部/醫家類/醫案之屬
增補臨證指南醫案八卷　(清)葉桂撰　民國石印本　三冊　存三卷(二、四、六)

330000－1783－0000580　普 0923　子部/醫家類/溫病之屬
時病論八卷附論一卷　(清)雷豐撰　民國上海文瑞樓石印本　四冊

330000－1783－0000581　普 0922－1　子部/醫家類/溫病之屬
時病論八卷　(清)雷豐撰　民國石印本　二冊　存三卷(五至七)

330000－1783－0000592　普 0950、普 0951　子部/宗教類/其他宗教之屬/其他
救世新教教綱十三卷救世新教教義不分卷　民國鉛印本　二冊

330000－1783－0000597　普 0953　子部/宗教類/佛教之屬/諸宗
淨土津要六種　民國鉛印本　二冊

330000－1783－0000600　普 0776　史部/政書類/公牘檔冊之屬
孝豐縣山林警察事務所徵信錄不分卷　民國十二年(1923)杭州彙商印刷公司鉛印本　一冊

330000－1783－0000604　普 0978　子部/叢編
子書二十八種　育文書局編　民國二年(1913)上海育文書局石印本　三冊　存三種

330000－1783－0000605　普 0979　子部/儒家類/儒家之屬
荀子集解二十卷首一卷　(唐)楊倞注　王先謙集解　民國掃葉山房石印本　四冊　存十卷(首,八至十一、十六至二十)

330000－1783－0000610　普 0955　子部/宗教類/佛教之屬/經疏
楞嚴說通十卷　(清)劉道開撰　民國十一年(1922)上海中華書局鉛印本　九冊　存九卷(一至二、四至十)

330000－1783－0000614　普 0959　子部/醫家類/綜合之屬
增補醫林狀元壽世保元十集十卷　(明)龔廷賢編　民國石印本　二冊　存二卷(五、九)

330000－1783－0000615　普0983　子部/道家類

莊子札記三十三卷　馬敘倫撰　民國鉛印本　一册　存八卷(十一至十八)

330000－1783－0000619　普0980　史部/目録類/版本之屬/專考

宋元本行格表二卷附録一卷補遺一卷　(清)江標輯　劉肇隅編並補　民國三年(1914)上海文瑞樓石印本　二册　存一卷(下)

330000－1783－0000622　普0964　子部/宗教類/佛教之屬

金剛般若波羅蜜經一卷　(後秦)釋鳩摩羅什譯　**般若波羅蜜多心經一卷**　(唐)釋玄奘譯　**佛説無量壽經二卷**　(三國魏)康僧鎧譯　**佛説阿彌陀經一卷**　(後秦)釋鳩摩羅什譯　**佛説觀無量壽佛經一卷**　(南朝宋)釋畺良耶舍譯　**大方廣佛華嚴經入不思議解脱境界普賢行願品一卷**　(唐)釋般若譯　民國鉛印本　一册

330000－1783－0000623　普0965　子部/宗教類/佛教之屬

金剛般若波羅蜜經一卷　(後秦)釋鳩摩羅什譯　**般若波羅蜜多心經一卷**　(唐)釋玄奘譯　**佛説無量壽經二卷**　(三國魏)康僧鎧譯　**佛説阿彌陀經一卷**　(後秦)釋鳩摩羅什譯　**佛説觀無量壽佛經一卷**　(南朝宋)釋畺良耶舍譯　**大方廣佛華嚴經入不思議解脱境界普賢行願品一卷**　(唐)釋般若譯　民國鉛印本　一册

330000－1783－0000624　普0966　子部/雜著類

玉歷至寶鈔勸世一卷附經驗神效良方一卷　王子達重編　民國十七年(1928)上海宏大善書局石印本　一册

330000－1783－0000639　普0205　類叢部/叢書類/彙編之屬

心園叢刻一集五種　徐珂輯　民國十四年(1925)杭縣徐氏鉛印本　二册

330000－1783－0000640　普0222　集部/詞類/類編之屬

彊村叢書一百七十八種　朱祖謀輯並撰校記　民國六年(1917)歸安朱氏刻十一年(1922)校補印本　二十五册　存九十五種

330000－1783－0000646　普0987　集部/别集類

愛餘室文集一卷詩集一卷詞集一卷别集一卷　莫永貞撰　民國二十三年(1934)鉛印本　一册

330000－1783－0000650　普0331　經部/四書類/大學之屬/傳説

大學證釋不分卷　陸宗輿　戴翊荼輯　民國十六年(1927)救世新教會鉛印本　二册

330000－1783－0000651　普0329　經部/四書類/大學之屬/傳説

古本大學私箋一卷　(朝鮮)金澤榮撰　民國五年(1916)鉛印本　一册

330000－1783－0000656　普0992　經部/四書類/總義之屬/傳説

四書集註十九卷　(宋)朱熹撰　民國二十四年(1935)商務印書館鉛印本　六册

330000－1783－0000662　普0223　子部/藝術類/總論之屬

藝術叢書　民國五年(1916)保粹堂據清光緒翠琅玕館版重編印本　二十二册　存三十四種

330000－1783－0000667　普0219　集部/詞類/類編之屬

彊村叢書一百七十八種　朱祖謀輯並撰校記　民國六年(1917)歸安朱氏刻十一年(1922)校補印本　二十四册　存一百五種

330000－1783－0000681　普0355　經部/小學類/文字之屬/字書/字典

康熙字典十二集三十六卷總目一卷檢字一卷辨似一卷等韻一卷補遺一卷備考一卷　(清)張玉書等纂修　民國上海商務印書館石印本　三册　存十七卷(未集上中下、申集上中下、酉集上中下、戌集上中下、亥集上中下，補

遺,備考)

330000－1783－0000682　普0354　經部/小學類/文字之屬/字書/字典

康熙字典十二集三十六卷總目一卷檢字一卷辨似一卷等韻一卷補遺一卷備考一卷　(清)張玉書等纂修　民國三年(1914)天寶書局石印本　四冊　存三十一卷(子集上中下、丑集上中下、寅集上中下、卯集上中下、辰集上中下、巳集上中下、午集上中下、未集上中下、申集上中下,總目,檢字,辨似,等韻)

330000－1783－0000684　普0850　子部/藝術類/書畫之屬/法帖

三頌精拓本放大合冊三卷　有正書局輯　民國十一年(1922)上海有正書局影印本　一冊

330000－1783－0000685　普0844　史部/金石類/石之屬/文字

明拓石鼓文不分卷　石鼓文續集一卷　趙鎬編　民國八年(1919)上海有正書局影印本　一冊

330000－1783－0000690　普0667、普0668　集部/別集類/宋別集

山谷詩集注內集二十卷外集十七卷別集二卷　(宋)黃庭堅撰　(宋)任淵　(宋)史容　(宋)史季溫注　民國四年(1915)上海著易堂據清光緒二十一年至二十五年(1895－1899)刻宣統二年(1910)印本影印本　十五冊　缺一卷(外集一)

330000－1783－0000691　普0478　史部/傳記類/總傳之屬/技藝

歷代畫史彙傳二十四卷首一卷附錄一卷　(清)彭蘊璨編　民國十九年(1930)上海掃葉山房石印本　十二冊

330000－1783－0000698　普0994　集部/總集類/選集之屬/通代

古文觀止十二卷　(清)吳乘權　(清)吳大職輯　民國上海商務印書館鉛印本　五冊　存十卷(一至十)

330000－1783－0000699　普0995　集部/總集類/選集之屬/斷代

註釋唐詩三百首六卷　(清)孫洙編　民國商務印書館鉛印本　二冊

330000－1783－0000700　普0996　經部/四書類/總義之屬/傳說

新註四書白話解說三十六卷　江希張注　民國九年(1920)上海書業公所石印本　三冊　缺二十卷(新註論語白話解說一至十,新註孟子白話解說一至六、十一至十四)

330000－1783－0000701　普0997　集部/總集類/選集之屬/通代

言文一貫古文觀止十二卷　文明書局編輯　民國十六年(1927)上海文明書局石印本　一冊　存一卷(五)

330000－1783－0000702　普0719　史部/傳記類/總傳之屬/通代

校正尚友錄統編二十四卷　(清)錢湖釣徒編　(清)張元聲輯　民國七年(1918)上海國學圖書局石印本　十冊　存二十卷(一至八、十一至十二、十五至二十四)

330000－1783－0000707　普0998　經部/春秋左傳類/傳說之屬

春秋左傳不分卷　(晉)杜預　(宋)林堯叟註釋　(唐)陸德明音義　民國上海商務印書館鉛印本　三冊

330000－1783－0000708　普1001　經部/春秋左傳類/傳說之屬

言文對照左傳句解六卷　廣益書局編輯部編譯　民國十七年(1928)上海廣益書局石印本　四冊　存四卷(二至三、五至六)

330000－1783－0000713　普1002　經部/四書類/論語之屬/傳說

論語今譯十卷　張佩嚴撰　民國五年(1916)上海中華書局鉛印本　二冊

330000－1783－0000716　普1008　經部/四書類/總義之屬/傳說

大學中庸今譯　張佩嚴撰　民國五年(1916)上海中華書局鉛印本　一冊

330000－1783－0000718　普 1009　經部/孝經類/傳說之屬

孝經今譯一卷　張佩嚴撰　民國五年(1916)上海中華書局鉛印本　一册

330000－1783－0000720　普 0116－1　史部/政書類/公牘檔册之屬

中華民國元年浙江第二次臨時省議會議決案中編不分卷　民國十一年(1922)鉛印本　一册

330000－1783－0000721　普 0569、普 0570　類叢部/叢書類/彙編之屬

求恕齋叢書三十一種　劉承幹編　民國吳興劉氏嘉業堂刻本　十册　存一種

330000－1783－0000722　普 0116－2　史部/政書類/公牘檔册之屬

中華民國元年浙江第二次臨時省議會議決案中編不分卷　民國十一年(1922)鉛印本　一册

330000－1783－0000723　普 0116－3　史部/政書類/公牘檔册之屬

中華民國元年浙江第二次臨時省議會議決案中編不分卷　民國十一年(1922)鉛印本　一册

330000－1783－0000724　普 0116－4　史部/政書類/公牘檔册之屬

中華民國元年浙江第二次臨時省議會議決案中編不分卷　民國十一年(1922)鉛印本　一册

330000－1783－0000737　普 0216　類叢部/叢書類/彙編之屬

娟鏡樓叢刻七種　張祖廉輯　民國九年(1920)嘉善張氏鉛印本　三册

330000－1783－0000742　普 0255　集部/別集類

天嬰室叢稿第一輯九卷　陳訓正撰　民國十四年(1925)鉛印本　三册　存六卷(一至三、七至九)

330000－1783－0000754　普 0093　史部/政書類/公牘檔册之屬

浙江省自治法會議議事錄不分卷　浙江省自治法會編　民國鉛印本　一册

330000－1783－0000757　普 0092　史部/政書類/邦計之屬

浙江省民國五年度省地方歲出入預算書二卷　浙江省議會編　民國六年(1917)鉛印本　一册

330000－1783－0000765　普 0090　史部/政書類/律令之屬

臨時大總統令一卷中華民國國會組織法一卷參議院議員選舉法一卷眾議院議員選舉法一卷眾議院議員各省覆選區表一卷附籌備國會事務局官制一卷　國務院編　民國元年(1912)鉛印本　一册

330000－1783－0000767　普 0094　史部/政書類/邦計之屬/貿易

浙東漁業有限公司招股簡章一卷　浙東漁業有限公司編　民國九年(1920)石印本　一册

330000－1783－0000769　普 0095　史部/政書類/邦計之屬/貿易

擬創設浙江省立絲織模範工場一卷　浙江省立絲織模範工場編　民國九年(1920)杭州武林印書館鉛印本　一册

330000－1783－0000770　普 0096　史部/政書類/邦計之屬/荒政

民國十年水災後調查報告一卷　胡雨人撰　民國十年(1921)鉛印本　一册

330000－1783－0000771　普 0097　史部/政書類/公牘檔册之屬

胡君雨人報告之駁論一卷　金天翮撰　民國鉛印本　一册

330000－1783－0000772　普 0098　史部/政書類/公牘檔册之屬

再答胡君雨人書一卷　王清穆撰　民國鉛印本　一册

330000－1783－0000773　普 0099　史部/政書類/公牘檔册之屬

箴箴言一卷　金天翔撰　民國鉛印本　一册

330000－1783－0000774　普 0100　史部/地理類/水利之屬

太湖流域防災以建閘為第一策一卷　龔允文撰　民國蘇州觀西三吳公司鉛印本　一册

330000－1783－0000775　普 0101　史部/政書類/公牘檔册之屬

浙江省驗契辦事細則一卷　民國鉛印本　一册

330000－1783－0000776　普 0102　史部/政書類/邦計之屬/賦稅

財政部核定浙江省徵收統捐章程一卷附浙省徵收統捐章程施行細則一卷　財政部編　民國鉛印本　一册

330000－1783－0000779　普 0103　史部/政書類/公牘檔册之屬

浙江省徵收繭捐章程一卷附護照聯票印花各式一卷　財政部編　民國鉛印本　一册

330000－1783－0000780　普 0104　史部/政書類/邦計之屬/賦稅

財政部徵收田賦報告表册程式一卷　財政部編　民國鉛印本　一册

330000－1783－0000782　普 0105　史部/政書類/邦計之屬/賦稅

財政部核定浙江省督查各縣徵收稅項簡章一卷　財政部編　民國鉛印本　一册

330000－1783－0000783　普 0106　史部/政書類/邦計之屬/賦稅

財政部核定浙江省統捐捐率不分卷　財政部編　民國鉛印本　一册

330000－1783－0000790　普 0107　史部/政書類/邦計之屬/賦稅

財政部核定浙江省各徵收局章程一卷附簿記及交代册并報告各表保證券印結等式一卷　財政部編　民國鉛印本　一册

330000－1783－0000791　普 0108　史部/政書類/邦計之屬/賦稅

財政部核定浙江省徵收菸捐章程一卷　財政部編　民國鉛印本　一册

330000－1783－0000794　普 0109　史部/政書類/公牘檔册之屬

浙江省議會第一屆常年會議員質問書不分卷　浙江省議會編　民國鉛印本　一册

330000－1783－0000796　普 0111　史部/政書類/公牘檔册之屬

浙江省議會第二屆常年會議事錄不分卷　浙江省議會編　民國五年(1916)鉛印本　一册

330000－1783－0000798　普 0112　史部/政書類/公牘檔册之屬

浙江省議會要覽上編不分卷　浙江省議會編　民國六年(1917)鉛印本　一册

330000－1783－0000800　普 0113　史部/政書類/公牘檔册之屬

浙江省議會要覽續編上編不分卷　浙江省議會編　民國七年(1918)鉛印本　一册

330000－1783－0000802　普 1032　集部/詞類/別集之屬

小山詞一卷　(宋)晏幾道撰　**小山詞校記一卷**　林大椿撰　民國二十三年(1934)上海商務印書館鉛印本　一册

330000－1783－0000803　普 1056　史部/史評類/史論之屬

讀通鑑論十六卷附宋論十五卷　(清)王夫之撰　民國上海商務印書館鉛印本　六册　存十八卷(讀通鑑論三至八、十一至十四,宋論八至十五)

330000－1783－0000804　普 0721　類叢部/叢書類/彙編之屬

嘉業堂叢書五十七種　劉承幹輯　民國吳興劉氏嘉業堂刻本(毛詩正義卷一至七原缺)　一册　存一種

330000－1783－0000805　普 1033　集部/總集類/選集之屬/斷代

唐詩三百首註疏六卷　(清)孫洙編　(清)章燮註　民國四年(1915)上海萃英書局石印本

三冊　存五卷(一至五)

330000－1783－0000806　普0114　史部/政書類/公牘檔冊之屬
浙江省諮議局臨時議會省議會一二屆議決案分類彙編不分卷　民國鉛印本　一冊　存下冊

330000－1783－0000809　普0083　史部/地理類/方志之屬/郡縣志
[乾隆]烏青鎮志十二卷　(清)董世寧纂　民國七年(1918)鉛印本　一冊　存六卷(一至六)

330000－1783－0000813　普1042　史部/紀傳類/正史之屬
教科適用史記精華八卷　中華書局編　民國四年(1915)上海中華書局鉛印本　四冊　存四冊

330000－1783－0000814　普1043　史部/史抄類
史記菁華錄六卷　(清)姚祖恩輯評　民國上海商務印書館鉛印本　三冊

330000－1783－0000815　普1044　史部/史抄類
史記菁華錄六卷　(清)姚祖恩輯評　民國上海商務印書館鉛印本　三冊

330000－1783－0000817　普1045　史部/雜史類/斷代之屬
國語韋解補正二十一卷　吳曾祺撰　朱元善校訂　民國四年(1915)上海商務印書館鉛印本　三冊　存十五卷(一至三、十至二十一)

330000－1783－0000819　普1046　集部/詞類/總集之屬
詞壇妙品十卷　(清)張淵懿選　(清)田茂遇評　民國三年(1914)石印本　三冊　存六卷(一至二、七至十)

330000－1783－0000830　普0120　史部/金石類
遯盦金石叢書十五種　吳隱輯　民國三年至十年(1914－1921)山陰吳氏西泠印社木活字印本　一冊　存一種

330000－1783－0000835　普0367　經部/小學類/文字之屬/字書/字典
增篆中華字典十二集三十六卷檢字一卷辨似一卷等韻一卷補遺一卷備考一卷　(清)張玉書　(清)凌紹雯等纂修　民國三年(1914)上海廣義書局石印本　五冊　存三十六卷(子集上中下、丑集上中下、寅集上中下、卯集上中下、辰集上中下、巳集上中下、午集上中下、未集上中下、申集上中下、酉集上中下、戌集上中下,檢字,辨似,等韻)

330000－1783－0000836　普0350　經部/小學類/文字之屬/字書/字典
康熙字典十二集三十六卷總目一卷檢字一卷辨似一卷等韻一卷補遺一卷備考一卷　(清)張玉書等纂修　民國上海商務印書館石印本　三冊　存十七卷(巳集上中下、午集上中下、未集上中下、申集上中下、亥集上中下,補遺,備考)

330000－1783－0000837　普0366　經部/小學類/文字之屬/字書/字典
説文籀疏証六卷　(清)莊述祖撰　民國十一年(1922)上海圖書公司鉛印本　六冊

330000－1783－0000838　普0351　經部/小學類/文字之屬/字書/字典
康熙字典十二集三十六卷檢字一卷辨似一卷等韻一卷補遺一卷備考一卷　(清)張玉書等纂修　民國二年(1913)上海鴻文恒記書局石印本　四冊　存二十六卷(子集上中下、丑集上中下、寅集上中下、卯集上中下、辰集上中下、巳集上中下、午集上中下、亥集上中下,補遺,備考)

330000－1783－0000839　普0369　經部/小學類/音韻之屬/韻書
新式詩韻全璧八卷　世界書局編輯所編輯　民國十五年(1926)上海世界書局石印本　一冊　缺二卷(詩料大觀一至二)

330000－1783－0000840　普0358　經部/小學類/文字之屬/字書/字典

康熙字典十二集三十六卷檢字一卷辨似一卷等韻一卷補遺一卷備考一卷 (清)張玉書等纂修 民國二年(1913)上海鴻文恒記書局石印本 五冊 缺六卷(巳集上中下、午集上中下)

330000－1783－0000845 普 1051 集部/總集類/選集之屬/斷代
當代百家酬世文庫二十六卷 劉再蘇編輯 民國十五年(1926)上海世界書局石印本 八冊 存八卷(十二至十四、十六、二十至二十一、二十三、二十六)

330000－1783－0000846 普 0356 經部/小學類/文字之屬/字書/字典
康熙字典十二集三十六卷總目一卷檢字一卷辨似一卷等韻一卷補遺一卷備考一卷 (清)張玉書等纂修 民國石印本 四冊 存二十六卷(寅集上中下、卯集上中下、辰集上中下、巳集上中下、午集上中下、未集上中下、申集上中下、亥集上中下,補遺,備考)

330000－1783－0000848 普 0368 經部/小學類/文字之屬/字書/字典
新華大字典十二卷補遺十二卷總目一卷檢字表一卷補遺總目一卷 (清)張玉書等纂修 民國十六年(1927)上海新華書局石印本 二冊 存十一卷(總目;檢字表;補遺總目;子集、子集補遺,丑集、丑集補遺,寅集、寅集補遺,卯集、卯集補遺)

330000－1783－0000849 普 1071 經部/四書類/孟子之屬/傳說
孟子今譯七卷 張佩嚴撰 民國五年(1916)鉛印本 四冊

330000－1783－0000851 普 0357 經部/小學類/文字之屬/字書/字典
康熙字典十二集三十六卷總目一卷檢字一卷辨似一卷等韻一卷補遺一卷備考一卷 (清)張玉書等纂修 民國二年(1913)上海天寶書局石印本 二冊

330000－1783－0000852 普 1074 新學/農政/農務
造林學各論三卷 楊清輔輯 民國油印本 一冊

330000－1783－0000853 普 1075 新學/農政/農務
林產製造學不分卷 民國油印本 一冊

330000－1783－0000854 普 1076 新學/工藝/工學/塘工河工路工
森林工學第三編三卷 民國油印本 一冊

330000－1783－0000855 普 1081 集部/小說類/短篇之屬
聊齋志異新評十六卷 (清)蒲松齡撰 (清)王士禛評 (清)呂湛恩注 (清)但明倫新評 民國上海中新書局鉛印本 六冊 存六卷(四至六、十一至十三)

330000－1783－0000857 普 1077 新學/農政/農務
農林測量學不分卷 民國油印本 一冊

330000－1783－0000859 普 1078 新學/政治法律/律例
森林法規二卷 民國油印本 一冊

330000－1783－0000860 普 1073 新學/農政/農務
各省造林須知七卷 農商部編 民國抄本 一冊

330000－1783－0000861 普 1079 新學/動植物學/植物學
森林經理學六卷 民國油印本 一冊

330000－1783－0000862 普 1080 新學/農政/農務
造林學後編二卷 民國油印本 一冊

330000－1783－0000864 普 1082 新學/地學/地志學
地質學四卷 孫信編 民國油印本 一冊

330000－1783－0000868 普 1118 子部/術數類/占卜之屬
新刻搜集諸家卜筮源流斷易大全四卷 (清)余興國編輯 民國五年(1916)上海普通書局

石印本　一册

330000－1783－0000869　普 1091　集部/小説類/長篇之屬

增評補圖石頭記一百二十卷　(清)曹霑　(清)高鶚撰　(清)王希廉評　(清)姚燮加評　民國鉛印本　一册　存八卷(四十一至四十八)

330000－1783－0000874　普 1092　集部/小説類/長篇之屬

第一才子書十六卷一百二十回　(明)羅本撰　(清)毛宗崗　(清)金人瑞評　民國四年(1915)上海中新書局石印本　二册　存二卷(一至二)

330000－1783－0000879　普 1068　史部/編年類/通代之屬

尺木堂綱鑑易知録九十二卷明鑑易知録十五卷　(清)吴乘權　(清)周之炯　(清)周之燦輯　民國上海錦章書局石印本　一册　存五卷(二十七至三十一)

330000－1783－0000883　普 1101　集部/小説類/長篇之屬

第一才子書六十卷一百二十回首一卷　(明)羅本撰　(清)毛宗崗　(清)金人瑞評　民國上海錦章書局石印本　十六册

330000－1783－0000886　普 1102　集部/小説類/長篇之屬

第一才子書十六卷一百二十回首一卷　(明)羅本撰　(清)毛宗崗　(清)金人瑞評　民國九年(1920)上海天寶書局石印本　五册　存六卷(首,一、六、十三至十四、十六)

330000－1783－0000891　普 1103　集部/小説類/長篇之屬

增像全圖三國演義十六卷一百二十回　(明)羅本撰　(清)毛宗崗評　民國上海天寶書局石印本　一册　存四卷(十三至十六)

330000－1783－0000892　普 1104　集部/小説類/長篇之屬

增像全圖三國演義十六卷一百二十回　(明)羅本撰　(清)毛宗崗評　民國上海商務印書館石印本　一册　存八卷(九至十六)

330000－1783－0000896　普 1115　經部/小學類/文字之屬/字書/字典

康熙字典十二集三十六卷總目一卷檢字一卷辨似一卷等韻一卷補遺一卷備考一卷　(清)張玉書等纂修　民國石印本　一册　存六卷(巳集上中下、午集上中下)

330000－1783－0000901　普 1123　集部/小説類/長篇之屬

新式水滸演義四卷　(清)江陰香編　民國十三年(1924)上海世界書局石印本　一册　存一卷(三)

330000－1783－0000902　普 1122　集部/小説類/長篇之屬

繪圖説唐征西全傳六卷九十回　(清)□□撰　民國上海大觀書局石印本　一册　存四卷(一至四)

330000－1783－0000903　普 1121　集部/詩文評類/文法之屬/公文程式

最新詳解公文程式大全十二卷　世界書局編輯所編輯　民國十三年(1924)上海世界書局石印本　一册　存二卷(九至十)

330000－1783－0000906　普 1097　子部/藝術類/書畫之屬/總論

庚子銷夏記八卷　(清)孫承澤撰　民國九年(1920)上海掃葉山房石印本　三册　存五卷(一至三、七至八)

330000－1783－0000908　普 1100　子部/藝術類/書畫之屬/畫譜

芥子園畫傳初集六卷　(清)王槩　(清)王蓍　(清)王臬輯　民國二十二年(1933)上海天寶書局石印本　一册　存二卷(一至二)

330000－1783－0000909　普 1131　史部/地理類/雜志之屬

孝豐鄉土教科書一卷　方秉性編纂　民國六年(1917)孝豐萬豐書局鉛印本　一册

330000－1783－0000910　普 1132　子部/藝

術類/書畫之屬/法帖

鄧石如篆書十五種不分卷 (清)鄧石如書 民國石印本 一冊

330000－1783－0000914 普 1242 史部/傳記類/總傳之屬/家乘

[□□]鄒氏宗譜(宇字號)十卷首一卷末一卷 鄒克彬主修 民國六年(1917)刻本 四冊

330000－1783－0000915 普 1243 史部/傳記類/總傳之屬/家乘

[□□]鄒氏宗譜(天字號)十卷首一卷末一卷 鄒克彬主修 民國六年(1917)刻本 四冊

330000－1783－0000916 普 1141 史部/傳記類/總傳之屬/家乘

[□□]桃城李氏宗譜(仁字號)八卷 李聖書 李思堯主修 民國三十七年(1948)石印本 五冊 存五卷(一、四、六至八)

330000－1783－0000917 普 1142 史部/傳記類/總傳之屬/家乘

[□□]桃城李氏宗譜(草字號)八卷 李聖書 李思堯主修 民國石印本 二冊 存二卷(六至七)

330000－1783－0000918 普 1143 史部/傳記類/總傳之屬/家乘

[□□]桃城李氏宗譜(義字號)八卷 李聖書 李思堯主修 民國三十七年(1948)石印本 七冊 存七卷(一至四、六至八)

330000－1783－0000919 普 1129 史部/紀傳類/正史之屬

百大家評註史記十卷 (明)朱子蕃輯 民國六年(1917)上海同文圖書館石印本 三冊 存三卷(一、三至四)

330000－1783－0000920 普 1130 史部/紀傳類/正史之屬

史記探源八卷 崔適撰 民國二十三年(1934)國立北京大學出版部鉛印本 一冊 存四卷(五至八)

330000－1783－0000921 普 1144 史部/傳記類/總傳之屬/家乘

[□□]湯氏宗譜(成字號)十八卷 (清)湯儀撰 民國二十二年(1933)石印本 十七冊 存十七卷(一至三、五至十八)

330000－1783－0000924 普 1147 經部/四書類/總義之屬/傳說

四書讀本十九卷 (宋)朱熹集註 民國十一年(1922)上海天寶書局石印本 一冊 存三卷(孟子一至三)

330000－1783－0000927 普 1150 史部/編年類/通代之屬

綱鑑易知錄九十二卷明鑑易知錄十五卷 (清)吳乘權 (清)周之炯 (清)周之燦輯 民國刻本 一冊 存二卷(明鑑十至十一)

330000－1783－0000933 普 0328 經部/四書類/總義之屬/傳說

四書纂疏二十六卷札記一卷 (宋)趙順孫撰 民國十四年(1925)聖風書苑據清康熙通志堂經解本影印本 一冊 存一種

330000－1783－0000936 普 1140 子部/藝術類/書畫之屬/畫譜

芥子園畫傳三集六卷 (清)王槩 (清)王蓍 (清)王臬輯 民國石印本 一冊 存一卷(一)

330000－1783－0000940 普 1164 史部/傳記類/總傳之屬/家乘

[□□]皖桐徐氏宗譜(昌字號)三十六卷 民國正誼堂木活字印本 三十二冊 存三十二卷(三至十五、十七至三十四、三十六)

330000－1783－0000944 普 1158 子部/藝術類/書畫之屬/法帖

滋蕙堂墨寶第三一卷木蘭辭一卷 (唐)鍾紹京書 民國東方書局石印本 一冊

330000－1783－0000947 普 1244 史部/傳記類/總傳之屬/家乘

[□□]鄒氏宗譜(日字號)十卷首一卷末一卷 鄒克彬主修 民國六年(1917)刻本 四冊

330000－1783－0000948 普 1159 子部/藝術類/書畫之屬/法帖

陳鴻壽書蔣氏墓志銘一卷　(清)陳鴻壽書　民國石印本　一册

330000－1783－0000950　普 1168　史部/傳記類/總傳之屬/家乘

[浙江蕭山]蕭山車里王氏宗譜十二卷　民國六年(1917)三槐堂木活字印本　十二册

330000－1783－0000951　普 1245　史部/傳記類/總傳之屬/家乘

[□□]鄒氏宗譜(長字號)十卷首一卷末一卷　鄒克彬主修　民國六年(1917)刻本　四册

330000－1783－0000952　普 1246　史部/傳記類/總傳之屬/家乘

[□□]鄒氏宗譜(宇字號)十卷首一卷末一卷　鄒克彬主修　民國刻本　四册

330000－1783－0000953　普 1169　史部/傳記類/總傳之屬/家乘

[□□]潁川郡陳氏族譜不分卷　民國三十六年(1947)木活字印本　三册

330000－1783－0000954　普 1170　史部/傳記類/總傳之屬/家乘

[安徽桐城]皖桐程氏宗譜二十八卷首一卷末一卷　程士傑等修　民國十三年(1924)伊洛堂木活字印本　二十八册　存二十八卷(首,一至二十二、二十四至二十八)

330000－1783－0000955　普 1247　史部/傳記類/總傳之屬/家乘

[□□]鄒氏宗譜(黃字號)十卷首一卷末一卷　鄒克彬主修　民國六年(1917)刻本　一册　存三卷(二至四)

330000－1783－0000957　普 1171　史部/傳記類/總傳之屬/家乘

[□□]潁川郡陳氏族譜不分卷　民國十四年(1925)木活字印本　四册

330000－1783－0000966　普 1175　集部/總集類/選集之屬/通代

增批古文觀止十二卷　(清)吳乘權　(清)吳大職輯　民國鑄記書局石印本　五册　存十卷(三至十二)

330000－1783－0000968　普 1177　經部/四書類/總義之屬/傳說

新式標點四書白話註解十九卷　琴石山人注解　民國十三年(1924)上海會文堂書局石印本　二册

330000－1783－0000969　普 1160　經部/四書類/總義之屬/傳說

新式標點四書白話解說二十九卷　董堅志編輯　民國上海錦章圖書局石印本　三册　存三卷(論語一,孟子二、六)

330000－1783－0000970　普 1178　史部/傳記類/總傳之屬/家乘

[□□]王氏宗譜四卷　王有金編　民國八年(1919)三槐堂木活字印本　三册　存三卷(二至四)

330000－1783－0000972　普 1180　史部/傳記類/總傳之屬/家乘

[□□]趙氏宗譜□□卷　民國木活字印本　一册　存一卷(六)

330000－1783－0000973　普 1181　史部/傳記類/總傳之屬/家乘

[浙江安吉]孝豐西圩重修施氏宗譜□□卷　民國耕讀堂木活字印本　一册　存二卷(三十四至三十五)

330000－1783－0000976　普 1183　史部/傳記類/總傳之屬/家乘

[□□]施氏宗譜□□卷　民國永遠堂活字印本　一册　存一卷(四)

330000－1783－0000978　普 1184　經部/四書類/總義之屬/傳說

新訂四書補註備旨十卷　(明)鄧林撰　(清)鄧煜編　(清)杜定基增訂　民國上海共和書局石印本　一册　存二卷(論語一至二)

330000－1783－0000979　普 1185　史部/傳記類/總傳之屬/家乘

[□□]韓氏家乘二卷　韓歲華編　民國二十二年(1933)鉛印本　一册　存一卷(一)

330000－1783－0000980　普 1186　史部/傳

記類/總傳之屬/家乘

[□□]安吉金氏宗譜□□卷 民國十八年(1929)春五堂石印本 二冊 存二卷(一、四)

330000－1783－0000982 普1187 史部/傳記類/總傳之屬/家乘

[□□]胡氏宗譜□□卷 民國孝義堂鉛印本 二冊 存二卷(七、二十一)

330000－1783－0000983 普1189 史部/傳記類/總傳之屬/家乘

[□□]豫羅陳氏家乘□□卷 民國木活字印本 一冊 存一卷(二)

330000－1783－0000988 普1194 經部/四書類/總義之屬/傳說

新註四書白話解說三十六卷 江希張注 民國石印本 一冊 存四卷(新註論語白話解說九至十二)

330000－1783－0000992 普1197 經部/四書類/總義之屬/傳說

四書集註十九卷 (宋)朱熹撰 民國商務印書館鉛印本 一冊 存一種

330000－1783－0000994 普1248 史部/傳記類/總傳之屬/家乘

[□□]鄒氏宗譜(宙字號)十卷首一卷末一卷 鄒克彬主修 民國六年(1917)刻本 四冊

330000－1783－0000997 普1204 集部/總集類/選集之屬/通代

古文觀止十二卷 (清)吳乘權 (清)吳大職輯 民國上海商務印書館鉛印本 四冊 存八卷(一至六、十一至十二)

330000－1783－0000999 普1205 集部/總集類/選集之屬/通代

古文觀止十二卷 (清)吳乘權 (清)吳大職輯 民國上海商務印書館鉛印本 五冊 存十卷(一至六、九至十二)

330000－1783－0001000 普1206 經部/四書類/總義之屬/傳說

新註四書白話解說三十六卷 江希張注 民國上海書業公所石印本 三冊 存十六卷(新註論語白話解說一至十、新註孟子白話解說一至六)

330000－1783－0001001 普1249 子部/藝術類/書畫之屬/法帖

虢季子白盤放大本一卷 民國十五年(1926)上海有正書局影印本 一冊

330000－1783－0001004 普1250 子部/藝術類/書畫之屬/法帖

北宋拓雲麾將軍李秀全碑不分卷 (唐)李邕撰並書 民國六年(1917)石印本 一冊

330000－1783－0001005 普1208 集部/總集類/選集之屬/通代

古文觀止十二卷 (清)吳乘權 (清)吳大職輯 民國鉛印本 一冊 存二卷(十一至十二)

330000－1783－0001007 普1251 子部/藝術類/書畫之屬/法帖

蔡君謨大楷習字範本不分卷 民國影印本 一冊

330000－1783－0001008 普1210 集部/總集類/選集之屬/通代

增輯古文觀止十四卷 (清)吳乘權 (清)吳大職輯 謝璿增輯 民國九年(1920)上海進化書局石印本 三冊 存八卷(一至六、十三至十四)

330000－1783－0001009 普1211 經部/四書類/總義之屬/傳說

四書合講十九卷 (宋)朱熹集註 民國四明茹古書局鉛印本 二冊 存七卷(論語六至十、孟子四至五)

330000－1783－0001011 普1252 子部/藝術類/書畫之屬/法帖

董香光草書習字帖不分卷 (明)董其昌書 民國影印本 一冊

330000－1783－0001013 普1253 子部/藝術類/書畫之屬/法帖

宋拓蘇書豐樂亭記一卷 (宋)蘇軾書 民國

影印本　一册

330000－1783－0001015　普1254　子部/藝術類/書畫之屬/法帖

唐拓十七帖一卷　（晉）王羲之書　民國影印本　一册

330000－1783－0001017　普1216　經部/四書類/總義之屬/傳說

四書集註十九卷　（宋）朱熹撰　民國二十四年（1935）上海鴻文書局石印本　一册　存一種

330000－1783－0001021　普1219　子部/藝術類/遊藝之屬/棋弈

海昌二妙集三卷首二卷　（清）斤竹山民輯　（清）浮曇末齋主人增訂　民國三年（1914）上海文瑞樓石印本　一册　存二卷（首一至二）

330000－1783－0001024　普1231　子部/醫家類/本草之屬/本草藥性

增補本草備要四卷　（清）汪昂著輯　民國十一年（1922）上海啟新書局石印本　二册

330000－1783－0001028　普1224　子部/術數類/陰陽五行之屬

新鐫曆法便覽象吉備要通書大全二十九卷　（清）魏鑑撰　民國上海錦章圖書局石印本　十二册

330000－1783－0001030　普1225　新學/政治法律

行政法二卷　民國鉛印本　一册　存一卷（下）

330000－1783－0001032　普1235　子部/醫家類/類編之屬

潛齋醫書五種　（清）王士雄撰　民國上海文瑞樓石印本　四册　存四種

330000－1783－0001033　普1236　子部/醫家類/醫案之屬

王氏醫案繹注十卷附錄一卷　（清）王士雄撰　石念祖繹注　民國十五年（1926）上海商務印書館鉛印本　一册　缺六卷（一至六）

330000－1783－0001037　普1229　史部/政書類/律令之屬/律例

法院編制法一卷　（清）盧鐘嶽講述　民國鉛印本　一册

330000－1783－0001038　普1230　史部/職官類/官箴之屬

治潛政績一卷　李景枚撰　民國二年（1913）鉛印本　一册

330000－1783－0001043　普1259　子部/醫家類/兒科之屬/通論

幼科指南不分卷　葉隱衡編纂　民國十六年（1927）上海廣益書局石印本　一册

330000－1783－0001045　普1258　子部/宗教類/道教之屬/戒律

太上寶筏圖說八卷　（清）黄正元撰　民國七年（1918）上海宏大善書局石印本　二册　存二卷（孝、信）

330000－1783－0001047　普1260　子部/醫家類/兒科之屬/通論

幼科鐵鏡二卷　（清）夏鼎撰　民國石印本　一册

330000－1783－0001048　普1269　子部/天文曆算類/曆法之屬

繼成堂洪潮和通書不分卷　民國福建泉州繼成堂石印本　一册

330000－1783－0001056　普1282　集部/别集類/宋别集

張南軒尺牘二卷　（宋）張栻撰　民國六年（1917）鉛印本　一册　存一卷（二）

330000－1783－0001059　普1263　集部/詩文評類/文評之屬

文心雕龍十卷　（南朝梁）劉勰撰　（清）黄叔琳注　（清）紀昀評　民國四年（1915）掃葉山房石印本　四册

330000－1783－0001060　普1264　新學/學校

夏季講演會講稿不分卷　民國元年（1912）浙江教育司鉛印本　一册

330000－1783－0001065　普1283　子部/醫家類/針灸之屬/經絡腧穴

經脈圖考四卷　(清)陳惠疇撰　民國十七年(1928)上海民和書局影印本　二冊　存二卷(一、四)

330000－1783－0001067　普1278　子部/藝術類/遊藝之屬/棋弈

弈理指歸圖三卷　(清)施紹闇撰　(清)錢長澤繪　民國上海文瑞樓石印本　一冊　存一卷(下)

330000－1783－0001071　普1286　子部/儒家類/儒學之屬/蒙學

新增繪圖幼學故事瓊林四卷首一卷　(清)程登吉撰　(清)鄒聖脈增補　民國上海天成石印本　一冊

330000－1783－0001077　普1304　子部/儒家類/儒學之屬/蒙學

新增繪圖幼學故事瓊林四卷首一卷　(清)程登吉撰　(清)鄒聖脈增補　民國石印本　一冊　存四卷(一至四)

330000－1783－0001078　普1289　子部/天文曆算類/曆法之屬

繼成堂洪潮和通書不分卷　民國福建泉州繼成堂石印本　一冊

330000－1783－0001081　普1291　子部/雜家類

國民快覽不分卷　畢公天編　民國十八年至十九年(1929－1930)石印本　一冊

330000－1783－0001082　普1305　子部/醫家類/婦科之屬/通論

女科仙方二卷　(清)傅山撰　民國二十四年(1935)抄本　一冊　存一卷(上)

330000－1783－0001083　普1306　子部/醫家類/診法之屬/脈經脈訣

元精集要一卷　民國抄本　一冊

330000－1783－0001084　普1307　子部/醫家類/醫經之屬/內經

臟腑經絡圖不分卷　吳蔭讀　民國抄本　一冊

330000－1783－0001090　普1313　子部/宗教類/道教之屬/雜著

開光召神退神咒不分卷　民國三十五年(1946)抄本　一冊

330000－1783－0001092　普1315　集部/詩文評類/文法之屬

高等小學論說文範四卷　邵伯棠撰　民國四年(1915)上海會文堂書局石印本　一冊　存一卷(一)

330000－1783－0001094　普1317　子部/醫家類/本草之屬/本草藥性

藥性摘要不分卷　民國抄本　一冊

330000－1783－0001097　普1294　集部/總集類/選集之屬/通代

重訂古文釋義新編八卷　(清)余誠評註　民國三年(1914)上海鴻寶齋石印本　三冊　存五卷(一、五至八)

330000－1783－0001100　普1093　集部/總集類/選集之屬/通代

重訂古文釋義新編八卷　(清)余誠評註　民國上海鴻寶齋石印本　七冊　存七卷(一至四、六至八)

330000－1783－0001109　普1297　集部/總集類/選集之屬/斷代

唐詩三百首註疏六卷　(清)孫洙編　(清)章燮註　民國上海鴻寶齋書局石印本　二冊　存二卷(一至二)

330000－1783－0001110　普1298　經部/四書類/總義之屬/傳說

四書合講十九卷　(宋)朱熹集註　民國茹古齋鉛印本　一冊　存一種

330000－1783－0001111　普1299　子部/天文曆算類/曆法之屬

繼成堂洪潮和通書不分卷　民國福建泉州繼成堂石印本　一冊

330000－1783－0001114　普1342　集部/別

集類/清別集
春在堂尺牘六卷　(清)俞樾撰　民國石印本　一册　存三卷(四至六)

330000－1783－0001115　普 1328　新學/政治法律/刑法
現行刑律簡明圖不分卷　法政學社編　民國法政學社鉛印本　一册

330000－1783－0001116　普 1341　集部/總集類/域外之屬
培根文集不分卷　民國鉛印本　一册

330000－1783－0001118　普 1330　經部/書類/傳說之屬
書集傳六卷　(宋)蔡沈撰　民國商務印書館鉛印本　一册　存二卷(一至二)

330000－1783－0001119　普 1331　經部/詩類/傳說之屬
詩經集傳八卷　(宋)朱熹撰　民國上海錦章書局石印本　一册　存二卷(一至二)

330000－1783－0001120　普 1343　史部/史評類
史約一卷　吴壽彭撰　民國鉛印本　一册

330000－1783－0001121　普 1332　經部/書類/傳說之屬
書經簡明白話解六卷首一卷　陳善撰　民國鉛印本　一册　存一卷(四)

330000－1783－0001122　普 1344　史部/傳記類/總傳之屬
西洋先哲傳記集四卷　吴壽彭撰　民國二十五年(1936)鉛印本　三册　存三卷(一、三至四)

330000－1783－0001123　普 1333　經部/詩類/傳說之屬
詩經集傳八卷　(宋)朱熹撰　民國上海天寶書局石印本　一册　存三卷(六至八)

330000－1783－0001124　普 1334　經部/書類/傳說之屬
書經集傳六卷　(宋)蔡沈撰　民國石印本　一册　存二卷(三至四)

330000－1783－0001125　普 1335　經部/小學類/訓詁之屬/字詁
文始九卷　章炳麟撰　民國二年(1913)浙江圖書館據章炳麟手寫稿本影印本　一册

330000－1783－0001130　普 1339　經部/四書類
四書白文　民國商務印書館鉛印本　一册

330000－1783－0001131　普 1338　經部/易類/正文之屬
周易一卷　民國商務印書館鉛印本　一册

330000－1783－0001132　普 1340　經部/小學類/音韻之屬/韻書
增廣詩韻全璧五卷　民國石印本　三册　存三卷(二、五至六)

330000－1783－0001133　普 1346　子部/醫家類/綜合之屬/通論
增訂醫宗金鑑九十卷首一卷　(清)吴謙等撰　民國石印本　一册　存四卷(外科三至六)

330000－1783－0001138　普 1354　新學/醫學
護士飲食學不分卷　吴建菴譯　民國三十年(1941)上海廣協書局鉛印本　一册

330000－1783－0001139　普 1349　子部/醫家類/婦科之屬/產科
達生編一卷　(清)亟齋居士撰　(清)汪家駒增訂　民國上海文華書局石印本　一册

330000－1783－0001141　普 1373　子部/醫家類/本草之屬/神農本草經
神農本草經百種錄一卷　(清)徐大椿撰　民國石印本　一册

330000－1783－0001143　普 1356　子部/醫家類/婦科之屬/通論
竹林女科指掌五卷　(清)葉其蓁編輯　民國上海海左書局石印本　二册

330000－1783－0001145　普 1357　子部/醫家類/方書之屬/單方驗方

良方集要一卷續方一卷 （清）周鶴羣纂輯 （清）凌奐增訂 民國三年（1914）刻本 一冊

330000－1783－0001147 普 1358 子部/醫家類/方書之屬/單方驗方

便易經驗集一卷 （清）毛世洪輯 （清）汪瑜增訂 民國八年（1919）石印本 一冊

330000－1783－0001148 普 1359 子部/醫家類/眼科之屬

銀海精微二卷 （唐）孫思邈原輯 （明）龔雲林編定 民國元年（1912）上海江東茂記書局石印本 一冊

330000－1783－0001149 普 1374 子部/醫家類/方書之屬/成方藥目

秘本丹方大全一卷 廣文書局編 民國鉛印本 一冊

330000－1783－0001151 普 1360 子部/農家農學類/畜牧之屬

元亨牛經大全二卷 （明）喻仁 （明）喻傑撰 民國十二年（1923）馬啟新書局石印本 一冊

330000－1783－0001152 普 1376 子部/醫家類/本草之屬/本草藥性

雷公炮製藥性賦解十卷 民國上海商務印書館鉛印本 一冊 存六卷（藥性解一至六）

330000－1783－0001158 普 1380 類叢部/叢書類/自著之屬

曾文正公四種 （清）曾國藩撰 民國石印本 六冊 存十三卷（家書三至六、九至十，家訓一至二，榮哀錄，大事記一至四）

330000－1783－0001160 普 1382 集部/曲類/寶卷之屬

花名寶卷不分卷 民國上海大觀書局石印本 一冊

330000－1783－0001162 普 1384 子部/儒家類/儒學之屬/禮教/女範

最新繪圖女兒經一卷 民國上海昌文書局石印本 一冊

330000－1783－0001164 普 1386 子部/儒家類/儒學之屬/經濟

說苑二十卷 （漢）劉向撰 民國上海涵芬樓鉛印本 二冊 存十卷（一至五、十六至二十）

330000－1783－0001165 普 1387 集部/別集類/清別集

新編分類秋水軒句解尺牘四卷 （清）許思湄撰 王后哲註 民國上海廣益書局石印本 一冊 存一卷（二）

330000－1783－0001168 普 1406 子部/醫家類/方書之屬/歷代方書

黃粱集不分卷 民國抄本 一冊

330000－1783－0001169 普 1389 子部/宗教類/佛教之屬

破迷語錄一卷 釋心菴編纂 民國二十四年（1935）上海明善書局鉛印本 一冊

330000－1783－0001170 普 1390 子部/宗教類/佛教之屬

禪門日誦不分卷 民國刻本 一冊

330000－1783－0001171 普 1364 子部/醫家類/類編之屬

南雅堂醫書全集（陳修園醫書）四十種 （清）陳念祖等撰 民國上海久敬齋書局石印本 二冊 存三種

330000－1783－0001172 普 1391 子部/醫家類/醫經之屬/内經

内經知要二卷 （清）李中梓輯注 （清）薛雪補注 民國十年（1921）江陰寶文堂刻本 二冊

330000－1783－0001174 普 1405 子部/醫家類/方書之屬/歷代方書

校正重訂驗方新編十八卷 （清）鮑相璈輯 民國石印本 二冊 存六卷（十一至十六）

330000－1783－0001175 普 1393 子部/醫家類/方書之屬/成方藥目

醫書不分卷 民國三年（1914）抄本 一冊

330000－1783－0001176　普 1365　子部/醫家類/綜合之屬/雜著

筆花醫鏡四卷　(清)江涵暾撰　民國七年(1918)上海文益書局石印本　一冊

330000－1783－0001178　普 1366　子部/術數類/相宅相墓之屬

地理大成五種　(清)葉泰輯　民國石印本　一冊　存一種

330000－1783－0001181　普 1404　子部/醫家類/方書之屬/單方驗方

驗方新編十八卷　(清)鮑相璈編輯　(清)張紹棠增輯　民國石印本　一冊　存一卷(一)

330000－1783－0001183　普 1403　子部/醫家類/方書之屬/單方驗方

驗方新編二十四卷　(清)鮑相璈輯　民國石印本　一冊　存一卷(二十二)

330000－1783－0001186　普 1369　子部/醫家類/婦科之屬/通論

新編女科指掌五卷　(清)葉其蓁編輯　民國石印本　一冊

330000－1783－0001187　普 1370　子部/術數類/相宅相墓之屬

入地眼全書十卷　(宋)釋靜道撰　(清)萬樹華編次　民國鑄記書局石印本　四冊

330000－1783－0001188　普 1402　子部/醫家類/方書之屬/單方驗方

重訂驗方新編十八卷　(清)鮑相璈等輯　民國上海大中國印書館石印本　二冊

330000－1783－0001195　普 1411　新學/醫學

護士細菌學不分卷　王許德蘭撰　民國三十一年(1942)鉛印本　一冊

330000－1783－0001201　普 1417　集部/總集類/選集之屬/通代

古文觀止十二卷　(清)吳乘權　(清)吳大職輯　民國石印本　一冊

《温州博物館民國時期傳統裝幀書籍普查登記目録》書名筆畫字頭索引

二畫

四畫

五畫

六畫

七畫

八畫

九畫

十畫

十一畫

十二畫

十三畫

十四畫

十五畫

十六畫

十九畫

《温州博物館民國時期傳統裝幀書籍普查登記目録》
書名筆畫索引

二畫

四畫

五畫

六畫

七畫

八畫

九畫

十畫

十一畫

十二畫

十三畫

十四畫

十五畫

十六畫

十九畫

《温州大學圖書館民國時期傳統裝幀書籍普查登記目録》
書名筆畫字頭索引

一畫

二畫

三畫

四畫

五畫

六畫

七畫

八畫

九畫

十畫

十一畫

十二畫

十三畫

十四畫

十五畫

十六畫

十七畫

十九畫

二十畫

二十一畫

二十二畫

二十四畫

《温州大學圖書館民國時期傳統裝幀書籍普查登記目録》書名筆畫索引

一畫

二畫

三畫

四畫

五畫

六畫

七畫

八畫

九畫

十畫

十一畫

十二畫

十三畫

十四畫

十五畫

十六畫

十七畫

十九畫

二十畫

二十一畫

二十二畫

二十四畫

《瑞安市博物館(玉海樓)民國時期傳統裝幀書籍普查登記目録》

書名筆畫字頭索引

一畫

二畫

三畫

四畫

五畫

六畫

七畫

八畫

九畫

十畫

十一畫

十二畫

十三畫

十四畫

十五畫

十六畫

十七畫

十八畫

十九畫

二十畫

二十一畫

二十二畫

二十三畫

二十四畫

二十五畫

二十八畫

二十九畫

其他

《瑞安市博物館(玉海樓)民國時期傳統裝幀書籍普查登記目録》
書名筆畫索引

一畫

二畫

三畫

四畫

五畫

六畫

七畫

八畫

九畫

十畫

十一畫

十二畫

十三畫

十四畫

十五畫

十六畫

十七畫

十八畫

十九畫

二十畫

二十一畫

《浙江省瑞安中學民國時期傳統裝幀書籍普查登記目録》
書名筆畫字頭索引

一畫

二畫

三畫

四畫

五畫

六畫

七畫

八畫

九畫

十畫

十一畫

十二畫

十三畫

十四畫

十五畫

十六畫

十七畫

十八畫

十九畫

二十畫

二十一畫

二十二畫

二十三畫

《浙江省瑞安中學民國時期傳統裝幀書籍普查登記目録》
書名筆畫索引

一畫

二畫

三畫

四畫

五畫

六畫

七畫

八畫

九畫

十三畫

十四畫

十五畫

十六畫

十七畫

十八畫

十九畫

二十畫

二十一畫

二十二畫

二十三畫

《平陽縣圖書館民國時期傳統裝幀書籍普查登記目録》
書名筆畫字頭索引

二畫

三畫

四畫

五畫

六畫

七畫

八畫

九畫

十畫

十一畫

十二畫

十三畫

十六畫

十五畫

十六畫

十七畫

十八畫

十九畫

二十一畫

二十二畫

《平陽縣圖書館民國時期傳統裝幀書籍普查登記目録》
書名筆畫索引

二畫

三畫

四畫

五畫

六畫

七畫

八畫

九畫

十畫

十一畫

十二畫

十三畫

十六畫

十五畫

十六畫

十七畫

十八畫

十九畫

二十一畫

二十二畫

《平陽縣檔案館民國時期傳統裝幀書籍普查登記目録》
書名筆畫字頭索引

五畫

《平陽縣檔案館民國時期傳統裝幀書籍普查登記目録》
書名筆畫索引

五畫

《蒼南縣圖書館民國時期傳統裝幀書籍普查登記目録》
書名筆畫字頭索引

五畫

六畫

九畫

十三畫

十六畫

十七畫

二十一畫

《蒼南縣圖書館民國時期傳統裝幀書籍普查登記目録》
書名筆畫索引

五畫

六畫

九畫

十三畫

十六畫

十七畫

二十一畫

《文成縣圖書館民國時期傳統裝幀書籍普查登記目録》

書名筆畫字頭索引

一畫

二畫

三畫

四畫

五畫

六畫

七畫

八畫

九畫

十畫

十一畫

十二畫

十三畫

十四畫

十五畫

十六畫

十七畫

十八畫

十九畫

二十二畫

二十四畫

《文成縣圖書館民國時期傳統裝幀書籍普查登記目録》
書名筆畫索引

一畫

二畫

三畫

四畫

五畫

六畫

七畫

八畫

九畫

十畫

十一畫

十二畫

十三畫

十四畫

十五畫

十六畫

十七畫

十八畫

十九畫

二十二畫

二十四畫

《泰順縣圖書館民國時期傳統裝幀書籍普查登記目録》
書名筆畫字頭索引

三畫

四畫

五畫

六畫

七畫

八畫

九畫

十畫

十一畫

十二畫

十三畫

十四畫

十五畫

十六畫

十八畫

二十畫

二十四畫

《泰順縣圖書館民國時期傳統裝幀書籍普查登記目録》
書名筆畫索引

三畫

四畫

五畫

六畫

七畫

八畫

九畫

十畫

十一畫

十二畫

十三畫

十四畫

十五畫

十六畫

十八畫

二十畫

二十四畫

《湖州市圖書館民國時期傳統裝幀書籍普查登記目録》
書名筆畫字頭索引

三畫

四畫

五畫

六畫

七畫

八畫

九畫

十畫

十一畫

十二畫

十三畫

十四畫

十五畫

十六畫

十七畫

十八畫

十九畫

二十畫

其他

《湖州市圖書館民國時期傳統裝幀書籍普查登記目録》
書名筆畫索引

三畫

四畫

五畫

六畫

七畫

八畫

九畫

十畫

十一畫

十二畫

十三畫

十四畫

十五畫

十六畫

十七畫

十八畫

十九畫

二十畫

其他

《湖州市博物館民國時期傳統裝幀書籍普查登記目録》

書名筆畫字頭索引

一畫

二畫

三畫

四畫

五畫

六畫

七畫

八畫

九畫

十畫

十一畫

十二畫

十三畫

十四畫

十五畫

十六畫

十七畫

十八畫

十九畫

二十畫

二十一畫

二十四畫

其他

《湖州市博物館民國時期傳統裝幀書籍普查登記目録》
書名筆畫索引

一畫

二畫

三畫

四畫

五畫

六畫

七畫

八畫

九畫

十畫

十一畫

十二畫

十三畫

十四畫

十五畫

十六畫

十七畫

十八畫

十九畫

二十畫

二十一畫

二十四畫

其他

《湖州師範學院圖書館民國時期傳統裝幀書籍普查登記目録》
書名筆畫字頭索引

二畫

四畫

五畫

六畫

七畫

八畫

九畫

十畫

十一畫

十二畫

十三畫

十四畫

十五畫

十六畫

十七畫

十八畫

十九畫

二十二畫

二十四畫

《湖州師範學院圖書館民國時期傳統裝幀書籍普查登記目録》
書名筆畫索引

二畫

四畫

五畫

六畫

七畫

八畫

九畫

十畫

十一畫

十二畫

十三畫

十四畫

十五畫

十六畫

十七畫

十八畫

十九畫

二十二畫

二十四畫

《德清縣博物館民國時期傳統裝幀書籍普查登記目録》書名筆畫字頭索引

二畫

三畫

四畫

五畫

六畫

七畫

八畫

九畫

十畫

十一畫

十二畫

十三畫

十四畫

十五畫

十六畫

十七畫

十九畫

二十畫

二十二畫

《德清縣博物館民國時期傳統裝幀書籍普查登記目録》
書名筆畫索引

二畫

三畫

四畫

五畫

六畫

七畫

八畫

九畫

十畫

十一畫

十二畫

十三畫

十四畫

十五畫

十六畫

十七畫

十九畫

二十畫

二十二畫

《長興縣圖書館民國時期傳統裝幀書籍普查登記目録》
書名筆畫字頭索引

二畫

三畫

四畫

五畫

六畫

七畫

八畫

九畫

十畫

十一畫

十二畫

十三畫

十四畫

十五畫

十六畫

十七畫

十八畫

十九畫

二十畫

二十二畫

《長興縣圖書館民國時期傳統裝幀書籍普查登記目録》書名筆畫索引

二畫

三畫

四畫

五畫

六畫

七畫

八畫

九畫

十畫

十一畫

十二畫

十三畫

十四畫

十五畫

十六畫

十七畫

十八畫

十九畫

二十畫

二十二畫

《長興縣博物館民國時期傳統裝幀書籍普查登記目録》書名筆畫字頭索引

三畫

四畫

五畫

六畫

七畫

八畫

九畫

十九畫

其他

《長興縣博物館民國時期傳統裝幀書籍普查登記目録》
書名筆畫索引

三畫

四畫

五畫

六畫

七畫

八畫

九畫

十畫

十一畫

十二畫

十三畫

十四畫

十五畫

十六畫

十七畫

十八畫

十九畫

其他

《安吉縣博物館民國時期傳統裝幀書籍普查登記目録》

書名筆畫字頭索引

二畫

三畫

四畫

五畫

六畫

七畫

八畫

九畫

十畫

十一畫

十二畫

十三畫

十四畫

十五畫

十六畫

十七畫

十八畫

十九畫

二十畫

二十一畫

二十二畫

二十三畫

二十四畫

其他

《安吉縣博物館民國時期傳統裝幀書籍普查登記目録》
書名筆畫索引

二畫

三畫

四畫

五畫

六畫

七畫

八畫

九畫

十畫

十一畫

十二畫

十三畫

十四畫

十五畫

十六畫

十七畫

十八畫

十九畫

二十畫

二十一畫

二十二畫

二十三畫

二十四畫

其他